사회복지총서

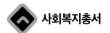

청소년복지론

Youth Welfare

정익중 · 이소희 · 도미향 · 김지혜 · 한윤선 공저

학지사

머리말

'청소년복지론'이라는 도서명으로 두 번째 출간이다. 초판을 집필한 후 벌써 16년
이 흘러 새로운 초판이라고 해도 과언이 아니다. 저자도 일부 바뀌었고, 내용도 전
면 개편되어 완전히 새로워졌다. 그러나 이 책이 청소년과 그들의 복지에 도움이
되어야 한다는 마음만은 초심 그대로이다. 집필이 처음은 아니었지만, 제대로 하고
있는지 불안한 마음은 어쩔 수 없었다. 청소년복지를 둘러싼 환경이 급속하게 변화
했는데 청소년복지는 그에 발맞춰 개선되고 있는 것인지 의심도 된다. 그간 청소년
정책기본계획이 여러 번 수립되고 아동정책과 청소년정책이 보건복지가족부의 이
름으로 통합되었다가 분리되는 등 다양한 변화가 있었다. 그러나 청소년 분야는 아
동 분야도 아니고, 청년 분야도 아니라서 여전히 제대로 된 관심을 받지 못하고 있
다. 또한 청소년복지는 청소년 분야에서도, 사회복지 분야에서도 주류가 아니라서
사각지대에 놓여 있지만, 우리 사회의 선진국 진입 정도나 사회발전 수준을 가늠하
는 잣대로서의 역할이 기대되는 영역이다.

기후변화, 기술혁신, 코로나19 등 다양한 문제로 인해 청소년복지를 둘러싼 외부
환경은 급격하게 변화하고 있다. 청소년은 환경과 끊임없이 상호작용하기 때문에
사회환경은 청소년에게 지대한 영향을 미치고 있다. 또한 우리의 미래 사회는 쉽
게 전망하기 힘들 정도로 변화가 급속하고 방향을 알 수 없을 정도로 혼란스럽다.
이러한 환경에서 청소년복지가 어떤 역할과 기능을 담당해야 하는지는 기존 지식
으로 파악하기 어렵고 새로운 방식을 고민해야 한다. 새로운 방식은 새로운 주제를
발견하는 것이 아니라 지금 눈앞에 있는 기존 주제를 새로운 시각으로 바라보는 것
이다. 이 책은 그 고민의 결과물이다. 청소년의 현주소와 변화하는 사회에 예측되

는 상황을 통합적으로 이해한 후 청소년복지의 현황을 파악하고 더 나은 미래를 위한 실천적·정책적 과제를 모색하였다. 청소년은 내일을 주도하고 '여기에서 오늘'을 살고 있는 성장과정의 인간이다. 따라서 오늘을 살고 있는 청소년 보호를 위한 사회안전망 지원을 강화함과 동시에, 미래 사회를 이끌어 갈 성숙한 시민으로서의 준비과정으로 청소년들의 사회참여 및 권리를 확대하는 방안을 모색해야 한다. 이 책이 이러한 변화와 함께하기를 바라고, 청소년복지를 공부하는 학생과 실무자들에게 기준과 지침을 설정해 주는 방향타가 되기를 기대한다. 이를 위해 새로운 정책 및 입법의 변화를 담고 미래지향적 청소년복지의 방향을 제시하고자 하였다. 『청소년복지론』은 한 권의 책에 지나지 않고, 이 책이 모든 이슈에 대한 해법을 줄 수 있는 것은 아니다. 그러나 청소년복지에 가장 큰 영향을 미친다고 판단되는 핵심 이슈에 최선을 다해 접근하였다. 또한 더 나은 청소년복지를 위해 신념과 증거가 충돌할 경우, 과학적 증거에 기반할 수 있도록 노력하였다.

마지막으로, 이 세상의 모든 위대한 일은 피와 땀의 산물이다. 청소년복지 현장의 최일선에서 일하시는 분들의 피와 땀 덕분에 청소년복지가 빈약한 예산에도 불구하고 청소년들이 항상 안전하게 보호되고 건강하게 성장할 수 있었다고 생각한다. 또한 이분들 덕분에 이 책이 좀 더 현황을 반영하고 현장의 생생한 목소리를 추가할 수 있었다. 이 자리를 빌려 다시 한번 현장의 노고에 감사드린다.

저자들의 부족함으로 미흡한 부분에 대해서는 독자 여러분의 애정 어린 충고와 조언을 기대한다. 끝으로 이번 출간을 위해 변함없는 관심과 지원을 아끼지 않으신 학지사 김진환 사장님과 편집과 제작을 위해 수고해 주신 관계자 여러분께도 깊은 감사를 드린다.

저자를 대표하여
정익중

차례

제3부

청소년복지의 분야

제4부
청소년복지의 미래

제**1**부

청소년과 청소년복지의 이해

제1장

청소년의 이해

우리는 항상 청소년을 위한 미래를 건설할 수 없다.
그러나 우리는 미래를 위한 청소년을 키울 수 있다.

―프랭클린 D. 루스벨트―

　인간을 대상으로 하는 여러 학문 분야에서는 가장 먼저 그 대상을 정의하고, 관련된 여러 이론적 배경을 토대로 대상의 발달적 및 생활환경적 특성을 이해한 다음, 이들을 위한 여러 가지 지원을 모색하게 된다. 청소년복지도 이와 동일한 맥락에서 접근하게 된다.

　따라서 이 장에서는 먼저 다양한 관점에서 청소년을 정의하고, 이들의 특성을 연령과 관련하여 구체적으로 살펴본다. 그리고 청소년의 양육과 보호, 교육, 상담과 치료 등을 효과적으로 지원하기 위해 청소년과 관련된 여러 발달이론과 사회환경적 특성을 통합적으로 고려하여 학습하도록 한다.

1. 청소년의 개념

일반적으로 인간을 연구대상으로 하는 여러 학문 분야에서 그 인간을 정의할 때, 여러 가지 특성을 고려하게 되는데, 그중에서도 가장 핵심적인 것은 그 인간이 속하게 되는 발달단계별 특성이다. 청소년을 정의할 때도 동일한 관점이 적용된다.

그리고 이러한 발달적 관점을 고려한 청소년의 정의는 청소년의 복지에 대한 사회적 책임의 실체로서 작용하는 법적 정의에서도 그 바탕을 이루고 있다. 왜냐하면 복지는 주관적 개념의 행복이 아니라, 성립된 여러 사회제도에 따라 관련 조직과 종사자들에 의해 실시되는 객관적 개념이기 때문이다. 따라서 청소년복지 관련법이 중요한 것이다.

청소년에 대한 개념적 정의는 시대별, 학자별, 사회별 차이가 있지만, 사회적 또는 통념적으로 합의된 정의와 청소년의 발달적 특성에 따른 일반화된 정의를 통해 문화적 보편성을 발견할 수 있다.

청소년을 보는 관점은 서로 관련된 세 가지 관점, 즉 발달적 관점과 법적 관점 및 학제적 관점으로 대별된다.

1) 발달적 관점에서 본 청소년

청소년의 개념에 대한 발달적 접근은 주로 발달심리학의 연구 성과를 기초로 하며, 이는 청소년복지의 필요성과 중요성에 대한 사회적 인식을 제고하는 데 기여하였으며, 각종 정책과 프로그램의 개발과 보급을 통해 청소년복지의 보장과 증진에 실질적인 도움을 주었다.

청소년 발달은 발달심리학의 한 분야이며, 이는 청소년과 관련된 전 분야에서 기초가 된다. 발달심리학에서는 대체로 연령을 기준으로 발달단계를 구분하며, 이것은 인간의 행동이 연령증가에 따라 분화되고, 복잡해지고, 정교해지고, 세련되어져서 마침내 통합된다는 사실에 따른다. 발달적 관점으로 청소년을 이해한다는 것은

태아기 → 영아기 → 유아기 → 아동기 → 청소년기 → 청년기 → 중년기 → 장년기 → 노년기

* 이러한 타임라인은 변경될 수 있을까?

* 우리는 모두 어디서 와서 어디로 가고 있을까?

* 분기점에 있는 청소년을 위해 우리 모두는 무엇을 할 수 있을까?

출처: 대한민국 정책정보지 '공감' 홈페이지(http://koreablog.korea.kr/296).

그림 1-1 　인간의 발달주기

발달단계별 특성에 근거하여 대상자에게 준비와 개입을 시도하게 한다는 점에서 그 의미가 매우 크다.

발달이란 한 인간이 잉태된 순간부터 태어난 이후 지속적으로 보여 주는 행동의 변화를 의미하며, 일정한 순서를 따른다. 일반적으로 태아기-영아기-유아기-아동기-청소년기-청년기-중년기-장년기-노년기의 9단계로 구분된다.[1]

최근 들어, 청소년들의 신체적·성적 발달이 성장·가속화되면서 청소년기의 성격을 명료하게 규정하는 것이 쉽지는 않지만, 전 인간 발달과정에서 보면, 청소년기는 인간 발달의 초기단계에 해당하며 성년과 미성년으로 구분하는 분기점이 된다. 그리고 인간 발달의 영역은 신체·운동 발달, 정서 발달, 인지 발달, 사회성 발달 및 도덕성 발달 등으로 구분되어 있으며, 이 또한 각각의 발달단계에 따른 특징을 보이게 된다.

---

[1] 발달적 관점에서의 연령 정의는 학자와 학문 분야에 따라 다소의 차이가 있으며, 수명이 늘어나면서 각 발달단계별 연령 범위도 확대되고 있다. 예를 들면, 중년기-장년기-노년기가 늘어나고 있는 것을 들 수 있다. 이러한 단계는 학제적 및 법적으로 본 청소년의 정의에도 반영된다.

한편, 청소년을 포함한 모든 인간은 기초성, 적기성, 누적성 및 불가역성의 원리에 따라 발달한다(이소희, 2020). 영국의 극작가인 톰 스토파드(Tom Stoppard)가 "연령은 성숙해지기 위해 치르는 비싼 대가"라고 정의한 바를 고려한다면, 특히 발달 초기에 해당하는 청소년은 건강하고 건전하게 성장하여야만 자신의 전 생애를 통한 성취는 물론, 안정적인 가정과 번영된 사회를 기대할 수 있다.

청소년기의 발달특성 때문에 청소년을 지칭하는 용어는 특별하다. 그것은 그만큼 청소년기의 발달특성이 다른 인간 발달단계에서의 특징과 확연히 구분된다는 것을 의미한다. 이러한 맥락에서 청소년을 아동과 마찬가지로 '미성숙한 존재'로 보고 있으며, 청소년기를 일컬어 '제2의 탄생 시기' 및 '질풍노도의 시기'로 보고 있다(이소희, 김민정, 김혜영, 1999). 동시에 인권과 환경보호에 대해 바른 생각으로 정의롭게 행동하기도 한다. 상징성이 높은 예로 조국의 독립을 위해 투신한 우리나라의 유관순과 프랑스의 잔 다르크(Jeanne d'Arc), 갖은 위협에도 탈레반의 여성교육 탄압에 저항하며 사회적 행동을 촉발하여 2014년에 노벨평화상을 수상한 17세의 소녀 말랄라 유사프자이(Malala Yousafzai)를 들 수 있다. 우리나라에서 선거권이 19세로 하향 조치된 것도 이러한 특성을 반영한 것이라 할 수 있다.

한편, 청소년의 연령은 청소년의 발달특성을 유형화하는 데 매우 유용한 준거가 되므로 청소년복지 관련법에서는 연령을 기준으로 해당 법의 적용 대상자를 규정하고 있다. 이를테면 "이 법의 적용을 받는 자는 19세 미만으로 한다."라든가, "15세 미만의 자는 고용을 할 수 없다."라는 식이 그것이다.

청소년복지에서는 청소년의 연령을 기준으로 하여 적용대상자, 보호대상자, 규제대상자 등으로 규정하고 있는데,[2] 그 배경은 두 가지로 요약된다.

- 인간 발달학에서 발달단계별 · 발달영역별로 이루어진 심층적인 연구 성과, 곧 영아 발달과 유아 발달, 아동 발달 및 청소년 발달로 세분화하여 각 발달단계별 특성을 구체화시켰기 때문이다. 동시에 각 발달단계별로 신체 · 운동 발

---

2) 〈표 1-1〉의 청소년 관련법 참조.

달, 정서 발달, 언어 발달, 인지 발달, 사회성 발달, 도덕성 발달 등의 발달영역
별 연구도 확충되어 학제 및 교육과정 등에 반영된 것을 들 수 있다.
- 청소년학 및 청소년복지학의 인접 분야에서의 축적된 다학문적 연구결과로
그 통합적 접근성이 높아졌기 때문이다. 그 예로 청소년 발달학과 법학과의
연계적 통합성에 의해 청소년을 유해한 노동으로부터 보호할 수 있는 직종을
규정하거나, 인터넷 중독의 수준을 법적으로 규정하게 된 것을 들 수 있다.

　이렇듯 청소년에 대한 발달적 개념은 주로 발달심리학과 의학 등의 연구 성과에
의하여 청소년을 정의하게 되는 것을 말하며, 가장 기초적인 접근이라고 볼 수 있
다. 구체적으로 발달심리학에서는 신체적 성장 및 정신적 성숙이란 관점에서, 의학
에서는 인간의 발달단계에 따른 발육상태의 수준에 의해 청소년을 정의하는 입장
을 취한다. 이 발달적 개념은 후술할 법적 개념보다는 더 문화적 보편성을 지니지
만, 사회경제적인 수준에 의해서도 영향을 받으므로 편차는 존재한다. 이를테면 북
한의 청소년은 남한의 청소년보다 더 왜소하다는 것을 들 수 있다(박순영, 곽금주,
김혜란, 2006). 즉, 빈곤의 생물학이 적용된다(Thomas et al., 1998).

2) 법적 관점에서 본 청소년

　법적 관점에 의한 청소년의 정의는 청소년 관련법에 명시되어 있다. 주지하다
시피, 법은 사회의 안정과 번영을 위한 목적으로 제정된 것이며, 국가의 강제력을
수반하는 사회규범이다. 소크라테스(Socrates)가 말했다고 일컬어지는 "악법도 법
이다."처럼, 법은 힘이 아주 세다. 그러므로 사회 구성원들은 법 규정을 준수해야
한다.[3]

---

[3] 법조인 강신영은 "악법은 법이 아니다."라고 말하였다. 법이 궁극적 목적을 고려한다면 맞는 말이다. 그러
므로 동서고금을 막론하고 법은 개정되고 폐지되며, 다시 제정되는 과정을 거치게 된다. 법은 생명체적 속
성을 가지고 있다.

한편, 모든 법적 정의처럼, 청소년 관련법에서의 청소년의 정의는 그 나라의 정치·경제·사회·문화적 배경과 관련이 깊으므로 연령적 정의에 차이가 있기는 하다. 그 예로 나라마다 부모 허락 없이 결혼할 수 있는 연령에 차이가 있는 것을 들 수 있다. 그렇지만 앞서 발달적 관점에서의 청소년 정의에서 언급한 바와 같이 청소년 관련법은 기본적으로 청소년의 발달특성을 기반으로 하므로 거의 유사하게 정의되고 있다. 다시 말하면, 문화적 보편성을 지닌다. 예를 들면, 우리나라와 일본과 대만 및 미국 등에서 '아동'을 18세 미만의 자로 규정하고 있는 것(이용복, 이소희, 2007)과 국제법의 효력을 지니는 「어린이에 관한 국제협약」에서 '어린이'는 18세 미만의 자로 규정하는 것을 들 수 있다.

실제로 우리나라에서의 법적 관점에 따른 청소년의 정의는 「아동복지법」과 같은 성격을 지닌 법에 규정되어 있지 않다. 다시 말하면, '청소년법'이나 '청소년복지법'은 제정되어 있지 않고, 「아동복지법」의 성격과 비슷한 「청소년 기본법」과 여러 청소년 관련법이 제정되어 있으며, 그 법의 제정 목적에 따라 청소년을 정의하고 있다. 이렇듯 청소년복지가 제도적 조치에 의해 이루어진다는 점을 고려하면 법적 관점에서의 청소년 정의는 매우 중요한 의미를 지닌다. 그러나 베이컨(Francis Bacon, 1561~1626)이 갈파한 바와 같이, "모든 것이 법 아래에 놓인 곳보다는 모든 것이 법 아래에 놓이지 않은 곳에서 사는 것이 더 좋다."라는 말이 시사하는 바와 같은 사회를 소망하고 준행한다면 개인 청소년의 행복과 청소년들의 복지는 좀 더 그들 가까이에 있게 될 것이다.

대부분의 청소년 관련법에서는 연령을 기준으로 하여 청소년을 9세 이상부터 24세 이하까지의 자로 규정하고 있으며, 따라서 아동과 청소년은 연계선상에서 파악해야 함을 알 수 있다. 대표적인 법이 「아동·청소년의 성보호에 관한 법률」이다. 또한 아동복지의 기본이 되는 「아동복지법」에서도 아동을 18세 미만으로 규정하고 있으며, 9세에서 18세 사이의 아동은 청소년 관련법의 적용을 받으므로 아동복지와 청소년복지는 매우 밀접한 관련성을 지니고 있음을 알 수 있다.

한편, 청소년의 발달영역별 발달특성까지 고려하여 법을 제정하기 때문에 청소년복지 관련법에서 연령 규정상의 문제점도 나타나고 있어 심도 높은 연구가 필요

표 1-1 청소년 관련법에서의 청소년의 연령

용어	법률	정의
아동	「아동복지법」	18세 미만의 사람
	「아동의 빈곤예방 및 지원 등에 관한 법률」	18세 미만의 사람
	「아동학대범죄의 처벌 등에 관한 특례법」	18세 미만의 사람
	「장애아동 복지지원법」	18세 미만의 사람
	「실종아동 등의 보호 및 지원에 관한 법률」	실종 당시 18세 미만인 아동
	「입양특례법」	18세 미만의 사람
	「가정폭력방지 및 피해자보호 등에 관한 법률」	18세 미만인 자
	「가정폭력범죄의 처벌 등에 관한 특례법」	18세 미만인 사람
	「장애인 차별금지 및 권리구제 등에 관한 법률」	18세 미만인 사람
	「한부모가족지원법」	18세 미만의 사람
	「형법」	16세 미만인 자
	「국민기초생활 보장법」	18세 미만의 사람
아동 · 청소년	「아동 · 청소년의 성보호에 관한 법률」	19세 미만의 자
	「다문화가족지원법」	24세 이하인 사람
	「성폭력방지 및 피해자보호 등에 관한 법률」	19세 미만의 자
청소년	「청소년 기본법」	9세 이상 24세 이하인 사람
	「청소년복지 지원법」	9세 이상 24세 이하인 사람
	「청소년활동 진흥법」	9세 이상 24세 이하인 사람
	「학교 밖 청소년 지원에 관한 법률」	9세 이상 24세 이하인 사람
	「성매매알선 등 행위의 처벌에 관한 법률」	9세 이상 24세 이하인 사람
	「청소년 보호법」	만 19세 미만인 사람
	「게임산업진흥에 관한 법률」	18세 미만의 자
	「대중문화예술산업발전법」	19세 미만의 자
	「영화 및 비디오물의 진흥에 관한 법률」	19세 미만의 자
	「음악산업진흥에 관한 법률」	19세 미만의 자
소년	「소년법」	19세 미만인 자
	「보호소년 등의 처우에 관한 법률」	19세 미만인 자
	「형의 집행 및 수용자의 처우에 관한 법률」	19세 미만인 자
	「근로기준법」	15세 미만인 자

청년	「청년기본법」	19세 이상 34세 이하인 사람
	「청년고용촉진 특별법」	19세 이상 34세 이하인 사람
	「후계농어업인 및 청년농어업인 육성 · 지원에 관한 법률」	19세 이상 34세 이하인 사람
청소년 한부모	「건강가정기본법」	24세 이하의 모 또는 부
	「한부모가족지원법」	24세 이하의 모 또는 부
미성년자	「민법」	19세에 이르지 않은 사람
	「보호시설에 있는 미성년자 후견직무에 관한 법률」	19세에 이르지 않은 사람
	「성폭력범죄의 처벌 등에 관한 특례법」	19세에 이르지 않은 사람
형사 미성년자	「형법」	14세가 되지 아니한 자

출처: 법제처 국가법령정보센터 홈페이지(https://www.law.go.kr).

하다.[4] 다시 말하면, 법의 제정 목적을 포함한 내용 범주에 따라 법명과 연령의 정의 및 호칭도 다양한데, 그것은 청소년 관련법과 관련한 사회적 배경과 변천과정 및 청소년의 발달영역별 특성과 관련되기 때문이다. 동시에 이는 청소년의 권리보다는 청소년을 보호와 의무, 또는 처벌 대상의 관점에서 보기 때문이라는 지적도 있다(김민웅, 2017). 이것은 진정한 청소년의 권리가 무엇이며, 어떻게 보장되어야 하는가에 대한 사회적 성찰이 필요함을 말해 준다. 실제로 청소년 비행에서는 상황에 대한 분별력과 판단력 등의 사회 · 인지적 관점을 중시하여 정의하고, 청소년 근로

---

4) 「헤이그 국제아동탈취 이행에 관한 법률」과 「형법」을 제외하고는, 「아동복지법」을 기준으로 하여 아동을 규정하는 법령들은 공통적으로 18세 미만의 사람을 말한다. 청소년은 청년과 소년, 청소년으로 세분화되어, 소년은 대체로 19세 미만인 자를, 청소년은 9세 이상 24세 이하인 사람을, 청년은 19세 이상 34세 이하인 사람을 말한다. 19세를 기준으로 19세 미만은 소년, 19세 이상은 청년으로 분류하는 것이 일반적이지만 「성폭력방지 및 피해자보호 등에 관한 법률」이나 「아동 · 청소년의 성보호에 관한 법률」에서는 19세 미만의 자를 청소년으로 호칭하기도 한다. 이는 연령 중복의 문제를 뚜렷하게 보여 주는 기준이 된다. 특히 나이에 관한 법령 규정은 특별한 사유가 없는 한 획일성과 통일성, 형식성을 가져야 하는데도 불구하고 청소년 관련법에서는 그렇지 못하다(홍완식, 2007). 이는 자칫 청소년복지의 축소, 확대, 왜곡 현상이 나타날 수 있으므로 연령기준의 규정은 매우 중요하다. 이에 대한 구체적인 내용은 제2, 3, 4부의 관련 영역에서 구체적으로 다룰 것이다.

표 1-2 청소년 관련법으로서 교육에 관한 법

법률	정의
「교육기본법」	
「초·중등교육법」	학교공간에서 생활하는 학생
「인성교육진흥법」	
「학교보건법/학교급식법」	

출처: 법제처 국가법령정보센터 홈페이지(https://www.law.go.kr).

에서는 근로할 수 있는 신체적 능력에 초점을 맞추어 정의하기 때문이다.

그리고 대부분의 청소년은 학생이므로 교육 관련법에서 정의되고 있으며, 후술할 학제적 관점에서의 청소년과 맥락을 같이한다. 〈표 1-2〉에서 보듯이 교육 관련법에서의 청소년에 대한 호칭은 모두 학교라는 공간적 조건에서 생활하는 '학생'으로 통칭하고 있다. 그것은 특정한 연령대의 청소년만이 학제에 따른 학교에 입학할 수 있는 것만은 아니기 때문이다. 그러므로 최근 이슈가 되고 있는 '학교 밖 청소년'은 이러한 관련법의 법 적용 대상자가 되지 못한다.[5]

청소년복지실천에서 실질적인 의미를 지니는 청소년의 법적 정의는 다음과 같은 특징을 지니는 것으로 요약할 수 있다.

- 청소년의 법적 정의는 9세부터 24세까지로 연령 범주가 넓다. 즉, 아동기와 청소년기에 걸쳐 있다.[6]
- 청소년의 법적 정의에서 규정한 용어는 다양하다. 즉, 아동, 청소년, 소년, 학

---

5) 그러나 취학연령은 법적으로 규정되어 있다. 만 5세가 되면 부모는 자녀를 초등학교에 취학시켜야 한다.

6) 「청소년 기본법」(1991)에서는 청소년의 연령을 9~24세까지로 규정하고 있으며, 「청년기본법」(2020)에서는 청년의 연령을 19~34세로 규정하고 있다. 따라서 청소년 관련법에서 아동, 청소년, 청년 등의 호칭과 연령 규정은 중복될 수밖에 없으며, 이에 따라 발생하는 현실적 문제들로 인해 정책적 논의와 연구가 진행 중이다(김기헌, 2020; 김영한, 조아미, 이승하, 변해진, 2013; 이정민, 이수정, 2019; 청소년보호위원회, 2003; 한국문화정책개발원, 1999).

생, 미성년, 청소년 한부모 등이다.
- 청소년의 법적 정의는 아동기와 청소년기 등의 두 발달단계에 걸쳐 있는 법에 있다. 대표적 관련법으로 「아동·청소년의 성보호에 관한 법률」을 들 수 있다.
- 청소년복지의 세부 분야에 따라 연령과 호칭에서 차이가 있다. 대표적인 분야의 예가 비행 분야이며, 해당 법에서도 청소년의 행위에 따라 호칭과 적용 연령이 다르다. 그 예로 「소년법」을 들 수 있다.
- 청소년은 사회적으로 독립되기 이전이므로 가족 구성원의 일원으로 정의된다.

3) 학제적 관점에서 본 청소년

학제적 관점에 의한 청소년의 정의는 교육 관련법에 규정되어 있다. 학제(學制, school system)는 학교를 중심으로 접근하는 교육제도를 말한다. 이러한 학제는 나라마다 차이가 있으나, 거의 유사한 편이다. 따라서 발달적 관점의 청소년 정의처럼 문화적 보편성을 지닌다고 할 수 있다.

우리나라의 학제는 「교육법」에 기반하고 있으며, 단선제(單線制, single ladder system)를 채택하고 있는데, 초등학교(6년), 중학교(3년), 고등학교(3년), 대학(4년)으로 규정하여 6-3-3-4제라고 부르고 있다. 구체적으로 단선제의 대상은 어린이집과 유치원에 다니는 취학 전의 영유아는 제외되고, 초등학교 및 중·고등학교에 취학한 후에 재학 중인 학생들이 해당된다.

학제적 관점에서 청소년의 정의를 살펴보아야 하는 것은 단선제에서 말하는 '청소년'에 대한 인식과 청소년 관련법에서 규정하고 있는 '청소년'에 대한 인식에서 차이가 존재하기 때문이다.[7] 다시 말하면, 학제적 관점에서는 당사자인 학생은 물론, 일반 사회 구성원들이 9세부터 24세 미만의 학생을 청소년으로 보기보다는 초등학생=아동, 중·고등학생=청소년으로 인식하여 생각하고 행동한다는 것이다

---

7) 일반인들은 10대 미만을 아동, 10대를 청소년, 20대를 청년이라고 생각한다면서 법이 상식이나 관례와 다르게 정의되는 것의 적절성에 대한 문제가 제기되고 있다(김근영, 2012).

(이소희, 2020). 이는 정체성의 문제와 관련된다(김은정, 2009).[8]

　나아가 '학교'라는 공간적 정의는 숙고해야 한다고 본다. 이미 대학교에서는 사이버캠퍼스라는 이름으로, 사설학원에서는 '인강'이라는 이름으로 교육이 활발히 이루어지고 있고, 2020년 발생된 코로나19 바이러스로 인해 초등학교 교육에까지 온라인 교육이 확대되었기 때문이다. 또한 교육이 이루어지는 곳을 '학교'라는 공간으로 한정하면, '학교 밖 청소년'에게는 교육의 기회가 제한되어 회복과 성장이 늦춰질 가능성이 높아지기 때문이다(김경애, 2016). 공자의 가르침에 따른 학이시습지(學而時習之) 불역열호(不亦說乎)는 그야말로 시공을 초월하여 이루어져야 한다.

　그러면 어떻게 해야 하는가? 이러한 문제는 최근 사회적 이슈가 되고 있는 청소년의 권리와도 관련이 되는 난제로서 학생과 교사와 청소년 및 청소년복지 분야별 전문가와 법조인이 협력하여 갭을 좁혀 가야 한다(김영지, 김희진, 2015; 백혜정, 송미경, 신정민, 2015).

2. 청소년의 연령 구분과 특성

　청소년은 앞서 살펴본 바와 같이 발달적·법적·학제적 관점에서 정의되며, 그 바탕이 되는 것은 유사한 발달특성으로서의 '연령'으로 대표된다. 그리고 이 연령은 청소년 관련법에서의 청소년 정의에서 근간이 된다. 따라서 연령은 청소년의 발달과 복지를 이해하고, 그에 따른 각종 사회적 대책을 세우고 실천하는 데 중요한 지표적 기능을 한다.

　실제적으로 '청소년'을 아우르는 발달적 범위는 넓다. 즉, 청소년은 미성년으로서 인간 발달 초기에 해당하는 아동기 → 청소년기 → 청년기라는 과정을 순서적으로 거치게 된다. 그뿐만 아니라, 사회통념에서는 물론 법적으로도 성년이라고 할 수 있는 청소년기 → 청년기에도 걸쳐 있다. 따라서 청소년은 여러 발달과정과 사

---

8) 학제적 관점에서 본 청소년에 대해서는 '3. 청소년의 발달이론' 중에서 청소년과 청년의 특성을 참조한다.

회제도에 포함됨과 동시에 소위 '긴' 사람으로서의 역동적인 삶을 살게 된다.

이러한 맥락에서 청소년과 관계되는 연령 구분을 고려하여 아동과 청소년 및 청년의 특성을 유기적으로 파악해 보도록 한다.[9]

1) 아동의 특성

아동은 발달적 · 법적 · 학제적 관점을 통합하여 일반적으로 초등학교에 취학하여 중학교에 입학하기 전까지의 사람, 즉 연령적으로 볼 때 6~12세 사이의 미성년을 말한다.

실제적으로 아동은 청소년기의 전 단계에 해당하므로 청소년보다 더 발달적으로 미숙하여 스스로 생활하기가 힘들다(신현균, 2014; 오미숙, 심우찬, 2014). 이에 따라 아동양육과 교육에서 부모와 교사는 신체적 · 심리적 부담을 적지 않게 지며(배화옥, 강지영, 2016; 안세근, 김현욱, 2016), 아동복지를 위협하는 여러 문제가 발생될 수 있다. 심각한 사례로 아동방임과 학대를 들 수 있으며(이소희, 1989, 2002; 이양희, 2015), 누적성의 발달원리에 따라 이후의 청소년기 생활에 직간접적인 영향을 미친다. 그러므로 제대로 아동을 키우도록 하기 위해 부모교육과 교사교육이 실시되는 것이며(김일부, 이소희, 2016, 2017; 이소희, 2014), 이를 위해 교육부, 보건복지부, 여성가족부 등의 행정부서는 물론, 건강가정지원센터와 육아종합지원센터, 다문화가정지원센터 및 사회복지관, 지역아동센터 등이 직간접적으로 관여하고 지원하는 것이다.

---

9) 13~18세 연령 범위의 중 · 고등학교 시기에 해당하는 청소년의 구체적인 발달특성은 청소년의 발달이론에서 다룬다.

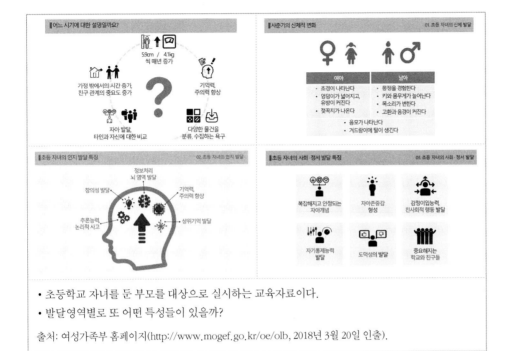

- 초등학교 자녀를 둔 부모를 대상으로 실시하는 교육자료이다.
- 발달영역별로 또 어떤 특성들이 있을까?

출처: 여성가족부 홈페이지(http://www.mogef.go.kr/oe/olb, 2018년 3월 20일 인출).

그림 1-2 초등학교 아동(6~12세)의 발달영역별 특성

2) 청소년의 특성

청소년은 발달적·법적·학제적 관점을 통합하여 일반적으로 초등학교 과정을 마치고 중학교에 입학하여 고등학교를 졸업하기까지의 사람, 즉 연령적으로 볼 때 13~18세 사이의 미성년을 말한다. 그리고 이 시기는 사춘기(思春期)라고 불려 왔다. 한자어 뜻대로 하면, 생각이 봄처럼 개화하는 시기임을 함축한다. 매우 아름다운 시기이다.

그런데 청소년기는 숙명적으로 아동기와 청년기 사이에 '낀' 시기에 해당된다. 실제로 그 어떤 상황이든 상관없이 '낀' 상태에서 생활하는 것은 보통 이상으로 힘이 든다. 따라서 '청소년기'에 자아정체성을 확립하지 못하고 혼미감에 빠질 수도 있다. 그래서 누구도 못 말리는 중2병에 걸려서 자신도, 가족도, 이웃도 힘들게 한

中 2 病 자가테스트 문항 1. 나는 남들과 다르다고 생각한다. 2. 내가 마음만 먹으면 뭐든지 할 수 있다고 생각한다. 3. 많은 시간 망상에 빠져 내가 만화 주인공이라고 생각할 때가 자주 있다. 4. 자신이 우울증에 걸렸다고 생각한다. 5. 미니홈피나 블로그에 상당히 오글거리는 멘트를 많이 적어 놓는다. 6. 유난히 여성 앞에서 허세를 많이 부린다. 7. 허구적인 소설을 많이 쓴다.	
• 중2는 청소년인가? • 일반적으로 중2는 몇 살인가?	• 학생답지 못한 청소년들은 누구인가? • 청소년답지 못한 학생은 누구일까? • 이러한 특징은 무엇으로 설명할 수 있을까?
출처: 경찰청 공식 블로그(https://polinlove.tistory.com).	출처: 국가인권위원회 홈페이지(https://www.humanrights.go.kr).
동영상: 세바시 387회-대한민국 중2 사용설명서 https://www.youtube.com/watch?v=G9ulotwVj6g	동영상: 결정례-학생다움을 강요받는 청소년 https://www.youtube.com/watch?v=x6FnRN-WkCs

그림 1-3 중ㆍ고등학교 청소년(13~18세)의 특성

다. 또한 자신이 학생인지, 청소년인지, 청소년 학생인지, 학생 청소년인지 알다가도 모를 상태에서 신분적 혼미감까지 겪게 되기도 한다.

그러다가 긴장과 갈등 상태가 지속되고, 심화되면 각종 정신적ㆍ교육적ㆍ사회적 일탈을 일으키기도 한다(박아청, 2008). 이와 같이 청소년기는 매우 역동적이다. 그럼에도 불구하고 살아 있는 한 청소년기를 피하거나 건너뛸 수는 없다. 그렇기 때문에 오스카 와일드(Oscar Wilde)는 이에 대해 "청소년기는 삶에서 경험해야만 하는 매우 소중한 시기"라고 갈파하면서 청소년들을 각성시키며 도전케 하였다.

이렇게 볼 때, 헤르만 헤세(Hermann Hesse)의 책, 『데미안』(1919)에서 "새는 알을 깨고 나온다. 알은 곧 세계이다. 태어나려고 하는 자는 하나의 세계를 파괴하지 않으면 안 된다."라고 갈파한 것처럼, 청소년은 의미 있는 파괴 속에서 의미 있는 세계를 지혜롭게 건설해야 한다.

• '1318'을 위해 또 어떤 접근들을 하고 있을까? 찾아보고, 모색해 보자.

출처: 제10회 대한민국 청소년 1318 영화제 포스터/김재욱(2016, 생명의 말씀사)/2009 MBC 1318 사랑의 열매 캠프 포스터.

그림 1-4   1318 청소년을 위한 다양한 접근

그러나 청소년은 미성숙한 미성년이기 때문에 파괴는 자칫 파멸로 이어질 수 있다. 그러므로 부모 및 교사와 같은 지위에 있는 성숙한 성년들이 줄탁동시(啐啄同時)의 자세로 청소년과 함께 안팎에서 '알'을 깨어야 한다.

이에 따라 사회에서는 '1318'을 위한 건강하고 건전한 지원사업을 벌이고 있다. 그 예로 '1318'의 연령군을 가시화하여 다양한 활동과 사업이 국가와 지방자치단체, 기업과 민간기관은 물론 중·고등학교에서도 다양하게 실시되고 있는 것이다. 이러한 접근은 사회 구성원들이 청소년=중·고등학생으로 인식하는 높은 경향성을 고려한 것임과 동시에 청소년이 누구인가를 연령을 통해 알리면서 청소년의 복

• '청소년 한부모'로 호칭하기에 적당한 연령은 몇 세 사이일까?

• '청년 한부모'로 호칭하기에 적당한 연령은 몇 세에서 몇 세 사이일까?

출처: 여성가족부 홈페이지(http://www.mogef.go.kr).

그림 1-5   24세 이하의 청소년 한부모를 위한 접근

지를 향상시키고자 하는 멋진 의도가 담겨 있는 것이라 할 수 있다.

다른 한편으로, 대부분의 청소년 관련법에 따르는 청소년은 9세 이상 24세 이하를 말한다. 따라서 이 연령대에서 한부모가 되면, '청소년 한부모'로 호칭하면서 사회적 지원을 하고 있다(김영정, 구화진, 2019). 그런데 이 24세의 연령은 청년법의 대상이 된다.

이렇게 볼 때, 청소년복지의 이해는 연령에 준한 각종 관련법을 제대로 이해하는 것에서 출발해야 함을 시사받을 수 있다.

3) 청년의 특성

청년은 청소년기 다음 단계의 사람을 말한다. 발달의 연속성으로 볼 때, 청소년기의 복지수준은 다음 발달단계인 청년기의 복지수준에 영향을 미친다. 시인 라이너 마리아 릴케(Rainer Maria Rilke, 1875~1926)는 "청소년 시절을 산다는 것은 하나의 삶을 살기 전에 다른 무수한 삶을 산다는 것을 말한다."라고 갈파하였다. 이는 짧다면 짧고 길다면 긴 삶의 여정에서 청소년기 및 청년기가 지니는 삶의 무게와 가치를 설명하는 것이라고 할 수 있다.

특히 최근 들어 청년에 대한 사회적 관심이 증폭되고 있다(김기헌, 유민상, 김창환,

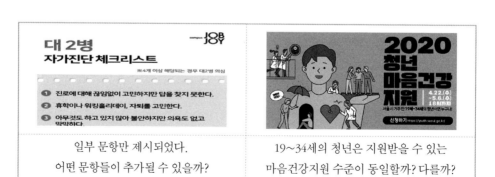

| 일부 문항만 제시되었다. 어떤 문항들이 추가될 수 있을까? 출처: 한경매거진 홈페이지(https://magazine.hankyung.com/job-joy/article/335327). | 19~34세의 청년은 지원받을 수 있는 마음건강지원 수준이 동일할까? 다를까? 출처: 서울특별시 브런치 홈페이지(https://brunch.co.kr/@seoul/473). |

그림 1-6   대2병을 앓고 있는 청년

출처: 잡코리아 홈페이지(https://www.jobkorea.co.kr).	출처: 통계청 홈페이지(https://kostat.go.kr/portal/korea/index.action).	출처: 국민인권위원회 국민생각함 홈페이지(https://www.epeople.go.kr/idea/kcc/ideajoin.npaid).

* 청소년기에 어떤 자아정체감을 형성하면, 흙턴도, N포 세대도 되지 않을 수 있을까?
* 청년기에 어떤 누구와 친밀감을 형성하면, 포기하지도 않고, 거부하지도 않게 될까?

그림 1-7   청소년 및 청년을 위한 복지 대책의 필요성

정지운, 2019; 유네스코 한국위원회, 2009). 그것은 청소년기를 지나 청년기에 들어선 성년으로서 직면하고 있는 사회적 상황 때문이며, 대표적인 문제로 취업과 결혼의 여부 및 이에 따른 지속적인 안정성을 들 수 있다(조한혜정 외, 2016). 그러나 결코 녹록치 않은 여건으로, 중2병을 앓고 있는 중학생 청소년처럼 대2병을 앓고 있는 대학생 청(소)년이 증가하고 있다.

그렇지만 누구든지 결코 자포자기의 세대가 되어서는 안 된다. 청소년기의 발달 과제를 성취함과 동시에 윌리엄 클라크(William Clark)가 웅변하듯 토해 낸 연설처럼 '청년이여 야망을 가져라'를 자신의 노래 삼아 주도적으로 나아갈 수 있도록 응원해야 한다.

그렇지만 다른 한편으로는 청소년과 청년을 위한 복지 대책에서 '청년이 누구인가?'에 대한 명확한 정의와 함께 법적 기반이 제대로 구축되어 있지 않다는 점도 계속 지적되고 있다(김기헌, 하형석, 2016; 이영호, 2002). 이에 따라 청소년을 위한 정책 입안과 실시는 왜곡과 혼선을 겪게 될 가능성이 매우 높다.

3. 청소년의 발달이론

오늘날 '발달(development)'이라는 말은 거의 모든 학문 분야에서 널리 사용되고 있다. 청소년 발달을 포함한 인간 발달뿐 아니라, 정치·경제의 발달, 정보·통신의 발달, 생명공학의 발달 등이 그것이다. 특히 '만물의 영장'이라 일컫는 인간 발달에 관한 연구는 오랜 역사를 지니고 있으며, 그중에서도 발달의 초기에 해당하는 아동 → 청소년으로의 과정과 이행에 대한 연구는 가장 비중이 높다.

청소년 발달은 여러 가지 이론으로 설명되고 지지되지만, 그 어떠한 이론도 청소년의 발달을 총체적으로 설명하기 어렵다(곽금주, 2016; 정옥분, 2019). 다시 말하면, 청소년의 발달과정과 발달영역을 포괄적으로 이해하는 데 설명력이 큰 이론이 있으나, 그렇지 못한 이론도 있기 때문이다. 그러므로 "이론은 현장에 적용되며, 현장은 이론을 창출한다."라는 말을 고려할 때(이소희, 2019), 더욱더 청소년의 상황을 고려한 이론을 선별하여 활용하는 지혜가 필요하다.

이러한 맥락에서 청소년 발달에 의미 있는 영향을 미치는 발달이론으로서 단계성을 지닌 Freud의 심리성적이론과 Erikson의 심리사회이론, Piaget의 인지이론 및 단계적이지는 않으나 전생애 발달에 영향을 미치는 Bandura의 사회학습이론을 살펴보도록 한다. 특히 단계이론은 청소년기와 밀접한 관련을 지니는 단계에 초점을 맞춘다.

단계이론은 기본적으로 순서에 따라 일어나되, 서로 유기적으로 관련되어 영향을 미치는 기초성 ↔ 적기성 ↔ 누적성 ↔ 불가역성의 원리가 적용된다. 다시 말하면, 인간 발달단계에서 기초가 되는 시기와 적기가 있으며, 이는 콘라드 로렌츠(Konrad Lorenz, 1903~1989)의 이론에서 제시되는 결정적 시기의 개념으로 대표된다. 그리고 이러한 시기에 일어난 경험들은 누적된다. 그 누적된 경험의 성격은 이후의 발달에 직간접적인 영향을 미치며, 돌이키기 어려운 불가역성을 지니게 된다. 이렇게 보면 인간의 성장·발달에서는 매 순간, 매 시간, 매일매일이 중요함을 강하게 시사받는다. 이러한 맥락에서 그 실천적 예로 〈매일멋진영리더〉라는 창의인

성리더십 프로그램이 개발 및 보급되고 있다(한국영리더십센터, 2014).

1) 심리성적이론과 청소년복지실천

심리성적이론은 지그문트 프로이트(Sigmund Freud, 1856~1939)에 의해 주창된 것으로, 위계적 5단계로 구성되어 있다. 이론의 핵심은 인간의 정신 영역을 의식, 전의식, 무의식 수준으로 구분함과 동시에 심리적 역동을 본능(id), 자아(ego), 초자아(super ego)의 차원으로 세분하여 이 과정에서 본능적인 성적 에너지인 리비도(Libido)를 각 단계마다 다른 신체적 부위를 통해 충족하도록 구조화되어 있다.

중요한 것은 리비도가 5단계를 거쳐 가는 동안, 어느 한 단계에서 지나치게 부족하거나 과도하게 되면, 그 단계에 고착(fixation)되어서 다음 단계로의 발달적 이행이 어려워진다고 보고 있다. 따라서 리비도를 건강하게 적절한 수준과 강도로 만족시키는 것이 관건이라고 보고 있으며, 이를 위해서는 특히 부모의 지혜와 노력이 필요하다. 무엇이든지 지나치면 아니한만 못하게 된다는 과유불급(過猶不及)의 지혜를 시사한다.

심리성적 이론에서 직접적으로 청소년기에 해당하는 단계는 4~5단계이며, 가장 중요한 발달과제는 성정체성의 확립이다. 단계이론의 구조로 보면, 총 5단계 중에서 1/2을 넘긴 셈이 되지만, 연령적으로 보면, 전 인간 발달단계의 초기에 해당되므로 여전히 중요하다. 바로 이러한 이유로 심리성적 이론은 청소년을 포함한 인간의 상담과 치료에 보다 강도 높게 활용되고 있는 것이다(Rosen, 2016).

이렇게 볼 때, 지와 사랑을 겸비한 청소년 전문가로서 기여하기 위해 먼저 심리성적 이론의 맥락에서 자기성찰의 경험을 가질 필요가 매우 크다. "너 자신을 알면 너의 길도 알게 될 것이요, 너의 길을 알면 힘을 얻게 될 것이요, 힘을 알면 영혼을 보게 될 것이요, 영혼을 보면 사람을 볼 수 있을 것이요."라고 읊은 류시화 시인의 시처럼, 청소년으로 하여금 자신과 다른 사람을 잘 알아서 지피지기백전백승(知彼知己百戰百勝) 하듯 행복한 세계로 나아갈 수 있도록 코칭할 수 있을 것이기 때문이다(이소희, 비전에니어그램교육연구소, 2009).

2) 심리사회이론과 청소년복지실천

심리사회이론은 에릭 에릭슨(Erik Homburger Erikson, 1902~1994)에 의해 주창된 것으로, 위계적 8단계로 구성되어 있다. 이론의 핵심은 모든 8단계에 각각의 단계를 부정적인 심리적 위기와 긍정적인 심리적 충만감으로 정의된 두 가지의 핵심용어로 대비시키면서 전 생애에 걸친 충만한 발달을 추구하도록 구조화되어 있다.

중요한 것은 각각의 발달단계 및 전 발달단계에서 경험하는 부정과 긍정의 총량이다. 다시 말하면, 완전히 긍정적이어야 한다는 것이 아니라 부정보다는 긍정의 비중이 더 높아야 한다는 것이다. 그렇지 못하면 발달지체가 일어나 다음 단계에 부정적인 영향을 미치게 된다. 그렇다고 해서 부정적인 경험이 쓸모없는 것은 결코 아니다. 왜냐하면 생활 가운데에서 경험하는 위기와 갈등, 상처, 고통, 죄 등을 통해 반성과 도전, 용서 등의 새로운 교훈을 얻을 수 있기 때문이다.

심리사회이론에서 직접적으로 청소년기에 해당하는 단계는 4~5단계이며, 가장 중요한 발달과제는 자아정체성의 확립이다. 그렇지만 발달의 연계성을 고려할 때, 이후인 6~8단계에 대해서도 조망할 수 있어야 한다. 특히 청소년이 각각의 단계에서 당면하게 되는 심리적 위기를 극복하고, 긍정의 성취를 통해 다음 단계로 나아갈 수 있도록 지지되어야 한다. 사실, 짧다면 짧고 길다면 긴 여정에서 결코 낙망하지 않고 소망을 지니고 꿋꿋이 나아가서 장기적인 발달과제를 성취할 수 있도록 응원해야 한다(박아청, 2004, 2008). 실제로 노벨 문학상 수상자인 아나톨 프랑스(Anatole France)는 "사람들은 삶을 어떻게 살아야 할지 모르면서도 인생이 영원히 지속되기를 바란다. 내가 만약 신이었다면, 나는 청춘을 인생의 끝에 배치했을 것이다."[10]라고 말했을 정도로 청소년기는 결코 녹록치 않은 삶이다.

이렇게 볼 때, 지와 사랑을 겸비한 청소년 전문가로서 헌신하기 위해서는 먼저 나 자신부터 심리사회이론의 맥락에서 조망능력을 가질 필요가 매우 크다. 그러면 "천

---

10) 청춘(靑春)은 새싹이 돋는 봄철이라는 뜻으로 십대 후반에서 이십 대에 걸치는 인생의 젊은 나이의 인간 또는 시절을 일컫는다.

리길도 한 걸음부터" 및 "지성이면 감천"이라는 우리나라 속담처럼 청소년으로 하여금 사랑하는 부모와 가족, 선생님, 친구, 이웃 및 배우자와 함께 윈윈 시너지(Win-Win Synergy)를 내면서 행복한 세계로 나아갈 수 있도록 코칭할 수 있을 것이다(이소희, 길영환, 도미향, 김혜연, 2014; 한국코치협회 홈페이지, http://www.kcoach.or.kr).

3) 인지이론과 청소년복지실천

인지이론은 장 피아제(Jean Piaget, 1896~1980)에 의해 확충되기 시작한 것으로, 위계적 4단계로 구조화되어 있다. 이론의 핵심은 아동 · 청소년을 포함한 모든 인간의 인지는 적응능력의 발달이라는 전제하에 동화 ↔ 조절 ↔ 평형의 도식(scheme)의 역동적 과정으로 설명하고 있다. 즉, 인간은 먼저 그 당시 자신의 수준에 해당하는 '인지도식'이라는 틀을 통해 이해하는 '동화'의 과정을 거치고, 다른 상황에서 필요한 부분을 '조절'하여 평형을 이루게 되며, 또다시 반복하는 과정을 통해 점진적으로 인지 발달을 도모하게 된다. 이러한 과정은 태어나면서부터 시작되며, 청소년기를 거쳐 일생을 통해 적용되는 기본적인 인지 구조로 작용하게 된다.

중요한 것은 동화 ↔ 조절 ↔ 평형이라는 구조를 통해서 인지가 점점 발달할 수 있도록 의미 있는 자극과 반응이 일어날 수 있는 물리적 환경이 적시에 조성되고, 동시에 이러한 환경에서 의미 있는 타자와 적절한 상호작용을 할 수 있는 인적 환경이 함께 조성되어야 한다는 것이다.

인지이론에서 직접적으로 청소년기에 해당하는 단계는 4단계이다. 가장 중요한 발달과제는 형식적이고 추상적인 사고가 가능해지는 것이다. 실제로 특별한 문화적 결핍이나 실조를 경험하지 않는 한, 낮고 느리지만 4단계를 자연스럽게 거치게 된다. 그러나 적절한 환경이 조성되지 못하고 계속 인지적 부조화를 경험하게 되면 창의적이고, 협력적이며, 풍요로운 생활을 하는 데 제한이 따른다(곽금주, 2016; 조성연 외, 2018).

이렇게 볼 때, 지와 사랑을 겸비한 청소년 전문가로서 헌신하기 위해서는 일상적으로 경험하는 크고 작은 자극에 대해 수용적이면서도 유연한 자세를 갖출 필요가 있다. 건강한 뇌에서 창의적인 사고가 가능하며, 선한 영향력을 행사할 수 있는 성과를 얻을 수 있기 때문이다. 『죽음의 수용소에서(Man's Search for Meaning)』의 저자이자 정신과 의사인 빅터 프랭클(Viktor Emil Frankl)은 죽음의 고비를 넘나들다시피 한 수용소 생활을 통해 "어떠한 자극이라도 선택적으로 반응할 자유가 있다."라고 체험적 고백을 하면서 '의미치료'라는 새로운 학문영역을 창조하였다는 사실을 알려 주며, 청소년으로 하여금 창조적 인지를 발달시켜서 행복한 세계로 나아갈 수 있도록 코칭할 수 있을 것이다(이소희, 2008; 이송이, 김경미, 2019).

4) 사회학습이론과 청소년복지실천

사회학습이론은 앨버트 반두라(Albert Bandura, 1925~)에 의해 확충되기 시작한 것으로, 위계적인 발달단계 이론은 아니다. 그러나 학습을 통해 생각과 행동이 변화되고, 의미 있는 발달을 이룬다는 점에서 청소년복지에서 중요하게 고려해야 할 이론 중의 하나이다.

실제로 학습은 청소년이 생활하는 모든 곳에서 이루어지며, 발달에 직간접적으로 또는 긍정 및 부정적으로 영향을 미친다. 나아가 인간의 사회적 행동뿐만 아니라 개인의 성격 같은 심리적 특성도 사회적 과정, 특히 대인관계를 통해 학습된다는 이론이다. 이러한 관점에서 사람의 언어·인지·동기·태도·가치관 및 성격(personality) 등을 중요시한다. 그러므로 사회학습이론에서는 밖으로 드러나는 행동에만 초점을 맞추는 행동주의 학습이론과 다르게 인간의 내면에서 일어나는 인지과정도 중시한다.

사회학습이론에서는 특별하게 청소년기에 초점을 맞추지 않으며, 이에 따라 특별하게 수행해야 한다고 보는 발달과제는 없다. 그러나 발달단계를 넘어선 전 사회생활에서 학습이 이루어진다는 점을 중시하여 청소년기의 전반적 발달특징을 바탕으로 하면서 양육과 교육 및 보호에 정성을 기울이도록 하는 것이 중요하다. 예를 들면, 인터넷 사회에서 청소년의 발달을 위협하는 각종 SNS 활동을 지혜롭게 선용하는 것이다(이고은, 정세훈, 2014).

이렇게 볼 때, 지와 사랑을 겸비한 청소년 전문가로서 헌신하기 위해서는 먼저 나 자신이 바람직한 생각과 언행을 함으로써 존중과 존경의 사람으로서의 '본보기'가 되어야 한다. 세계적인 과학자 아인슈타인이 "어떤 부모가 되어야 하는가?"라는 질문을 받았을 때, "첫째도 모본을 보이는 것이요, 둘째도 모본을 보이는 것이요, 셋째도 모본을 보이는 것이요."라고 강조한 것은 부모를 넘어 모든 전문가에게 적용된다. 따라서 청소년도 본보기를 통해서 '멋진 나'가 되어 존중받고 존경하면서 행복한 세계로 나아갈 수 있도록 코칭할 수 있을 것이다(이소희, 2014; TREASURE 상호작용 연구소, 2014).

4. 청소년과 사회환경

청소년의 환경은 청소년이 성장 과정에서 경험하는 삶의 장을 말한다. 청소년복지가 효과적으로 이루어지기 위해서는 개체로서의 청소년 발달과 함께 청소년이 생활하는 주변 환경이 지닌 현상적 특징과 영향을 주는 요인에 대해 파악할 필요가 있다.

"한 아이를 키우기 위해서는 온 마을이 필요하다."라는 아프리카 속담이 있다. 동시에 "좋은 담이 좋은 이웃을 만든다."라는 아라비아 속담도 있다. 이 속담에서 말하는 '아이'는 모든 아이, 곧 발달의 연속선상에서 영아 → 유아 → 아동 → 청소년을 아우르는 넓은 개념이다. 또한 '온 마을'은 바로 이웃하는 동네, 아파트 단지와 같은 소규모의 마을이 아니라, 그야말로 행정학적으로 말하는 한 나라의 농어촌과 도시는 물론 국제사회까지 포함하는 매우 넓은 개념이되, 매우 현실적인 개념이다. 주지하다시피 교통·통신의 발달로 전 세계는 초고속으로 연결된 사회가 되었기 때문이다.

이에 따라 청소년을 둘러싸고 있는 중요한 환경으로서 가족환경, 학교환경 및 사회환경을 망라하는 생태체계이론의 이해를 통해 청소년의 사회환경을 이해하도록 한다.

1) 생태체계이론에서 본 사회환경

　　브론펜브레너(Urie Bronfenbrenner, 1917~2005)에 의해 주창된 생태체계이론은 체계이론과 생태이론을 합한 것으로서, 인간 발달의 차원에서 인간행동의 근원과 구조를 설명하는 사회과학의 한 이론이다. 이 이론에서는 '인간'을 환경과 지속적으로 상호작용하며 존재하는 하나의 체계, 즉 '환경 속의 인간(person in environment)'이라는 개념으로 보고 있으므로 청소년은 당연히 '환경 속의 청소년'이 되는 것이다. 생태체계이론은 구체적으로 점점 뻗어 나가는 형식의 네 가지 체계로 구조화되어 있다.

표 1-3 생태체계이론의 개요

체계수준	내용
미시체계	• 개인은 넓은 의미에서 생물학적 · 심리적 · 사회적 체계의 한 형태 • 개인의 특성과 성장 시기에 따라 달라짐 • 가정, 학교, 교회, 이웃 등
중간체계	• 개인을 둘러싸고 있는 두 가지 이상의 환경에서 일어나는 과정과 연결성 • 가정과 학교 간의 관계, 학교와 직장 간의 관계 등
외체계	• 개인이 직접 참여하고 있지는 않지만 발달에 영향을 주는 환경체계 • 두 가지 이상의 환경 사이에서 일어나는 과정과 연결성 • 두 가지 체계 중 최소 한 가지 체계는 개인을 직접 둘러싸고 있지 않음 • 부모의 직업환경
거시체계	• 일반적인 문화, 지역사회, 제도, 조직과 같은 광범위한 사회적 맥락 • 개인의 삶에 직접 개입하지는 않지만 간접적으로 강력한 영향력을 행사

　　이렇듯 환경 속의 인간인 청소년을 위해 생태체계이론은 크게 세 가지 관점에서 실천적 의미를 지닌다.

　　• 청소년의 이해를 총체적으로 가능하게 한다. 청소년과 청소년복지 전문가와
　　　의 상호작용 및 긍정적 생활경험이 아동의 발달과 성장의 한 요인이 된다는

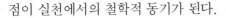

점이 실천에서의 철학적 동기가 된다.

- 상호작용의 관점은 청소년에 대한 연구에서 현실적으로 가능한 많은 요인을 함께 고려하도록 한다. 바로 청소년 자신과 부모와 가족으로 구성된 가정, 학교, 청소년 관련 시설과 기관, 지역사회, 국가의 정책과 행정 등과 같은 요인들을 포함하는 것이다.
- 청소년복지실천에서 전문가는 청소년이 어떤 체계와 관련하여 문제를 경험하고 있으며, 그것을 해결하기 위해 각각의 체계에 어떻게 개입할 것인지에 대한 체계적 지향점을 제공한다. 다시 말하면, 청소년에게 어려움을 발생시키는 상황을 적응적 상황으로 재구조화함으로써 청소년을 둘러싼 체계를 변화시키는 방법을 모색하여 효과적 실천으로 가능케 한다.

2) 청소년과 가정환경

생태체계론적 차원에서 볼 때, 가정환경은 출발점의 의미를 지니는 미시체계에 해당된다. 그러므로 특히 초기 발달단계에 있는 청소년에게 있어서 미시체계에 속하는 가정환경의 중요성은 아무리 강조해도 지나치지 않다. 더구나 곧 청년기에 들어설 청소년에게 부모를 중심으로 한 가족이 지니는 의미는 사뭇 크다(이종원 외, 2014; Frost, Johnson, Stein, & Wallis, 2000). 왜냐하면 감수성이 예민하고 자기정체성의 확립을 위해 몸부림치다시피 하는 청소년들의 발달에도 여러 가지 영향을 미치며, 가정환경에 의해 발생하는 문제는 거의 심각한 사회문제로 이어지기 때문이다(김혜원, 조혜영, 2021; 백소진, 오홍석, 2017).

이러한 맥락에서 볼 때, 『환상적인 가족 만들기(Fantastic Families)』에서 나오는 사례는 가족의 영향력을 재확인해 준다. 강력범이자 재범으로 계속 교도소를 드나드는 죄수에게 "어떻게 하면 되풀이되는 이 악행을 중단할 수 있겠어요?"라고 교정전문가가 질문했을 때, 그 답은 "내게 가족을 주시오."였다. 어떤 가족인가? 두말할 나위 없이 사회학습이론에서 말한 '본보기가 될 수 있는 가족'이다.

가족의 형성과 발달은 긴 역사를 지니고 있지만, 현재 청소년의 생활에 지대한 영향을 미치는 현대적 가족의 생태학적 특성에 대한 이해가 더 필요하다. 알려진 바와 같이 현대적 가족의 개념은 소위 후기 산업사회 및 정보화 사회로 일컬어지는 최근의 사회적 배경과 관련된다. 올더스 헉슬리(Aldous Huxley)의 시험관 가족, 앨빈 토플러(Alvin Toffler)의 전자 가족, 그리고 오늘날의 사이버 팸(Cyber Family)뿐만 아니라 사회적 수용도에 있어 문제를 야기하고 있는 동거 가족 및 동성애 가족 등도 함께 고려될 만큼 다양한 가족이 등장하고 있다.

이러한 현대적 가족의 개념에서 현실적인 문제가 되는 것은 이들을 위한 사회복지정책의 수립에서 대상 가족의 범주를 정하는 것이다(Gilbert, 1979). 다시 말하면, 현대적 가족의 개념이 시사하는 바는 왜 가족이 존재해야 하며, 그 개인적 및 사회적 의의가 무엇이며, 이러한 존재 의의가 잘 보존되기 위해서 개인과 사회는 무엇을 어떻게 해야 하는가에 대한 사회적 합의의 필요성이라고 할 수 있다. 또한 역사적으로 볼 때 가족의 형성은 그 사회가 인정하는 형식에 따라 두 남녀의 합력과 이들의 결합을 승인해 준 사회적 지지에 의해 더욱 확장되고 존속된다.

그러므로 청소년의 발달에 있어 부모의 혼외관계, 이혼 등은 정상적인 청소년의 발달을 위협하는 중요한 변수가 된다. 따라서 합법적인 가족의 형성은 건강하고 안정된 가족의 유지를 도모할 뿐만 아니라 동시에 청소년기 자녀의 발달과 복지를 위해 매우 중요하다(김승권 외, 2004; 유계숙, 강민지, 윤지은, 2018). 특히 사회의 변화와 맞물려 청소년의 가출과 비행 등으로 인해 청소년이 합법적으로 가족을 형성할 수 있는 조건 형성에 많은 어려움이 있으며, 이에 따라 청소년 한부모 가족이 증가되는 추세는 매우 우려할 만하다. 혼전임신에 의한 미혼부·모 가족의 증가율이 높은 것(김정희, 김향미, 2018)과, 혼전동거로 인한 낙태율의 증가는 합법적인 가족 형성이 지니는 사회적 가치를 거부하고 생명경시의 현상을 초래하는 사회적 문제를 낳기 때문이다(도미향, 김영희, 2004; 배정순, 2020).

한편, 산업화 이후부터 가족의 정의와 형태가 변함에 따라 가족 내 이기주의가 심화되면서 부양 기피, 존속에 대한 폭력, 부모의 가출, 별거, 이혼 및 자녀의 방임과 유기 등의 현상이 점증하고 있다. 이와 관련하여 기러기 가족, 학대가족, 이혼가족, 한부모가족, 재혼가족, 소년소녀가족, 동거청소년가족 등 다양한 형태의 가족이 발생하면서 청소년들의 심리적인 위축이나 불안, 경제적 어려움, 성의식의 약화 등이 문제가 되고 있다(백혜정, 방은령, 2009; 안희란, 김연진, 2018; 육혜련, 2017; 주영하, 정익중, 김영일, 2019). 나아가 자기 가족만을 생각하고 가족 간 경쟁이 심화되어 계층 간 위화감을 지나치게 조성하는 사례를 빈번히 볼 수 있다(백광렬, 이상직, 사사노, 미사에, 2018; 최연실, 2017).

이와 함께 컴퓨터 기술을 기반으로 한 고도의 정보통신 기술은 가족 기능의 급격한 변화를 초래하고 있다. 즉, 우리 사회의 의사소통 형태를 단숨에 변화시킨 스마트폰, 이메일, 각종 SNS의 사용은 연령, 계층, 직업, 신분, 지역을 초월해 버린 보편적 수단이 되었다. 현대에 들어 청소년 문제가 더 부각되는 것은 이러한 초고속 정보화 사회의 변화 과정에서 청소년의 건강한 발달을 위협하는 여러 가족, 학교 및 사회적 요인이 증가하였기 때문이다. 즉, 가족 구성원 간의 낮은 응집력, 대화의 단절 등이 지속되면, 청소년 자녀는 가족에서 얻지 못하는 관심을 이성 친구, 음란물, 인터넷 등에서 찾으려 하고 이로 인한 마음의 불안은 여러 가지 문제행동을 일으킨다는 것이다(김진웅, 홍서준, 김욱진, 2020; 이상문, 2018). 따라서 청소년 문제를 해결하기 위해 청소년 문제에 대한 대책을 수립하거나 예방활동을 적극적으로 전개해야 하며, 가족의 유지와 강화를 위한 적극적이면서도 전문적인 사업을 전개할 필요가 있다.

3) 청소년과 학교환경

청소년들이 현실적으로 많은 시간을 학교에서 보내기 때문에 학교문화는 그 자체로서 매우 중요한 의미를 지닌다. 자신의 정체성을 찾을 수 있는 구체적 공간과 시간이 있으면 청소년들은 자연스럽게 자신의 문화를 만들 수 있다.

학교문화를 이루어 내는 주체는 학교 집단이지만, 일단 만들어진 학교문화는 그것이 하나의 실체로 존재하면서 각각의 구성원들에게 일정한 영향력을 행사한다. 학교문화는 청소년 욕구 충족의 기능, 청소년 사회화의 기능, 행동의 준거 제시의 기능, 사회변동성의 촉발 기능을 가진다. 이러한 학교문화의 기능적 특성을 고려하여, 학교는 내일을 준비하는 자로서만 그치지 않고 오늘을 사는 청소년으로 육성하고 돌볼 필요가 있으며, 이러한 입장에서 학교사회사업은 매우 중요한 청소년복지 실천 분야의 하나라고 할 수 있다(최유미, 이소희, 1999).

한편, 학교문화는 학교라는 공간에서 교사와 청소년이라는 두 집단이 주요 구성원으로 자리하고 있으므로 이 구성원들의 상호작용과 집단적 특성에 따라 다양한 하위문화가 존재한다. 즉, 교사라는 신분을 중심으로 요구되는 교사문화, 학생들을 중심으로 형성되는 학생문화, 그리고 교사와 학생이 함께 만들어 가는 수업문화가 그것이다(이정선, 2002; 조용환, 2001; 홍영기, 2001). 그리고 학생문화는 다시 학교라는 현장을 중심으로 청소년 문화의 자유로움과 해방의식을 원래부터 갖고 있는 학생문화를 인위적으로 강제하는 중요 요인으로 보고 있다(김민, 2000).

학생문화는 학업 청소년들의 행동양식이나 가치관 및 태도를 말한다. 학교라는 제한적 범주는 학생이란 지위를 강화시켜 주는 공간적 이미지로서, 학교는 단순한 공간적 개념 이상이다. 최근 청소년 문화는 기성세대와는 다른 세대 영역을 공통분모로 하여 그들만의 독특성과 이질성을 갖는 이색 문화지대이다. 이전의 청소년들과는 달리 자기 삶에 대한 주체적 설계와 뚜렷한 주관적 요소들을 갖고 있으며, 자유로움과 해방의식으로 무장하고 있다.

근래에 들어서는, 청소년들의 놀이 내용이 매우 단조롭고 빈약할 뿐 아니라, 특히 신체활동이 적은 놀이를 주로 하기 때문에 나쁜 문화에 빠져드는 경향이 있으며, 비사고적이고 감각적인 오락문화는 청소년의 범죄를 증가시키고 있으나 특별한 대책을 세우지 못하고 있는 실정이다(성은모, 강경균, 2018).

그리고 청소년의 학생문화에서 가장 크게 대두되고 있는 성문화에서의 문제는 청소년의 성에 대한 가치관이 문란해지고 성이 상품화되고 있다는 것이다. 청소년을 대상으로 한 성범죄에서 강간과 강제추행이 늘어나고 있으며, 성매매 알선 및 강요는 다소 감소하고 있지만, 성범죄자 피해자 연령은 낮아지고 있어 그 심각성이 우려된다(박연주, 한창근, 조원희, 2017). 또한 최근 발생한 N번방 사건과 같은 사이버 성범죄 및 디지털 성범죄는 그 심각성을 더하고 있다(김정혜, 2020; 김한균, 2017).

　　청소년은 대부분의 생활을 학교에서 수업을 하며 보내게 된다. 수업문화는 일차적으로 조성된 학급규범에 의해 생성되고, 교사와 학습자의 특성, 수업 내용, 학교의 체제 및 지역사회의 특성 등에 의해 조성된다(홍영기, 2001). 동시에 학생 개개인의 특성으로 인해 순간마다 역동적으로 진행된다고 볼 수 있다.

　　따라서 수업문화의 가치 형성에 이어 교사와 학생이 서로 인격적인 유대감을 형성해야 하고(안효근, 2003), 학습자 중심의 다양한 교육과정, 학습자의 욕구와 흥미에 기초하는 교수−학습방법의 채택이 매우 중요하다. 이러한 현상과 문제는 학교사회사업과 교육복지의 영역에서 논의된다.

생각해 볼 문제

1. 청소년 관련법에 따라 청소년의 연령 정의와 명칭이 다르다. 그렇다면 청소년복지의 실천에서 어떤 문제가 발생될 수 있을지 생각해 보자.

2. 하나의 특정한 이론이 청소년의 발달 전체를 설명하는 데 한계점이 있다. 그렇다면 청소년복지의 실천에서 이를 어떻게 활용해야 할지 논의해 보자.

참고문헌

곽금주(2016). 발달심리학−아동기를 중심으로. 서울: 학지사.

김경애(2016). 학교 중단 청소년들에 대한 사례연구. 학습자중심교과교육연구, 16(9), 1-28.

김근영(2012). 청소년기 자아정체성 연구의 대안적 접근: 서술적 정체성 발달. 청소년학연구, 19(2), 85-108.

김기헌(2020). 아동ㆍ청소년 연령 기준의 문제점과 과제. 월간 복지동향, 266, 14-19.

김기헌, 유민상, 김창환, 정지운(2019). 청년 핵심정책 대상별 실태 및 지원방안 연구 II: 학교 졸업예정자. 한국청소년정책연구원 연구보고서, 1-487.

김기헌, 하형석(2016). **청년 사회 · 경제 실태 및 정책방안 연구 I.** 세종: 한국청소년정책연구원.

김민(2000). 청소년복지실현을 위한 학교문화의 과제. **충북교육학연구**, 3(1), 89-112.

김민웅(2017). 청소년, 그들은 누구인가? **월간 참여사회**, 11.

김승권, 양옥경, 조애정, 김유경, 박세경, 김미희(2004). **다양한 가족의 출현과 사회적 지원체계 구축방안.** 서울: 한국보건사회연구원.

김영정, 구화진(2019). 청소년 한부모 권리보장과 사회적 지지체계 조성방안. 서울시 여성가 족재단 연구사업보고서, 1-158.

김영지, 김희진(2015). 유엔아동권리협약 이행방안 연구: 유엔아동권리위원회 권고사항 이행 과제 개발 기초연구. 한국청소년정책연구원 연구보고서, 1-340.

김영한, 조아미, 이승하, 변해진(2013). 청소년 문제행동 저연령화 실태 및 정책 과제 연구. 한 국청소년정책연구원 연구보고서, 1-366.

김은정(2009). 한국 청소년들의 '학생으로서의 정체성' 수용과정, 또래관계를 비롯한 '의미 있 는 타자'들과의 상호작용을 중심으로. **한국사회학**, 43(2), 85-129.

김일부, 이소희(2016). 멘토코칭 방식에 의한 유아기 부모의 상호작용 훈련 효과: TREASURE Talk 코칭모델의 활용. **한국가족복지학**, 21(3), 489-521.

김일부, 이소희(2017). 유아 인성리더십 교육에서 교사의 상호작용 역량강화를 위한 훈련 프 로그램 개발과 효과: TREASURE Talk 코칭모델 활용. **코칭연구**, 10(4), 73-100.

김정혜(2020). 텔레그램 'n번방' 등 온라인 매개 성폭력 사건들을 통해 본 이 시대 성폭력의 특 성. KWDI Brief, 53.

김정희, 김향미(2018). 청소년미혼모의 사회적 인정과 법정책. **사회복지법제연구**, 9(3), 109- 132.

김진웅, 홍서준, 김욱진(2020). 청소년의 학업스트레스가 게임 과몰입에 미치는 영향: 부모- 자녀 의사소통과 또래관계의 매개효과. **보건사회연구**, 40(3), 429-458.

김한균(2017). 사이버성범죄 · 디지털성범죄 실태와 형사정책. **이화젠더법학**, 9(3), 27-57.

김혜원, 조혜영(2021). 부모의 학대와 방임이 청소년의 차별가해경험에 미치는 영향: 스트레 스, 우울, 차별피해경험의 매개효과. **청소년문화포럼**, 65, 37-67.

도미향, 김영희(2004). 청소년의 낙태의식과 태도에 관한 복지적 접근-사이버 대학생을 중심 으로. **청소년복지연구**, 6(2), 115-128.

박순영, 곽금주, 김혜란(2006). 남한 거주 탈북 어린이, 청소년의 신체성장, 심리발달, 그리고 복지서비스 욕구에 관한 연구. 서울대학교 통일연구소 연구과제 결과보고서.

박아청(2004). 청소년기 자아발달의 촉진요인에 관한 이론적 검토. **사회과학논총**, 23(2), 73-92.

박아청(2008). **청소년과 아이덴티티**. 경기: 교육과학사.

박연주, 한창근, 조원희(2017). 한국의 아동·청소년대상 성범죄 양형분석연구. **한국아동복지학**, 58, 47-76.

배정순(2020). 생명존중을 위한 낙태상담절차의 입법 필요성. **청소년상담학회지**, 1(3), 5-23.

배화옥, 강지영(2016). 아동 발달단계별 아동학대 특성 연구. **보건사회연구**, 36(1), 5-29.

백광렬, 이상직, 사사노, 미사에(2018). 한국의 가족주의와 가족 관념: '사회결합'론의 관점. **한국사회학**, 52(4), 115-159.

백소진, 오홍석(2017). 청소년이 지각한 부모 양육태도와 스마트폰 중독 경향성의 관계: 대인불안의 매개효과. **청소년학연구**, 24(5), 31-54.

백혜정, 방은령(2009). 청소년 가출 현황과 문제점 및 대책 연구. 한국청소년정책연구원 연구보고서..

백혜정, 송미경, 신정민(2015). 학교 밖 청소년 지원 정책 체계화 방안 연구. 한국청소년정책연구원 연구보고서, 1-310.

성은모, 강경균(2018). 한국의 아동·청소년 놀이정책 수립을 위한 방향과 과제 탐색. **청소년복지연구**, 20(1), 35-65.

신현균(2014). 초등학교 고학년생의 스트레스와 우울증상 간 관계: 역기능적 태도와 자존감의 매개효과 및 성차. **한국심리학회지: 임상**, 33(3), 591-615.

안세근, 김현욱(2016). 초등학교 아동의 성역할 정체성 특징 분석-한부모 가족 아동을 중심으로. **학습자중심교과교육연구**, 16(6), 187-206.

안효근(2003). 일반계 고등학교의 수업문화에 관한 질적 연구. 고려대학교 행정대학원 석사학위논문.

안희란, 김연진(2018). 이혼 후 재혼 (동거) 가정 내 계부모에 대한 호칭 관련 심리적 기제에 관한 연구-상담에의 함의. **한국콘텐츠학회논문지**, 18(4), 254-267.

오미숙, 심우찬(2014). 학업 스트레스가 아동의 우울에 미치는 영향: 자아존중감의 조절효과를 중심으로. **학교사회복지**, 29, 237-261.

유계숙, 강민지, 윤지은(2018). 청년층의 가족개념과 가치관: 2001년과 2017년 20대 미혼 청년세대 비교를 중심으로. **가족과 문화**, 30(3), 42-69.

유네스코 한국위원회(2009). 청년의 지속가능한 삶을 위한 사회적 대화. 제6차 유네스코 청년 포럼 자료집.

육혜련(2017). 가출청소년의 성매매피해 경험에 대한 연구. 청소년복지연구, 19(1), 109-136.

이고은, 정세훈(2014). 청소년의 사이버 폭력 행위에 영향을 미치는 요인에 관한 연구-계획된 행동이론과 사회학습이론을 적용하여. 사이버커뮤니케이션학보, 31(2), 129-162.

이상문(2018). 비행 친구가 비행에 미치는 영향: 성과 이성 친구의 차이. 한국범죄학, 12(2), 47-71.

이소희(1989). 아동학대 확인을 위한 가정환경 분석 연구. 숙명여자대학교 대학원 박사학위 논문.

이소희(2002). 그것은 아동학대예요. 서울: 동문사.

이소희(2008). 멋진 응원 코칭. 서울: 신정.

이소희(2014). TREASURE Talk 코칭 모델 개발을 위한 연구 1. 코칭연구, 7(1), 5-35.

이소희(2019). 아동을 위한 우리 모두의 매일 멋진 힘-아동복지. 경기: 정민사.

이소희(2020). 아동먼저-아동권리와 아동복지. 경기: 정민사.

이소희, 길영환, 도미향, 김혜연(2014). 코칭학개론. 서울: 신정.

이소희, 김민정, 김혜영(1999). 청소년복지지표 개발을 위한 기초 연구. 청소년복지연구, 1(2), 27-46.

이소희, 비전에니어그램교육연구소(2009). 비전에니어그램 베이직 매뉴얼. 경기: 비전에니어그램교육연구소.

이송이, 김경미(2019). 코칭질문 인식에 관한 주관성 연구. 코칭연구, 12(5), 47-65.

이양희(2015). 유엔아동권리협약 이행을 위한 법적 제도화 방안 연구. 보건복지부 연구용역 보고서.

이영호(2002). 청소년에 대한 다양한 명칭과 사회적 인식의 변천. [KEDI] 한국교육, 29(2), 323-357.

이용복, 이소희(2007). 한국사회복지법. 경기: 문음사.

이정민, 이수정(2019). 아동·청소년 성 보호를 위한 연령조정 방안연구. 한국청소년정책연구원 연구보고서, 1-196.

이정선(2002). 초등학교 문화의 탐구. 경기: 교육과학사.

이종원, 황진구, 모상현, 정은주, 강현철, 한영근, 허효주, 문은옥, 이영화(2014). 한국아동·청소년 패널조사 V: 사업보고서. 한국청소년정책연구원 연구보고서, 1-208.

정옥분(2019). 발달심리학: 전생애 인간 발달(3판). 서울: 학지사.

조성연, 이정희, 김온기, 제경숙, 김영심, 황혜정, 김혜금, 나유미, 박진재, 송혜린, 신혜영 (2018). 최신 보육학 개론. 서울: 학지사.

조용환(2001). 문화와 교육의 갈등−상생관계. 교육인류학연구, 4(2), 1-27.

조한혜정, 엄기호, 강정석, 나일등, 이충한, 이영롱, 최은주, 천주희, 이규호, 양기민(2016). 노오력의 배신: 청년을 거부하는 국가 사회를 거부하는 청년. 경기: 창비.

주영하, 정익중, 김영일(2019). 한부모가족 초기 청소년의 자아존중감 발달궤적과 예측요인. 청소년복지연구, 21(1), 135-164.

청소년보호위원회(2003). 청소년보호 연령 기준에 대한 정책토론회. 서울: 청소년보호위원회.

최연실(2017). 한국 가족의 변화와 가족정책의 방향: 가족 가치의 강조와 공동체적 의식의 확산. 보건복지포럼, 2017(10), 2-4.

최유미, 이소희(1999). 학교사회사업가 역할에 대한 진로상담교사와 사회복지사의 인식비교. 청소년복지연구, 1(2), 99-113.

한국문화정책개발원(1999). 청소년 연령 기준에 관한 토론회. 서울: 한국문화정책개발원.

한국영리더십센터(2014). 창의와 인성을 겸비한 매일멋진영리더. 경기: 한국영리더십센터.

홍영기(2001). 학교문화의 형성과 작용과정. 교육인류학연구, 4(2), 41-58.

홍완식(2007). 아동 · 청소년 등의 연령기준. 입법정책, 1(1), 9-33.

TREASURE 상호작용 연구소(2014). TREASURE Talk 상호작용 부모−교사 매뉴얼.

Bandura, A. (1977). *Social learning theory*. Englewood Cliffs, NJ: Prentice Hall.

Bronfenbrenner, U. (1979). *The ecology of human development: Experiments by nature and design*. MA: Harvard University Press.

Erikson, E. H. (1985). *Childhood and society*. New York: W. W. Norton & Company.

Freud, S. (1920). *A general introduction to psychoanalysis*. SC: CreateSpace Independent Publishing Platform.

Frost, N., Johnson, L., Stein, M., & Wallis, L. (2000). Home start and the delivery of family support. *Children & Society, 14*(5), 328-342.

Gilbert, N. (1979). Editorial page: An initial agenda for family policy. *Social Work, 24*(6), 447-450.

Piaget, J. (2003). Part I: Cognitive development in children-Piaget development and learning. *Journal of Research in Science Teaching, 40*(1), 8-18.

Rosen, K. S. (2016). *Social and emotional development: Attachment relationships and the emerging self*. London: Palgrave.

Thomas, M. K., Lloyd-Jones, D. M., Thadhani, R. I., Shaw, A. C., Deraska, D. J., Kitch, B. T., Vamvakas, E. S., Dick, I. M., Prince, R. L., & Finkelstein, J. S. (1998). Hypovitaminosis D in medical inpatients. *New England Journal of Medicine, 338*(12), 777-783.

[홈페이지 참고자료]

경찰청 공식 블로그 https://polinlove.tistory.com

국가인권위원회 홈페이지 https://www.humanrights.go.kr

국민인권위원회 국민생각함 홈페이지 https://www.epeople.go.kr/idea/kcc/ideajoin.npaid

대한민국 정책정보지 '공감' 홈페이지 https://koreablog.korea.kr/296

법제처 국가법령정보센터 홈페이지 https://www.law.go.kr

서울특별시 브런치 홈페이지 https://brunch.co.kr/@seoul/473

여성가족부 홈페이지 http://www.mogef.go.kr

여성가족부 홈페이지 http://www.mogef.go.kr/oe/olb, 2018년 3월 20일 인출

유튜브 동영상: 결정례-학생다움을 강요받는 청소년 https://www.youtube.com/watch?v=x6FnRN-WkCs

유튜브 동영상: 세바시 387회-대한민국 중2 사용설명서 https://www.youtube.com/watch?v=G9ulotwVj6g

잡코리아 홈페이지 https://www.jobkorea.co.kr

통계청 홈페이지 https://kostat.go.kr/portal/korea/index.action

한경매거진 홈페이지 https://magazine.hankyung.com/ job-joy/article/335327

한국코치협회 홈페이지 http://www.kcoach.or.kr

제2장
청소년복지의 의미와 권리

청소년기의 이상 속에서야말로 인간은 진리를 인식하게 되며,
청소년기의 이상이야말로 무엇과도 바꿀 수 없는 인간의 부(富)이다.

— 슈바이처 —

대부분의 사회제도는 성장과 번영을 추구하는 사람들의 필요에서 비롯된다. 청소년의 복지도 마찬가지이다. 특히 청소년은 독립적인 생활이 어렵기 때문에 청소년을 아끼고 사랑하는 부모와 보호자 및 전문가들에 의해 청소년복지가 점진적으로 모색되고 발전해 왔다.

한편, 청소년을 포함한 인간에 대한, 인간을 위한 다양한 분야에서의 연구가 발전하면서 아동과 청소년의 권리와 복지와의 관련성에 대해 새롭게 인식하게 되고, 이를 반영한 여러 청소년복지실천이 이루어지기 시작하였다. 따라서 이 장에서는 앞으로 더 나은 청소년복지를 위해 청소년복지의 필요성을 재확인하고, 청소년복지의 의미와 권리를 학습함으로써 향후 청소년복지의 발달을 지향한다.

1. 청소년복지의 필요성

필요는 발명의 어머니이다! 세계적인 발명가인 에디슨의 말이다. 이 말은 비단 발명에만 적용되는 것이 아니라, 모든 인간의 삶과 사회제도에 적용되며, 청소년복지도 마찬가지이다.

오늘날 우리 사회에서 거론하는 청소년복지의 필요성을 간단명료하게 말하면 두 가지로 요약된다. 하나는 청소년을 위해서이며, 다른 하나는 청소년과 함께 오늘과 내일을 살아가게 될 모든 사회 구성원 조직의 번영을 위해서이다.

긍정심리학에서 지향하는 '긍정'의 가치는 일의 효율성을 제고하고, 높은 성과를 올린다는 데 있다. 두말할 나위 없이 맞는 말이다. 다른 한편, 무엇인가를 깊게 생각하고, 만반의 준비를 갖추기 위해서 '만약 ~ 하지 않으면?' 또는 '만약 ~이 이루어지지 않으면?'이라는 질문을 던져 보는 경우도 적지 않다. 그러면 무엇을 해야 할 것인가에 대한 분명한 답을 얻을 수 있다. 그리고 주의를 기울여 대비하게 된다. 만약 청소년복지가 제대로 이루어지지 않으면? 향후 청소년과 그의 가정과 우리 사회에 어떤 일이 발생할 것인가? 바로 이러한 결론 때문에 '질문이 답이다'(Pease, 2000)가 성립되며, '질문이 답을 바꾼다'(Sobel & Panas, 2012)라는 관점의 코칭 접근이 의미를 지니게 된다(이소희, 2008).

청소년복지의 필요성은 우선적으로 치료적 차원에서 특별한 보호가 필요한 청소년을 정상으로 회복시키기 위해서이며, 그다음은 예방적 차원에서 특별한 문제가 없는 일반 청소년을 지원하기 위해서이다. 실천에서도 우선순위는 특별한 문제를 지닌 청소년이 된다. 이렇듯 청소년복지가 이루어지면, 그 사회는 자연스럽게 지속적으로 번영하는 사회가 될 수 있다.

1) 특별한 도움이 필요한 청소년의 보호

특별한 도움이 필요한 청소년은 그의 개인적 발달 및 생활·환경적 특성으로 인

하여 부모와 가족 외부로부터 도움을 받아야 하는 청소년을 말하며, 크게 다음 세
가지 범주에 해당된다.

- 부모 개인과 가족 및 사회적 요인으로 자녀를 제대로 키우기가 힘든 가정의
  청소년
- 선천적 및 후천적으로 유전적 요인, 질병과 사고 등에 의해 정상적으로 성장·
  발달하기 어려운 청소년
- 부모와 가족이 적절한 방법으로 적절한 기간 동안 자녀를 양육하고자 하였음
  에도 불구하고 그 자녀가 불응함에 따라 바르게 성장·발달하지 못한 청소년

  그러므로 이러한 청소년들을 위한 복지실천은 다음과 같은 지향점을 지녀야 청녀
소년의 필요에 부응할 수 있게 된다. 즉, 청소년은 기본적으로 한 인간으로서 청소
년다운 생활을 할 권리가 있다는 점을 바탕으로 할 뿐만 아니라, 아동의 상태와 상
황을 고려한 부가적인 실천이 필요하다는 관점에서 비롯한다. 더구나 특별한 도움
이 필요한 청소년은 시급하게 해결해야 할 어떠한 장애 혹은 문제를 복합적으로 지
니고 있다는 점에서 '보호'와 '계발'을 그 지향점으로 설정할 수 있다(이소희, 2018).

- 보호: 특별한 도움이 필요한 청소년의 상황이 더 이상 악화되지 않도록 최대한
  잔존능력을 유지함.
- 계발: 특별한 도움이 필요한 청소년의 상황이 더 이상 악화되지 않을 뿐만 아
  니라 잔존하는 능력과 가족 및 외부의 자원을 최대한 활용하여 잠재능력을 최
  대한 계발함.

  구체적으로 말하면, 해당 상황에서 청소년에게 남아 있는 잔존능력이 더 이상 소
멸되거나 약화되지 않도록 역량을 강화하여 정상수준에 이르도록 하는 것이다. 대
표적인 예로 장애를 지닌 청소년, 비행을 저지른 청소년이 현재 나타내고 있는 행
동특성을 수정하는 것을 들 수 있다.

그리고 새로운 상황에 적응하고 성장하기 위해서 청소년 자신이 감당해야 할 역할을 재조정해야 하는데, 예를 들면, 한부모가정의 청소년, 다문화가정의 청소년, 입양가정의 청소년 및 시설에서 양육받는 청소년을 들 수 있다.

이와 같은 모든 경우에 있어서 일차적 목표는 특별한 도움이 필요한 청소년이 가능한 한 일반 청소년과 같은 유사한 수준, 즉 정상에 도달하는 것이며, 이차적 목표는 일반 청소년처럼 자신의 잠재력을 최대한 발휘하여 성장하는 것이다. 물론 출발점이 다르기 때문에 일반 청소년과는 차이가 날 수 있지만, 가능한 개인 간 차이가 아닌 개인 내 차이 중에서도 강점이 되는 부분을 강화하는 것에 초점을 둔다. 여기에서 개인 간 차이는 주로 청소년과 청소년들 사이에서 나타나는 차이를 말하며, 그 예로 장애를 지닌 청소년과 그렇지 않은 영재 청소년과의 포괄적인 차이를 말한다. 그리고 개인 내 차이는 일반 청소년 및 특별한 도움을 필요로 하는 모든 청소년에게 나타나는 것으로 각 개인의 내적 차이를 말한다. 그 예로 장점이나 강점, 개성, 창의성의 여부 등을 들 수 있다.

이렇듯 특별한 도움이 필요한 청소년을 위한 복지실천은 선별주의 원칙에 따른 것으로 주로 사후의 치료적 관점에서 이루어진다. 그렇기 때문에 개별 및 소수 집단을 대상으로 한 전문적인 실천이 더욱 요구된다.

그러므로 일반 청소년보다 더 많은 사회적 관심과 함께 인적 및 물적 자원의 제공과 같은 실제적인 노력을 해야 하며, 동시에 청소년 자신의 노력도 요구된다.

2) 일반 청소년을 위한 권리보장

일반 청소년은 특별한 도움이 필요한 청소년에 대비되는 발달특성과 환경에서 생활하는 아동을 말한다. 따라서 부모와 가족의 보호와 양육 외에는 특별한 외부적 지원 없이 성장·발달이 가능하며, 크게 다음 세 가지 범주에 해당된다.

- 특별한 어려움이 없이 부모와 가족의 보호와 양육 속에서 자신의 가정에서 생활하고 있는 아동

- 선천적 및 후천적으로 유전적 요인, 질병, 사고가 없이 정상적으로 성장 · 발달하고 있는 아동
- 부모와 가족이 적절한 방법으로 적절한 기간 동안 양육할 때, 믿고 따르므로 정상적으로 성장 · 발달하고 있는 아동

일반 청소년도 특별한 도움이 필요한 청소년과 마찬가지로 엄연히 한 인격체이다. 다행스럽게도 일반 청소년은 특별한 어려움이 없이 자신이 태어난 친가정에서 부모와 가족의 보호와 양육을 받으며 생활할 수 있다. 그러므로 일반 청소년은 특별한 도움이 필요한 아동에 비해 훨씬 건강하고 건전하며 창의적인 존재로 성장 · 발달할 수 있다. 물론 이 과정에서 일반 청소년도 자신이 지닌 천부적인 삶의 권리를 제대로 향유할 수 있도록 발달과업을 성취하고 더 나은 성장을 위해 책임을 다해야 한다. 동시에 이를 위해서는 일반 청소년에게도 예방조치 및 더 나은 성장을 통한 청소년복지의 질적 수준의 향상을 위해 여러 가지 사회적 · 국가적 지원이 제공되어야 한다.

일반 청소년을 위한 복지실천의 지향점은 기본적으로 모든 청소년이 한 인간으로서 아동다운 생활을 할 권리가 있다는 점을 바탕으로 한다. 그리고 특별하고, 시급하게 해결해야 할 어떠한 장애 혹은 문제를 지니고 있지 않다는 점에서 '보존'과 '육성'을 그 지향점으로 설정할 수 있다.

- 보존: 타고난 잠재능력이 손상되지 않도록 최대한 보존함.
- 육성: 타고난 잠재능력을 보존할 뿐 아니라, 계발 의의와 외부 자원을 활용하여 최대한 육성함.

2. 청소년복지의 개념

청소년복지는 청소년과 복지의 합성어이다. 따라서 청소년복지의 개념을 제대로 이해하기 위해서는 청소년과 복지를 통합적으로 살펴보아야 한다.[1] 이미 청소년에 대한 폭넓고도 깊은 이해를 한 것과 같이 복지도 동일한 맥락에서 접근할 필요가 크다.

특히 오늘날의 '복지(福祉, welfare)'는 사회복지, 가족복지, 아동복지 등으로 우리 생활에서 이미 자주 사용하고 있는 용어로서 추상적이면서도 실천적인 개념을 공유하고 있다. 동시에 관련 분야의 특성을 고려하여 특수한 관점으로 재구성되어 사용되고 있기도 하며, 그 수용도도 높은 편이다.

또한 청소년복지는 중요한 사회제도로서 법적 근거에 의해 실시된다. 따라서 청소년 관련법에서의 청소년복지에 대해 어떻게 정의하고 있는가를 확인하여야 하며, 보다 발전된 청소년복지를 모색하기 위해 적용상의 문제도 개괄적으로 파악할 필요가 있다.

이러한 맥락에서 청소년복지의 개념을 이해하기 위해 먼저 복지를 철학적 · 주관적−객관적 개념으로 구분하여 살펴본 다음, 실천적 관점에서 좁은 의미와 넓은 의미의 청소년복지로 대별하여 이해하도록 한다.

1) 복지의 이해

오늘날 복지가 우리 사회에서 차지하는 의미와 영향력을 고려할 때, '복지'에 대한 폭넓고도 깊은 이해의 필요성은 아무리 강조해도 지나치지 않다. 최근 다양한 학문 분야에서 인문학적 소양과 지식을 강조하고 있는 것은 자칫 거대한 코끼리의 온몸을 통으로 보면서도 각 부위를 보지 않고, 코끼리 코만 보고서 코끼리를 다 안

---

1) 청소년에 대한 정의는 제1장에서 설명된다.

다고 하는 우를 범하는 것을 방지하기 위한 것과 동일한 맥락이다.

특히 복지는 욕구와 필요에 대한 충족이라는 점에서 철학적 의미를 지니고 있으며, 청소년복지는 청소년을 위한 직간접적 실천이라는 점에서 기능적 의미를 크게 지닌다.

(1) 철학적 관점에서 본 복지

무릇 인간을 대상으로 이루어지는 개별적 및 조직적 활동은 그 나름대로의 목표와 철학을 지니고 시도하게 된다. 청소년복지를 포함한 사회복지실천도 그러하며, 이때 추구하는 철학은 복지실천에서 좌표의 기능을 한다.

철학(哲學, philosophy)은 어떤 사물과 현상의 인식과 행동에서 전제가 되는 핵심적인 생각을 말한다. 청소년복지를 포함한 사회복지 전반에 걸쳐 복지를 보는 철학적 시각이 지니는 의미는 매우 크다. 왜냐하면 행복을 포함한 복지에서의 개인 및 사회적 책임에 대한 인식을 재확인함으로써 진정한 인간의 삶과 자유에 대한 성찰을 제공해 주기 때문이다. 그리고 이와 관련하여 복지실천에서의 우선적인 대상자 선정 및 대책에서의 우선순위를 결정할 때 합리적인 관점을 제공해 주기 때문이다.

철학적 시각에서의 복지는 인간이 잘사는 상태(a life of well-being)를 말하며(김정래, 1998; Kant, 1964), 이를 통해 복지의 의미를 더 자세히 파악할 수 있다. 이 '잘 산다'는 말은 계속해서 개인의 유익이 점증된 삶을 사는 것을 말하며, 유익의 형태는 다양할 뿐만 아니라, 충족의 과정에서 우선순위도 다르다. 구체적으로 유익은 욕망과는 다소 구분되는 것으로 대체 불가능한 속성(non-substitution)을 갖고 있으며, '필요'의 의미가 더 강하다. 이를 '정언적 필요(categorical need)'[2]라고 하며, 다시 두 가지로 구분된다. 즉, 공기, 물, 수면 등과 관련되는 '생존적 필요(substantial need)'와 기초교육과 발표권 및 선거권 행사 등의 삶의 질과 연관되는 '보편적 필요(universal

---

2) Kant(1964)가 사용한 '정언적(categorical)'이란 '가언적(hypothetical)'의 반대되는 말로서 '어느 상황하에서도 조건 없이 요구된다.'라는 뜻을 내포하고 있다. 따라서 정언적 필요가 충족되지 않으면 인간의 삶은 치명적인 영향을 받아서 생존의 위협을 받게 되므로 '잘사는 상태의 삶'이라고 볼 수 없다.

		• 최고의 밥상, 특별식으로서 '클래스' 식단은 학생들의 어떤 필요를 충족시켜 주는가? • 이러한 급식이 제공되기 위해 필요한 것은 무엇인가? 세 가지를 들어 보자.
출처: 대한급식신문(2019. 10. 23.).	출처: 금강일보(2019. 3. 14.).	
		• 중·고등학생의 교복·두발 자유화가 계속 논의되는 이유는 무엇인가? • 중·고등학생의 교복·두발 자유화는 학생들의 어떤 필요를 충족시켜 주는가?
출처: 서울신문(2018. 10. 21.). 교복두발자율화를 보도한 동아일보 기사(1982. 1. 4.)를 인용함.	출처: 서울시교육청 블로그 (https://seouleducation.tistory.com, 2018년 9월 27일 인출).	

그림 2-1 중·고등학생(청소년)의 필요와 욕구

need)'가 그것이다. 그러므로 이 정언적 필요는 한 개인이 하고 싶은 것(the desired)으로서의 '수단적 필요(instrumental need)'와는 차이가 있다. 그렇기 때문에 복지의 개념에 있어 무엇보다 우선적으로 고려해야 하는 것은 '정언적 필요'이다.

(2) 주관적 및 객관적 관점으로 본 행복과 복지

인간은 궁극적으로 행복하기를 바라고, 또한 복지라는 차원에서 '질 높은 삶'을 추구한다. 따라서 두 용어는 지향하는 바가 유사하고 관련성이 매우 높은 개념이다. 그렇지만 두 용어의 개념에 내재한 철학과 접근방법에는 차이가 있으므로 구분하여 이해할 필요가 있다.

주관(主觀)의 사전적 의미는 생활에서 자기 스스로가 생각하고 행동하는 것을 말한다. 행복(幸福)은 생활에서 자기 스스로 매우 만족하고 기쁨을 누리는 것을 말한다(서은국, 2014; Ben-Shahar, 2007). 이렇게 볼 때, 행복은 다분히 주관적이며, 다른

알렉산더 대왕이 인도로 가는 길에 디오게네스를 만났다. 한겨울의 아침 나절, 바람이 찼다. 디오게네스는 강둑의 모래 위에 비스듬히 누워서 일광욕을 즐기고 있었다.

알렉산더는 그의 모습이 도무지 믿기지 않아 발걸음을 멈추고 경외스런 어투로 말을 건넸다.

"선생." "선생, 난 당신한테 감동하였소이다. 당신을 위해 뭔가 해 드리고 싶소. 뭘 원하시오?"

디오게네스가 말하기를, "조금만 옆으로 비켜 주시오. 햇빛을 가리고 계시니. 그뿐입니다."

알렉산더가 말하기를, "내가 다시 태어날 수만 있다면, 디오게네스로 태어나게 빌고 싶소."

디오게네스가 말하기를, "누가 감히 대왕의 길을 막겠습니까? 지금 어디로 가시지요?"

알렉산더가 말하기를, "세계를 정복하러 인도로 가는 길이오."

디오게네스가 묻기를, "그런 다음에 뭘 하시렵니까?"

알렉산더가 말하기를, "그야 편히 쉬어야지요."

디오게네스가 말하기를, "대왕께선 참 어리석소이다! 난 지금 쉬고 있습니다. 대왕께 말해 두지만 지금 당장 편히 쉬지 못하신다면 끝내 그럴 수 없을 것이오."

알렉산더는 정말 여행 중에 목숨을 잃었다. 길에서 죽은 것이다.

그 후 이상한 얘기가 전해 내려 왔다.

디오게네스도 알렉산더가 죽던 그날 똑같이 죽었다는 것이다.

그래서 두 사람은 신에게로 가는 길에 강을 건너다가 만나게 되었다는 것이다.

알렉산더는 등 뒤에서 누가 부르는 소리에 고개를 돌렸다.

몇 발짝 뒤에 디오게네스가 보였다.

알렉산더가 말했다. "이거 또 만나게 되었구려. 황제와 거지가 말이오."

디오게네스가 말했다. "당신은 뭔가 오해하고 있소. 누가 거지고 누가 황제요?"

출처: https://msn0107.tistory.com/entry/디오게네스와-알렉산더-대왕 '세상을 빛으로' 요약.

* 주관적 행복을 통해 진정 누릴 수 있는 것은 무엇일까?
* 주관적 행복을 누리려면, 무엇을 포기해야 할까?

그림 2-2 디오게네스와 알렉산더 대왕의 대화

사람과 비교하지 않는다는 특징이 있다. 시인 칼 붓세(Karl Busse)는 시, 〈저 산 너머 행복〉에서 "저 산 너머 행복이 있다기에 나 또한 그 행복을 찾아 남을 따라 나섰지만, 눈물만 머금고 되돌아 왔다네."라고 읊었다. 이 시는 한 인간 개인으로서의 행복에 대한 염원을 담았다. 그러나 이 시는 찾고자 하는 행복이 무엇이며, 어디에 있는지 알려 주지 않고 있다. 그러므로 그 답은 이 시를 읽는 독자에 맡길 수밖에 없다. 다시 말하면, 지극히 주관적이다.

행복의 주관성에 관한 대표적인 사례로 디오게네스와 알렉산더 대왕이 주고받은 대화를 들 수 있다. 이 사례는 정언적 필요가 충족되면 행복할 수 있다는 점을 함축하고 있을 뿐, 가언적 필요를 무시하라는 것은 아니다.

실제로 청소년이 느끼는 행복은 인지적 미성숙으로 인하여 어른이 느끼는 행복보다 훨씬 더 주관적이라고 볼 수 있다. 옛날식으로 표현하면 '아이는 초가삼간에서 풀죽을 먹고 벌거벗고 살아도 엄마만 있으면 만사 형통이다.'라는 관점이 적용된다. 엄마만 있으면 행복의 극치를 느낄 수 있다는 것이다. 그렇지만 목숨을 연명

 학교 밖으로 나와 청년이 되다

(1) '학교 밖 청소년'은 사회적 가치나 규범에서 벗어나는 행동이다.
(2) '학교 밖 청소년'은 자연발생적인 것이 아니라 사회적으로 발생하는 것이다.
(3) '학교 밖 청소년'은 다수 또는 전문가 그룹에서 문제행동이라고 인정하는 것이다.
(4) '학교 밖 청소년'은 부정적인 결과를 나타내는 것이다.
(5) '학교 밖 청소년'은 변화 또는 해결되기를 원하는 것이다.
(6) '학교 밖 청소년'은 집단적으로 대처하려는 것이다.

출처: 서울시 청년허브 공모연구(2015).

* 어떤 학생(청소년)들이 스스로 학업을 중퇴하고 스스로 학교 밖으로 나왔을까? 그 청소년들의 욕구와 필요는 무엇이었을까?

* 이 연구결과에 얼마나 동의하는가? (1)~(6)까지 10점을 기준으로 점수화하여 자신의 견해를 밝혀 보자.

* 함께 수강하는 동료 친구들의 견해와도 비교해 보자.

그림 2-3 학교 밖으로 나와 청년이 되다

할 정도의 풀죽도 없다면 생존 자체가 불가능하며, '행복' 자체를 말하기가 어렵다.

한편, 청소년이 점점 성장하면서 생활반경이 확장되고 교육에 의한 인권 의식과 상대적인 비교의 시각이 발달하기 시작하면서 두 가지 극단적인 현상이 발생되곤 한다. 어떤 상황에서는 주관적 행복의 농도와 강도가 강화되고, 또 다른 어떤 상황에서는 객관적 복지의 강도가 높지만, 이조차도 청소년에 따라 다르다는 것이다. 대표적인 사례로 학교생활이 싫어서 자발적으로 중퇴하거나, 학교생활에 적응하지 못해 강제 퇴학당하는 경우를 들 수 있다(김혜영, 2002).

우리나라에서는 삶의 질의 향상이라는 차원에서 1990년대에 들어서면서 행복감에 대한 연구가 점증되기 시작하였으며(백혜정, 주영아, 2007), 2000년대에는 청소년의 포괄적인 행복감에 대한 연구(유미숙, 정계숙, 박수홍, 차지량, 홍광표, 2013; 전경숙, 정태연, 2009)에서 범위를 좁혀 주관적 행복감에 대한 연구가 이루어졌다(권세원, 이애현, 송인한, 2012; 김청송, 2009). 이러한 연구에 가족관계, 개성, 성적, 종교, 이성 친구, 외모, 자기발견, 경제력, 우정관계, 심리적 여유, 건강 등이 우선적인 행복감 요인으로 나타났다.

그러나 주관적 행복감을 높이기 위해서는 자구적 노력과 함께 사회적 지원도 계속되어야 한다. 물론 아무리 객관적인 관점의 청소년복지 상태에 도달되어 있다고 하더라도 본인이 느끼고 수용하지 못한다면 별 소용이 없다. 따라서 주관적 행복감의 중요성도 절대로 간과할 수는 없는데, 최근 '자기 위로'와 '자기 격려'라는 용어가 코칭과 교육 및 상담 등의 복지실천 현장에서 자주 등장하는 것은 바로 이런 이유 때문이라고 할 수 있으며(이소희, 박창규, 2010), 이는 청소년에게도 당연히 적용된다(김수정, 임경희, 2019; 임현주, 2012). 따라서 청소년의 주관적 행복도를 높이기 위해서는 청소년 자신이 자신을 어떻게 바라보는가 및 자신의 삶에 어떤 선택을 할 수 있는가에 대해 좀 더 많은 관심을 가질 필요가 있다. 이를 위해 자기계발과 리더십교육이 필요하다(남기연, 김경아, 2011; 이소희, 2009).

한편, 복지(welfare)라는 말은 '잘(well)'과 '살아간다(fare)'를 합성한 단어이다. 그러므로 복지는 앞서 언급한 행복과 개념적으로 매우 유사함을 알 수 있다.

그렇지만 다른 한편으로 복지는 '복지'만 독립적으로 사용되기보다는 다른 용어와 함께 복합어로 사용되는 경우가 더 많기 때문에 행복과는 또 다른 성격을 지닌다고 볼 수 있다. 객관적인 성격의 용어로 복지국가와 복지지표 등을 들 수 있다.

이러한 복합용어에서 볼 수 있듯이 복지의 개념은 상당히 추상적이면서도 실천적인 개념을 공유하고 있으므로 다면적 성격을 띤다. 따라서 '복지'는 어떠한 상태에서, 어떠한 용어와 함께 사용되느냐를 고려하여 개념화하고 사용할 필요가 있다. 이러한 맥락에서 현외성 등(2011)은 복지는 개인이 아니라 다수인 집단이 강조되어야 한다고 보았다. 이와 같이 다수의 구성원을 고려할 때, 청소년복지도 주관성보다는 객관성에 비중을 두게 되며, 자연스럽게 상대적인 비교 개념에 의해 인식하고 평가될 수 있게 된다(오미숙, 심우찬, 2014). 그리고 법적 근거에 따른 실천을 모색하고, 실시하게 되며, 공익적 차원에서 상당한 수준의 제한과 의무가 뒤따른다.

2) 청소년복지를 보는 관점과 개념

청소년복지는 '청소년'과 '복지'의 합성어로 청소년을 대상으로 하는 사회복지학의 한 분야이며, 청소년복지를 보는 관점에 따라 크게 두 가지로 대별된다. 즉, 좁은 의미로 보는 관점과 넓은 의미로 보는 관점이 그것이다. 그리고 이러한 관점은 청소년복지실천에서 중요한 기능을 한다.

주지하다시피 실천의 요체는 행(行)하는 것이다. 다시 말하면, 복지는 이념과 구호만으로는 진정한 복지상태에 도달하였다고 말하기 어렵기 때문이다. 앞서 살펴본 바와 같이 행복은 주관적이며 개인적인 특성이 농후하지만, 복지는 객관적이며 집단적인 성격을 띤다. 그러므로 행복과는 다른 사회적 차원에서 공동의 책임과 협력이 강조된다.

실제적으로 우리나라에서 청소년복지의 개념적 정의는 「청소년 기본법」 제3조 제4항에 규정되어 있다. 즉, 청소년복지는 청소년이 정상적인 삶을 누릴 수 있는 기본적인 여건을 조성하고 조화롭게 성장·발달할 수 있도록 제공되는 사회적·경제적 지원을 말한다. 그리고 이러한 정의는 다른 관련법에도 공히 적용되는데, 대표적인 법이 「청소년복지 지원법」이다. 한편, 청소년복지를 제대로 이해하기 위

해서는 관련된 용어의 이해도 필요하다.[3]

(1) 좁은 개념의 청소년복지

좁은 시각에서 본 청소년복지는 특별한 보호가 필요한 청소년을 중심으로 전개되는 복지실천을 말한다.

역사적으로 볼 때, 좁은 의미의 청소년복지는 초기 청소년복지가 잘 발달되지 못한 시대나 국가에서 먼저 시작되었으며, 근래에 들어서는 이러한 청소년에 대한 보호의 수준이 향상되고 있다. 구체적으로 선천적 및 후천적 요인에 의해 신체적 · 정서적 · 행동적 장애를 가진 청소년들이 해당된다. 그리고 구조적으로나 기능적으로 부적절한 양육 환경에서 자라는 청소년을 들 수 있는데, 그 예로 빈곤가정이나 학대와 폭력 및 해체 가정에서 자라는 청소년들이다.

이렇듯 특별한 보호가 필요한 청소년을 위한 부모와 가족의 역할은 한계가 있기 때문에 국가와 지방자치단체의 지원이 매우 강조된다. 나아가 국가와 지방자치단체의 지원을 보충할 수 있는 차원에서 민간 아동 · 청소년 복지기관 및 개인의 역할도 중요한 역할을 한다.

대상을 중심으로 볼 때, 좁은 개념의 청소년복지실천 대상자가 선별적 원칙에 의해 우선이 되지만, 최근에는 보편적 복지서비스의 발달에 따라 넓은 개념의 청소년복지에 포함되어 맞춤형 실천이 이루어지고 있다.

(2) 넓은 개념의 청소년복지

넓은 시각에서 본 청소년복지는 좁은 개념의 청소년복지의 대상을 포함하여 특

---

3) '청소년육성'이란 청소년활동을 지원하고 청소년의 복지를 증진하며 근로 청소년을 보호하는 한편, 사회 여건과 환경을 청소년에게 유익하도록 개선하고 청소년을 보호하여 청소년에 대한 교육을 보완함으로써 청소년의 균형 있는 성장을 돕는 것을 말한다.
'청소년활동'이란 청소년의 균형 있는 성장을 위하여 필요한 활동과 이러한 활동을 소재로 하는 수련활동 · 교류활동 · 문화활동 등 다양한 형태의 활동을 말한다.
'청소년보호'란 청소년의 건전한 성장에 유해한 물질 · 물건 · 장소 · 행위 등 각종 청소년 유해 환경을 규제하거나 청소년의 접촉 또는 접근을 제한하는 것을 말한다.

별한 보호의 필요가 낮은 일반 청소년과 부모 및 그 가족을 대상으로 한 실천을 말한다. 역사적으로 볼 때, 넓은 의미의 청소년복지는 산업화 이후 청소년을 포함한 사회복지문제의 발생 및 이에 따른 대책이 사회적 책임영역으로 간주되면서 발달되기 시작하였다.

　이러한 범주에 드는 청소년을 위해서는 국가와 지방자치단체 및 민간 아동·청소년 복지기관과 개인 모두가 참여해야 하지만, 그 우선순위와 비중에는 차이가 있다. 다시 말하면, 특별한 보호가 필요한 청소년을 위한 치료적 대책에 우선적이나, 특별한 문제의 발생을 예방하기 위한 차원에서의 복지도 강화되고 있다. 특히 오늘날은 청소년을 포함한 모든 국민의 복지 보장을 하나의 권리로 보고 있다. 이와 관련하여 그 책임 주체를 국가로 간주하기 때문에 대부분의 나라에서는 넓은 의미의 청소년복지 개념을 수용함과 동시에 그에 따른 실천적 노력을 경주하고 있는 편이며, 우리나라도 그러하다.

3. 청소년복지와 청소년 권리

　'천부적 인권'이라는 말이 있다. 하늘로부터 부여받은 사람의 권리라는 뜻이다. 이러한 말이 오래전부터 회자되어 온 것은 한마디로 말해서 그동안 인권이 보장되어 오지 못했기 때문이다. 누구의 인권인가? 바로 '인간', 사람이다. 그런데 왜 천부적(天賦的)이라는 수식어가 붙었는가? 그것은 어떠한 조건, 이를테면 남녀노소와 지위 고하, 빈부귀천, 인종, 종교 등에 따라 전체적으로 또는 부분적으로 제한과 박탈 등을 당했기 때문이다. 다시 말하면, 인권은 하늘이 주신 것이기 때문에 그 어떠한 힘이나 조건에 의해 제한, 왜곡, 대치될 수 없다는 것을 강조한 것이라고 할 수 있다.

　청소년은 앞서 살펴본 바와 같이 중간에 '낀' 사람이다. 따라서 문제가 되는 것은 상황에 따라 주변으로부터 아전인수(我田引水) 격의 취급을 받거나, 또는 스스로 방어논리를 합리화하여 대처한다는 것이다. 예를 들면, 주변 사람들로부터 "애가 왜

이래?" 또는 "네가 애냐?"라는 이중적인 잣대로 대접이 아닌 취급을 받거나 대항하는 것이다.

그런데 청소년보다 더 방어능력과 자조능력이 없는 아동의 권리가 천부적 인권 차원에서 논의되기 시작하면서 청소년의 권리에 대해서도 주목하기 시작하였다.

이런 맥락에서 인간 청소년으로서 천부적인 권리를 누리고, 또 누리도록 지원하기 위해서는 권리의 개념과 함께 청소년의 존재 가치와 역할 가치의 의미를 파악하여 실천 현장에 적용할 필요성이 크다.

1) 권리의 이해

권리의 사전적 정의는 두 가지 관점으로 대별된다. 하나는 어떤 일을 하거나 누릴 수 있는 힘이나 자격 및 의무 등을 말하며, 다른 하나는 특정의 생활 이익을 누리기 위해 법에 의하여 부여된 힘을 말한다. 권리가 지니는 속성 때문에 권리는 법과 매우 밀접한 관련성을 지닌다. 구체적으로 말하면, 법과 권리는 법 생활을 보는 관점에 따라서 법이라고 부르기도 하고 권리라고 부르기도 한다. 그것은 법이 사람에게 특정한 행동을 허용하기도 금지하기도 하기 때문이다. 이는 법에 의하여 허용된 법적인 힘이 곧 권리라고 보기 때문이다. 그러므로 우리나라의 「청소년 기본법」에서는 청소년의 권리에 대한 사항을 규정하고 있다. 이렇게 기본법에 규정한 것은 그야말로 권리가 기본에 해당되는 내용이기 때문이다.

제5조(청소년의 권리와 책임)

① 청소년의 기본적 인권은 청소년활동 · 청소년복지 · 청소년보호 등 청소년육성의 모든 영역에서 존중되어야 한다.

② 청소년은 인종 · 종교 · 성별 · 나이 · 학력 · 신체조건 등에 따른 어떠한 종류의 차별도 받지 아니한다.

③ 청소년은 외부적 영향에 구애받지 아니하면서 자기 의사를 자유롭게 밝히고 스스로 결정할 권리를 가진다.

④ 청소년은 안전하고 쾌적한 환경에서 자기발전을 추구하고 정신적 · 신체적 건강을 해치거나 해칠 우려가 있는 모든 형태의 환경으로부터 보호받을 권리를 가진다.

⑤ 청소년은 자신의 능력을 개발하고 건전한 가치관을 확립하며 가정 · 사회 및 국가의 구성원으로서의 책임을 다하도록 노력하여야 한다.

출처: 법제처 국가법령정보센터 홈페이지(https://www.law.go.kr).

또한 권리는 의무와 매우 밀접한 관련을 지닌다. 특히 법률관계는 권리-의무관계라고 말할 수 있다. 대표적인 예로 선언문의 명칭은 아동(child)이지만, 연령 정의상 청소년에게도 적용되는 「아동의 권리에 관한 국제협약」은 국제법으로서의 효력을 지니고 있다. 따라서 국내법에도 적용될 수 있도록 제도적 조치를 취해야 함과 동시에 그 이행사항을 반드시 보고하도록 하는 것도 이러한 맥락에서 이루어지는 것이다.

그러므로 청소년의 권리에 대한 이해를 통해 청소년의 복지증진에 기여하기 위해서는 먼저 청소년복지 관련법을 제대로 파악하는 것이 매우 필요하다. 이는 청소년의 양육과 교육, 지도, 상담, 치료 분야에서 일하는 전문가뿐만 아니라, 부모와 가족에게도 인지되어야 한다.

2) 청소년의 가치와 권리

청소년의 권리를 진정으로 논하기 위해서는 청소년의 가치에 대한 분명한 인식을 견지해야 한다. 청소년을 포함한 인간의 가치는 서로 관계되는 두 가지로 대별된다. 하나는 존재 가치이며, 다른 하나는 역할 가치이다(이종복 외, 2001). 그것은 생명체로서의 존재 가치를 지닐 때, 그에 합당한 역할이 주어지고, 또 적극적으로 찾아서 더 충실하게 역할 수행을 하도록 이끌기 때문이다.

가치는 어떤 대상 및 인간관계에 중요한 의미를 부여한 것을 말한다. 한 개인의 삶과 관련할 때는 다른 사람들과 차이가 나도 별 문제가 없으나, 특정한 집단을 대상과 관련할 경우에는 합의된 가치가 필요하다.

(1) 청소년의 존재 가치와 권리

　청소년의 존재 가치와 권리는 서로 연계된 두 가지 차원에서 설명할 수 있다. 대부분의 인간은 오래도록 건강하게 살기를 원한다. 그러므로 생존에 대한 욕구는 살아 있는 생명체의 1차 욕구이다. 이는 「아동의 권리에 관한 국제협약」에서 말하는 기본권 중의 생존권, 보호권, 발달권과 관련된다. 성경의 "사람이 만일 온 천하를 얻고도 제 목숨을 잃으면 무엇이 유익하리요. 사람이 무엇을 주고 제 목숨을 바꾸겠느냐."(마가복음 8:36~37)라는 말씀에서 인간의 목숨은 천하보다 귀하다는 것을 강조하고 있는 것처럼 청소년의 존재 가치를 인정하고, 이들이 생존권을 누릴 수 있도록 배려하고 지원해야 한다. 이러한 태도가 청소년의 존재 가치를 십분 인정하는 것이며, 권리보장의 출발이 되는 것이다.

　한편, 대부분의 살아 있는 사람은 '행복한 삶'을 추구한다. 행복이 주관적인 개념이기 때문에 차이가 있지만, 그 행복을 통해서 존재 가치를 느낄 수 있기 때문이다. 그리고 행복을 논할 때, '~다운'이라는 용어를 사용한다. 이를테면 '나다운' '사람다운'을 들 수 있다. 청소년도 마찬가지이다. '청소년다운' 삶을 살 때, 행복할 수 있을 것이다.

　어떤 삶이 청소년다운 삶일까? '애 어른'도 아니고 '성인 아이(adult children)'도 아닌, 자아정체감을 확립해 가는 '멋진 청소년'이다.[4] 이렇듯 멋진 청소년으로서 존재 가치를 확실히 느낄 수 있도록 하기 위해서는 참여권을 보장해 주도록 노력하여야 한다(이용교, 천정웅, 안경순, 2006).

---

4) 성인 아이는 에릭 번(Eric Berne, 1910~1970)의 교류분석에서 사용되는 용어로 미성숙한 어른을 총칭한다.

(2) 청소년의 역할 가치와 권리

우리는 인간을 '만물의 영장' 및 '사회적 동물'이라고 일컫는다. 이 말은 어떠한 상태와 상황에 있는 인간이기만 하면, 그 누구나 사회 구성원으로 행복하게 살아가기 위해 그 사회가 요구하는 가치를 수용하고 행동해야 한다는 점을 함축하고 있다. 동시에 그 누구나 모든 인간들은 그 나름대로의 사회적 지위를 가지고 태어나며, 삶의 여정에서 새롭고도 다양한 여러 가지 지위를 부여받거나 획득하게 된다. 동시에 그 지위에 따른 역할을 제대로 수행하기를 원하고 또 요구받는다. 그래야만 서로 함께 건강하고 건전하게 살아갈 수 있기 때문이다. 다시 말하면, 청소년도 존재론적 보편성과 발달적 특수성으로 인하여 권리 주체자임과 동시에 의무와 책임을 감당하고 수행해야 하는 역할론적 존재인 것이다.

그러므로 청소년이라고 하더라도 마치 치외법권 지대에서 생활하는 것처럼 제 마음대로 행동해서는 안 되며, 발달특성에 따른 수준만큼의 의무를 수행해야 하는 것이다. 즉, 발달단계에 따른 발달과업을 성취하고 정상적으로 성장해야 한다. 그러므로 청소년의 권리보장은 성인들만의 책임이자 의무사항만은 아니며, 청소년의 역할 가치에 대한 이해는 청소년의 권리보장을 위해 한 걸음 더 나아가도록 견인하는 디딤돌이 된다.

생각해 볼 문제

1. 아동복지와 청소년복지의 차이점은 무엇일까? 그 차이를 고려하여 청소년복지의 실천에서는 어떻게 접근해야 할까? 생각해 봅시다.

2. 「아동의 권리에 관한 국제협약」은 연령 정의상 아동과 청소년을 모두 아우르고 있다. 특별히 아동보다 청소년에게 적용되는 권리는 무엇이며, 그 이유는 무엇일까? 생각해 봅시다.

참고문헌

권세원, 이애현, 송인한(2012). 청소년 행복감에 관한 연구: 청소년 탄력성모델(Adolescent Resilience Model)의 적용. 한국청소년연구, 23(2), 39-72.

금강일보(2019. 3. 14.). 파주 세경고 급식, 랍스터 통으로 올려주는 '클래스'.

김경준(2005). 외국의 청소년 복지정책. 세종: 한국청소년정책연구원.

김수정, 임경희(2019). 청소년기 열등감과 자기격려 간의 관계 연구. 예술인문사회융합멀티미디어논문지, 9(2), 239-247.

김정래(1998). 권리의 주체로서 아동의 의미. 아동과 권리, 2, 53-74.

김청송(2009). 청소년의 행복결정요인에 관한 연구. 한국심리학회지: 건강, 14(3), 649-665.

김혜영(2002). 학교중도탈락 청소년의 삶에 대한 문화기술적 연구. 숙명여자대학교 대학원 박사학위논문.

남기연, 김경아(2011). 청소년의 셀프리더십이 진로준비행동에 미치는 영향. 청소년학연구, 18(7), 85-113.

대한급식신문(2019. 10. 23.). "학교급식이 최고의 밥상이에요".

박영균, 이소희 외(2014). 청소년복지론. 경기: 교육과학사.

백혜정, 주영아(2007). 오늘의 청소년, 과연 행복한가?: 한국 청소년 행복지수 개발의 이론적 토대 및 국내외 관련 연구동향/토론. 한국청소년복지학회 춘계학술발표논문집, 2007, 9-33.

서울시 청년허브 공모연구(2015). 청년, 자기 삶의 연구자가 되다.

서울신문(2018. 10. 21.). [그때의 사회면] "염색과 파마 강력 규제함".

서은국(2014). 행복의 기원. 나주: BOOK21 PUBLISHING GROUP.

안병영, 정무권, 신동면, 양재진(2018). 복지국가와 사회복지정책. 서울: 다산출판사.

원석조(2020). 사회복지역사. 경기: 공동체.

오미숙, 심우찬(2014). 학업 스트레스가 아동의 우울에 미치는 영향: 자아존중감의 조절효과를 중심으로. 학교사회복지, 29, 237-261.

유미숙, 정계숙, 박수홍, 차지량, 홍광표(2013). 아동 및 청소년이 지각하는 행복에 대한 인식 연구. 가정과 삶의 질 연구, 31(3), 15-26.

이소희(2008). 멋진 응원 코칭. 서울: 신정.

이소희(2009). 매일 멋진 사람들 매뉴얼. 경기: 한국영리더십센터.

이소희(2018). 보육현장중심 아동권리와 아동복지. 서울: 신정.

이소희, 도미향, 정익중, 김미정, 변미희(2005). 청소년복지론. 경기: 나남.

이소희, 박창규(2010). NLPia Coaching. 프로그램 매뉴얼. 서울: 한국부모코칭센터, 리더십코칭 연구소.

이용교(2002). 디지털 사회복지개론. 서울: 인간과 복지.

이용교, 천정웅, 안경순(2006). 청소년 생존권 현황과 지표개발. 서울: 한국청소년개발원.

이종복, 이소희, 오영재, 이명숙, 이용교, 방은령(2001). 현대청소년복지론. 서울: 양서원.

임현주(2012). 아동의 자기격려가 스트레스 대처행동과 학교적응에 미치는 영향. 숙명여자대학교 대학원 미간행 석사학위논문.

전경숙, 정태연(2009). 한국 청소년의 행복을 결정하는 요인들. 한국심리학회지: 문화 및 사회문제, 15(1), 133-153.

현외성, 최무열, 정재욱, 정인영, 김현주, 김원배, 강환세, 마은경, 박선애, 최금주, 김용환, 하정미, 이은정(2011). 사회복지학의 이해. 경기: 양서원.

Ben-Shahar, T. (2007). *Happier: Learn the secrets to daily joy and lasting fulfillment (Vol. 1)*. New York: McGraw-Hill.

Kant, I. (1964). *The metaphysical principles of virtue*. Indianapolis, IN: Bobbs-Merrill Company, Inc.

Pease, A. (2000). *Questions are the answers*. Bhopal, India: Manjul Publishing House Pvt. Ltd.

Sobel, A., & Panas, J. (2012). *Power questions: Build relationships, win new business, and influence others*. New York: John Wiley & Sons.

[홈페이지 참고자료]

디오게네스와 알렉산더 대왕 https://msn0107.tistory.com/entry/디오게네스와-알렉산더-대왕

법제처 홈페이지 https://www.moleg.go.kr

법제처 국가법령정보센터 홈페이지 https://www.law.go.kr

서울시교육청 블로그 https://seoleducation.tistory.com, 2018년 9월 27일 인출

한국청소년정책연구원 홈페이지 https://www.nypi.re.kr/contents/site.do

제2부

청소년복지의 접근방법

제3장
청소년복지의 실천적 접근방법

소년은 살아가는 동안 누군가가 자신에게 완전히 몰두하고
100% 집중하여 관심을 가져주는 사람이 있다는 것을 알 필요가 있다.

－엘리 뉴버거－

　청소년복지의 실천적 접근이란 관련 이론과 정책을 기반으로 하여 청소년과 그 가족의 어려움과 욕구를 해결하기 위해 청소년 지도자에 의해 수행되는 서비스 제공 방법이다. 구체적 서비스 방법으로는 청소년상담, 청소년멘토링, 가족지원, 지역사회 기반 통합지원 등이 있다. 이 장에서는 청소년상담의 개념과 특성, 유형에 대해 살펴보고, 청소년 멘토링의 개념과 특성, 유형 및 구성요소에 대해 살펴보고자 한다. 또한 청소년기 자녀를 둔 가족지원으로, 먼저 청소년기 자녀를 둔 가족의 발달주기에 대해 확인하고, 부모교육과 부모상담, 가족치료에 대해 살펴보고자 한다. 지역사회 기반 통합지원으로는 지역사회 내 청소년 관련 자원을 연계하여 위기청소년에 대한 맞춤형 서비스를 제공하는 지역사회 청소년 통합지원체계의 목적 및 현황과 운영체계, 주요 사업에 대해 살펴보고자 한다. 그리고 이러한 청소년복지실천을 수행하는 청소년 지도자의 현황과 활동, 진출 분야에 대해 학습하고자 한다.

1. 청소년상담

1) 청소년상담의 개념과 특성

상담이란 '어려움을 겪고 있는 내담자와 전문성을 갖춘 상담자가 맺는 관계를 통해 내담자의 변화를 긍정적인 방향으로 이끄는 활동'으로 정의할 수 있다. 청소년상담은 청소년을 대상으로 하는 상담의 한 분야로, 청소년기의 발달특성과 적응의 문제를 다루는 전문영역이다(정규석, 김영미, 김지연, 2017). 즉, 청소년상담은 청소년이 현재 가지고 있는 문제와 욕구를 완화하거나 해결하도록 돕고, 청소년 자신이 갖고 있는 잠재적 역량과 가능성을 최대한 실현하는 데 장애가 되지 않도록 돕는 예방과 치료 그리고 발달을 고려한 포괄적인 전문활동이라고 정의할 수 있다(노혁, 2020). 청소년상담의 일차적인 대상은 청소년이지만, 상담 대상은 청소년 개인에 국한되지 않고 부모, 교사, 친구 등 청소년과 관련된 환경을 포함한다(이난, 2011).

청소년상담은 다른 분야의 상담과는 구분되는 특성을 가지고 있다(김동일 외, 2014).

첫째, 청소년상담은 문제뿐만 아니라 청소년의 건강한 성장과 발달에 초점을 맞춘다. 청소년기에는 신체적·인지적 성장이 급격하게 일어나며, 이에 따른 정서적 변화도 다른 연령에 비해 크다. 따라서 학업 스트레스, 또래와의 관계, 가족관계 등에 어려움을 호소하는 경우가 많다. 청소년은 아직 성장기에 있으므로 당면한 문제를 해결할 뿐만 아니라 예방과 교육, 건강한 성장과 발달에 초점을 맞추어야 한다(서미 외, 2018).

둘째, 청소년상담의 대상은 청소년뿐만 아니라 가족, 학교 등 청소년의 주변인이나 환경도 포함된다. 이는 청소년 문제가 주변인이나 환경의 영향과 밀접하게 연관되어 있고, 그 영향력도 크기 때문이다(이형득, 1993).

셋째, 청소년상담은 내담자가 상담에 대해 비자발성을 갖기 쉽다(양미진, 2005). 청소년은 스스로 상담을 오는 경우보다는 교사나 부모 등 주변인들의 문제제기로

상담에 의뢰되는 경우가 대부분이다. 내담자의 동기부족은 상담이 지속적으로 이루어지는 데 큰 걸림돌이 되며, 상담자로 하여금 상담에 대한 회의와 전문성에 대해 도전을 느끼게 한다. 청소년 내담자는 성인에 대해 폐쇄적이고 거부적이기 때문에 청소년상담에서 내담자의 비자발성을 다루는 것이 우선적으로 이루어져야 한다(서미 외, 2018).

넷째, 청소년상담은 면접 중심의 대화뿐만 아니라 여러 가지 활동, 게임, 작업 등 다양한 활동으로 이루어질 수 있고, 상담방법으로는 개인상담과 집단상담, 문제 예방과 건강한 성장을 돕는 각종 교육 프로그램 등이 효과적이다(서미 외, 2018).

2) 청소년상담 유형

(1) 개인상담

청소년 개인상담은 도움을 필요로 하는 청소년 개인과 전문적 훈련을 받은 상담자의 개별적 관계를 통해 자신과 주위 환경에 대한 이해를 촉진함으로써 적응과 발달을 위한 변화를 가져오는 조력활동이다. 개인상담의 목표는 청소년의 행동변화 촉진, 적응기술 증진, 의사결정 기술 함양, 인간관계 개선, 잠재력 개발, 자아정체감 확립 등이다.

청소년 개인상담의 개입과정은 시작 단계, 사정 단계, 개입 단계, 종결 단계로 구분할 수 있다(홍봉선, 남미애, 2018).

첫째, 시작 단계에서는 청소년의 욕구와 문제를 확인하고, 청소년과 상담자 간 원조관계를 형성하며, 청소년의 저항감을 해소하고 동기를 고취시킴으로써 참여를 유도해야 한다.

둘째, 사정 단계에서는 청소년의 문제에 개입하기 위해 자료수집과 사정을 진행한다. 청소년의 문제와 관련한 자료뿐만 아니라 청소년이 갖고 있는 자원 및 환경적 측면에 대한 사정도 진행되어야 한다. 자료를 수집하고 해석하고 의미를 부여하여 실천적 개입을 위한 함의를 도출한다. 자료수집과 일차적 사정이 끝나면 개입목표를 설정하고 이를 달성하기 위한 계획을 수립한다.

셋째, 개입 단계에서는 상담자와 청소년이 상호 합의하여 결정한 개입목표를 구체적인 행동으로 실천하는 단계로 개입방법을 선택하고, 개입을 실행한다.

넷째, 종결 단계에서는 개입목표가 어느 정도 달성되었는지, 청소년은 서비스에 만족하는지, 개선되어야 할 점은 무엇인지 등에 대해 평가하고, 상담을 종결한다.

(2) 집단상담

청소년 집단상담은 청소년들로 이루어진 집단과 집단상담자가 집단과정을 통해 접근하는 실천방법이다. 청소년기는 또래들과의 상호작용이 증가하고, 성인보다는 또래들을 통해 더 많이 영향을 받는다는 측면에서 널리 사용되고 있는 접근방법이다. 집단상담은 구성원이 각자의 고민이나 어려운 점을 집단 속에서 표출하면 집단상담자와 구성원 간에 상호작용적인 문제해결의 과정을 거쳐 자기이해, 자기수용의 태도와 행동의 변화를 성취할 수 있도록 원조하는 것에 초점을 둔다. 집단상담에서 청소년상담자는 집단 구성원들에게 안내자, 모델, 촉진자, 지지자로서의 역할을 한다(홍봉선, 남미애, 2018).

청소년 집단상담의 과정은 준비 단계, 시작 단계, 작업 단계, 종결 단계로 구분할 수 있다(홍봉선, 남미애, 2018).

첫째, 준비 단계에서는 집단상담의 목표를 설정하고, 어느 정도 비밀이 보장되고 편안함을 느끼는 장소를 선정하며, 집단의 크기를 결정하는데, 일반적으로 5~15명 정도로 집단을 구성하는 것이 무난하다. 상담 시작 시 참여했던 구성원들만으로 끝까지 유지되는 폐쇄집단으로 운영할지 중간에 새로운 구성원이 들어오는 것을 허용하는 개방집단으로 운영할지를 결정한 후 집단원을 선발하고, 집단 회기의 길이와 빈도를 결정한다.

둘째, 시작 단계에서는 오리엔테이션을 통해 집단의 성격과 목적에 관해 참여자들에게 충분히 설명하고, 집단의 기본 규칙과 행동규범을 설정한다. 이 단계에서 상담자는 집단원들이 친숙하고 수용과 신뢰의 분위기를 형성하도록 집단 분위기를 이끌어 가고, 심리적 안정감을 느낄 수 있도록 해야 한다. 수용적 태도, 비심판적 태도와 존중을 통해 비자발적 내담자도 높은 동기를 갖도록 변화시킬 필요가 있다.

셋째, 작업 단계는 저항과 갈등, 응집성, 자기노출 촉진과 생산성이 나타나는 단계로 상담자는 이들을 성공적으로 다룸으로써 효과적인 집단목표를 달성하고, 집단 구성원들이 자기 성장을 경험하게 해야 한다. 이 단계에서 상담자는 바람직한 집단행동을 강화하고, 구성원의 주제와 관심사에 대해 공통의 구심점을 가지도록 인도하며, 구성원으로 하여금 새로운 행동을 시작해 보도록 돕고, 각 구성원에게 공평한 기회를 부여하기 위해 노력해야 한다(홍경자, 김태호, 남상인, 오익수, 1996).

넷째, 종결 단계에서는 집단원의 성장과 변화에 대해 사정하고, 이때까지 관찰해 온 집단원의 행동변화에 대해 긍정적인 것에 초점을 두어 피드백을 제공한다. 또한 집단의 분위기, 상담자의 리더십, 집단원의 역할, 의사소통 등 집단과정에 대해 평가한다.

(3) 또래상담

또래상담이란 비슷한 연령과 유사한 경험 및 가치관을 지닌 청소년들이 일정한 훈련을 받은 후에 자신의 경험을 바탕으로 어려움을 호소하는 다른 또래를 지지하고 지원하는 과정을 통해 또래가 지니고 있는 고민이나 문제를 해결하도록 돕는 것이다. 또래상담은 학교 내 위기상황 또는 잠재적 위험요소를 지니고 있는 청소년이 학업중단이나 비행으로 이어지기 전 위기청소년에 가장 근접하여 조기에 문제를 발견하고 개입할 수 있다는 장점이 있다(한국청소년상담원, 2012).

청소년기에는 또래관계가 확장되면서 또래를 통해 문제를 해결하고자 하는 경향이 강하고, 또래집단의 영향을 많이 받는다. 그러므로 또래상담을 통해 청소년이 발달과정에서 경험하는 다양한 어려움을 해결하기 위한 심리적 자원을 제공할 필요가 있다. 또래상담은 상담과정을 통해 또래상담자와 또래내담자 모두 긍정적인 효과를 경험할 수 있다.

첫째, 또래상담자는 또래상담 교육 프로그램을 통해 인간관계 및 교우관계가 향상되고, 의사소통 능력에도 긍정적인 변화를 가져오며, 자아개념과 자아존중감의 향상에도 도움이 된다. 또한 사회성이 향상되고 친사회적 행동 면에서도 긍정적인

변화를 보이며, 자기표현 능력도 향상된다. 지속적인 또래상담 활동을 경험한 또래
상담자는 자아개념의 향상과 타인에 대한 이해와 수용 및 학교생활에서 긍정적인
변화를 경험하게 된다(한국청소년상담원, 2012).

둘째, 또래내담자의 경우 또래상담 경험 이후 학교부적응 학생의 자아개념이 향
상되고, 학교 적응에도 도움이 되는 것으로 보고되고 있다. 따돌림 피해를 경험하
거나 학급 내에서 배척을 받는 청소년의 경우에도 또래상담을 통해 학교적응에 필
요한 도움을 받을 수 있다. 또래내담자는 상담활동을 통해 자아개념 및 자아실현,
교우관계 및 학교생활 태도, 인간관계 및 의사소통 기술, 불안 등의 정서적인 문제
에서 긍정적인 효과를 보인 것으로 나타났다(교육부, 여성가족부, 한국청소년상담복
지개발원, 2014).

(4) 사이버상담

사이버상담이란 상담자가 인터넷의 힘과 편리성을 내담자들의 문제해결을 돕기
위해 사용하는 과정(오혜영, 2010)으로 가상의 공간에서 인터넷에 접속하여 상담자
와 대화를 통해 서로 신뢰관계를 형성하는 가운데 문제해결의 방안을 모색하고 통
찰하는 과정이다. 대면상담과 달리 사이버상담은 익명성으로 인한 안전감을 주어,
대면상담을 꺼리는 청소년 내담자들의 대안적 상담으로 여겨지고 있다(류은희, 박
주영, 허현영, 2016).

사이버상담은 관계를 맺는 방식이 전통적 상담의 개념과 달리 사이버 공간에서
컴퓨터를 매개로 이루어진다. 사이버상담은 컴퓨터를 이용하여 채팅, 이메일, 게시
판 등을 통해 이루어진다(이영선, 2005). 청소년들은 접근성이 높고, 익명성을 보장
받을 수 있기 때문에 사이버 공간을 선호한다. 사이버상담을 경험한 청소년들은 실
제 심리적 어려움을 겪었을 때 전문적인 도움을 요청할 의도가 높은 것으로 보고되
었다(오혜영, 2010).

사이버상담의 큰 특징은 비대면으로, 시간과 장소에 구애받지 않고 이루어진다
는 점이다. 비대면이라는 특징은 이름, 모습, 나이 등을 감추거나 바꿀 수 있는 익
명성을 보장하여 내담자의 자기공개를 용이하게 할 수 있다(이재창, 문미란, 2000).

시간과 장소에 구애받지 않는 점은 내담자가 언제라도 들어와 문제해결에 즉각적인 도움을 받을 수 있도록 한다. 즉, 사이버상담은 접근성을 높임으로써 상담서비스의 문턱을 낮추어 많은 내담자에게 적시에 서비스를 제공할 수 있는 특성이 있다(양미진 외, 2015).

1388 청소년사이버상담센터에서는 청소년에게 친숙한 인터넷을 활용하여 채팅상담, 게시판상담, 댓글상담, 솔로봇상담[1], 웹심리검사 등을 실시한다. 청소년은 온라인을 통해 가족갈등, 교우관계문제, 학업중단, 가출, 인터넷 중독, 진로 및 학업문제 등에 대한 상담을 받을 수 있다.

2. 청소년 멘토링

1) 청소년 멘토링의 개념과 특성

그리스신화에 등장하는 오디세우스는 출정을 하기 위해 떠날 차비를 하면서 자기 가문을 지킬 보호자를 정하게 되는데, 이 보호자는 그 후 10년간 오디세우스의 아들인 텔레마쿠스의 스승이자 조언자, 친구, 아버지, 대리인으로서의 역할을 성실히 수행하였다. 이 신화에 등장하는 보호자가 멘토르(Mentor)였으며, 멘토링은 이 신화에서 유래되었다(천정웅, 남부현, 김삼화, 2012).

청소년 멘토링은 일반적으로 성인이 멘토가 되고 청소년이 멘티가 되어 청소년들이 성공적으로 성인기로 이행할 수 있도록 지원해 주는 활동을 말한다. 청소년 멘토링은 상호관계와 신뢰, 공감을 바탕으로 하는 멘토링 관계를 통해서 청소년들의 사회정서적·인지적 발달과 정체성 개발을 증진한다. 최근에는 성인뿐만 아니라 같은 청소년들이 멘토 역할을 하는 경우도 있는데, 이때에는 상급생 청소년이

---

1) 솔로봇상담이란 게임이나 애니메이션에 등장하는 캐릭터가 되어서 가상의 상담자와 상담을 하는 것으로 1388 청소년사이버상담센터에서 운영하고 있다.

하급생 청소년을 또는 동급생 청소년 간에 멘토와 멘티가 되어 학습이나 정서 또는
사회적 발달을 도와주게 된다(김경준, 오해섭, 2011).

청소년 멘토링의 효과는 다양한 영역에서 논의되고 있으나, 청소년들의 성공적
인 삶을 위해 중요한 영역이라 할 수 있는 학업성취, 건강과 안전, 사회정서적 발달
의 세 가지 영역에 효과가 있는 것으로 평가되고 있다(김경준, 김지혜, 김영지, 2013).

첫째, 청소년의 학업성취는 위기청소년의 사회경제적 지위와 관련된 것으로 고
위험 청소년을 포함한 저소득가정 청소년, 한부모가정 청소년들은 멘토링을 통해
학업성적 향상, 학교규범 준수, 학교생활 흥미 향상, 학교생활 적응 향상 등의 결과
를 가져오는 것으로 보고되고 있다(김순규, 이재경, 2007; 최경일, 2008).

둘째, 청소년의 건강과 안전에 대한 영향은 주로 약물사용, 비행행동 등과 관련
되어 있다. 청소년 멘토링 프로그램은 약물사용이나 음주행동을 감소시키는 효과
가 있으며, 특히 취약집단 청소년들에게서 효과가 큰 것으로 나타났다(김경준, 오해
섭, 정익중, 2011).

셋째, 사회정서적 영향은 긍정적인 사회태도와 사회적 관계의 증진, 정서발달과
관련되어 있다. 멘토링을 통해 한부모가정 청소년, 고위험 청소년들의 사회적 기술
이 향상되고, 또래 및 가족관계 등 대인관계가 향상되며, 자아존중감과 자기유능감
도 향상되는 것으로 나타났다(최경일, 2008).

2) 멘토링 유형

(1) 일대일 멘토링과 집단 멘토링

일대일 멘토링은 한 명의 훈련된 멘토가 한 명의 청소년과 장기간의 관계로 매칭
을 하는 프로그램이며, 집단 멘토링은 한 명의 멘토와 공통의 이해나 요구를 갖고
있는 청소년집단이 관계하는 프로그램을 말한다. 또는 여러 명의 멘토와 여러 명의
멘티가 함께 만나는 방법도 있다(김경준, 오해섭, 2011).

(2) 세대 간 멘토링과 또래 멘토링

세대 간 멘토링이란 성인이 멘토가 되고 청소년이 멘티가 되어 청소년이 성공적으로 성인기로 이행할 수 있도록 정서적 지원을 해 주는 활동이다. 또래 멘토링은 보다 경험이 많은 청소년이 경험이 적은 청소년을 지원하고 지도하는 형태로 멘토와 멘티가 모두 청소년으로 구성된다(천정웅, 남부현, 김삼화, 2012).

(3) 대면 멘토링과 사이버 멘토링

대면 멘토링은 멘토와 멘티가 오프라인에서 만나서 이루어지는 멘토링이며, 사이버 멘토링은 온라인상에서 멘토와 멘티가 만나는 멘토링의 형태이다. 때로는 대면 멘토링과 사이버 멘토링이 병행되기도 한다.

3) 멘토링 운영과정

청소년 멘토링은 사전준비-멘토와 멘티 모집 및 선발-사전교육-결연 맺기(멘토-멘티 매칭)-멘토링 활동-계속교육-종결 및 평가의 과정으로 진행된다.

첫째, 사전준비 단계에서 멘토링 운영기관은 멘토링 활동과 관련된 사전 요구를 조사하고 활동목표를 수립하며, 멘토와 멘티 선정 시 유의점, 멘토링 활동 유형 등에 대한 기본 원칙과 기준을 마련해야 한다(김경준, 오해섭, 2011).

둘째, 멘토와 멘티 모집 및 선발 과정에서 멘토 모집 방법은 모든 대상자들에게 홍보를 하고 다양한 계층의 멘토를 모집하는 방법과 지역사회 단체 및 학교 등과 협약을 맺는 방법이 있다. 멘토로 적합한지 심사하기 위해서 멘토 지원자들의 신청서와 경력, 범죄기록 등에 관한 조회를 실시하며, 면담을 통해 기본적 소양과 의지를 확인해야 한다. 멘티를 선발할 때에는 지역사회 내 학교, 관공서, 복지기관의 협조를 받거나 개별적으로 모집한다(김경준, 오해섭, 2011).

셋째, 사전교육에는 멘토교육과 멘티교육이 있다. 멘토교육에서는 프로그램의 목적과 진행방법, 멘티에 대한 이해, 멘토의 역할과 책임, 멘토링 과정에서 요구되는 의사소통 기술, 갈등해결방법, 긴급사태 시 보고요령, 비밀보장의 중요성, 성공적 멘토링을 위한 실질적 전략 등에 대해 소개한다. 멘티교육에서는 프로그램의 목적과 진행방법, 멘토에 대한 이해, 성공적 멘토링을 위한 행동수칙 등을 소개한다(김경준, 오해섭, 2011).

넷째, 멘토와 멘티 간의 결연 맺기 과정은 먼저 멘티의 욕구와 멘토의 전문성을 파악한 후 적합한 정보를 바탕으로 서로를 연결해야 한다. 또한 멘토와 멘티의 공통 관심사 중심으로 활동내용을 결정하며, 만남을 위한 접근거리도 고려할 필요가 있다. 성별은 가능한 동성으로 하되 공통된 관심과 정서, 친밀감과 동질감 형성을 위해 과거 유사 경험을 고려해야 한다(김경준, 오해섭, 2011).

다섯째, 멘토링 활동을 시작하게 되면 멘토링 운영기관은 멘토와 멘티가 함께 참여하는 구조화된 활동과 프로그램을 제공해야 하며, 프로그램 실행과정에 대한 지속적인 모니터링과 멘토에 대한 지속적 교육을 제공해야 한다(김경준, 오해섭, 2011).

여섯째, 정해진 멘토링 활동기간이 끝나는 시기가 오면, 멘토는 멘티와의 관계를 정리하고 자연스럽게 헤어짐을 준비해야 한다. 공식적인 만남은 마무리되었으나 멘티가 필요할 때 연락할 수 있도록 배려하는 것이 좋다. 종결 단계에서는 프로그램 효과와 만족도에 대한 평가를 실시하여 멘토링 활동의 발전을 위한 기초자료로 활용한다(김경준, 오해섭, 2011).

4) 멘토링 구성요소

(1) 인적 구성요소

청소년 멘토링 활동의 인적 구성요소는 멘토(mentor), 멘티(mentee), 결연관리자(coordinator), 수퍼바이저(supervisor) 등이 있다(김경준, 오해섭, 2011).

멘토는 성인 또는 청소년이 될 수 있으며, 약속한 멘토링 기간 동안 지속적인 활동이 가능해야 하고, 멘토링 활동을 할 수 있는 자질과 능력을 갖고 있어야 한다. 멘토는 멘토링 활동에 필요한 지식과 기술을 사전교육과 계속교육, 수퍼비전 등을 통해 습득해야 한다.

청소년 멘토링에서 멘티는 청소년이며, 멘토링 과정에서 지켜야 할 사항 등에 대한 사전교육을 통해 멘토와의 관계를 잘 유지할 있도록 해야 한다.

결연관리자는 청소년 멘토링의 성공적 수행을 위해 멘토와 멘티 선정, 매칭, 교육훈련, 멘토지원, 모니터링, 평가 등의 역할을 수행한다.

수퍼바이저는 멘토에게 정기적인 피드백을 제공함으로써 멘토링 활동이 잘 진행될 수 있도록 지원해야 한다.

(2) 내용적 구성요소

멘토링의 내용적 구성요소로는 개별활동, 집단활동, 멘토-멘티 교육, 멘토에 대한 수퍼비전 등이 있다.

첫째, 개별활동은 멘토와 멘티가 일대일 만남을 통한 개별 프로그램을 수행하는 것이며, 개별 프로그램은 프로그램의 목적과 멘티의 욕구, 이용 가능한 자원을 반영하여 일련의 계획을 수립하여 정기적으로 진행되어야 한다. 주로 학습활동, 여가 및 문화활동, 진로탐색활동, 상담, 봉사활동 등을 진행한다.

둘째, 집단활동은 결연관계의 멘토와 멘티가 다른 멘토-멘티와 함께 집단을 이루어 집단 프로그램, 문화체험활동 등을 진행한다. 집단활동을 통해 멘토-멘티 친밀감을 향상시킬 수 있으며, 다른 멘토-멘티 관계를 관찰할 수 있는 기회를 가지게 됨으로써 자신의 개별 프로그램 수행에 대해 평가하는 기회를 가질 수 있다(천정웅, 남부현, 김삼화, 2012).

셋째, 교육은 멘토교육과 멘티교육으로 구분되며 활동 전 사전교육과 활동 중에 이루어지는 계속교육, 활동 종료 후 평가에 이르는 일련의 과정으로 진행된다. 멘토교육은 멘토링 프로그램에 대한 안내와 멘티에 대한 이해, 멘토의 역할과 책임, 의사소통 기술 및 갈등해결 기술, 멘토링 활동 기술 등으로 구성되며, 멘티교육은 멘토링 프로그램에 대한 안내와 멘토링 활동 시 주의사항 등으로 구성된다.

넷째, 멘토 수퍼비전은 멘토가 멘티와의 관계에서 어려움에 직면했을 때, 멘토링 활동이 계획대로 진행되지 않을 때 등 멘토링 활동 중에 발생할 수 있는 다양한 어려움을 해결하고 멘토를 지지하고 격려하기 위해 실시된다.

3. 가족지원

1) 가족발달주기

가족발달주기는 시간의 흐름에 따라 가족의 형태가 변화하는 것에 초점을 맞추고 있으며, 세대 간 반복되어 일어나는 연속적인 과정을 의미한다. 가족마다 차이가 있겠으나 대부분의 가족은 결혼, 첫아이의 출생, 자녀의 청소년기 시작과 같은 예측 가능한 사건이나 국면을 통과하게 된다. 가족발달주기를 거치면서 각 단계에서 요구되는 과제를 순조롭게 해결한다면 문제가 없겠지만 가족이 스스로 이러한 변화와 그 시기의 발달과제를 효과적으로 풀어내지 못하는 경우 가족 내 갈등이 심화되고 갈등해결을 위해 도움을 필요로 하게 된다(최정숙 외, 2020).

카터와 맥골드릭(Carter & McGoldrick)은 가족의 발달적 스트레스 요인과 가족 외부에서 오는 환경적 스트레스 요인이 만나는 지점에서 가족 내 스트레스가 확대된다는 체계론적 입장을 주장하였다. 이 관점에 근거하여 가족발달주기의 각 단계를 정리하면 〈표 3-1〉과 같다(최정숙 외, 2020).

표 3-1 가족발달단계

구분	단계명
제1단계	독립된 젊은 성인의 단계(결혼전기)
제2단계	신혼부부 단계(결혼적응기)
제3단계	어린 자녀가 있는 단계(자녀양육기)
제4단계	청소년기 자녀를 둔 단계(자녀청소년기)
제5단계	자녀가 자립하는 단계(자녀독립기)
제6단계	노년기

이 발달단계 중 제4단계는 자녀청소년기인데, 이 시기는 자녀가 청소년기가 되면서 부모를 떠나기 시작하고 부모는 중년에 접어들게 되는 시기이다. 이 시기는 가족문제가 가장 많이 발생하는데, 자녀의 발달적 변화에 동반해 부모 또한 중년의 위기가 오면서 발달적 위기에 처하기 때문이다. 이 시기의 가족 특성은 다음과 같다(최정숙 외, 2020).

- 가족 내의 자녀에 대한 규정과 자녀와 관련한 부모역할에 대한 규정을 조정해야 할 시기이다.
- 부모는 중년기에 접어들게 되고 자녀는 의존과 자립을 반복하면서 가족체계의 경계를 유연하게 만들며 부부가 서로에게 좀 더 관심을 갖는 계기가 된다.
- 사춘기의 위기와 부모의 발달적 스트레스인 중년의 위기가 마주치는데, 기능적 가족은 이 위기를 안정적으로 극복하지만 원가족과의 미분화 문제, 경직된 가족 신화나 규칙 등은 잠재된 가족의 문제들을 표면화시킬 수도 있다.

청소년기 자녀를 둔 부모들이 가장 많이 호소하는 문제는 얌전하고 부모 말에 순종하던 아이가 어느 날 갑자기 돌변하여 반항을 하고 제멋대로 행동하며 부모를 무시한다는 것이다. 이런 자녀의 변화에 당황한 부모는 자녀의 변화를 인정하지 못하고 억압하려 들 수도 있다. 그러나 이러한 자녀의 변화는 오히려 자녀가 건강한 성인으로 도약하고 가족 또한 한 단계 더 성장하기 위한 신호임을 알아야 한다. 이 시기 부모는 청소년기 자녀의 변화가 너무나 갑작스럽거나 가족체계에 급격한 변화에 대한 불안감으로 무조건 통제하려 하기보다는 자녀가 가족경계 안팎을 자유롭게 드나들면서 부모로부터의 자립을 점차적으로 이루어 내고 스스로 책임감과 통제력을 성취할 수 있도록 해야 한다. 이 단계의 가족발달과제는 다음과 같다(최정숙 외, 2020).

- 가족은 청소년기 자녀의 갑작스러운 행동변화와 흥미로운 활동을 추구하면서 자신만의 사생활을 갖기를 원하는 욕구에 부응하면서도 다른 가족들을 이러

한 소란스러운 행동들로부터 보호하고 각자의 사생활을 지켜 나갈 수 있어야
한다.

• 가족 내에서 일어나는 일상생활에 대한 부부와 자녀들의 책임분담이 필요하
다. 청소년기 자녀가 자신의 능력이나 시간적 여유에 따라 집안일에 참여하도
록 해야 한다.

• 가족체계의 경계를 유연하게 하기 위해서 부모-자녀 간 원활한 의사소통 채
널을 만들어야 한다. 가족 구성원 각자가 자신들의 감정을 솔직하게 표현하고
서로의 얘기를 기꺼이 들어 주고, 진심으로 반응하며 수용하는 과정을 지속해
야 한다.

• 청소년기 자녀와 부모 모두 가족체계의 범위에서 활동과 관계의 범위를 좀 더
확장해야 한다. 청소년기 자녀는 다양한 집단에 소속되기를 원하는데, 이 시
기 여러 단체에 소속되어 활동하는 것은 건강한 성인으로 성장하기 위한 필수
조건이다.

2) 부모교육

부모교육은 자녀의 양육과 교육을 담당하고 있는 부모의 역할과 기능을 보다 효
율적으로 수행할 수 있도록 자질과 소양을 높이기 위해 제공되는 교육으로, 부모로
하여금 스스로 가진 능력과 가능성, 그리고 재능을 발견하도록 돕고, 이와 같은 것
들을 부모 자신과 가족, 특히 자녀를 위해 유용하게 사용하도록 돕는 일련의 과정
이다(소수연 외, 2013).

부모역할은 단순히 자녀의 유아기나 아동기 때만 보살펴 주는 것이 아니라 청소
년기를 거쳐 성인기 이후까지 계속된다. 특히 부모와 자녀 간에 많은 갈등이 유발
되는 시기가 청소년기이며, 이때 부모-자녀 간의 관계는 청소년의 적응에 큰 영향
을 미친다(이경화, 김연진, 배지현, 2009). 부모들은 자녀가 청소년기에 접어들면서
많은 스트레스를 경험하지만 이에 대한 적절한 대처기술이 부족하기 때문에 어려
움을 겪는다. 그러므로 부모로서 자녀를 성장시키는 데 효과적인 양육방식을 배우

고, 부모 자신의 행동을 향상시킬 수 있는 부모교육은 중요한 의미를 지닌다(소수연 외, 2013).

부모교육의 내용도 중요하지만 교육을 필수적으로 받을 수 있도록 방안을 마련하는 것도 매우 중요하다(김경민, 정익중, 2009). 학교와 다양한 지역사회기관에서 부모교육을 제공하고 있지만, 부모교육이 꼭 필요한 부모들은 여러 가지 이유로 수강하지 않고 있는 것이 현실이다. 따라서 이러한 부모교육을 의무화하는 방안을 생각해 볼 수 있다. 자녀의 출생신고를 할 때와 자녀가 어린이집이나 유치원, 초등학교, 중학교, 고등학교에 입학할 때 부모교육을 의무화하여 자녀의 성장단계별 필요한 부모교육을 실시함으로써 부모의 양육능력을 향상시키고 부모의 책임을 다하도록 지원할 필요가 있다(정익중, 오정수, 2021).

부모교육의 목적은 다음과 같다. 첫째, 자녀에 대한 이해 부족에서 비롯한 문제

표 3-2 부모교육 프로그램

프로그램명	회기	주요 내용	핵심요인
STEP	8-9	• 자녀의 행동에 대한 이해 • 공감적 듣기, 자녀 격려하기 • 새로운 양육태도, 생각과 감정 표현방법 탐색 • 자녀의 책임감 향상을 위한 양육방법 • 자녀에게 자연스럽게 논리적인 결과 적용하기 • 가족 모임 조성하기, 자녀의 자신감 길러 주기	• 자녀의 책임감, 독립심, 자신감 향상 • 의사소통 기술 향상 • 자연스럽고 논리적인 결과를 경험할 수 있는 환경 조성
PET	8	• 수용수준 파악하기, 문제 파악하기 • 반영적인 경청, 나-전달법 • 가치갈등 해결	• 의사소통 기술 향상
APT	10	• 자녀에게 선택의 기회를 주는 방법 • 자녀의 행동 목적을 이해 • 자녀에게 용기와 자아존중감을 심어 주는 방법 • 책임감을 발전시키는 방법 • 적극적인 의사소통 방법 • 가족모임 형성 및 유지 방법	• 의사소통 기술 향상

출처: 소수연 외(2013)의 내용을 재구성.

들을 올바로 이해하고 해결하는 것이며, 둘째, 부모가 자녀를 자기 소유로 보지 않고 독립된 존재로 볼 수 있는 가치관을 갖도록 하며, 셋째, 자녀양육에 대한 신념을 갖도록 하는 것이다(윤은혜, 2013).

각국에서 널리 사용되고 있는 대표적인 부모교육 프로그램으로는 STEP(Systematic Training for Effective Parenting, 체계적 부모교육 훈련), PET(Parent Effective Training, 효과적인 부모역할 훈련), APT(Active Parenting Training, 적극적인 부모역할 훈련) 등이 있으며, 주요 내용은 앞의 〈표 3-2〉와 같다.

3) 부모상담

(1) 부모상담의 개념과 효과

청소년기 자녀를 둔 부모상담은 '청소년 자녀의 문제 행동을 감소시키고 긍정적 태도를 강화할 목적으로 청소년 자녀의 발달단계에 대한 전문적 지식을 제공하고, 부모의 심리적 어려움을 다룸으로써 부모가 자녀에게 미치는 순기능을 강화시키는 개입'으로 정의할 수 있다(노성덕 외, 2015). 부모상담은 두 가지 관점에서 살펴볼 수 있는데, 첫 번째는 상담과정을 통해 어떻게 효과적으로 청소년을 도와줄 것인가에 관련된 것이며, 두 번째는 청소년의 부모로서 부모역할에서 겪는 고통, 성격과 정서문제 등 주로 부모 자신의 문제를 상담하는 것이다(전혜리, 2010).

청소년을 상담할 때 부모상담이 함께 이루어지는 것이 중요한데, 부모의 변화는 자녀에게 적절한 환경의 변화라는 영향을 주어 변화를 가속시키며, 자녀의 변화 역시 부모의 변화를 초래하기 때문이다(노성덕 외, 2015). 부모상담의 효과는 다음과 같다. 첫째, 부모는 상담자로부터 청소년의 특성이나 발달, 욕구 및 어려움의 원인과 문제 행동의 특성에 대한 조언과 정보를 듣고, 청소년을 이해하고 수용하게 됨으로써 양육 스트레스가 감소된다. 둘째, 상담기법을 훈련 받아 가정에서 활용함으로써 상담 조력적 효과가 촉진된다. 셋째, 부모는 상담자와의 상담을 통해 자신의 심리적 어려움에 대해 지지와 공감을 받고 심리적인 안정감과 편안함을 얻게 되며, 이는 청소년 자녀를 대하는 태도 변화에 긍정적 영향을 준다(기채영, 2006).

(2) 위기청소년상담에서의 부모상담

상담이라는 과정을 통해 위기청소년의 문제해결과 성장을 돕고자 할 때 상담자는 보통 청소년뿐만 아니라 청소년의 부모를 만나게 된다. 청소년의 부모는 청소년의 변화에 영향력을 미치는 존재이기 때문에, 상담자는 청소년에게 당면 문제의 해결과 발달을 돕는 최적의 환경을 제공하기 위해 주변 사회적 환경, 특히 부모에게 동시적으로 접근하는 것이 필요하다. 일반 성인상담에서는 내담자 개인 문제에 집중하지만, 청소년상담에서 부모상담의 경우, 부모에게 돌봄기술, 대화기술, 자녀문제 직면하기 등 다양한 목표를 가지고 개입하게 된다. 즉, 궁극적으로는 청소년 문제해결에 목표가 있지만, 청소년 문제 개입을 위하여 부모로서 조력자 역할을 할 수 있도록 돕는 등 부모의 문제해결을 통해 청소년 문제를 해결하는 특징이 있다(노성덕 외, 2015).

청소년들은 사회생활에 적응하는 과정에서 또래갈등, 가족갈등, 학업적·사회적 압력 등을 포함한 많은 어려움에 직면하고 있으며, 이러한 청소년들을 흔히 '위기청소년'이라고 한다. 위기청소년이란 가출 등 위기문제를 가지고 있거나 잠재적으로 위기문제가 발현될 가능성이 있는 청소년들 모두를 포함한다. 위기청소년은 개인 및 환경의 취약성이 복합적으로 작용하여 단편적인 심리치료적 접근으로는 효과를 거두기 어렵다. 위기청소년의 행동변화를 이끌기 위하여 부모상담이 필요한 것은 가족문제와 환경적인 문제를 잘 다루면 행동상의 문제가 감소하기 때문이다. 상담자가 부모에 대한 개입전략을 세울 때 중요하게 고려해야 할 것은 부모가 자녀 양육에 대한 책임감을 갖고 권위가 있는 위치로 복귀함으로써 부모의 힘을 찾아 주는 것이다. 위기청소년의 경우, 청소년들을 지지해 줄 부모나 가정체계 자체가 빈약한 경우가 대부분이다. 이런 경우, 부모를 대신할 수 있는 주 양육자와 주변 자원들을 상담하는 것 역시 부모상담의 한 영역이 될 수 있다(노성덕 외, 2015).

4) 가족치료

가족치료는 가족에게 제기된 다양한 문제에 대해 가족관계에 개입하여 해결하는 전문적인 상담방법이다. 가족치료는 가족을 단위로 그 체계 속의 상호작용에 개입함으로써 개인의 문제행동은 물론 전체 가족의 역동에 변화를 가져오도록 하는 치료적 접근이다. 가족치료는 가족체계이론에 입각하여 가족을 하나의 체계로 다루며, 가족체계 내의 상호작용을 개선하는 데 궁극적인 목적이 있다. 가족 구성원이 경험하는 어려움을 그 개인만의 문제로 보지 않고, 개인을 둘러싼 가족체계라는 맥락 속에서 체계 안팎의 상호작용을 이해하려는 접근이다(이영분 외, 2020). 청소년과 관련된 많은 문제행동의 이면에는 가족에서의 분리에 대한 갈등이 내재되어 있는 경우가 많은데, 이때 가족치료의 개입이 상당한 효과를 거둘 수 있다(김윤경, 이다미, 2011).

가족치료에서는 가족의 경계, 가족하위체계, 순환적 인과관계, 가족항상성 등이 주요 개념으로 다루어진다. 가족경계란 가족 내의 개인과 다른 가족 구성원 간의 관계에서 형성된 개인의 정체성이면서 동시에 한 단위로서의 가족과 더 큰 사회체계 간의 관계에서 형성된 가족의 정체성이다. 가족은 어느 정도 침투적인 경계를 갖고 외부체계와 교류할 수 있고, 적절한 가족기능을 위해 하위체계들도 자신의 경계를 유지하면서 각자의 역할과 책임을 수행하며 서로 교류한다. 가족체계는 여러 하위체계로 구성되어 있고, 하위체계를 통해 가족의 기능을 수행한다. 가족 구성원은 동시에 여러 하위체계에 속할 수 있으며, 각 하위체계에서 다른 역할을 하고, 다른 유형의 상호작용을 하도록 기대된다. 가장 대표적인 가족 하위체계로는 부부 하위체계, 부모 하위체계, 부모-자녀 하위체계가 있다(이영분 외, 2020). 순환적 인과관계는 단선적 인과관계와 대치되는 개념으로 일의 결과를 해석할 때 단순히 한 가지의 원인을 찾기보다는 결과에 이르기까지 관련된 사람 간의 상호작용을 중심으로 상황을 이해하는 방법이다. 가족 구성원 간의 행동은 서로 긴밀하게 연결되어 있으므로 그 원인과 결과를 정확히 식별해 내는 것은 불가능하며, 서로 영향을 미치고 있는 것으로 본다(이영분 외, 2020). 가족항상성이란 체계가 현재 상태를 유지하고 변화에 저항함으로써 평형상태를 유지하려는 경향성을 갖는 것처럼 가족에게 이러한 경향성이 나타난다는 것이다(최정숙 외, 2020).

가족치료의 주요 모델로는 다세대 정서체계 가족치료, 경험적 가족치료, 구조적 가족치료, 해결중심단기치료, 이야기치료 등이 있다. 이 중 해결중심단기치료는 내담자의 가치를 소중히 여기면서 그들이 가진 강점과 탄력성을 활용해 해결책을 구축한다는 점에서 청소년 심리치료에 도움이 된다고 본다(김유숙, 2008). 어른의 지시를 받거나 행동에 제한받는 것을 싫어하는 청소년에게 '내담자는 자신의 문제에 대한 전문가'라는 해결중심단기치료의 가치는 치료적 협력관계를 형성하는 데 매우 효과적이기 때문이다(정문자 외, 2008). 해결중심단기치료에서는 첫 상담 이전의 변화에 대한 질문, 기적질문, 예외질문, 척도질문, 대처질문 등을 사용하는데 이러한 질문기법은 치료동기가 낮은 청소년 가족에게 적절한 접근방법이다(김윤경, 이다미, 2011).

4. 지역사회 기반 통합지원

1) 지역사회 청소년 통합지원체계(청소년안전망, CYS-net)

(1) 목적 및 현황

지역사회 청소년 통합지원체계(이하 청소년안전망)란 지역사회 내 청소년 관련 자원을 연계하여 위기청소년에 대한 상담·보호·교육·자립 등 맞춤형 서비스를 제공함으로써 청소년의 건강한 성장과 복지증진을 도모하는 사업이다. 2005년 '위기청소년 사회안전망 구축사업'이 국가 정책으로 시행된 후, 2006년부터 전국의 청소년상담지원센터(현 청소년상담복지센터)를 중심으로 위기청소년통합지원체계가 구축되었고, 2011년 「청소년복지 지원법」 개정을 통해 법적 근거를 마련하였다. 2020년 기준으로 시·도 17개, 시·군·구 219개 등 총 236개의 청소년안전망이 구축되어 있다(여성가족부, 2021).

(2) 운영체계

청소년안전망은 발견-개입-통합서비스 제공-사후관리의 체계로 운영된다. 청소년전화 1388, 문자상담, 사이버상담, 찾아가는 거리상담, 청소년쉼터, 경찰서, 학

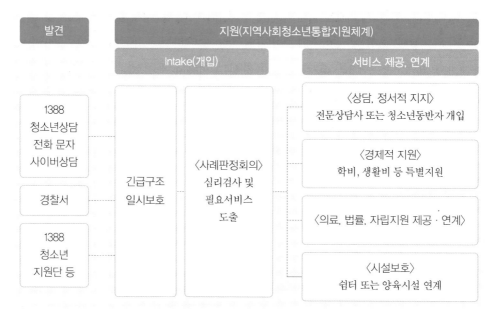

그림 3-1 청소년안전망 운영체계

출처: 여성가족부 홈페이지(http://www.mogef.go.kr/sp/yth/sp_yth_f006.do).

교 등을 통해 위기청소년을 발견하며, 개입 단계에서는 긴급구조 및 일시보호, 심리검사 및 사례판정회의를 실시한 후 상담 및 정서적 지지, 경제적 지원, 의료와 법률지원, 자립지원, 시설보호 등의 통합서비스를 제공한다. 청소년안전망의 필수연계기관은 지방자치단체, 청소년상담복지센터, 청소년복지시설, 학교, 교육청, 경찰서, 지방고용노동청, 보건소, 학교 밖 지원센터 등이다(여성가족부, 2021).

(3) 주요 사업

① 위기청소년 발견 · 보호 및 지원을 위한 활동 지원

청소년상담복지센터 및 청소년상담채널(청소년전화 1388, 모바일문자상담, 사이버상담) 등을 통해 위기청소년을 발견하고, 경찰서, 교육청, 청소년비행예방센터 등과 연계하며, 위기상황에 노출된 청소년에게는 일시보호를 제공한다.

② 상담전화(청소년전화 1388) 설치·운영

청소년전화 1388을 24시간, 365일 운영하며, 초기개입, 구조, 일시보호 등을 실시한다. 청소년상담 이용자의 문제와 요구를 정확히 파악하여 일반상담, 위기상담, 신고전화 등으로 분류한 후 맞춤형 서비스를 제공한다.

③ 청소년 통합지원 서비스 제공 및 연계

위기청소년과 그 가족에게 상담 및 교육을 실시하고, '학업중단숙려제'를 운영하여 학업중단 위기청소년의 학교적응력이 향상될 수 있도록 지원한다. 위기청소년이 성폭력·자해·폭력 피해 등으로 긴급한 지원이 필요한 경우 치료 등에 따른 의료비, 교통비, 식비, 생활지원비 등의 긴급지원 서비스를 제공한다. 또한 필요시 학교밖청소년지원센터, 청소년쉼터, 인터넷중독 치유학교, 청소년 동반자 사업 등과 연계한다.

④ 지역사회 내 긴급상황 발생 시 대응체계 확립

청소년 대상 폭력, 자살 등 위기청소년에 대한 지역 내 긴급 대응체계를 마련한다. 긴급상황 발생 시 지방자치단체의 청소년안전망 운영위원회와 청소년상담복지센터의 청소년안전망 실행위원회가 작동하여 사건에 개입한다.

5. 청소년 지도자

1) 사회복지사

한국사회복지사협회 홈페이지

(1) 법적 근거와 배출현황

사회복지사란 「사회복지사업법」(제11조 제1항)에 의거하여 "사회복지에 관한 전문지식과 기술을 가진 자"로 1970년대 사회복지사업종사자로 시작하여 1983년 5월 「사회복지사업법」이 개정되면서 명칭이 '사회복지사'로 규정되어 사회복지사 자격증이 발급되기 시작하였다. 2020년 12월까지 1급 162,293명, 2급 1,031,482명, 3급 13,568명 등 총 1,207,343명의 사회복지사가 양성되었다.

(2) 활동내용 및 진출 분야

사회복지사는 1, 2급으로 구분되며, 1급은 국가시험에 합격한 사람에게 부여한다. 사회복지사는 공적사회복지 영역과 사회복지기관 및 시설 영역, 보건의료 영역 등에서 활동한다. 공적사회복지 영역은 시·도, 시·군·구 및 읍·면·동 또는 복지사무전담기구에서 활동하는 사회복지전담공무원이며, 사회복지기관 및 시설 영역은 지역복지사업, 아동복지, 청소년복지, 노인복지, 장애인복지, 모자복지 등에서 활동하는 사회복지사이다. 보건의료 영역에서는 의료사회복지사와 정신보건사회복지사가 활동한다. 이 외에도 확장 영역으로 학교사회복지사, 자원봉사활동관리 전문가, 교정사회복지사, 군사회복지사 등이 있다.

2) 청소년상담사

한국청소년상담복지개발원 홈페이지

(1) 법적 근거와 배출현황

청소년상담사란 「청소년 기본법」(제22조 제1항)에 의거하여 실시되는 '청소년상담'과 관련된 국가자격증으로, 청소년상담사 자격시험에 합격하고 청소년상담사

연수기관에서 실시하는 100시간 이상의 연수과정을 마친 사람에게 부여하는 국가자격증이다. 청소년상담사 국가자격제도는 1991년 「청소년 기본법」이 제정되면서 법적 기반이 처음 마련되었으며, 다년간의 준비과정을 거쳐 2003년도에 처음으로 시행되었고, 2020년까지 1급 885명, 2급 9,382명, 3급 16,097명 등 총 2,364명의 청소년상담사가 양성되었다.

(2) 활동내용 및 진출 분야

청소년상담사는 1, 2, 3급으로 구분되며, 1급은 청소년상담 정책 개발 및 행정업무 총괄, 상담기관 설립 및 운영, 청소년 문제에 대한 개입을 하고, 2급은 청소년상담의 전반적 업무 수행, 청소년의 각 문제영역에 대한 전문적 개입, 심리검사 해석 및 활용 등을 수행한다. 3급은 기본적인 청소년상담 업무와 집단상담의 공동지도자 업무, 매체상담 및 심리검사 등의 업무를 수행한다. 청소년상담사는 국가정책 차원에서는 한국청소년상담복지개발원, 시·도 청소년상담복지센터, 시·군·구 청소년상담복지센터, 경찰청, 법무부, 군, 사회복지기관, 청소년수련관, 청소년문화관, 청소년쉼터 등에서 상담활동을 실시한다. 교육 차원에서는 학교청소년상담사, 초·중·고등학교 상담교사, 대학의 학생상담센터에서 활동하며, 민간 차원에서는 개인상담연구소나 사회복지기관, 아동·청소년 관련 시설 등에서 상담을 진행한다.

3) 청소년지도사

한국청소년활동진흥원 홈페이지

(1) 법적 근거와 배출현황

청소년지도사는 「청소년 기본법」(제21조 제1항)에 의거하여 실시하는 국가전문자격으로, 자격검정시험과 이수과정을 마친 사람에게 부여하는 국가자격증이다. 1993년도부터 청소년지도사가 배출되었으며, 2020년까지 1급 1,972명, 2급 41,684명, 3급 14,363명 등 총 58,019명의 청소년지도사를 양성하였다.

(2) 활동내용 및 진출 분야

「청소년 기본법」에 따르면, 청소년시설과 단체에는 일정한 기준에 의거하여 청소년지도사를 배치하여야 한다. 청소년지도사는 청소년수련활동에 대한 전문지식과 지도기법 및 자질을 갖춘 전문가로 1, 2, 3급으로 구분되며, 청소년활동(프로그램, 사업)을 전담하여 청소년의 수련활동, 지역·국가 간 교류활동, 동아리활동, 봉사활동, 예술활동 등을 지도한다. 청소년수련시설로는 청소년수련관, 청소년수련원, 유스호스텔, 청소년야영장, 청소년문화의집, 청소년특화시설 등이 있다.

4) 청소년육성전담공무원

「청소년 기본법」 제25조에 따르면, 시·도, 시·군·구 및 읍·면·동 또는 청소년육성 전담기구에 청소년육성전담공무원을 둘 수 있도록 하고 있다. 청소년육성전담공무원은 청소년지도사 또는 청소년상담사의 자격을 가진 사람으로 하며, 관할구역의 청소년과 청소년지도사 등에 대하여 그 실태를 파악하고 필요한 지도를 하도록 하고 있다.

생각해 볼 문제

1. 청소년은 스스로 상담을 오는 경우보다는 교사나 부모 등 주변인들의 문제제기로 상담에 의
   뢰되는 경우가 많다. 이처럼 상담에 대한 동기 없이 비자발적으로 상담에 참여하게 된 청소년
   이 상담과정에 잘 참여할 수 있도록 하기 위해서 어떠한 실천기법을 사용해야 하는지 논의해
   보자.

2. 청소년 사이버상담은 익명성이 보장되고, 시간과 공간의 제약을 받지 않기 때문에 상담에 대
   한 접근성을 높일 수 있다는 장점이 있다. 그러나 일회성 상담에 그치는 경우가 많고, 상담을
   지속시키기 어렵다는 한계도 있다. 사이버상담이 보다 심도 있는 상담으로 지속되기 위해 어
   떠한 방안들이 마련되어야 하는지 생각해 보자.

참고문헌

교육부, 여성가족부, 한국청소년상담복지개발원(2014). 또래상담 운영학교 지침서 및 교사 매뉴얼.

기채영(2006). 놀이치료에서 부모상담의 치료성과요인 및 과정에 대한 질적 분석. 한국놀이치
    료학회지, 9(2), 41-58.

김경민, 정익중(2009). 위탁아동의 친가족경험이 심리사회적 적응에 미치는 영향. 한국가족사
    회복지학, 25, 93-120.

김경준, 김지혜, 김영지(2013). 청소년 또래멘토링의 효과에 대한 질적 연구. 한국청소년연구,
    24(3), 287-321.

김경준, 오해섭(2011). 청소년의 사회적 참여 활성화를 통한 저소득 가정 아동 지원방안 II:
    청소년멘토링 운영 매뉴얼. 한국청소년정책연구원 연구보고서.

김경준, 오해섭, 정익중(2011). 청소년의 사회적 참여 활성화를 통한 저소득 가정 아동지원방
    안 II: 청소년멘토링 시범사업 운영 및 효과측정. 한국청소년정책연구원 연구보고서.

김동일, 김은하, 김은향, 김형수, 박승민, 박중규, 신을진, 이명경, 이영선, 이원이, 이은아, 이
    제경, 정여주, 최수미, 최은영(2014). 청소년상담학개론. 서울: 학지사.

김순규, 이재경(2007). 빈곤청소년의 심리·사회적 적응을 위한 멘토링 프로그램의 효과성

연구. **청소년학연구, 14**(5), 75-98.

김유숙(2008). **아동과 청소년 심리치료**. 서울: 학지사.

김윤경, 이다미(2011). 해결중심단기가족치료의 효과에 관한 사례연구: 이혼가정 청소년 자
녀와 부모를 중심으로. **청소년학연구, 18**(3), 49-81.

노성덕, 정재우, 배희분, 이미현, 김태성, 김경희(2015). 청소년동반자 부모상담 프로토콜 개
발 연구. 2015 청소년상담연구 184. 서울: 한국청소년상담복지개발원.

노혁(2020). **청소년복지의 이해**. 서울: 학지사.

류은희, 박주영, 허현영(2016). 청소년 사이버상담에 대한 사이버상담자의 심리적 경험. **청소
년학연구, 23**(2), 271-297.

서미, 소수연, 장유진, 조은희, 이지은, 양명진(2018). 청소년상담 사례지도 모형개발연구.
2018 청소년상담연구 208. 서울: 한국청소년상담복지개발원.

소수연, 김경민, 양대희, 안지영, 김승윤, 유준호, 지수연, 이현숙(2013). 초기 청소년기 자녀를
둔 부모교육 프로그램 개발. 2013 청소년상담연구 176. 서울: 한국청소년상담복지개발원.

양미진(2005). 질적분석을 통한 비자발적 청소년내담자의 상담지속요인 연구. 숙명여자대학
교 대학원 박사학위논문.

양미진, 유혜란, 서선아, 박성률, 김경화, 유준호(2015). 사이버상담 성과에 대한 개념도 연
구. **청소년상담연구, 23**(1), 121-138.

여성가족부(2021). **2021년 청소년사업안내**(Ⅱ).

여성가족부, 교육과학기술부, 한국청소년상담원(2012). **학교또래상담 운영지침서**.

오혜영(2010). 자살위기 청소년을 위한 사이버상담 개입 프로그램 개발. 한국청소년상담원
연구보고서.

윤은혜(2013). 자녀양육 스트레스와 부모교육 요구에 관한 연구. 제주대학교 대학원 석사학
위논문.

이경화, 김연진, 배지현(2009). 자녀이해 및 발달지원을 위한 부모역할 프로그램의 의미. **한국
영유아보육학, 59**, 57-80.

이난(2011). **청소년 심리상담**. 서울: 태영출판사.

이영분, 김유순, 신영화, 전혜성, 최선령(2020). **사례로 배우는 가족상담**. 서울: 학지사.

이영선(2005). 채팅상담 및 성과척도 개발 및 타당화 연구. 숙명여자대학교 대학원 박사학위
논문.

이재창, 문미란(2000). 사이버상담에 관한 연구. **교육연구논총, 17**, 89-123.

이형득(1993). **상담이론**. 서울: 과학교육사.

전혜리(2010). 아동·청소년상담에서의 부모상담의 유형과 효과에 대한 질적 연구. **청소년시설환경**, 8(4), 3-20.

정규석, 김영미, 김지연(2017). **청소년복지의 이해**(2판). 서울: 학지사.

정문자, 송성자, 이영분, 김유순, 김은영(2008). **해결중심단기치료**. 서울: 학지사.

정익중, 오정수(2021). **아동복지론**. 서울: 학지사.

천정웅, 남부현, 김삼화(2012). **청소년 멘토링**. 경기: 양서원

최경일(2008). 한부모 가정의 청소년과 교사 간 멘토링프로그램의 효과성 연구. **청소년복지연구**, 10(1), 47-67.

최정숙, 강향숙, 김경희, 김선민, 김유정, 김주현, 김지혜, 박형원, 백형의, 우재희, 이영선, 이예승, 이인정, 이혜경, 임정원, 장수미, 정선영, 한인영(2020). **가족복지론**(2판). 서울: 학지사.

한국청소년상담원(2012). **학교 또래상담 운영지침서**.

홍경자, 김태호, 남상인, 오익수(1996). **청소년 집단상담**. 서울: 청소년대화의 광장.

홍봉선, 남미애(2018). **청소년복지론**(제5판). 경기: 공동체.

[홈페이지 참고자료]

한국사회복지사협회 홈페이지 http://www.welfare.net/site/ViewActivityField.action

한국청소년상담복지개발원 홈페이지 https://www.youthcounselor.or.kr:446/new/sub01_2.html

한국청소년활동진흥원 홈페이지 https://www.kywa.or.kr/leader/leader7_1.jsp

[법령 참고자료]

사회복지사업법 https://www.law.go.kr/LSW/lsInfoP.do?efYd=20201229&lsiSeq=224931#0000, 2021년 2월 9일 인출

청소년기본법 https://www.law.go.kr/LSW/lsInfoP.do?efYd=20201120&lsiSeq=218027#0000, 2021년 2월 10일 인출

제4장

청소년복지의 정책적 접근방법

세상을 다스리는 것은 사람이지 법이 아니다.

—순자—

　청소년복지정책이란 국가가 주체가 되어 청소년의 행복 실현을 위해 청소년의 욕구와 필요를 충족시키기 위해 마련한 대책이다. 청소년복지 관련법은 청소년의 삶의 질 향상을 위한 국가의 책임을 명문화하고 청소년복지 관련 사회 서비스와 프로그램을 실천하기 위한 근거를 제공한다. 기본계획은 청소년정책의 기본방향, 추진목표, 기능조절, 주요 시책, 재원 조달 등에 관한 내용을 포함한다. 청소년복지정책은 중앙행정기관과 지방자치단체의 유기적인 관계하에 수립·시행된다. 이 장에서는 청소년의 삶의 질 향상과 관련된 모든 시책을 가리키는 광의적 청소년복지정책의 개념을 바탕으로, 청소년복지정책의 세부 정의, 목표, 특징을 논의한다. 해방 직후 청소년복지정책이 전개된 과정과 함께 청소년복지정책을 지원하는 법률과 정책의 방향 및 시행 방법을 제시하는 종합계획, 그리고 정책의 전달체계에 대해 설명한다.

1. 청소년복지정책의 개념

1) 정의

청소년복지는 청소년을 대상으로 한 사회복지의 한 분야이다. 사회복지란 "인간 개개인의 전 생에 걸친 행복과 안정되고 바람직한 삶을 추구하는 인간의 사회적 노력이다"(조홍식 외, 2015). 사회복지가 인간의 행복을 실천적으로 추구하는 활동이기 때문에, 청소년복지는 사회복지의 한 분야로서 청소년의 욕구를 충족시키고 삶의 질을 높이기 위한 제도와 실천적 기술이라고 정의할 수 있다. 한편, 정책은 사회 문제를 해결하거나 공공의 목적을 달성하기 위한 수단(사공연호, 2008) 또는 공공의 목표를 달성하기 위하여 정부가 결정한 전략적 행동방침 및 계획으로 볼 수 있다 (조홍식 외, 2015).

이러한 관점에서 청소년복지정책이란 국가가 주체가 되어 청소년의 행복 실현을 목적으로 청소년의 욕구와 필요를 충족시키기 위해 마련한 대책이라 할 수 있다. 유사한 맥락에서 김향초(2015, p. 173)는 청소년복지정책을 "사회복지정책 중 청소년 중심의 정책으로서 청소년의 욕구와 필요를 충족하기 위한 정책적인 서비스"라 정의했고, 김창래(2018, p. 1)도 "청소년의 생명과 생활을 국가가 보장하여 지역사회에서 생존하고 실존하게 하는 사회제도"라는 정의를 제시하였다.

이 장에서의 청소년복지정책은 청소년복지 향상을 위한, 또는 청소년의 욕구와 필요를 충족시키기 위한 정부의 수단으로 정의한다. 구체적으로, 청소년복지정책이란 모든 청소년의 문제해결·예방 및 역량 강화 욕구를 충족시키고, 궁극적으로는 청소년 삶의 질 향상, 그리고 더 나아가서는 사회발전이라는 목적을 달성하기 위해 청소년 자신은 물론, 가정 및 지역사회에게 제공되는 사회 서비스와 프로그램을 국가적 차원에서 명시한 전략적 대책이라 할 수 있다.

2) 청소년복지정책의 목표

청소년복지정책의 목표는 청소년헌장에 표출된 청소년의 권리 및 책무에 관한 내용을 정책적으로 실현하는 것이다(도미향, 2004). 청소년헌장은 국가의 청소년정책에 대한 기본 이념과 방향을 설정하고 있는데, 1998년을 기점으로 새롭게 개편되었다. 1990년 제정된 (구)청소년헌장은 청소년이 미래 세대의 주역임을 강조하지만, 청소년을 미성숙한 존재로 보고 성인 중심의 보호와 선도, 기성세대의 역할에 대한 내용이었던 반면(홍봉선, 남미애, 2018), 1998년 개정된 청소년헌장은 청소년의 기본권, 자율권, 참여권, 생존권 보장을 위한 가정·학교·사회 그리고 국가의 책임과 공동체 구성원으로서 청소년의 책임을 명시하고 있다. 기본적인 욕구를 충족받고, 차별이나 폭행으로부터 보호받을 권리뿐 아니라, 생각이나 활동에 대한 자율권, 자아실현에 대한 권리, 진로에 대한 선택권, 여가와 문화예술활동을 누릴 권리, 정책결정 등 사회참여 권리의 보장도 포함한다.

이러한 내용은 청소년의 권리보장, 자율성 보장, 유해한 환경으로부터 보호, 민주시민으로의 성장 등을 기본이념으로 하는 「청소년 기본법」의 이념과도 부합한다. 또한 기본이념을 구현하기 위한 장기적·종합적 청소년정책의 방향과도 맥을 같이한다. 보다 구체적으로, 청소년복지정책은 독립적 삶의 주체로서의 청소년을 존중하고 이들에게 자율과 참여의 기회를 보장하기 위한 방향으로 제공되어야 한다. 청소년복지정책은 국가적 차원에서 청소년이 사회 구성원으로 책임 있는 삶을 살아갈 기반을 마련하고, 청소년 삶의 질 향상과 행복보장을 위한 여건과 환경을 조성하는 데 초점을 두어야 할 것이다.

3) 청소년복지정책의 특징

첫째, 청소년복지정책은 아동복지정책과 구별되는 고유한 특성을 가진다. 청소년은 아동과 다른 발달적 특성을 갖기 때문에 청소년복지는 아동복지와 구별되는 고유한 사회복지 분야로서 정책의 방향성 또한 상이하다. 1990년대 이전까지 청소년은 아동기와 성인기 사이에서 질풍노도의 시기를 겪는 과도기적 존재로서 가정이나 사회적 보호의 대상이라는 인식이 팽배하였다(김경준 외, 2005). 이에 청소년은 초기 국가정책이나 법률에서 나이가 많은 아동이나 미성년자로서 아직 성인에 이르지 못한 사람으로 여겨져 왔다. 「청소년 기본법」에 따른 청소년의 연령 범위는 9세 이상~24세 이하이고 「아동복지법」에 따른 아동의 연령 범위는 18세 미만이기 때문에, 9~18세에 중첩되는 연령 범위가 상당 부분 있어 청소년이 아동과 동일하다 여길 수 있다.

하지만 청소년은 발달적 차원에서 아동과 다른 특성을 지니기 때문에 욕구도 다르며, 이를 예방·해결하기 위한 방법도 다르다. 아동은 가정에서의 보호와 사회로부터 도움을 받아야 하는 의존적 존재라는 인식 때문에 아동복지는 보호대상 아동에 대한 서비스를 중심으로 이루어지지만, 청소년은 발달적 특성상 독립성·자율성·책임성이 강조되기 때문에 청소년복지는 보호나 육성과 같은 소극적 개념보다는 청소년의 삶의 질 향상이라는 적극적 개념이 적용 가능하다(김경준, 2008). 즉, 청소년은 아직 완전히 성숙한 존재는 아니더라도 주체적으로 행동하고 생각을 자유롭게 표현하며 공동체 구성원으로서의 책임을 다할 수 있는 존재이다. 따라서 청소년복지정책은 청소년의 행복 추구를 위해 권리 증진, 사회참여 보장, 자율성을 바탕으로 한 능동적 삶의 실현, 성장 여건과 사회환경 개선에 대한 국가 차원의 전략으로, 안정된 가정환경에서의 보호를 주목적으로 하는 아동복지정책과는 추진 방향이 다르다.

둘째, 청소년복지정책은 제도적 개념을 근거로 모든 청소년을 대상으로 한다. 일반적으로 사회복지기능은 잔여적 개념과 제도적 개념으로 구분된다(조홍식 외, 2015). 조홍식 등(2015)에 따르면, 사회복지기능의 잔여적 관점은 사회복지가 가족, 시장경제, 정치의 실패에서 파생되는 문제들을 임시로 보충하는 역할을 하며 사회발전에 반드시 필요한 제도는 아니라는 입장을 가진다. 반면에 제도적 관점은 가족기능의 약화와 경제체제의 구조적인 어려움이 나타나는 현대 산업사회에서 사회복지가 사회유지를 위한 필수적인 제도라고 인식한다.

우리나라 초기 청소년복지정책은 잔여적 특성을 강하게 띠었다. 이에 청소년복지정책은 제 기능을 하지 못하는 가정에 속하거나, 사회에서 소외되고 적응하지 못하는 소수 청소년들을 대상으로 하였다. 청소년복지정책은 사후적 처우로서 특별한 보호나 지도가 필요한 청소년에게는 우선적 개입 및 지원을 중심으로 구축되었다. 하지만 2000년대 중반부터 본격적으로 청소년복지정책은 잔여적 복지의 입장에서 제도적 복지 관점으로 전환되었다. 청소년들은 단순히 가정이나 사회로부터 보호받고, 사회부적응 행동에 대한 선도의 대상이 아닌 권리를 보장받고 책임을 수행하는 독립된 인격체라는 인식이 더욱 강해지면서 청소년복지정책도 전체 청소년을 대상으로 예방과 개발에 초점을 두고 보편적으로 접근하게 된 것이다.

이러한 변화는 2004년 전면개정된 「청소년 기본법」과 「청소년복지 지원법」에서 규정하는 청소년복지의 정의에서 찾아볼 수 있다. 이들 법률에서 정의하는 '청소년복지'란 청소년이 정상적인 삶을 누릴 수 있는 기본적인 여건을 조성하고 조화롭게 성장·발달할 수 있도록 제공되는 사회적·경제적 지원을 말한다(「청소년 기본법」 제3조 제4항). 이들 법률에 기초적인 생활지원·학업지원·의료지원·직업훈련지원·청소년활동지원을 필요로 하는 특별지원 청소년과 가출청소년의 교육적 선도에 대한 규정이 명시되어 있지만, 이 외에도 인권보장, 자치권 확대, 교통·문화시설 이용, 체력검사 및 건강진단 등에 모든 청소년에게 해당하는 규정과 이를 실천하기 위한 방안들이 명시되어 있다. 다양한 청소년복지 관련 법률이나 종합대책을 정리해 보면 보호를 필요로 하는 청소년(빈곤가정 청소년, 한부모가정 청소년, 장애청소년, 비행청소년, 학교 밖 청소년, 근로농어촌 청소년)에 대한 소득·의료·교육·주거·치료 지원뿐 아니라, 특별히 심리적이나 환경적으로 어려움이 없는 일반청소년에 대한 권리보장, 문제예방, 활동지원, 환경개선 등의 내용을 포괄적으로 포함한다는 것을 알 수 있다(김경준 외, 2005).

셋째, 청소년복지정책은 광의적 입장을 취함으로써 내용과 적용 범위가 포괄적이다. 협의적 사회복지 관점은 빈곤, 질병, 장애 등 특수한 욕구를 가진 개인들에게만 복지서비스를 제공하는 것이며, 공공부조와 동일한 의미로 사용되기도 한다(조홍식 외, 2015). 이에 협의적 청소년복지 관점은 가족이나 사회에서 충족되지 않는 욕구를 지닌 청소년을 대상으로 이들이 직면한 문제를 해결하고자 전문적인 사회복지기관에서 물품과 서비스를 제공하는 것이다. 반면, 광의적 사회복지 관점은 소수의 몇몇 개인뿐 아니라 사회 구성원 전체의 욕구를 충족시킴으로써 복리를 추구하고, 생활을 향상시키기 위한 일련의 시책들을 전부 포함한다(조흥식 외, 2015). 따라서 광의적 의미의 청소년복지정책은 모든 청소년이 행복할 수 있도록 심리·발달적으로 지원하고 사회적 역량을 증진시키기 위한 다양한 국가적 노력을 포함한다.

우리나라 청소년복지정책은 청소년복지의 광의적 개념에 따라 신체적·정서적·인지적 발달을 지원하는 다양한 영역에 대한 지원을 한다. 구체적으로, 청소년의 역량 개발·강화, 인권 증진, 사회참여, 문화, 여가 등 다양한 영역을 아우르는 개념이다.

한편, 청소년복지정책은 청소년정책과 궤를 같이하는데, 청소년정책의 개념을 보면 "모든 청소년의 성장과 사회적응 및 질 높은 삶을 영위할 수 있도록 청소년의 사회적 욕구를 충족시키고 청소년들의 문제해결을 돕기 위해 국가와 지방자치단체가 청소년에 관한, 청소년을 위한 법령과 시책을 통해 밝힌 방침"이라 할 수 있다(홍봉선, 남미애, 2018). 따라서 광의적 청소년복지정책의 개념은 청소년의 삶의 질 향상과 관련된 모든 시책을 가리키므로 청소년정책과 동일한 의미로 이해할 수 있다.

보다 구체적으로 우리나라 청소년정책은 「청소년 기본법」에 근거하여 청소년의 활동·복지·보호의 세 축을 중심으로 청소년의 균형 있는 성장·발달을 추진 방향으로 삼고 있다. 청소년활동이란 청소년의 균형 있는 성장을 위하여 필요한 수련활동·교류활동·문화활동 등 다양한 형태의 활동을 가리킨다. 청소년복지는 청소년의 기본적인 욕구를 충족하고 조화로운 성장에 필요한 사회적·경제적 지원이다. 마지막으로, 청소년보호는 청소년의 건전한 성장에 유해한 환경을 규제하는 것을 가리킨다. 따라서 청소년정책이 국가 및 지방자치단체가 주체가 되어 청소년 활동·복지·보호를 통해 청소년의 욕구를 충족시키고 행복한 삶을 마련하기 위한 대책이라는 정의를 적용했을 때, 청소년정책과 광의적 청소년복지정책의 정의가 일치함을 알 수 있다.

넷째, 청소년복지정책의 내용과 적용 범위는 포괄적인 만큼 담당 행정조직도 다양하다. 청소년복지정책은 여성가족부에서 총괄하지만, 다양한 행정부처와 관련

표 4-1 제6차 청소년정책기본계획상의 청소년정책 영역별 소관부처 현황

영역	세부 과제	소관부처
1. 청소년 참여 및 권리 증진	1-1. 청소년 참여 확대	교육부, 법무부, 여성가족부, 행정안전부
	1-2. 청소년 권리 증진 기반 조성	고용노동부, 교육부, 국가인권위원회, 문화체육관광부, 방송통신심의위원회, 병무청, 보건복지부, 식품의약품안전처, 여성가족부
	1-3. 청소년 민주시민 성장 지원	교육부, 문화체육관광부, 방송통신위원회, 법제처, 선거관리위원회, 여성가족부, 통일부
2. 청소년 주도의 활동 활성화	2-1. 청소년활동 및 성장지원 체계 혁신	과학기술정보통신부, 고용노동부, 교육부, 산업통상자원부, 여성가족부, 중소벤처기업부, 특허청
	2-2. 청소년 체험활동 활성화	교육부, 문화체육관광부, 보건복지부, 여성가족부, 외교부, 통일부, 해양경찰청, 행정안전부
	2-3. 청소년 진로교육 체계 강화	고용노동부, 과학기술정보통신부, 교육부, 금융위원회, 문화체육관광부, 여성가족부, 중소벤처기업부
3. 청소년 자립 및 보호 지원 강화	3-1. 청소년 사회안전망 확충	경찰청, 교육부, 국토교통부, 문화체육관광부, 방송통신위원회, 법무부, 보건복지부, 여성가족부, 행정안전부
	3-2. 대상별 맞춤형 지원	경찰청, 고용노동부, 교육부, 법무부, 보건복지부, 여성가족부, 통일부
	3-3. 청소년 유해환경 개선 및 보호지원 강화	경찰청, 과학기술정보통신부, 교육부, 문화체육관광부, 방송통신심의위원회, 방송통신위원회, 보건복지부, 여성가족부
4. 청소년정책 추진체계 혁신	4-1. 청소년정책 총괄·조정 강화	보건복지부, 여성가족부
	4-2. 지역·현장 중심의 청소년정책 활성화	여성가족부
	4-3. 청소년 지도자 역량 강화	여성가족부

출처: 여성가족부(2019), pp. 549-551를 정리; 여성가족부 홈페이지(http://www.mogef.go.kr, 2021년 5월 6일 인출).

된다. 청소년정책에 관한 주요 사항을 심의·조정하는 '청소년정책위원회'의 위원장은 여성가족부 장관이며 위원으로 기획재정부 차관, 교육부 차관, 과학기술정보통신부 차관, 통일부 차관, 법무부 차관, 행정안전부 차관, 문화체육관광부 차관, 산업통상자원부 차관, 보건복지부 차관, 고용노동부 차관, 중소벤처기업부 차관, 방송통신위원회 위원장, 경찰청장 등이 해당된다.

실제로 제6차 청소년정책기본계획에 명시된 청소년 관련 업무를 추진 중인 소관 부처는 여성가족부, 행정안전부, 법무부, 교육부, 고용노동부, 보건복지부, 통일부, 문화체육관광부, 식품의약품안전처, 법제처, 국가인권위원회, 선거관리위원회, 방송통신심의위위회, 병무청 등으로 다양하다(〈표 4-1〉 참조).

2. 청소년복지정책의 발달단계

전통적으로 청소년의 발달 및 성장은 가정의 역할로 인식되었기 때문에 초기에는 국가적 개입이 매우 한정적이었으나, 그 역할이 사회와 국가 및 지방자치단체로 확대되어 갔다. 이 절에서는 우리나라 청소년복지정책의 발달과정을 행정조직 및 법령 차원에서 제시하고자 한다.

우리나라의 청소년복지정책은 청소년이라는 대상을 중심으로 각 부처별로 다양하게 입안이 추진되어 왔다. 현재 청소년정책 전담행정조직이 여성가족부이지만, 2010년 이전에는 국무총리실, 내무부, 보건복지부, 문화관광부, 문교부, 문화체육부, 체육부 등 여러 부처를 거쳐 이동해 왔다. 1961년 「아동복리법」제정 이후 지금까지 아동복지 서비스를 보건복지부에서 주축으로 담당해 온 것과는 상반된 모습이다. 청소년복지 관련 법률의 경우, 1987년 청소년이라는 용어를 처음 명시한「청소년육성법」이 제정되었으나 적극적인 형태는 아니었다. 현재는 청소년복지의 기본 방향을 제시하는「청소년 기본법」을 중심으로 청소년의 복지·보호·활동과 직간접적으로 관계가 있는 청소년 관련법이 함께 존재한다. 청소년복지 관련 행정조직, 법률명 및 정책계획을 요약하면 〈표 4-2〉와 같다(pp. 107-109에 기재).

1) 맹아기(1945~1964)

(1) 행정조직

이 시기에는 청소년정책을 전담하는 행정기구나 종합대책은 존재하지 않았으며 청소년 관련 정책은 법률을 근거로 각 부처에서 산발적으로 시행되었다(여성가족부, 2019; 조선화, 최명선, 2008). 청소년이라는 대상에 대한 정체성 확립(조선화, 최명선, 2008)과 욕구에 대한 이해가 부족하여 청소년만을 위한 정책이 형성·도입되지 않았으며, 청소년은 나이가 많은 아동일 뿐이라는 등 청소년기의 발달적 특수성과 주체성에 대한 이해가 부족하였다(김경준 외, 2005). 또한 청소년이라는 용어는 어린 나이를 가리키는 '소년'이나 아직 성인에 이르지 않았음을 의미하는 '미성년자'라는 용어와 혼용되어 사용되었다.

(2) 법률

1958년 「소년법」이 제정·시행되었지만, 이 법은 20세 미만의 '소년'을 대상으로 건전한 육성을 위해 환경조정, 보호처분, 형사처분에 관한 특별조치만을 명시하였다.

「미성년자보호법」(1961년 제정)은 만 20세 미성년자의 흡연, 음주, 유흥업소 출입 등을 제한함으로써 이들의 건강을 보호하고 선도하는 목적을 지닌다. 이 법은 미성년자의 보호 및 선도를 위한 친권자와 영업자의 의무를 제시하고, 이후 청소년 보호에 대한 최초의 법률로서 「청소년 보호법」(1997년 제정)의 기반을 마련하였다. 만 18세 미만 '아동'을 대상으로 하는 「아동복리법」(1961년 제정)은 보호자로부터 유기되었거나 적절한 보호를 받을 수 없는 경우 아동이 건전하고 행복하게 육성될 수 있도록 국가의 책임을 명시하였다. 이 법에서 관련 복리시설로 '아동상담소, 보육시설, 조산시설, 정신박약아보호시설, 맹농아양호시설, 신체허약아보호시설, 지체불자유아보호시설, 모자보호시설, 탁아시설, 아동휴양시설, 교호시설, 부랑아보호시설과 소년직업보도시설'을 두었다. 「아동복리법」은 이후 1981년에 「아동복지법」으로 전면개정되면서 대상자도 사회적 보호가 필요한 아동에서 모든 아동으로 확대되었다.

2) 도입기(1964~1988)

(1) 행정조직

1964년 내무부 소속하에 '청소년보호대책위원회'가 설치되면서 정부가 '청소년'을 정책의 대상으로 처음으로 설정하였다는 점에서 이 시기를 태동기로 명명할 수 있다. 청소년보호대책위원회는 문제청소년에 대한 규제·선도·보호에 관한 사항들을 심의하고 종합적인 대책을 강구하였다. 구체적으로, "청소년의 지도·육성·보호 및 교정에 관한 종합적 시책의 수립, 청소년의 보호사상을 고취시키기 위한 계몽선전, 근로청소년 보호 및 복지시설의 설치 권장, 청소년의 보호에 유해한 환경의 정화, 청소년문제 연구 및 간행물 발간, 청소년보호에 관한 법령의 제정 및 개폐" 등에 대한 심의를 담당하였다(「청소년보호대책위원회규정」).

청소년보호대책위원회의 설치는 청소년을 아동과 다른 정책적 대상으로 인정했다는 점과 지방위원회를 설치하는 등 청소년정책의 체계화를 처음 시도했다는 점에서 의의를 지닌다(김향초, 2015). 위원회의 위원장은 내무부 장관이고 위원으로 법무부 장관, 법원행정처장, 청소년문제 전문가가 포함되었다. 위원회가 처리한 안건의 내용을 살펴보면 지방법원장, 지방검찰청 검사장, 도 보사국장, 경찰국장, 소년교도소장 등이 위원회에 활발히 참여하였는데, 이는 위원회가 여전히 소수 문제청소년에 대한 대책 마련을 중심으로 이루어졌음을 나타낸다(조선화, 최명선, 2008).

1977년 8월, 기존의 '청소년보호대책위원회'가 '청소년대책위원회'로 명칭을 변경함으로써 문제청소년에 대한 보호뿐 아니라 전체 청소년에 대한 접근을 확대하고자 하였으며, 소속이 기존의 내무부에서 국무총리실 내 기획조정실로 이관되어 관련 시책에 대한 종합 조정을 가능케 하고자 하였다(조선화, 최명선, 2008). 청소년대책위원회는 "청소년의 지도·육성·보호에 관한 기본계획과 종합정책의 수립, 청소년행정에 관한 관계행정기관의 시책 종합 조정, 청소년의 보호 및 복리시설의 설치와 관리, 청소년활동의 국제교류" 등을 심의하는 확장된 역할을 하고자 하였다(「청소년대책위원회규정」).

하지만 확장된 업무에 비해 일선조직과 담당직원의 부족으로 청소년대책위원회의 기능이 수행되지 못하고 1983년 4월에 문교부 내 청소년과 소속으로 이관하지만 청소년 관련 업무가 원활히 진행되지 않아, 다시 1985년 2월에 국무총리실 청소년정책심의관으로 이관하게 된다(조선화, 최명선, 2008). 이 시기는 정책적 초점이 소수 문제청소년에 대한 보호·선도·규제에서 전체 청소년에 대한 전인적 성장 및 개발로 바뀌는 청소년정책의 중요한 전환기로 평가된다(조선화, 최명선, 2008).

(2) 법률

태동기의 마지막 해인 1987년 10월 「헌법」이 개정되면서 "국가는 노인과 청소년의 복지 향상을 위한 정책을 실시할 의미를 지닌다."라는 내용이 명시됨으로써 청소년복지에 대한 국가의 책임을 강조하게 되었다. 이러한 정책기조의 변화는 '청소년'이라는 용어를 처음 사용하고 청소년의 권리와 책임, 청소년에 대한 사회와 국가의 책임, 청소년·시설·단체·연구원·육성기금에 대한 내용이 포함된 「청소년육성법」의 제정(1987. 11.)으로 이어졌다. 이전까지의 법률은 청소년의 단속·선도·규제·보호를 강조하는 수동적인 성격을 띠었던 반면, 「청소년육성법」은 청소년의 건강한 성장과 발달을 지원하는 첫 법률로서 의의를 지닌다.

표 4-2 청소년복지 관련 행정조직, 법률명 및 정책계획

구분 (연도)	소속·조직명 (설립 연도)	법률명 (연도)	정책계획 (연도)
맹아기 (1945~ 1964)		「소년법」(1958년 7월 제정·시행)	
		「미성년자보호법」 (1961년 12월 제정· 시행)	
		「아동복리법」 (1961년 12월 제정, 1962년 1월 시행)	

도입기 (1964~ 1988)	내무부 무임소장관실 청소년보호대책위원회(1964년 9월)		
	국무총리실 기획조정실 청소년대책위원회(1977년 8월)		
	국무총리실 문교부 청소년과 청소년대책위원회(1983년 4월)		
	국무총리실 청소년정책심의관 청소년대책위원회(1985년 2월)		
		「청소년육성법」 (1987년 11월 제정, 1988년 5월 시행)	
확립기 (1988~ 2005)	체육부 청소년국 청소년육성위원회 (1988년 6월)		
	체육청소년부 청소년정책조정실 청소년육성위원회(1991년 2월)	「청소년 기본법」 (1991년 12월 제정, 1993년 1월 시행)	한국청소년기본 계획 (1992~2001)
	문화체육부 청소년정책실 청소년육성위원회(1993년 3월)		제1차 청소년 육성 5개년 계획 (1993~1997)
	문화체육부 청소년 정책실 청소년보호 위원회(1997년 7월)	「청소년 보호법」 (1997년 3월 제정, 1997년 7월 시행)	
	문화관광부 청소년국 청소년육성 위원회 (1998년 2월)	국무총리실 청소년 보호위원회 (1998년 2월)	제2차 청소년 육성 5개년 계획 (1998~2002)
		「청소년의 성보호에 관한 법률」 (2000년 2월 제정, 2000년 7월 시행)	

		「청소년 기본법」 (2004년 2월 전면개정, 2005년 2월 시행)	제3차 청소년 육성 5개년 계획 (2003~2007)
전개기 (2005~ 현재)		「청소년복지 지원법」 「청소년활동 진흥법」 (2004년 2월 제정, 2005년 2월 시행)	
	국무총리실 청소년위원회 (2005년 4월)		
	국무총리실 국가청소년위원회 (2006년 3월)		
	보건복지가족부 아동청소년정책실 (2008년 2월)		제4차 청소년 정책 기본계획 (2008~2012)
	여성가족부 청소년가족정책실 청소년정책관(2010년 2월)		
		「아동·청소년의 성보호에 관한 법률」 (2009년 6월 전부개정, 2010년 1월 시행)	
			제5차 청소년 정책 기본계획 (2013~2017)
		「학교 밖 청소년 지원에 관한 법률」 (2014년 5월 제정, 2015년 5월 시행)	
			제6차 청소년 정책 기본계획 (2018~2022)

출처: 여성가족부(2019), p. IV를 보완; 여성가족부 홈페이지(http://www.mogef.go.kr, 2021년 5월 6일 인출).

3) 확립기(1988~2005)

(1) 행정조직

1988년 6월 청소년대책위원회가 '청소년육성위원회'로 명칭이 변경되었다. 이 시기에 청소년정책에 대한 국가와 사회의 책임이 강조되기 시작하고 중앙부처와 시·도 수준에 청소년정책을 전담하여 수행하는 행정 전달체계가 구축되면서 청소년정책이 활성화되기 시작하였다. 전담기관명과 소속부처가 여러 차례 변경이 있었지만, 기관에서는 보편적으로 청소년정책에 관한 계획 수립, 청소년 단체의 지도감독 등 청소년 육성에 관한 사무를 관장하였다. 독립된 부서로서 체육부 소속 청소년국(1988. 6.)이 신설된 후 체육청소년부 청소년정책조정실(1991)로 확대·개편되어 었다. 정권 변화로 부처명이 변경되면서 문화체육부 청소년정책실(1993. 3.), 다시 문화관광부 청소년국(1998. 2.)으로 변경되었다. 한편, 1997년 「청소년 보호법」의 제정·시행과 함께 청소년 보호를 담당하는 청소년보호위원회가 문화체육부에 존치되었다가 1998년 국무총리 소속으로 이관되면서 청소년 보호 업무는 국무총리실 청소년보호위원회에서, 청소년 육성 업무는 문화관광부의 청소년국에서 분리·담당하는 이원화 체제를 갖게 되었다. 이 시기에 '제1차 청소년 육성 5개년 계획(1993~1997)' '제2차 청소년 육성 5개년 계획(1998~2002)' '제3차 청소년 육성 5개년 계획(2003~2007)'이 수립·시행되었다.

(2) 법률

이 시기에 청소년 관련 주요 법령이 제정 및 시행되고, 중앙정부 차원에서 청소년에 대한 종합적·장기적 정책이 수립 및 추진되었다(여성가족부, 2019). 청소년 관련 최초 종합법률로서 「청소년육성법」의 시행(1988)은 청소년이 일탈과 비행으로부터 보호의 대상이라는 생각에서 긍정적 개발의 주체라는 생각으로 인식의 전환을 가져오는 계기가 되었다. 하지만 실질적인 청소년정책의 발전을 이루지 못해 선언적 의미만 지녔다는 비판도 있다(여성가족부, 2019). 결국 「청소년육성법」을 대체하는 「청소년 기본법」(1991. 12.)이 제정되었고, 이후 「청소년 기본법」(2004. 2.)이

전면개정되면서 청소년복지를 "청소년이 정상적인 삶을 누릴 수 있는 기본적인 여건을 조성하고 조화롭게 성장·발달할 수 있도록 제공되는 사회적·경제적 지원"이라고 명시하였다(제3조 제4항). 이와 함께 정기적인 청소년 욕구조사, 복지향상 정책의 수립·시행, 특별지원 청소년에 대한 우선지원, 청소년 삶의 질 향상을 위한 국가 및 지방자치단체의 시책마련 역할을 내용으로 담은 「청소년복지 지원법」이 제정되었다. 당시 청소년복지의 범위는 여전히 소극적으로 청소년을 보편적인 복지정책의 대상이 아닌 보호 및 선도하고 유해환경으로부터 보호해야 하는 존재로 인식하고 있음을 알 수 있다. 즉, 「청소년 기본법」은 "경제적·정신적·신체적으로 특별한 보호·지원을 필요로 하는 청소년"이나 비행청소년을 대상으로 하며, "청소년에게 유익한 매개물" 지원과 "청소년에게 유해한 업소 및 유해한 행위"에 대한 내용을 중심으로 하였다. 한편, 이 시기에 국가 및 지방자치단체의 청소년활동 지원에 대한 「청소년활동 진흥법」이 마련되었다. 또한 「청소년 보호법」(1997. 3. 제정), 「청소년의 성보호에 관한 법률」(2000. 2. 제정), 「학교폭력예방 및 대책에 관한 법률」(2004. 1. 제정) 등 다양한 청소년 관련 법률이 제정·시행되었다.

4) 전개기(2005~현재)

(1) 행정조직

이 시기에 이원화된 청소년 중앙행정조직이 통합되고 전담부처도 일원화되는 등 행정체계가 정비되었다(여성가족부, 2019). 2005년 4월 정부의 청소년 육성 및 보호 기능의 통합 결정에 따라 청소년육성위원회와 문화관광부 청소년국이 통합되어 국무총리 소속 '청소년위원회'가 출범, 이후 2006년 3월에 '국가청소년위원회'로 명칭이 변경되었다. 국가청소년위원회는 청소년정책에 관한 중장기 계획을 수립하고, 청소년의 권익보호, 유해환경 점검의 사무를 관장하였다(국가기록원, n. d.). 2008년 정부조직 개편으로 아동과 청소년 정책이 통합되면서 청소년정책이 보건복지가족부 아동청소년정책실로 편입되었으며, 청소년 유해환경 관련 업무는 보건복지가족부 소속 청소년보호위원회로 이관되었다. 하지만 아동정책과 청소년정책의 통합에 대한 갈등으로 인해 2010년 2월 청소년 관련 기능은 여성가족부 청소년가족정책실로 이관·분리되었다. 한편, 이 시기에 '제4차 청소년정책기본계획(2008~2012)' '제5차 청소년정책기본계획(2013~2017)' '제6차 청소년정책기본계획(2018~2022)'이 수립·수행되었다.

(2) 법률

전개기는 청소년 복지·활동·보호에 대한 정책적 지원이 유기적이고 종합적으로 이루어진 시기이다. 특히 「청소년복지 지원법」은 2012년 전면개정을 통해 청소년의 권리보장, 복지 향상, 건강보장, 위기청소년을 위한 지역사회 청소년통합지원체계의 구축·운영, 위기청소년의 유형별 지원 강화를 위한 국가의 역할을 강조하고 제도 운영의 미비점을 개선·보완함으로써 청소년복지를 전개하였다. 이 시기에 「청소년성보호법」이 전면개정되면서(2009. 6.) 법률명이 「아동·청소년의 성보호에 관한 법률」로 바뀌었고, 「학교 밖 청소년 지원에 관한 법률」(2014. 5.)도 제정되었다.

3. 청소년복지 관련법

청소년복지 관련법은 청소년의 삶의 질 향상을 위한 국가의 책임을 명문화하고 청소년복지 관련 사회 서비스와 프로그램을 실천하기 위한 근거를 제공한다(도미향, 2004). 우리나라 청소년복지 관련법은 청소년복지를 포괄적으로 다루는 단일 법률이 있는 것이 아니라, 청소년복지의 기본 방향을 제시하는 법을 중심으로 청소년 육성 및 보호와 직간접적으로 관계가 있는 다양한 청소년 관련법이 250여 개나 공존한다는 특징을 지닌다(홍봉선, 남미애, 2018). 관련 법률들은 청소년복지라는 용어를 직접적으로 명시하지 않더라도 청소년의 다양한 욕구 충족 및 삶의 질 향상에의 기여라는 광의적 청소년복지정책의 범위에 부합하는 내용을 다룬다. 이러한 법체계는 청소년복지 사안별 전문성을 갖추고 직접적 서비스나 프로그램을 실천할

표 4-3 청소년복지 관련법

영역	법령
청소년권리	「헌법」「민법」「형법」「상법」「청소년 기본법」「초·중등교육법」「고등교육법」「장애인 등에 대한 특수교육법」「학교 밖 청소년 지원에 관한 법률」등
청소년복지	「청소년 기본법」「청소년복지 지원법」「아동복지법」「국민기초생활 보장법」「장애인복지법」「입양특례법」등
청소년보호	「청소년 보호법」「아동·청소년의 성보호에 관한 법률」「소년법」「보호소년 등의 처우에 관한 법률」「보호관찰 등에 관한 법률」「성매매방지 및 피해자보호 등에 관한 법률」「성폭력방지 및 피해자보호 등에 관한 법률」「가정폭력방지 및 피해자 보호 등에 관한 법률」등
청소년활동	「청소년활동 진흥법」「한국청소년연맹 육성에 관한 법률」「한국해양소년단연맹 육성에 관한 법률」「스카우트활동 육성에 관한 법률」「국민체육진흥법」등
청소년환경	「근로기준법」「식품위생법」「도서관법」「학교도서관진흥법」「문화산업진흥 기본법」등

출처: 정규석, 김영미, 김지연(2017), p. 141을 재구성.

수 있다는 이점을 갖지만, 여러 행정조직 간 연계성이 부족할 경우 체계적이고 통합적인 정책추진이 어려워진다는 단점도 있다(도미향, 2004).

1) 청소년 기본법

「청소년 기본법」은 청소년 육성에 대한 기본 법제로서 청소년 육성에 관하여 다른 법률에 우선하여 적용된다. 이 법은 청소년의 건강한 성장과 공동체적 삶의 실천을 위한 가정·사회 및 국가의 책임과 의무를 정하고 이를 실천하기 위한 기본적인 사항을 규정하며 1991년 제정되어 1993년부터 시행되었다. 이후 「청소년 기본법」이 2004년에 전면개정되면서(2005년 시행) 청소년정책에 관한 기본적인 사항을 규정하고, 청소년활동에 관한 사항은 「청소년활동 진흥법」으로, 청소년의 복지에 관한 사항은 「청소년복지 지원법」으로 분리 제정되었다. 이렇게 함으로써 청소년활동·청소년복지·청소년보호에 관한 체계적이고 종합적인 시책이 이루어지도록 하였다.

「청소년 기본법」은 청소년 육성을 위한 가정·사회·국가 및 지방자치단체의 책무를 명문화하였다는 의의를 지닌다. 청소년정책에 관한 주요 사항을 심의·조정하는 청소년정책위원회 설치와 청소년 육성에 관한 5개년 기본계획 수립의 근거를 마련하였으며, 청소년 시설 및 청소년 단체 설치·관리·지원, 청소년지도사·청소년상담사 양성에 대한 내용을 담고 있다. 또한 청소년특별회의 개최 등 장기적·종합적 청소년육성정책을 추진함에 있어서 청소년의 참여를 보장하도록 하고 있다.

하지만 「청소년 기본법」에서는 강제규정이나 벌칙사항을 제시하고 있지 않으며, 청소년 활동·보호·복지에 대한 구체적인 사항은 「청소년활동 진흥법」 「청소년 보호법」 「청소년복지 지원법」 등 관련 개별법에서 다루고 있어 「청소년 기본법」은 선언적인 수준에 그치고 있다는 평가도 받는다(정규석, 김영미, 김지연, 2017).

2) 청소년 보호법

「청소년 보호법」은 "청소년에게 유해한 매체물과 약물 등이 청소년에게 유통되는 것과 청소년이 유해한 업소에 출입하는 것 등을 규제하고 청소년을 유해한 환경으로부터 보호·구제함으로써 청소년이 건전한 인격체로 성장할 수 있도록 함"을 목적으로 한다. 이 법은 1997년 제정·시행되었으며, 2013년 한 차례의 전면개정을 통해 청소년유해업소의 범위를 확대하고, 청소년유해매체물의 판매 요건과 청소년에게 제공 금지 규정을 강화하였다. 또한 청소년유해약물 피해 예방 및 치료·재활 등 사후관리 대책을 마련하였다.

「청소년 보호법」의 내용 및 특징은 다음과 같다. 첫째, 「청소년 보호법」에서는 청소년을 만 19세 미만으로 정의한다. 「청소년 보호법」이 「청소년 기본법」을 모법으로 하고 있음에도 불구하고 「청소년 기본법」에서 정의하는 청소년 연령인 9세 이상~24세 이하가 아닌, 「소년법」의 정의와 동일하다는 것은 19세 미만의 미성년자 청소년에 대한 보호를 더욱 강조한다는 것을 의미한다. 둘째, 청소년 보호를 위하여 청소년유해매체물·청소년유해행위·청소년유해업소의 규제, 청소년의 인터넷게임 중독 예방, 청소년보호 사업 추진 등에 대한 가정, 사회, 국가 및 지방자치단체의 역할을 강조하고 있다. 셋째, 청소년유해매체물, 청소년유해약물, 청소년유해업소 등의 심의·결정을 독립적으로 추진하는 행정조직으로 청소년보호위원회를 설치할 수 있는 근거를 마련하였다.

3) 청소년복지 지원법

「청소년복지 지원법」은 청소년의 복지 향상 및 건강한 성장·발달을 보장하기 위한 가정·사회 및 국가의 책무에 관한 사항을 규정할 목적으로 2004년에 제정, 2005년에 시행되었다. 2012년에 전면개정을 거치면서 지역사회 청소년통합지원, 위기청소년지원, 이주배경 청소년 지원, 청소년복지지원기관 및 청소년복지시설 영역에서 효율적이고 체계적인 지원을 위한 법적 근거를 마련하였다. 「청소년복지 지원법」의 의의는 아동과 다른 청소년의 고유 욕구에 대한 차별화된 지원이 필요하다는 것을 인정했다는 데 있다(홍봉선, 남미애, 2018).

이 법은 청소년복지정책 수립을 위한 실태조사 실시, 청소년의 참여 또는 의견 수렴을 보장하고 청소년증 발급을 통해 청소년권 보장, 체력검사, 건강진단 등 건강보장을 강조한다. 위기청소년의 조기 발견 및 보호를 위한 지역사회 청소년통합지원체계 운영·구축, 위기청소년에게 필요한 생활지원, 학업지원, 의료지원, 직업훈련지원, 청소년활동지원(청소년 가출 예방 및 보호·지원, 이주배경 청소년에 대한 지원), 예방적·회복적 보호지원에 대해 명시하고 있다. 또한 청소년복지지원기관 설립(한국청소년상담복지개발원, 청소년상담복지센터, 이주배경청소년지원센터), 청소년복지시설 설치(청소년쉼터, 청소년자립지원관, 청소년치료재활센터, 청소년회복지원시설)에 대한 법적 근거를 마련하고 있다.

4) 청소년활동 진흥법

「청소년활동 진흥법」은 청소년이 수련활동·문화활동·교류활동 등을 통하여 자신의 기량과 품성을 함양하고 성장을 돕는 제도적 기반을 마련하기 위해 2004년 제정, 2005년 시행되었다. 「청소년활동 진흥법」은 청소년활동을 청소년수련활동, 청소년교류활동 및 청소년문화활동으로 범주화함으로써 세부적인 정책적 지원이 가능하도록 하였다는 데 의의가 있다. 또한 「청소년활동 진흥법」 모든 청소년을 대상으로 하는 보편적 법률로서, 특히 주5일 수업제의 전면시행과 자유학기제도 도입 등 변화하는 청소년 사회환경에 대응하기 위한 법령이라 평가받고 있다(정규석, 김영미, 김지연, 2017).

「청소년활동 진흥법」의 주요 내용은 다음과 같다. 첫째, 위원회와 시설의 설치 · 운영에 대해 규정하고 있다. 청소년활동을 활성화하고 청소년의 참여를 보장하기 위하여 청소년으로 구성되는 청소년운영위원회, 청소년활동 · 청소년복지 · 청소년보호에 관한 종합적 안내 및 서비스와 청소년 육성에 필요한 정보 등을 종합적으로 관리 및 제공하는 한국청소년활동진흥원, 지방에 중앙의 청소년정책을 전달하고 활동 프로그램의 개발과 보급을 통해 지역청소년의 균형 있는 성장지원을 담당하는 지방청소년활동진흥센터를 설치 · 운영하도록 한다. 또한 청소년수련시설(국립청소년수련시설, 청소년수련원, 청소년문화의집 등)을 의무적으로 설치 · 운영하도록 하며, 개인 · 법인 · 단체의 허가 요건을 명시하고 있다. 둘째, 청소년활동의 질적 보장을 위해 청소년수련활동인증제도를 운영하고, 국제교류 등 다양한 형태의 청소년교류활동 프로그램을 개발하여 운영하며, 청소년문화활동(청소년축제, 동아리활동, 자원봉사활동) 프로그램 개발 및 문화시설 확충에 관한 시책을 개발 · 시행하도록 하고 있다.

4. 청소년복지정책 관련 종합대책

체육청소년부에서 수립된 '한국청소년기본계획'(1992~2001)은 정부의 첫 중장기적 청소년계획으로서 종합적 · 독자적인 청소년정책의 기반을 마련하였다. 청소년의 성장을 저해하는 청소년 유해환경이 난무하고 기존의 청소년정책이 일부 문제

청소년 위주였다는 점을 지적하면서 수련활동 기반에 대한 정책 수립의 필요성을
제시하였다. 청소년의 능동적인 삶, 성장, 미래 시민 자질 함양을 목표로 하면서 이
를 위한 청소년 활동·복지·교류의 활성화와 관련 법제 및 재정 기반 확보를 주된
내용으로 삼고 있다(체육청소년부, 1991).

한편, 「청소년 기본법」에 근거하여 청소년의 건강한 성장지원을 위해 1993년부

표 4-4 청소년정책 주요 과제

영역	제1차 청소년 육성 5개년 계획 (1993~1997)	제2차 청소년 육성 5개년 계획 (1998~2002)	제3차 청소년 육성 5개년 계획 (2003~2007)	제4차 청소년 정책기본계획 (2008~2012)	제5차 청소년 정책기본계획 (2013~2017)	제6차 청소년 정책기본계획 (2018~2022)
청소년 권리		청소년 권리 신장과 자율적인 참여기회 확대	청소년 권리신장 및 자발적 참여 기반 구축	청소년 인권과 복지 증진	청소년 참여 및 권리 증진	청소년 참여 및 권리 증진
청소년 복지	가정·학교의 역할 증대와 청소년 보호 및 선도	청소년의 복지 증진과 자립지원	취약계층 청소년 복지 지원 강화		청소년 복지 및 자립지원	청소년 자립 및 보호지원 강화
청소년 보호		가정과 지역 사회의 역할 강화와 참여 확산	청소년 건강보호 및 유해환경 정화	청소년 친화적 환경 조성	청소년 친화적 환경 조성	
청소년 활동	건전한 청소년 활동의 지원	청소년 주체 문화·체육 수련활동 체제 구축	주5일제 대비 창의적 청소년 활동 여건 조성	청소년 사회적 역량 강화	청소년의 다양한 역량 강화	청소년 주도의 활동 활성화
	청소년 교류의 확대 지원	국제화· 정보화 시대의 주도능력 배양				
정책 추진 체계	국민참여 확산 및 추진 체계 강화		추진체제 정비 및 범국민적 참여 확산	청소년정책 추진체계 정비	청소년정책 추진체계 강화	청소년정책 추진체계 혁신

출처: 제1~3차 청소년 육성 5개년 계획과 제4~6차 청소년정책기본계획 내용을 저자가 재구성.

터 5년마다 국가 차원의 청소년정책이 수립·추진되어 왔다. 기본계획은 청소년정책의 기본 방향, 추진목표, 기능조절, 주요 시책, 재원 조달 등에 관한 내용이 포함되며 청소년정책에 있어서 중앙행정기관과 지방자치단체의 유기적인 관계하에 수립·시행된다(「청소년 기본법」제13조, 제14조). 제1~3차는 '청소년 육성 5개년 계획'으로, 제4차 이후부터는 '청소년정책기본계획'으로 명명하고 있다. 제1차 계획에서 청소년정책의 주요 과제가 청소년보호, 청소년활동, 정책 추진체계에 집중되었다면, 제2~6차 기본계획에서는 청소년권리, 청소년복지, 청소년보호, 청소년활동, 정책 추진체계의 영역을 중심으로 하고 있다(〈표 4-4〉 참조).

'제1차 청소년 육성 5개년 계획'(1993~2002)의 의의는 청소년정책의 독자적인 영역을 설정하고 시설 기반을 구축하였다는 데 있다(맹영임 외, 2007, p. 7). 하지만 청소년에 대한 미래 중심 시각, 성인 주도의 정책적 접근, 소수 문제청소년의 보호·선도·교화, 공급자와 시설 위주의 양적 성장, 중앙체계 중심의 정책 운영에 대한 지적이 있었다(함병수, 1997).

'제2차 청소년 육성 5개년 계획'(1998~2002)은 청소년을 사회의 중요한 구성원이자 독립된 인격체로서 권리를 존중받아야 한다는 기조를 바탕으로 수립되었다. 이 시기의 성과로 '청소년위원회'가 설치되어 청소년의 정책 참여 기반을 마련하였고, 청소년헌장 개정을 통해 청소년의 권리와 책임 강조, 청소년 수련시설 확충, 청소년 지도자 양성, 청소년 프로그램 개발·보급, 「아동·청소년의 성보호에 관한 법률」제정 등 청소년 보호대책 활성화, 취약계층 청소년 지원, 한국청소년상담원 설립, 청소년 국제교류 및 자원봉사활동 확대 등이 이루어졌다(문화관광부, 청소년육성위원회, 2003).

'제3차 청소년 육성 5개년 계획'(2003~2007)은 참여·소통·체험을 핵심이념으로 삼고 제2차 계획의 기조를 유지하면서 청소년 삶의 실제적인 변화와 현장의 실질적인 개선을 강조하였다(맹영임 외, 2007). 주요 성과로는 주5일제 전면실시를 대비한 청소년수련활동인증제 도입, 청소년활동정보시스템 도입, 청소년참여기구 확대 등 청소년의 활동·참여 기반 확충, 특별지원청소년에 대한 지원 근거를 마련하고 사회안전망 인프라를 구축하는 등 청소년복지에 대한 지원 강화, 유해환경 실태

조사를 통한 청소년유해환경 정화, 청소년 원스톱 지원체제 구축, 중앙행정조직 개
편 등이 있다(맹영임 외, 2007, p. 9).

　'제4차 청소년정책기본계획'(2008~2012)은 청소년 역량 강화와 균등기회 보장을
정책목표로 두었다. 이 시기에 청소년의 다양한 체험활동 활성화를 위한 기반 확
충, 청소년특별회의, 지역참여위원회 등 청소년 참여기구 운영 활성화를 통한 청소
년의 정책참여 기회 확대,「청소년복지 지원법」개정을 통한 지역사회 통합지원체
계 구축과 가출청소년지원에 대한 법적 근거 마련 및 운영 확대,「청소년 기본법」
개정을 통한 청소년 방과후활동 지원의 법적 근거 마련, 학업중단 청소년의 자립지
원 강화,「청소년 보호법」개정을 통한 인터넷게임 건전이용제 도입을 위한 법적 근
거 마련, 청소년정책의 효율적 추진을 위한 한국청소년진흥원, 청소년상담복지개
발원 설치 등의 성과가 있었다(여성가족부 청소년정책과, 2012, pp. 24-26).

　'제5차 청소년정책기본계획'(2013~2017)은 제4차 계획의 연계선상에서 새로운
환경 변화에 대응하는 청소년정책으로 확대·발전시키고자 하였다(여성가족부 청
소년정책과, 2012). 이 시기의 성과로는 청소년 수련활동 신고·인증과 수련시설 종
합 안전점검·평가 의무화 등 청소년활동 기반 강화, 맞춤형 지원 강화(「학교 밖 청
소년 지원에 관한 법률」제정, 건강검진 시행 및 내일이룸학교 확대 등), 청소년 사회안전
망 강화 지속 추진(지역사회 청소년통합지원체계 구축, 청소년상담복지센터, 청소년쉼터
확충 및 청소년 동반자 확대 등), '청소년정책관계기관협의회'를 '청소년정책위원회'로
개편하는 등의 제도적 기반 마련이 있다(여성가족부 청소년정책과, 2018, p. 8).

　'제6차 청소년정책기본계획'(2018~2022)에서는 청소년 존중을 비전으로 제시한
다. 분야별 중심 방향은 다음과 같다. 첫째, 청소년의 시민의식 및 양성평등의식 제
고와 참여방식 다변화를 추구한다. 둘째, 자기주도 활동을 확대하고 디지털플랫폼
활동 기반을 마련하고자 한다. 셋째, 청소년 자립과 보호에 대해서는 지방자치단체
중심으로 기능을 강화하고 아웃리치 등 찾아가는 서비스를 지원한다. 넷째, 정책
추진체계에 있어서도 지역의 특성을 고려한 사업모델을 개발하고 확산한다(여성가
족부 청소년정책과, 2018, p. 16).

5. 청소년복지정책 전달체계

　　우리나라 청소년복지정책 전달체계는 주무부처인 여성가족부를 비롯한 정부수준, 시·도 및 시·군·구 지방행정조직, 정부산하기관인 한국청소년상담복지개발원, 지방청소년상담복지개발센터와 한국청소년활동진흥원, 지방청소년활동진흥센터로 이루어진다. 한국청소년상담복지개발원에서는 청소년복지 및 보호 관련 업무를, 한국청소년활동진흥센터에서는 청소년활동 관련 사업 및 인력 지원을 주 업무로 담당하고 있다([그림 4-1] 참조).

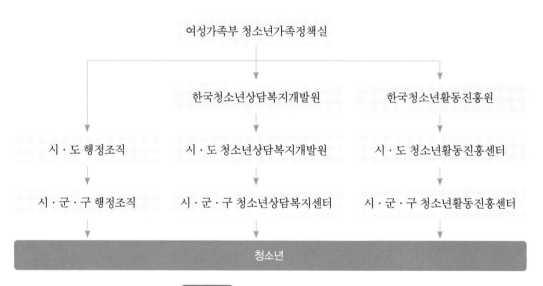

그림 4-1　청소년복지정책 전달체계

* 참고: 「청소년 기본법」에 근거하여 시·군·구 청소년상담복지센터를 시·군·구 청소년활동진흥센터와 통합·운영할 수 있다.

1) 여성가족부

여성가족부는 청소년가족정책실의 청소년정책관과 가족정책관에서 각각 가족
정책 및 청소년 육성 · 보호 기능 등을 수행하고 있다([그림 4-2] 참조). 여성가족부

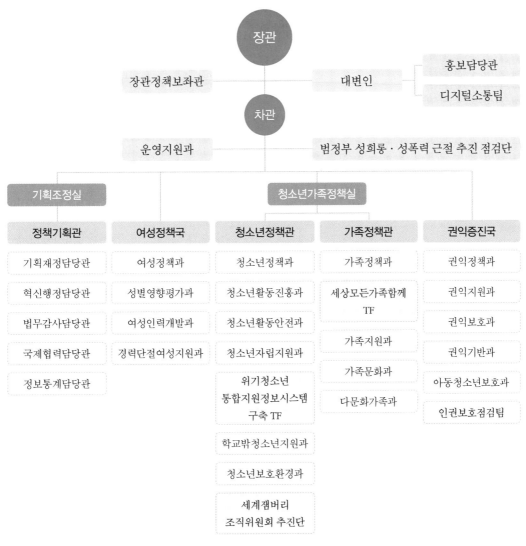

그림 4-2   여성가족부 조직도

출처: 여성가족부(2021); 여성가족부 홈페이지(http://www.mogef.go.kr, 2021년 8월 6일 인출).

청소년가족정책실 청소년정책관은 청소년정책 주관 부처로서 청소년정책과, 청소년활동진흥과, 청소년활동안전과, 청소년자립지원과, 학교밖청소년지원과, 청소년보호환경과로 구분된다. 각 청소년과별 주요 사업은 〈표 4-5〉와 같다. 한편, 여성가족부 외에도 교육부, 고용노동부, 문화체육관광부 등 중앙정부부처에서 청소년정책 관련 업무를 추진하고 있다.

표 4-5 청소년과별 주요 사업

구분	주요 사업
청소년정책과	청소년정책 총괄 · 조정, 청소년정책 기반 확대, 청소년정책 개발 및 제도 개선, 청소년 권리 증진, 청소년 참여 확대, 청소년 관련 행사 등
청소년활동진흥과	청소년수련활동, 청소년국제교류, 자원봉사, 동아리활동, 청소년 프로그램 공모, 방과후아카데미, 청소년지도사 자격 검정 및 연수 등
청소년활동안전과	청소년수련활동안전정책 총괄, 청소년수련활동 안전 관련 법령 및 제도 운영, 국공립청소년수련시설 확충, 국립수련원 운영 · 관리, 청소년수련시설 종합 안전점검 및 평가 실시 등
청소년자립지원과	청소년복지정책 총괄, 위기청소년 사회안전망 · 상담 · 통합지원, 가출청소년 보호지원 등
학교밖청소년지원과	학교 밖 청소년 지원을 위한 정책의 기획 · 종합, 학교 밖 청소년 지원센터 운영 등
청소년보호환경과	청소년보호정책 총괄, 청소년 유해업소 · 약물 등 유해환경 개선계획 수립 · 시행, 청소년 유해매체환경 개선, 청소년 인터넷 · 스마트폰 과의존 등 매체물 역기능 해소 등

출처: 여성가족부(2021); 여성가족부 홈페이지(http://www.mogef.go.kr, 2021년 5월 6일 인출).

2) 시 · 도 및 시 · 군 · 구 행정조직

지역 행정조직에서 청소년 업무는 독립적으로 혹은 아동 · 여성 · 노인 · 가족 업무와 함께 이루어지고 있다. 시 · 도 단위 행정조직의 경우, 행정조직명이 상이한데, 서울은 평생교육국 청소년정책과, 부산은 여성가족국의 아동청소년과, 대구는 여성가족청소년국 청소년과, 광주는 여성가족국의 청년청소년과로 조직이 구성되

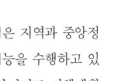

어 있다(여성가족부, 2019). 이들 시·도 및 시·군·구 행정조직은 지역과 중앙정부를 연계하는 기능과 지역 내 청소년 관련 업무를 총괄하는 기능을 수행하고 있다. 중앙행정기관 및 지방자치단체의 장은 전년도 추진실적과 차기년도 시행계획을 여성가족부 장관에게 제출하며, 여성가족부 장관은 이를 분석·평가하고 그 결과를 중앙행정기관 및 지방자치단체의 장에게 통보하는 환류체계를 갖고 있다(「청소년 기본법」).

3) 정부산하기관

(1) 한국청소년상담복지개발원과 지방청소년상담복지센터

여성가족부 산하 한국청소년상담복지개발원(전 청소년상담복지개발원)은 「청소년복지 지원법」에 설치·운영 근거를 두고 있으며 청소년 상담 및 복지와 관련된 정책 연구, 사업 개발·운영·지원, 청소년 상담·복지 전문인력의 양성 및 교육, 청소년 가족에 대한 상담·교육을 통한 청소년 문제 예방 및 해결, 청소년 상담·복지 관련 기관(청소년상담복지센터, 학교밖청소년지원센터, 청소년복지시설 등)간의 연계 및 지원 등의 기능을 총괄한다. 주요 사업으로는 지역사회 청소년통합지원체계 구축, 학교밖청소년 지원, 청소년 인터넷·스마트폰 과의존 예방 및 해소, 청소년 학교폭력예방지원 등이 있다(자세한 사업 내용은 한국청소년상담복지개발원 홈페이지 참조).

시·도와 시·군·구 단위의 지방자치단체에서는 지역의 특성에 맞는 청소년에 대한 상담·긴급구조·자활·의료지원 등의 업무를 수행하기 위하여 청소년상담복지센터를 설치·운영할 수 있다(「청소년복지 지원법」). 현재 시·도 단위에 17개소, 시·군·구에 221개소를 비롯하여 전국 238개소가 운영되고 있다(여성가족부, 2021). 청소년상담복지센터는 지역사회청소년 통합지원체계의 중심 기관으로서 지역사회 내 청소년에게 필요한 자원을 연계하여 학업중단, 가출, 인터넷 중독 문제에 대한 상담·보호·자립 등 맞춤형 서비스를 제공한다. 청소년상담복지센터는 청소년단체에 위탁하여 운영할 수 있으며 지방청소년활동진흥센터와 통합하여 운영할 수 있다(자세한 사업 내용은 전국 청소년상담복지센터 안내 참조).

(2) 한국청소년활동진흥원과 지방청소년활동진흥센터

한국청소년활동진흥원은 여성가족부 산하 전달체계로서 2008년 한국청소년수련원과 한국청소년진흥센터가 통합되면서 설립되었으며, 「청소년활동 진흥법」에 설치·운영 근거를 두고 있다. 한국청소년활동진흥원은 청소년이 건강하게 성장하고 잠재역량을 계발할 수 있도록 청소년활동의 활성화를 위해 다양한 업무를 하고 있다(여성가족부, 2019). 주요 기능으로는 청소년 육성·활동·복지·보호에 관한 종합적 안내 및 서비스 제공, 프로그램의 개발·보급·평가·시범운영, 청소년활동 운영(청소년특별회의, 청소년수련활동인증제도, 청소년성취포상제도, 청소년자원봉사 DOVOL, 자유학기제 연계 프로그램 등)과 청소년활동 지원(청소년 방과 후 아카데미, 청소년 프로그램 공모 사업, 청소년어울림마당·동아리 활동, 문화예술교육지원사업 등), 청소년 지도자 양성·교육, 수련시설 설치 및 안전관리 등의 중추적인 역할을 담당하고 있다(「청소년활동 진흥법」, 한국청소년활동진흥원; 자세한 사업 내용은 한국청소년활동진흥원 홈페이지 참조).

시·도 청소년활동진흥센터는 지역중심의 청소년활동정책 전달체계로서 해당 지역 내 특성화된 청소년활동의 진흥을 목적으로 설치·운영된다. 시·도 청소년활동진흥센터는 「청소년활동 진흥법」 제정으로 1996년부터 설치된 청소년자원봉사센터가 개편되면서 출범하였다(한국청소년활동진흥원, 2011). 2021년 기준 광역지방자치단체별 한 개소씩, 총 17개의 지방청소년활동진흥센터가 설치되어 지역중심의 청소년활동 지원(청소년활동 요구조사 및 제공, 청소년활동 프로그램 개발 및 보급, 수련활동 인증 지원, 청소년 전문인력 연수 교육, 청소년활동 홍보·지원, 청소년활동 정보 제공, 유관기관 연계 및 협력 등)이 이루어진다(한국청소년활동진흥원, 2011). 이 밖에도 청소년활동 프로그램과 정보를 상시 안내하고 청소년 수련거리 개발을 위해 학교 및 평생교육시설과의 협력체제를 구축하고 있다(「청소년활동 진흥법」). 시·군·구 청소년활동진흥센터는 시·도 센터의 사업기준으로 지역중심의 운영계획을 수립하고, 시·도 단위 센터와 연계하여 해당 지역의 청소년활동 지원사업을 수행한다(예시: 세종특별자치시 청소년활동진흥센터 참조).

생각해 볼 문제

1. 우리나라 청소년복지정책을 수행하는 데 있어서 청소년활동을 전담하는 한국청소년진흥원과 청소년복지를 전담하는 한국청소년상담복지개발원의 이원화된 전달체계는 유지되어야 하는지 생각해 보자.

2. '제6차 청소년정책기본계획'(2018~2022)에서 제시하고 있는 4대 정책목표와 12대 중점과제에 대해 지금까지의 성과를 평가해 보자.

3. 청소년복지정책의 전개 과정과 향후 방향에 대해 논의해 보자.

참고문헌

김경준(2008). 청소년 복지정책의 방향 설정에 관한 연구. 미래청소년학회지, 5(2), 1-21.

김경준, 최인재, 조흥식, 이용교, 이상균, 정익중, 최금해(2005). 청소년 복지정책 현황과 개선방안 연구. 서울: 한국청소년정책연구원.

김창래(2018). 청소년 복지정책의 문제점과 개선 방안에 대한 연구. 사회복지경영연구, 5(1), 29-61.

김향초(2015). 청소년복지론. 서울: 학지사.

도미향(2004). 한국의 청소년복지정책과 관련법에 관한 연구. 아동복지연구, 2(1), 35-53.

맹영임, 김경준, 이춘화, 조혜영, 김현철(2007). 제4차 청소년정책기본계획 수립 연구. 서울: 한국청소년정책연구원.

문화관광부, 청소년육성위원회(2003). 제3차 청소년육성기본계획.

사공연호(2008). 정책이란 무엇인가: 정책의 수단적 가치에 대한 반성. 한국정책학회보, 17(4), 1-5.

여성가족부(2019). 2019 청소년백서.

여성가족부(2021). 2021 청소년사업안내.

여성가족부 청소년정책과(2012). 제4차 청소년정책(수정 · 보완) 기본계획.

여성가족부 청소년정책과(2018). 제5차 청소년정책기본계획.

정규석, 김영미, 김지연(2017). 청소년복지의 이해(2판). 서울: 학지사.

조선화, 최명선(2008). 관련 법률안 및 행정조직을 중심으로 살펴본 광복이후의 청소년 복지
　　　정책의 변화. 아동복지연구, 6(1), 71-93.

조흥식, 김상균, 최일섭, 최성재, 김혜란, 이봉주, 구인회, 홍백의, 강상경, 안상훈(2015). 사회
　　　복지개론. 경기: 나남.

체육청소년부(1991). 한국청소년기본계획.

한국청소년활동진흥원(2011). 시 · 도 청소년활동진흥센터 운영관리매뉴얼 I.

함병수(1997). 청소년육성 5개년계획의 평가 및 수립에 관한 연구. 서울: 한국청소년정책연구원.

홍봉선, 남미애(2018). 청소년복지론. 경기: 공동체.

[홈페이지 참고자료]

국가기록원 홈페이지(n. d.). https://www.archives.go.kr/next/search/viewDescClass
　　　Contents.do?businessFunctionId=G00000000318&descClassDiv=G&descFullId
　　　=T00000000090/T00000000092/G00000000318, 2021년 2월 23일 인출

여성가족부 홈페이지 http://www.mogef.go.kr, 2021년 5월 6일/8월 6일 인출

제5장
청소년의 권리와 참여적 접근방법

인간은 양도할 수 없는 자기계발의 권리를 가진다.

―저메인 그리어―

   청소년은 성인에 비하여 발달적 측면에서 신체적으로 성장이 완성되지 않았고, 정서적·사회적 측면에서도 독립적인 삶의 주체로 살아가기에는 안정되었다고 할 수 없다. 이들은 경제적으로 독립하지 못해서 누군가의 지원을 받아야 살아갈 수 있는 존재이다. 청소년이 누려야 할 권리는 천부적인 것으로 어떤 경우에도 인종, 성별, 사회적 신분 등에 따라 차별받지 않아야 하며, 언제든지 누려야 하는 보편적인 성격을 가진다. 국가는 청소년의 권리를 최대한 보장하고 존중하여야 하며, 절대 침해하여서는 안 된다. 청소년에게는 특히 생존권, 발달권, 보호권이 성인보다 더욱 중요한 권리라고 할 수 있다.

   이 장에서는 이러한 청소년 권리의 개념과 청소년 복지권, 국제적 합의인 「유엔아동권리협약」, 청소년권리 실태 및 학생인권에 대해 이해하고, 앞으로 청소년 권리를 보장하기 위한 다양한 정책과 실천현장에 관해 살펴보고자 한다.

1. 청소년 권리와 복지권

1) 청소년 권리의 개념

인권(人權, human rights)은 보편적이고 절대적인 인간의 권리 및 지위와 자격을 의미하는 개념이다. 즉, 인권은 「헌법」 제34조에서 규정하고 있는 것처럼 사람답게 살 권리를 말하며, 법의 관할 지역이나 민족이나 국적 등 지역적인 변수나, 나이와 관계없이 적용되는 보편성을 지닌다고 정의된다.

인권의 본질과 정당성, 그리고 그 내용 자체는 오늘날 철학과 정치학에서 열띤 논쟁의 대상이 되었다. 그러나 인권은 보편적으로 국제법과 국제규약에 정의되어 있으며 수많은 국가의 국내법에도 규정되어 있다. 그러나 많은 인간 사회의 특수한 배경 속에서 인권이 정의되는 구체적 표현은 다양하며 문명권에 따라 다르게 나타날 수 있다. 특히 인권의 정의에서 '권리'나 '인간'이라는 개념의 범위에 대해서도 논쟁이 끊이지 않으며, 그 해석이 체제나 사람에 따라 달라 법제와 의견의 차가 발생하고 있다(위키백과, https://ko.wikipedia.org/wiki/%EC%9D%B8%EA%B6%8C).

권리는 사회적 지위나 위치에 관계없이 인간이면 누구나 가지는 보편적이고 도덕적이며 당위적인 권리라고 정의 내릴 수 있다(이소희 외, 2005). 권리는 천부적인 것을 인종, 성별, 사회적 신분 등에 따라 차별받지 않고, 인간이면 누구나 누려야 할 보편적인 성격을 가진다.

청소년 권리는 「헌법」과 「청소년 기본법」 「청소년헌장」에 청소년의 우선적인 권리로 명시되어 있다. 청소년 권리에 관한 헌법조항으로는 「헌법」 제11조(인간의 존엄성과 기본권 보장), 제31조(교육을 받을 권리·의무 등), 제34조(사회보장 등)를 들 수 있다. 「헌법」 제11조에는 "모든 국민은 인간으로서의 존엄과 가치를 가지며 행복을 추구할 권리를 가진다. 국가는 개인이 가지는 불가침의 기본적 인권을 확인하고 이를 보장할 의무를 진다."라고 명시함으로써 청소년도 인간으로서의 존엄성과 가치, 그리고 행복추구권을 갖고 있음을 규정하고 있다. 또한 동법 제31조에는 "모든 국민은 능력에 따라 균등하게 교육을 받을 권리를 가진다." "국가는 평생교육을 진흥하여야 한다."(제5항) "학교교육 및 평생교육을 포함한 교육제도와 그 운영, 교육재정 및 교원의 지위에 관한 기본적 사항은 법률로 정한다."(제6항) 등을 명시하고 있다. 동법 제34조에는 "모든 국민은 인간다운 생활을 할 권리를 가진다."(제1항)라고 명시함으로써 청소년도 인간다운 생활을 할 권리가 있음을 천명하고 있다.

역사적으로 보면 19세기까지는 세계 각국에서 아동복지를 시혜적인 자선사업의 일종으로 보는 경향이 많았다. 그러다가 20세기에 와서 아동과 청소년을 독립된 하나의 인격체로 받아들이기 시작하였다. 이는 엘렌 케이(Ellen Key)가 저술한『어린이의 세기(Das Jahrhundert des Kindes)』에서 밝힌 아동의 권리, 즉 아동은 튼튼하게 태어날 권리, 건전하게 키워질 권리, 정상적인 가정생활을 영위할 권리, 교육을 받을 권리, 정서적 및 도덕적 훈련을 받을 권리, 유희나 오락을 충분히 즐길 권리에서 잘 나타나 있다(정혜영 역, 2012).

하지만 아동 권리에 비해 청소년 권리에 대한 국제사회의 논의는 활발하게 이루어지지 않았다. 이는 청소년 권리만을 따로 규정한 국제협약이 없을뿐더러, 아동을 18세 미만으로 정의할 때 청소년이 대부분 포함되어 청소년 권리보장은 「아동권리협약」의 틀 속에 머물러 있음에서도 잘 알 수 있다(배화옥, 심창학, 김미옥, 양영자, 2015). 그러나 1985년 UN이 청소년들을 평등과 정의에 입각한 새로운 국제경제 질서 확립에 참여시키고, 인류의 기본적인 자유와 권리에 대한 존중심을 환기시킬 목적으로 국제 청소년의 해를 제정한 것을 계기로 비로소 청소년의 권리에 대한 논의가 시작되면서 인식을 환기하게 되었다. 그리고 지속 가능한 발전의 주체로서 청소년을 강조하고 청소년이 의사결정에 참여할 수 있는 기회를 확대하기 위하여 UN이 1985년에 이어 25년 만에 2010년을 세계 청소년의 해로 지정하였다. 2010 세계 청소년의 해의 주제는 '소통과 상호이해(Dialogue and Mutual Understanding)'로 문화, 종교, 세대를 초월하여 청소년 간의 연대와 평화 등을 촉구하였다. 이는 청소년에 대한 관심을 더욱 증폭시키는 모티브가 되었다(네이버지식백과 '2010 세계 청소년의 해').

우리나라에서는 「청소년 기본법」 제1조(목적)에서 청소년의 권리 및 책임과 가정·

사회·국가·지방자치단체의 청소년에 대한 책임을 정하고 있다. 그리고 제2조(기본이념)에서는 청소년이 사회 구성원으로서 정당한 대우와 권익을 보장받음과 아울러 스스로 생각하고 자유롭게 활동할 수 있도록 하며 보다 나은 삶을 누리고 유해한 환경으로부터 보호될 수 있도록 함을 규정하고 있다. 또한 동법 제5조(청소년의 권리와 책임)에서의 내용은 다음과 같다.

① 청소년의 기본적 인권은 청소년활동·청소년복지·청소년보호 등 청소년 육성의 모든 영역에서 존중되어야 한다.
② 청소년은 인종·종교·성별·나이·학력·신체조건 등에 따른 어떠한 종류의 차별도 받지 아니한다.
③ 청소년은 외부적 영향에 구애받지 아니하면서 자기 의사를 자유롭게 밝히고 스스로 결정할 권리를 가진다.
④ 청소년은 안전하고 쾌적한 환경에서 자기발전을 추구하고 정신적·신체적 건강을 해치거나 해칠 우려가 있는 모든 형태의 환경으로부터 보호받을 권리를 가진다.
⑤ 청소년은 자신의 능력을 개발하고 건전한 가치관을 확립하며 가정·사회 및 국가의 구성원으로서의 책임을 다하도록 노력하여야 한다.

2) 청소년의 복지권

청소년복지는 청소년복지권의 보장이라는 차원에서 전개되고 있다. 여기에서 청소년복지권이란 청소년이 인간으로서 존중되고 생활할 수 있는 최소한의 권리를 말한다. 즉, 청소년이 독립된 인간으로서 최소한의 기본적인 생활을 영위할 수 있을 뿐만 아니라, 나아가 인간다운 생활을 영위할 권리가 있는 존재로 파악되는 것을 말한다. 이를 위해 사회와 국가는 이러한 권리를 보장해 주어야 할 의무가 있다.
우리나라의 청소년복지권은 국가의 통치체제에 관한 근본 원칙을 정한 기본법인 「헌법」, 청소년의 권리·책임과 가정·사회·국가·지방자치단체의 청소년에 대한 책임을 정하고 청소년육성정책에 관한 기본적인 사항을 규정한 「청소년 기본법」, 청소년복지 증진에 관한 사항을 규정한 「청소년복지 지원법」, 청소년의 건전한 가치관을 정립하고 청소년의 건전육성을 위한 범국민적 공감대를 형성하기 위해 제정된 「청소년헌장」, 그리고 「아동권리선언」 및 아동의 권리에 관한 국제협약 등에 명시되어 있다(조성연 외, 2016).

청소년기본권은 「청소년헌장」에 잘 나타나 있다. 국제사회에서 시작된 청소년의 권리와 책임에 대한 논의에 힘입어 우리나라는 1990년에 「청소년헌장」을 제정, 선포하였으며, 그 후 시대에 부합하는 내용으로 1998년에 이를 개정하였다. 개정된 헌장은 전문과 본문으로 구성되어 있다. 전문에는 청소년은 한 인간으로서의 인권과 한 시민으로서의 시민권을 갖고 있으며, 자신의 생명을 존중해야 할 책임과 공동체의 성원으로서 책임을 갖고 있음을 명시하고 있고, 본문에는 청소년의 권리와 책임에 대해 명시하고 있다.

「청소년헌장」은 청소년의 삶에 직접 영향을 주지는 않지만 청소년과 관련된 정책과 제도의 방향성, 청소년의 인권보장, 청소년의 사회에 대한 책임과 권리 등을 선언하는 내용을 담고 있다. 특히 청소년을 사회의 구성원으로 인정하고 청소년의 참여와 자율권을 강조한 것은 청소년에 대한 시각에 큰 전환점을 마련하였다고 볼 수 있다.

청소년헌장

청소년은 자기의 삶의 주인이다. 청소년은 인격체로서 존중받을 권리와 시민으로서 미래를 열어 갈 권리를 가진다. 청소년은 스스로 생각하고 선택하며 활동하는 삶의 주체로서 자율과 참여의 기회를 누린다. 청소년은 생명의 가치를 존중하며 정의로운 공동체의 성원으로 책임 있는 삶을 살아간다. 가정 · 학교 · 사회 그리고 국가는 위의 정신에 따라 청소년의 인간다운 삶을 보장하고 청소년 스스로 행복을 가꾸며 살아갈 수 있도록 여건과 환경을 조성한다.

◎ 청소년의 권리

1. 청소년은 생존에 필요한 기본적인 영양, 주거, 의료, 교육 등을 보장받아 정신적 · 신체적으로 균형 있게 성장할 권리를 가진다.

1. 청소년은 출신, 성별, 종교, 학력, 연령, 지역 등의 차이와 신체적 · 정신적 장애 등을 이유로 차별받지 않을 권리를 가진다.

1. 청소년은 물리적 폭력뿐만 아니라 공포와 억압을 포함하는 정신적인 폭력으로부터 보호받을 권리를 가진다.

1. 청소년은 사적인 삶의 영역을 침해받지 않을 권리를 가진다.

1. 청소년은 자신의 생각과 느낌을 자유롭게 펼칠 권리를 가진다.

1. 청소년은 자유로운 의사에 따라 건전한 모임을 만들고 올바른 신념에 따라 활동할 권리를 가진다.

1. 청소년은 배움을 통해 진리를 추구하고 자아를 실현해 갈 권리를 가진다.

1. 청소년은 일할 권리와 직업을 선택할 권리를 가진다.

1. 청소년은 여가를 누릴 권리를 가진다.

1. 청소년은 건전하고 다양한 문화 · 예술 활동에 자유롭게 참여할 권리를 가진다.

1. 청소년은 다양한 매체를 통하여 자신의 삶에 필요한 정보에 접근할 권리를 가진다.

1. 청소년은 자신의 삶과 관련된 정책 결정 과정에 민주적 절차에 따라 참여할 권리를 가진다.

◎ 청소년의 책임

1. 청소년은 자신의 삶을 소중히 여기며 자신이 선택한 삶에 책임을 가진다.

1. 청소년은 앞 세대가 물려준 지혜를 시대에 맞게 되살려 다음 세대에 물려줄 책임이 있다.

1. 청소년은 가정 · 학교 · 사회 · 국가 · 인류공동체의 성원으로서 자기와 다른 삶의 방식도 존중할 줄 알아야 한다.

1. 청소년은 삶의 터전인 자연을 소중히 여기고 모든 생명들과 더불어 살아간다.

1. 청소년은 통일 시대의 주역으로서 평화롭게 공존하는 방법을 익힌다.

1. 청소년은 남녀평등의 가치를 배우고 이를 모든 생활에서 실천한다.

1. 청소년은 가정에서 책임을 다하며 조화롭게 평등한 가족문화를 만들어 간다.

1. 청소년은 서로에게 정신적 · 신체적 폭력을 행사하지 않는다.

1. 청소년은 장애인을 비롯한 소외받기 쉬운 사람들과 더불어 산다.

1998년 10월 25일

출처: 대한민국 정책브리핑(https://www.korea.kr); 국정신문(1998. 10. 26.).

2. 유엔아동권리협약

1) 유엔아동권리협약의 정의

「유엔아동(청소년)권리협약(UN Convention on the Rights of the Child)」은 1989년 11월 20일 유엔총회에서 채택된 국제적인 인권조약으로 아동의 생존, 보호, 발달, 참여의 권리 등 아동 인권과 관련된 모든 권리를 규정해 놓고 있다. 아동을 단순한 보호의 대상이 아닌 권리의 주체로 인식하였다는 점에서 아동, 청소년 관련 인권 조약의 새로운 지평을 연 「유엔아동권리협약」은 우리나라를 포함한 193개국의 비준을 받음으로써 전 세계적으로 가장 많은 국가의 비준을 받은 국제법이 되었다.

아동의 연령 기준은 아동이 누리는 권리의 획득 시점이나 특별한 보호를 받는 기간을 포함하여 복잡한 문제를 포함하고 있다. 이런 상황을 반영하여 협약은 가입국마다 기본 원칙에 근거하여 실정법의 법정 최소 연령을 규정하도록 강조한다. 협약 제1조가 가장 근본적인 항목에 해당하는 아동을 어떻게 정의할 것인가 하는 질문으로 시작하는 것도 그 때문이다. 협약 제 1조는 협약국의 아동 관련 법률이 정의하는 성년의 기준을 존중하면서 협약국의 사회문화적 가치에 따라 성년의 기준을 결정하는 자율권을 부여하면서 동시에 18세 미만이라는 일반적 기준을 제시하였다(김석향, 정익중, 김미주, 오은찬, 2016). 이에 아동의 대상은 일반적으로 말하는 아동과 더불어 중·고등학생인 청소년까지를 「유엔청소년권리협약」에 포함하고 있음을 알 수 있다.

한편, 아동 및 청소년의 권리는 「유엔아동권리협약」에 잘 나타나 있는데 흔히 '4-3-1' 원칙으로 통용된다(〈표 5-1〉 참조). 바로 아동에게는 4개의 기본권이 있으며, 이러한 권리 수호에 있어 3개의 원칙이 있고, 그 과정은 1개라는 것이 '4-3-1' 원칙이다(강현주, 도미향, 홍나미, 백현주, 2020).

표 5-1 「유엔아동권리협약」의 4-3-1 모델

4개의 기본권	3원칙	1과정
• 생존권 • 보호권 • 발달권 • 참여권	• 아동의 정의 • 차별금지의 원칙 • 아동 이익 최우선의 원칙	• 아동권리실현은 모두의 책임

4개의 기본권에는 다음과 같은 생존권, 보호권, 발달권, 참여권이 있다.

① 생존권(Survival Right): 적절한 생활수준을 누릴 권리, 안전한 주거지에서 살아갈 권리, 충분한 영양을 섭취하고 기본적인 보건서비스를 받을 권리 등 기본적인 삶을 누리는 데 필요한 권리이다.

② 보호권(Protection Right): 모든 형태의 학대와 방임, 차별, 폭력, 고문, 징집, 부당한 형사처벌, 과도한 노동, 약물과 성폭력 등 어린이에게 유해한 것으로부터 보호받을 권리이다.

③ 발달권(Development Right): 잠재능력을 최대한 발휘하는 데 필요한 권리로, 교육받을 권리, 여가를 즐길 권리, 문화생활을 하고 정보를 얻을 권리, 생각과 양심과 종교의 자유를 누릴 권리이다.

④ 참여권(Participation Right): 자신의 나라와 지역사회 활동에 적극적으로 참가할 수 있는 권리로 자신의 의견을 표현하고, 자신의 삶에 영향을 주는 문제들에 대해 발언권을 지니며, 단체에 가입하거나 평화적인 집회에 참여할 수 있는 권리이다.

3원칙에서는 '아동의 정의' '차별금지의 원칙' '아동 이익 최우선의 원칙'을 규정한다.

① 아동의 정의: 「아동권리협약」에서의 아동이란 '18세 미만의 모든 사람'이다.

② 차별금지의 원칙: 성별, 종교, 사회적 신분, 인종, 국적, 그 어떤 조건과 환경에

서도 아동은 차별되어서는 안 된다는 기본 원칙이다.

③ 아동 이익 최우선의 원칙: 공공 또는 민간, 사회복지기관, 법원, 행정당국 또는
입법기관이 실시하는 모든 아동에 관한 활동에 있어서 그 무엇보다 청소년의
이익이 최우선으로 고려되어야 한다.

1과정은 바로 이러한 청소년 권리를 지키고 실현하는 일이 특정인이나 기구, 정
부, 학교의 몫이 아닌 우리 모두의 책임이라는 점을 말한다.

2) 유엔아동권리협약의 일반 원칙

「유엔아동권리협약」에 반영되어 있는 일반 원칙은 차별금지의 원칙, 아동 이익
최우선의 원칙, 생존·보호·발달 보장의 원칙, 의견 표명 및 존중의 원칙이며, 이
러한 원칙을 다음과 같이 규정하였다.

(1) 차별금지의 원칙(제2조)

차별금지의 원칙은 아동은 아동 및 부모 혹은 보호자의 인종, 피부색, 성, 언어,
종교, 정치적 견해, 민족적·인종적·사회적 태생, 재산, 장애, 출생, 신분에 관계
없이 어떠한 형태의 차별로부터도 보호되어야 하며, 또한 아동의 부모, 보호자, 활
동, 의사표현, 신념을 근거로 차별 또는 처벌받아서는 안 된다는 것을 말한다.

이는 아동과 청소년 양육의 일차적 책임은 부모가 감당하고, 그러한 부모를 국가
와 지역사회가 지원해야 한다는 것이다. 그리고 아동 관련 정책은 수립 단계부터
청소년의 이익을 우선적으로 고려한다는 것이다. 특히 취약한 계층의 청소년 상황
을 특별히 고려해야 하고, 청소년복지, 교육 등 청소년에게 영향을 미치는 정책 결
정과 사업, 모든 수준의 정책 입안 및 결정 과정에서 행정 당국과 법원 등이 취하는
조치에 이 원칙을 적용해야 한다. 또한 법적으로 보장해 놓은 자녀 양육비를 받지
못하는 한부모가정, 모자가정의 경우 합의를 통해 양육비 지급 의무를 강제할 수
있는 법적 기반이 되기도 한다(한국청소년정책연구원, 2016).

(2) 아동 이익 최우선의 원칙(제3조)

「유엔아동권리협약」에서 제시하고 있는 아동 이익 최우선의 원칙은 공공 또는 민간 사회복지기관, 법원, 행정당국, 또는 입법기관 등에 의하여 실시되는 아동·청소년에 관한 모든 활동에 있어서 아동·청소년의 이익이 최우선적으로 고려되어야 한다는 것을 말한다.

그러나 청소년정책 영역에서 청소년 이익 최우선의 원칙을 적용하는 사례를 찾아보기는 쉽지 않다. 청소년 이익 최우선의 원칙이 국내법에서 적용되고 있는 경우는 「민법」에 다른 친권자 및 양육자의 결정, 면접 교섭의 제한, 입양 등이 있지만 「민법」 규정에 의한 것이다. 또 법률에서는 「유엔아동권리협약」을 명시하고 있지는 않지만, 보호소년 처우의 기본 원칙으로 인권보호를 우선적으로 고려하도록 하고, 보호소년의 특성을 고려하여 그에 적합한 처우를 하며, 영상 정보처리 기기의 설치·운영 시 보호소년 등의 인권이 침해되지 않도록 하는 등 「유엔아동권리협약」의 취지를 반영하고는 있다. 향후 단순히 「민법」의 규정에 의하여 고려되는 것이 아니라 「헌법」에서 규정한 바에 따른 「유엔아동권리협약」상의 원칙임을 명시하는 것이 필요하다. 또한 「청소년 기본법」 「청소년복지 지원법」 「청소년 보호법」 등 청소년 관련법에서도 청소년 이익 최우선의 원칙을 명시하여야 한다.

(3) 생존·보호·발달 보장의 원칙(제6조)

생존·보호·발달 보장의 원칙은 청소년의 생존 및 보호와 발달을 보장하기 위하여 국가는 가능한 한 최선의 환경을 제공하여야 한다는 것을 말한다. 즉, 모든 청소년은 생존권과 보호권을 보장받기 위하여 안전한 주거지에서 살아갈 권리, 적절한 생활수준을 누릴 권리, 충분한 영양 섭취와 의료서비스를 받을 권리를 가지고 있으며, 청소년이 학대나 방임, 위험한 상황, 차별, 폭력, 부당한 처벌과 체벌, 유해노동, 성폭력 등 모든 형태의 유해한 환경으로부터 보호받을 권리가 있음을 의미한다. 또한 적절한 연령에 도달하기 전에 고용이 금지되어야 하며, 청소년의 발달을 위하여 교육받을 권리, 문화생활이나 여가를 즐길 권리, 종교의 자유를 누릴 권리가 보장되어야 함을 말한다.

(4) 의견 표명 및 존중의 원칙(제12조)

청소년에게 영향을 주는 사항들은 청소년의 관점에서 고려되고 결정되어야 하며 청소년 자신의 의사가 존중되어야 한다는 것을 말한다. 자신의 견해를 형성할 능력이 있는 청소년에 대하여 본인에게 영향을 미치는 모든 문제에 있어서 자신의 견해를 자유롭게 표시할 권리를 보장해야 한다. 청소년의 견해에 대하여는 청소년의 연령과 성숙도에 따라 적정한 비중이 부여되도록 해야 하며, 이 목적을 위하여 청소년에게 영향을 미치는 사법적·행정적 절차에 있어서도 청소년이 직접 또는 대리인이나 기관을 통하여 청소년의 의견을 진술할 기회가 적절하게 주어져야 한다.

이와 관련한 청소년 권리내용에는 시민권, 친권자지정·입양동의, 부모면접교섭권, 정보제공, 청소년 욕구조사 등이 해당된다. 친권자와 관련하여서는 「민법」상 아동의 의사를 반영하여야 한다는 내용을 명시하고 있다. 예를 들면, 부모가 이혼할 때 자녀가 15세 이상인 경우 자녀의 의견을 고려하여 친권자를 지정할 수 있다는 점 등이 청소년의 의사를 존중해야 하는 법적 근거이기도 하다.

3) 청소년의 자유권 및 사회권적 권리

「유엔아동권리협약」의 내용에는 협약의 일반 원칙에 기초하여 시민적 권리와 사회적 권리의 보장이 다음과 같이 제시되어 있다. 자유권적 권리는 시민적 권리와 자유에 관한 내용을 포함하고 있으며, 사회권적 권리는 가정환경과 대안양육, 기초보건과 복지, 교육, 여가, 문화활동, 특별보호조치 등 청소년의 삶의 질을 보장하는 구체적인 내용을 포함하고 있으며 청소년과 관련이 깊은 것을 중심으로 살펴보면 다음과 같다.

(1) 자유권적 권리의 보장

① 표현의 자유(제13조): 아동과 청소년은 표현의 자유를 가진다. 이 권리는 구두, 필기 또는 인쇄, 예술의 형태 또는 청소년이 선택하는 기타의 매체를 통하여

모든 종류의 정보와 사상을 국경에 관계없이 추구하고 접수하며 전달하는 자유를 포함한다.

② 사상, 양심, 종교의 자유(제14조): 당사국은 사상, 양심 및 종교의 자유에 대한 권리를 존중하여야 한다.

③ 결사와 집회의 자유(제15조): 당사국은 결사의 자유와 평화적 집회의 자유에 대한 권리를 인정한다.

④ 사생활의 보호(제16조): 사생활, 가족, 가정 또는 통신에 대하여 자의적이거나 위법적인 간섭을 받지 아니하며 또한 명예나 신망에 대한 위법적인 공격을 받지 아니한다.

⑤ 정보접근권(제17조): 당사국은 대중매체가 수행하는 중요한 기능을 인정하며, 아동이 다양한 국내적 및 국제적 정보원으로부터 정보와 자료, 특히 아동의 사회적 · 정신적 · 도덕적 복지와 신체적 · 정신적 건강의 향상을 목적으로 하는 정보와 자료에 대한 접근권을 가지도록 보장하여야 한다.

(2) 사회권적 권리의 보장

① 교육을 받을 권리(제28조): 당사국은 아동의 교육받을 권리를 인정하며, 기회균등의 기초 위에서 이 권리를 달성하기 위하여 무료 초등교육, 일반교육과 직업교육을 포함한 다양한 형태의 중등교육, 고등교육을 장려하는 조치를 취하여야 한다.

② 적절한 여가, 오락 및 문화적 생활을 누릴 수 있는 권리(제31조): 당사국은 각자의 연령에 적합한 오락활동이나 놀이에 참여하여 문화생활이나 예술활동에 자유롭게 참여할 수 있는 권리를 인정하며, 문화, 예술, 오락 및 여가활동을 위한 적절하고 균등한 기회의 제공을 장려하여야 한다.

③ 방임이나 학대 및 착취로부터 보호받을 권리(제32조): 당사국은 경제적 착취 및 아동의 교육에 방해되거나 아동의 건강이나 신체적 · 정신적 · 도덕적 · 사회적 발달에 유해한 어떠한 노동이라도 그 수행으로부터 보호받아야 하는 아동의 권리를 인정하고, 이의 실행을 위한 입법적 · 행정적 · 사회적 · 교육적 조치

를 포함한 모든 조치를 취하여야 한다. 또한 제33조에는 마약과 향정신성 물질의 불법적 사용으로부터 아동을 보호해야 함을, 제34조는 모든 형태의 성적 착취와 성적 학대로부터 아동을 보호해야 함을 규정하고 있다.

3. 청소년 권리실태와 학생인권

1) 청소년의 권리실태

우리나라 아동·청소년 권리실태 연구는「유엔아동권리협약」에 가입하고 난 이후부터 정기적으로 연구가 진행되어 왔다. 그리고 2013년「유엔아동권리협약」의 국가보고서 작성지침에 기초하여 개발한 아동·청소년인권지표가 130개 지표로 다소 산만하고 조사에 어려움이 있다는 지적에 따라 새롭게 인권실태 연구를 계획하게 되었다. 이에 2018년 한국청소년정책개발원에서는 '아동·청소년인권지표체계'와 설문조사도구를 개발하여 초등학교 4학년부터 고등학교 3학년까지 9천여 명을 대상으로 인권실태에 대한 조사를 실시하였으며, 그 결과의 일부를 제시하면 다음과 같다(오봉욱 외, 2020; 한국청소년정책개발원, 2019).

「유엔아동권리협약」과「학생인권조례」, 국가인권위원회에 대한 인지도는 각각 11.8%, 6.6%, 15.6%로 여전히 낮으며, 협약에 대해 '모른다'는 응답이 44.0%로 절반에 이르고 있다. 인권의식과 관련하여 청소년의 사회참여 필요성(87.5%)과 학생자치조직(82.3%)에 대해 높은 인식을 나타냈으며, 표현의 자유(95.8%), 경제적 이유로 차별금지(97.2%), 양성평등(96.2%), 이주배경 주민의 교육권(93.6%) 등에 대해서도 높은 인식을 보여 주었다. 인권교육 경험률은 70.2%로 2012년 이후 지속적으로 증가하는 추세에 있으며, 인권교육 경험자의 75.1%가 인권교육이 도움이 된다고 응답하였다. 1년에 1회 이상 행해지는 차별 가해 경험은 외모·신체조건에 따른 차별이 13.3%로 가장 많았고, 학업성적(11.9%), 성별(11.7%), 연령(11.3%) 등의 순으로 나타났다.

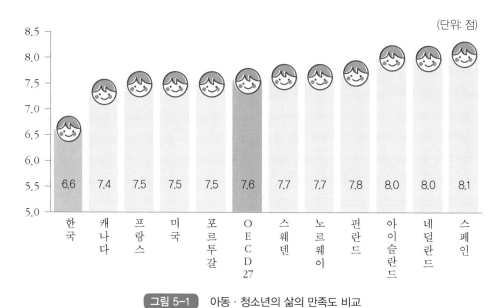

(단위: 점)

한국	캐나다	프랑스	미국	포르투갈	OECD 27	스웨덴	노르웨이	핀란드	아이슬란드	네덜란드	스페인
6.6	7.4	7.5	7.5	7.5	7.6	7.7	7.7	7.8	8.0	8.0	8.1

그림 5-1 │ 아동 · 청소년의 삶의 만족도 비교

출처: 통계청 통계개발원(2019).

차별 피해 경험은 연령에 따른 차별이 31.4%로 가장 많았고, 그다음으로 성별 (28.8%), 학업성적(28.5%), 외모 · 신체조건(24.1%) 등의 순으로 나타났다. 최근 들어 외모 · 신체조건에 대한 차별과 성차별 문제가 심각해지고 있으며, 연령 차별문제는 계속해서 문제가 되고 있음을 알 수 있다.

우리나라 아동 · 청소년의 삶의 만족도는 OECD 국가들 중 가장 낮은 편에 속하는데, 10점 척도 기준으로 우리나라 아동 · 청소년의 삶의 만족도 평균은 6.6점이다. 스페인과 네덜란드, 아이슬란드는 8점 이상이며, OECD 27개 국가들의 평균은 7.6점으로 나타났다. 또한 우리나라 아동 · 청소년의 행복도는 OECD 국가들 중 최하위권으로 평균 6.6점이고, 한국을 제외한 OECD 국가들의 평균은 7.6점이었고, 가장 높은 국가는 스페인으로 8.1점이었다(통계청 통계개발원, 2019).

한편, 통계청이 발표한 '2020 청소년 통계'에 따르면, 초등학생 4~6학년과 중 · 고등학생 가운데 '청소년도 사회문제나 정치문제에 관심을 갖고 의견을 제시하는 등 사회에 참여할 필요가 있다.'라고 응답한 비중이 88.3%로 대부분이 동의하는 것으로 나타났다. 그리고 사회참여 의식은 고등학생(92.6%), 중학생(89.0%) 순으로 높았다. 또 이들 중 '청소년은 아직 어려서 결정능력이 부족하기 때문에 부모나 교사의 생각에 따라야 한다.'라고 생각하는 비율은 29.3%에 불과하였다. 이는 대부분의 청소년이 사회참여에 긍정적임을 알 수 있다.

그뿐만 아니라 '남자와 여자가 모든 면에서 평등한 권리를 가져야 한다.'라는 내용에 관해 초ㆍ중ㆍ고등학생의 96.4%가 동의하는 것으로 나타나 양성평등에 강한 긍정을 나타내는 것을 알 수 있다. 그리고 '가정형편에 따른 차별에 반대한다.'에 97.3%가 응답한 것을 보면 보편적인 인권의식도 높아진 것을 알 수 있다(통계청, 여성가족부, 2020).

"청소년의 피선거권도 보장하라"…곳곳서 1인 시위

'청소년 인권행동 아수나로'가 제21대 국회의원 선거일인 15일 전국 곳곳에서 청소년의 적극적인 정치활동을 보장하라고 요구하는 1인 시위를 펼쳤다. 아수나로는 "지난해 12월 27일부터 만 18살 청소년이 투표권을 얻었지만 청소년의 적극적인 정치활동은 여전히 제한돼 있다. 여기에서 한 발 더 나아가 선거권과 피선거권의 나이 제한을 폐지해야 한다."라고 주장했다.

출처: 한겨레(2020. 4. 15.).

---

2) 청소년의 학생인권

학교 붕괴 현상이 심화되면서 중ㆍ고등학생들은 '학교'가 자신의 권리를 심각하게 침해하는 곳이라고 생각할 수 있다. 또한 학교에서 신체적ㆍ정신적 폭력을 행사하면서 학교 내 집단따돌림 현상과 학교폭력의 심화 현상은 학교가 폭력적ㆍ반인권적인 공간임을 잘 드러내 준다. 그리하여 학교에 적응하지 못하는 학생들은 거리로 나오게 되고, 이러한 학생들은 유흥업소 등으로 몰리는 등의 부작용을 낳고 있다. 따라서 학생인권보장을 위한 대책 마련이 필요하다. 즉, 청소년 관련법에 청소년인권보장을 위한 내용을 구체적으로 명시하고, 학생들의 자발적 참여와 교사의 전문적 자율권 확대가 필요하다. 또한 학교의 구조와 문화를 인권의 관점에서 살펴보고, 학생들에게 권리를 행사할 수 있는 경험을 제공해 줌으로써 권리행사 능력을 기를 수 있도록 지원하는 것이 필요하다.

청소년에게 「헌법」과 「유엔아동권리협약」이 보장하고 있는 제반 권리를 지닌 자율적인 '주체'임을 인식시켜 줄 수 있는 인권교육의 기회를 학생들에게 제공해 주고, 학생들이 권리를 행사하고 자율적인 인격체로 존중받을 수 있는 사회적 관계와 문화를 창출하는 것이 필요하다. 그리고 학교에서의 참여 및 권익 증진, 학생 자치 활동 및 교육정책에 대한 참여 활성화, 학생자치법정(teen court) 운영 확대가 지속적으로 이루어져야 한다.

이러한 맥락에서 지방 정부 차원의 조례를 제정하고 운영하고 있는데 「헌법」 31조, 「유엔아동권리협약」 「교육기본법」 「초ㆍ중등교육법」을 바탕으로 「학생인권조례」를 제정하고 학생의 인권 증진을 위해 노력하고 있다. 2010년 경기도가 최초로 「경기도 학생인권조례」를 제정하였고, 2012년 광주와 서울, 2013년 전라북도에서 「학생인권조례」를 제정하였다(한국청소년정책연구원, 2016). 이러한 조례 중 「서울특별시 학생인권조례」의 주요 내용을 요약하여 살펴보면 다음과 같다(서울특별시교육청, 2012).

서울특별시 학생인권조례 주요 내용

가. 학생인권의 보장 원칙(제3조): 학생인권은 인간으로서의 존엄성을 유지하고 행복을 추구하기 위하여 반드시 보장되어야 하는 기본적인 권리이며, 교육과 학예를 비롯한 모든 학교생활에서 최우선적으로 그리고 최대한 보장되어야 한다.

나. 폭력으로부터 자유로울 권리(제6조)
　-학생은 체벌, 따돌림, 집단괴롭힘, 성폭력 등 모든 물리적 및 언어적 폭력으로부터 자유로울 권리
　-정보를 의도적으로 누설하는 행위나 모욕, 괴롭힘으로부터 자유로울 권리

다. 정규교육과정 이외의 교육활동의 자유(제9조)

라. 개성을 실현할 권리(제12조)
　-복장, 두발 등 용모에 있어서 자신의 개성을 실현할 권리
　-학생의 의사에 반하여 복장, 두발 등 용모에 대한 규제 금지(다만, 복장에 대해서는 학교 규칙으로 제한 가능함)

　마. 사생활의 자유(제13조): 소지품 검사 금지, 휴대폰 사용 자유 등 사생활의 자유 보장

　바. 양심·종교의 자유(제16조)

　　① 학생은 세계관, 인생관 또는 가치적·윤리적 판단 등 양심의 자유와 종교의 자유를 가진다.

　　② 학교의 설립자·경영자, 학교의 장 및 교직원은 학생에게 양심에 반하는 내용의 반성, 서약 등 진술을 강요하여서는 아니 된다.

　　③ 학교의 설립자·경영자, 학교의 장 및 교직원은 학생의 종교의 자유를 침해하는 행위를 하여서는 아니 된다.

　　　–특정 종교 과목의 수강을 강요하는 행위

　　　–특정 종교로 인한 차별행위

　　　–종교와 무관한 과목 시간 중 특정 종교를 반복적, 장시간 언급하는 행위

　　　–특정 종교를 비방하거나 선전하여 학생에게 종교적 편견을 일으키는 행위

　　　–학생에게 예배·법회 등 종교적 행사의 참여나 기도·참선 등 종교적 행위 강요하는 행위

　　　–종교과목의 대체과목에 대하여 과제물의 부과나 시험을 실시하여 대체과목 선택을 방해하는 행위

　사. 의사표현의 자유(제17조): 집회의 자유 및 학생 표현의 자유 보장

출처: 서울특별시교육청(2012).

4. 청소년 권리와 참여

1) 청소년 참여의 의의

　천부적 인권으로서 권리를 바르게 누리려면 청소년은 사회의 부당한 구조와 행태에 지속적으로 도전하여 적극적으로 청소년의 권리를 획득해야 한다. 왜냐하면 청소년 권리에 대해서 상당수의 청소년은 권리 침해 여부조차 인식하지 못할 때가 많기 때문이다. 성인의 권리에서 독립적이지 못하고, 성인의 승인 여부에 따라서

권리 행사가 좌우되기 때문이다. 따라서 청소년의 적극적인 참여를 통해서 권리를 인식하고 그 권리의 실체를 이해하며 획득하는 것이 필요하다.

청소년 참여는 삶의 모든 영역에서 청소년과 성인 간의 협력개발이라고 정의하고 있으며 크게 세 가지 의미로 사용하고 있다(노혁, 2020).

첫째, 광범위한 수준에서는 청소년이 시민으로서 교육, 훈련, 고용, 정치 생활과 같은 사회적·문화적·정치적·경제적 생활에 완전하게 참여할 수 있는 권리를 갖는다는 점이다.

둘째, 조직 수준에서는 청소년들을 지원하기 위하여 계획된 청소년 프로젝트에서 자문이나 운영에 참여하는 것이다.

셋째, 개인적인 수준에서 자신의 삶에 영향을 미치는 의사결정에 관하여 정보를 얻을 권리를 기술하는 데 사용된다. 청소년이 가족생활이나 정부의 보호를 받는 경우 청소년 서비스의 고객으로서 의사결정에 관여하거나 정보를 받는 경우이다.

이러한 청소년 참여의 정의하에 청소년과 성인이 함께 협력하여 권리를 증진시키는 방안에 대한 탐색이 이루어져야 한다. UN, EU 등에서는 청소년 참여를 주요 과제로 선언하고 헌장을 공포하는 등 청소년을 우수한 역량을 가진 사회 구성원, 인류발전의 동반자로 인식하는 것이 세계적 추세이다. 특히 최근 휴대폰 사용과 사회관계망 서비스(Social Networking Service), 동영상 공유 등 인터넷 발달에 따른 청소년의 정보 접근과 지적 수준은 크게 향상되었다. 이처럼 청소년의 권리의식과 사회 문제에 대한 관심이 증대됨에 따라 청소년의 참여정책도 변화가 필요하며 청소년 스스로 청소년 권리 증진을 위한 활동에 적극적으로 참여하는 자세가 필요하다.

유엔아동권리협약(1989년) 제12조 제1항
"아동은 자신에게 영향을 미치는 모든 문제에 대해 자신의 의견을 말할 권리가 있다."

2) 청소년 참여 정책

여성가족부를 포함한 중앙부처의 제6차 청소년정책 기본계획상 정책과제는 지역사회에서의 청소년 참여를 확대하기 위하여 청소년 참여제도를 공고히 하고, 청소년동아리·자원봉사 활동을 통한 사회참여 활성화이다. 또한 청소년 참여를 내실화하기 위해서는 청소년 참여방식의 다변화, 온·오프라인 청소년 의견 수렴 및 청소년의 정책 참여 및 일상생활에서의 참여 활성화 등이다.

이에 따라 최근 정부에서는 청소년정책위원회에 청소년 위원을 위촉하도록 청소년 관련 법령을 개정하여 청소년의 실질적 정책 참여 기반을 조성하고자 노력 중이다. 또한 청소년 권리 참여 강화를 위한 「청소년 기본법」을 전부 개정하고자 한다(여성가족부, 2021). 그 주요 내용으로는 육성·수련·지도 등 정책수행자 중심 용어를 활동·진로·참여 등 청소년 중심 용어로 변경하는 것을 비롯하여 청소년 정책 실태조사, 청소년정책 연구사업 등의 근거 마련 등이 있다. 또한 청소년 관점에서의 정책 추진, 기초자료로서의 청소년 종합실태조사의 추진 등도 있다.

3) 청소년 참여를 위한 실천현장

(1) 청소년특별회의

청소년 및 청소년 분야 전문가가 참여하여 범정부적 차원의 청소년 정책과제를 발굴하고 제안하는 전국 단위의 회의체이다. 「청소년 기본법」에 규정된 청소년이면 신청이 가능하고 매년 공개 모집 후 시·도에서 선발한다. 활동 기간은 1년을 원칙으로 한다. 청소년특별회의 온라인소통팀을 확대 운영하고, 온라인 정책제안, 포털 토론기능 신설 등을 통한 온라인 토론의 활성화, 홍보콘텐츠 제작, SNS 운영 등 청소년에디터 활동, 온라인 정책창구 운영 등의 사업을 실시하고 있다.

(2) 청소년운영위원회

청소년수련시설(청소년수련관, 문화의 집 등) 사업·프로그램 등의 운영에 청소년이 참여하여 의견 제시와 자문, 평가 등의 활동을 하는 청소년참여기구이다.「청소년활동 진흥법」제4조(청소년운영위원회)에 근거하여 운영되고 있으며, 위원은 매년 1~2월경에 청소년수련시설별 공개모집 및 추천을 통해 구성하고, 신청대상은 만 9세에서 24세까지의 청소년이다.

(3) 청소년참여위원회

청소년참여위원회는 정부 및 지방자치단체의 청소년정책을 만들고 추진해 가는 과정에 주체적으로 참여할 수 있도록 마련된 제도적 기구이다.「청소년 기본법」제5조의 2(청소년의 자치권 확대)에 근거하여 운영되고 있으며, 다양한 계층의 청소년으로 선발·구성하여 대표성 확보, 공개모집을 원칙으로 추천을 병행하여 기회균등 및 소수자 참여보장, 지역 여건에 맞는 인원구성(20명 내외)으로 운영의 내실화를 도모하고 있다.

(4) 청소년참여포탈

청소년 및 청소년 지도자들이 자유롭게 소통하고 참여활동과 관련된 내용을 공유할 수 있도록 정보를 제공하는 온라인 플랫폼이다. 참가 신청게시판(참가신청 Y-With)을 통해 청소년이 참여활동에 직접 참여할 수 있으며, 정책제안을 통해 다른 청소년들과 언제든지 정책에 대한 의견을 나눌 수 있다. 투표게시판(투표참여 Y-Vote)에서는 청소년과 관련된 결정사항에 직접 권리를 행사할 수 있다.

(5) 청소년 인권 관련기관

청소년 인권 관련 대표적인 조직으로는 아동정책조정위원회, 한국아동권리모니터링센터, 청소년희망센터를 들 수 있다. 청소년희망센터는 2011년부터 여성가족부 위탁사업으로 한국청소년상담복지개발원 내에 설치된 청소년 권리 전담기구이다(한국청소년상담복지개발원, 2020). 청소년희망센터는 청소년들이 자신의 권리를 지키고 타인의 권리를 존중해 주며 희망 속에 살아갈 수 있도록 돕기 위해 청소년 교육 및 홍보활동, 청소년 권리 모니터링 및 실태조사 등 다양한 사업을 추진하고 있다.

생각해 볼 문제

1. 청소년의 권리 증진을 위하여 「유엔아동권리협약」과 「청소년권리헌장」 등에 명시된 내용 중 좀 더 적극적으로 정책이 입안되거나 시행되어야 할 부분이 있다면 어떤 것이 있는지 토의해 보자.

2. 청소년 인권실태 중 가장 심각하게 고려되어야 할 부분과 학생인권존중을 위해 어떤 사회문화적 변화와 정책적 노력이 필요한지 논의해 보자.

3. 청소년의 참여활동을 증진하기 위한 기구에 대해 알아보고, 청소년의 적극적 참여를 위한 방안에 대해 생각해 보자.

참고문헌

강현주, 도미향, 홍나미, 백현주(2020). 전문가정위탁부모교육 매뉴얼. 세종: 보건복지부, 아동권리보장원.

국가인권위원회, 사회복지연구회 공역(2008). 사회복지와 인권. 서울: 인간과 복지.

김석향, 정익중, 김미주, 오은찬(2016). 유엔 아동 권리 협약 국가 보고서를 통해 본 남북한 아동 권리 내용 비교. 한국아동복지학, 54, 1-44.

네이버지식백과 '2010 세계 청소년의 해' https://terms.naver.com/entry.naver?docId=3325501&cid=43667&categoryId=43667

노혁(2020). 청소년복지의 이해. 서울: 학지사.

대한민국 정책브리핑(https://www.korea.kr), 국정신문(1998. 10. 26.). 청소년 헌장 전문.

문화일보(2018. 9. 14.). "청소년 어떤 이유에서든 차별하지 않겠습니다" 청소년지도사 윤리헌장 제정.

배화옥, 심창학, 김미옥, 양영자(2015). 인권과 사회복지. 경기: 나남.

서울특별시교육청(2012). 서울특별시 학생 인권조례.

여성가족부(2021). 2020년 여성가족부 업무보고.

오봉욱, 전동일, 장정연, 하태선, 유우경, 김병년, 주선영(2020). 청소년복지론. 서울: 동문사.

위키백과 https://ko.wikipedia.org/wiki/%EC%9D%B8%EA%B6%8C

이소희, 도미향, 정익중, 김민정, 변미희(2005). **청소년복지론**. 경기: 나남.

정혜영 역(2012). **어린이의 세기**. 엘렌 케이 저. 서울: 지식을만드는지식.

정혜영, 서보순(2012). 예비유아교사의 장애인에 대한 사회적 거리감 분석. **특수아동교육연구**, 14(1), 117-145.

조성연, 유진이, 박은미, 정철상, 도미향, 길은배(2016). **최신 청소년복지론**. 서울: 창지사.

조인섭(2013). **사법 분야에서의 유엔 아동 권리 협약의 이행 상황 및 개선 방안**. 2013년 아동 권리 주간 기념 포럼−아동 권리 인식 증진을 위한 전문가 역량 강화 방안 모색. 서울: 한국아동권리모니터링센터.

통계청, 여성가족부(2020). **2020 청소년 통계**.

통계청 통계개발원(2019). 아동·청소년 삶의 질 지표 분석 결과. KOSTAT 통계플러스, 2019 겨울호, 이슈분석 2.

한겨레(2020. 4. 15.). "청소년의 피선거권도 보장하라"…곳곳서 1인 시위.

한국일보(2020. 4. 27.). 초중고 10명 중 9명 "청소년도 사회·정치문제 참여해야".

한국청소년정책개발원(2019). 아동·청소년 권리에 관한 국제협약 이행 연구−한국 아동·청소년인권실태 2018 총괄보고서.

한국청소년정책연구원(2016). **한국 아동·청소년 인권 실태 연구 Ⅳ: 한국의 유엔 아동 권리위원회 국가 보고서 권고 사항 이행 실태**. 경기: 생각쉼표 & 주) 휴먼컬처아리랑.

[홈페이지 참고자료]

한국청소년상담복지개발원 홈페이지(2020). 청소년희망센터란?

　　　https://www.kyci.or.kr/specialserv/specialserv10_1.asp

제**3**부

청소년복지의 분야

제**6**장

청소년과 활동

한 소년과 다른 소년과의 차이는 재능보다 활동력의 우열에 따라 결정된다.

−토머스 아놀드−

청소년활동은 아동기와 성인기 사이의 과도기적 위치에서 인지적·정서적·사회적·신체적으로 성장하고 있는 '청소년'과 "어떤 일의 성과를 거두기 위하여 힘씀"(표준국어대사전)을 의미하는 '활동'의 합성어이다. 이러한 청소년활동은 청소년들이 발달 시기에 적합한 과업을 성공적으로 이루고 사회 구성원으로서 성장할 수 있도록 돕는 역할을 하며, 더 나아가 청소년기의 보편적 성장·발달뿐 아니라 개인의 잠재력과 내적 역량 개발까지 포괄하는 목표를 지닌다. 이 장에서는 청소년활동의 정의를 학문적·법률적·정책적 시각에서 제시한다. 그리고 청소년활동의 필요성을 내적 역량 개발에 두고, 자원봉사활동, 동아리활동 등 청소년활동 유형에 따른 발달적 가치를 논의한다. 마지막으로 청소년활동과 관련된 실천현장과 서비스에 대해 설명한다.

1. 청소년활동의 정의

청소년활동은 광범위한 의미를 지닌다. 이를테면, 청소년기에 다양한 경험을 접해 보기 위해 행하는 활동은 체험활동, 타인과의 상호작용을 통한 이해 증진을 목표로 하는 활동은 교류활동, 임금을 지급받거나 수익을 창출하는 등 경제영역에 참여하기 위한 활동은 경제활동, 참여를 통해 사회·정치적 변화를 이끌고자 하는 활동은 참여활동이라 불린다.

하지만 이렇게 포괄적인 개념을 지닌 청소년활동은 그동안 청소년 육성, 청소년 수련활동, 청소년활동, 체험활동 등으로 지칭되어 왔으며 통일된 이해가 미흡하다는 개념적 한계가 있다. 특히 청소년활동의 학술적 정의, 법적 정의, 정책적 정의에 있어서 청소년의 성장에 꼭 필요한 활동이라는 인식을 공유하지만, 구체적인 구성요소에 대한 합의가 이루어지고 있지 않고 있으며 지속적인 논의가 진행되고 있다.

1) 학술적 정의

그동안 많은 학술 연구에서 청소년활동에 대한 다양한 정의를 제시하였다. 청소년활동은 청소년의 생활 전체를 포괄하는(강대근, 1981), 제3의 교육기회의 장이며(한국청소년개발원, 1993), 자발적 참여에 기초하여 학교나 지역사회에서 이루어지는 체험활동(조용하 외, 1994), 혹은 교실에서 벗어나 행해지는 체험활동이다(권일남, 최창욱, 2011; 전국재, 1998). 그 외 청소년활동에 대한 정의로 청소년 지도자의 지도하에 자발적으로 참여하는 체험활동이라는 입장(문성호, 정지윤, 박승곤, 윤동엽, 2016), 균형 있는 성장을 위한 자발적·제도적·체계적 실천적인 활동이라는 입장(문성호, 문호영, 2009), 발달과업을 이루기 위해 균형 있는 성장과 역량 개발을 위한 자발적 체험활동이라는 입장(임희진, 문호영, 정정호, 김평화, 2018) 등이 있다.

종합해 보면, 청소년의 삶 전체와 경험을 포괄하는 개념으로서의 광의적 해석, 학교교육의 대안으로서 학교 밖에서 진행되는 비교과 수련활동 중심의 신체적 체험활동이라는 협의적 해석, 장소에 구애받지 않고 자발적 참여와 조직적으로 이루어지는 일련의 체험활동이라는 중간적 해석이 공존한다(임희진 외, 2018).

2) 법률적 정의

법률적 정의는 관련 정책이 추구하고자 하는 방향성과 직결되기 때문에 중요한 의의를 지닌다. 청소년활동의 다양한 개념적 해석은 법률의 변화에서도 나타난다. 1990년 이전에는 청소년활동을 정의하는 법률은 없었다. 「청소년육성법」(1987년 제정)에서는 청소년단체의 활동, 청소년의 건전한 활동, 자율활동 등에 대해 언급했지만, 구체적인 정의를 제시하지는 않았다.

1991년에 「청소년 기본법」이 제정되면서 청소년활동은 제도권으로 들어오게 되었다(권일남, 최창욱, 2011). 「청소년 기본법」에서 청소년활동은 수련활동영역(생활권이나 자연권에서 배움을 실천하는 체험활동), 고유활동영역(학교·직장·복무처에서 학업·근로·복무활동), 임의활동영역(가정 내 자유활동 등)으로 구분되었다. 이 중 청소년수련활동은 "청소년이 생활권 또는 자연권에서 심신수련·자질배양·취미개발·정서함양과 사회봉사로써 배움을 실천하는 체험활동"으로 정의되었다. 이 외에도 수련활동에 필요한 프로그램을 지칭하는 '청소년수련거리'와 학교시설 외에 수련활동을 실시할 목적으로 설치된 시설로서 '청소년수련시설'이 규정되었다.

그러다 2004년 「청소년 기본법」이 개정되면서 청소년활동의 정의가 처음으로 법률에 명시되었다. 청소년활동이란 "청소년의 균형 있는 성장을 위하여 필요한 활동과 이러한 활동을 소재로 하는 수련활동·교류활동·문화활동 등 다양한 형태의 활동"이다(「청소년 기본법」 제3조). 같은 시기에 「청소년활동 진흥법」이 제정되면서 청소년활동을 수련활동·교류활동·문화활동 등을 포괄하는 상위개념으로 정의하였다. 수련활동은 청소년의 자발적 참여로 이루어지는 활동으로서 청소년기에 필요한 기량과 품성을 함양하는 교육적 활동이다. 일반적으로 청소년 지도자와 함께 프로그램 참여를 통해 이루어진다. 교류활동은 국제청소년교류활동, 교포청소년교류활동, 남북청소년교류활동 등을 포함하며 다양한 교류를 통하여 폭넓은 공동체의식 등을 함양하는 체험활동을 가리킨다. 문화활동은 예술활동, 동아리활동, 봉사활동, 스포츠활동 등을 포함하며 문화감수성과 사회성을 함양하는 체험활동을 가리킨다(「청소년활동 진흥법」 제2조 제3~5항).

하지만 청소년의 활동영역이 「청소년활동 진흥법」에서 제시하는 수련활동, 문화활동, 교류활동 분류에서 벗어나야 한다는 이견과 함께 법적 개정이 요구되고 있다. 1990년대와 2000년대 초 관련 법률 제정 당시 수련활동을 통해 인내심, 자기통제력, 협동심, 극기심 등의 고양에 대한 학교와 사회의 욕구가 있었지만, 청소년활동이 점차 개인의 역량 강화, 개인의 자율성과 주체성을 강조하게 되면서 수련활동의 가치가 시대의 흐름에 적절하지 않다는 지적이 있다(권일남, 2019). 또한 수련활동, 문화활동, 교류활동의 개념적 경계가 명확하지 않아 중복 분류가 가능하며, 문화활동을 예술활동, 스포츠활동, 봉사활동, 동아리활동으로 분류하는 근거가 부족하다는 우려가 있다(최창욱, 문호영, 김진호, 2015). 따라서 수련활동, 문화활동, 교류활동의 기능 중심적 분류보다는 청소년활동의 필요성과 연계된 분류가 필요하다는 의견(권일남, 최창욱, 2011)과 함께 4차 산업혁명 시대에서 요구하는 인재 양성을 위해 청소년활동과 제도가 변화해야 하며, 현재의 활동 분류체계에서 핵심역량 분류체계 중심으로 변화해야 한다고 주장된 바가 있다(마상욱, 2019).

3) 정책적 정의

청소년활동은 「청소년 기본법」의 제정을 통해 정책적으로 부각되면서 학교 밖에서만 경험할 수 있는 조직적이고 전문적인 활동이라는 특징을 강조함으로써 학교교육과 차별성을 두고자 하였다(문성호 외, 2016). 이는 동일한 내용의 활동일지라도 학교 밖에서 이루어지는 청소년활동을 수련활동, 학교 내에서는 이루어지는 청소년활동을 특별활동으로 명명함으로써 청소년활동을 분절시키는 결과를 초래하였다.

청소년활동은 청소년정책에 있어서 중요한 영역으로 인식되고 있는 가운데 기존의 여가생활 중심적 접근에서 청소년의 역량 개발을 중심으로 하는 방향으로 전환되어 왔다(권일남, 최창욱, 2011; 김영한, 서정아, 권일남, 2019).

특히 '제4차 청소년정책기본계획'(2008~2012)에서 청소년 역량이 강조되는 등 점차 청소년의 역량 개발 중요성에 대한 인식이 높아지면서 청소년활동의 개념 또한 이러한 요소들을 포함하게 되었다(김향초, 2015). 이에 따라 청소년활동은 '놀 터'나 '놀 거리'를 제공함으로써 이루어지는 청소년의 문제행동 감소나 여가시간 사용을 위한 단편적 사회서비스 지원의 기능에서 벗어나 청소년들이 주도적으로 개인의 잠재력을 발견하고 사회 구성원으로서 자립·성장할 수 있도록 지원하는 역할을 강조하게 되었다(김영한, 서정아, 권일남, 2019).

구체적으로 1차부터 6차까지 진행되어 온 청소년정책 기본계획에 명시된 내용을 중심으로 하는 청소년활동의 정책적 개념은 다음과 같은 변화과정을 거쳤다. 1990년대 후반에서 2000년도 초반까지는 청소년활동 중 청소년수련활동이 보호·선도의 개념을 아우르는 청소년 육성정책의 핵심영역으로 자리매김하였다. 다시 말해, 청소년활동의 개념이 수련활동 중심으로 발달하였다(권일남, 최창욱, 2011). '제1차 청소년육성 5개년 계획'(1993~1997)에서 청소년활동은 수련활동을 통해 심신단련의 기능, 문제학생 교육적 선도의 기능, 건전한 여가문화 제공을 통한 문제 예방적 기능을 수행할 것을 제시하고 있다. 이후 '제2차 청소년육성 5개년 계획'(1998~2002)에서 중점 추진과제로 청소년이 주체가 되는 문화·체육 중심의 수련활동 체제 구축을 제시하고, 소수 문제청소년의 지도·보호 중심이었던 정책의 방향이 건강한 청소년의 활동 지원을 강조하는 것으로 전환되었다. 이와 함께 청소년활동으로 자율활동, 동아리활동, 봉사활동, 교류활동 등의 내용이 명시되지만, 여전히 문화·체육 중심의 수련활동이 주를 이루었다. '제3차 청소년육성 5개년 계획'(2003~2007)의 경우 2005년에 시작하는 주5일 근무(수업)제 시대를 대비하기 위한 청소년 활동여건을 조성하였다. 이 시기에 청소년활동에 있어서 지역사회와 학교와의 연계가 강조되고, 봉사활동을 위한 인프라 발전, 동아리활동 지원 확대가 가능하였다. 하지만 여전히 수련활동이 청소년정책의 핵심영역으로 여겨져 양적 확충과 질적 심화가 이루어졌다. 이 시기에 수행된 청소년수련시설 이용실태에 관한 연구에서 수련활동 프로그램 구성으로 극기훈련활동, 모험활동, 자연체험활동, 놀이활동이 주를 이루었다고 보고하고 있다(박시현, 2005).

'제4차 청소년정책기본계획'(2008~2012)에서 청소년활동의 역량 개발 강화 기능이 강조되고 역량 개발 목표에 적절한 다양한 체험활동 체계가 마련되면서 청소년활동의 개념도 함께 확대되었다. 이 시기에 청소년활동을 나타내는 단어로서 청소년의 기복적인 욕구를 충족하고 다양한 역량을 발달시켜 나가는 일련의 과정을 가리키는 체험활동이 사용되었다(김향초, 2015). 교육부의 주관하에 학교의 정규교과 과정에서 창의적 체험활동 체계가 강화되었고, 이와 함께 학교 밖에서는 여성가족부 주관하에 지역사회와 연계된 청소년 체험활동이 제공되었다. 이는 초기 청소년활동이 학교가 제공하지 못하는 부분을 보충하는 역할을 하는 학교교육의 대안적 활동(권일남, 최창욱, 2011)으로 여겨진 것과는 대조적이다. '제4차 청소년정책기본계획'에서 체험활동을 위한 기반을 확충하였다면, '제5차 청소년정책기본계획' (2013~2017)에서는 청소년의 다양한 역량 강화를 위해 지방자치단체, 청소년시설, 학교가 협력체계를 구축하여 청소년 체험활동을 확대하고 활성화하는 데 주력하였다. '제6차 청소년정책기본계획'(2018~2022)에는 중점과제로 청소년활동 및 성장지원 체계 혁신과 청소년 체험활동 활성화를 제시하고 있다. 특히 자기주도 활동의 확대와 지식정보화시대에 맞는 디지털플랫폼 활동을 강조하였다.

2. 청소년활동과 역량

청소년활동은 청소년들이 발달 시기에 적합한 과업을 성공적으로 이루고 사회구성원으로서 성장할 수 있도록 돕는 역할을 한다. 또한 청소년기의 보편적 성장 · 발달뿐 아니라 개인의 잠재력과 역량 개발까지 포괄하는 목표를 지닌다(임희진 외, 2018). 청소년활동의 이러한 기능과 목표는 문제행동 예방을 위한 여가시간의 사용이라는 목적하에 심신수련을 위한 체험이나 단편적 즐거움을 제공한 초기 청소년활동과는 상이하다.

권일남과 최창욱(2011)은 청소년활동의 필요성이 청소년의 내적 성장과 잠재성

을 중시하는 역량 개발의 발현에 있다고 주장하면서 이러한 역량을 개인·조직·
사회의 3개 차원에서 설명한다. 개인 차원의 기본능력인 자아역량·신체역량은 청
소년의 성장과 발달에 필수적이다. 조직 차원에서 타인과 상호관계를 맺으며 활동
하기 위해서는 갈등조절역량·문제해결역량·대인관계역량·성취동기역량·리
더십역량 등의 실천적 능력이 중요하다. 청소년은 기본역량과 실천역량을 근거로
궁극적으로는 시민성역량을 달성할 수 있다. 청소년 활동역량별 하위지표는 [그림
6-1]에서 확인할 수 있다.

그림 6-1   청소년 활동역량의 요소와 하위지표

출처: 권일남, 최창욱(2011), p. 53을 재구성.

3. 청소년활동의 유형 및 발달적 가치

청소년활동의 목표는 균형된 성장과 발달과업의 수행이다. 청소년기의 중요한 발달과업으로는 자아정체성 발달, 인지능력 발달, 진로탐색 및 계획, 타인과 더불어 살아가기 위한 역량 함양, 자율성 증대 등이 있다. 이러한 발달과업을 성공적으로 수행할 수 있는 활동으로서 자원봉사활동과 동아리활동이 있다.

1) 자원봉사활동

「자원봉사활동 기본법」에 따르면, 자원봉사활동이란 "개인 또는 단체가 지역사회 · 국가 및 인류사회를 위하여 대가 없이 자발적으로 시간과 노력을 제공하는 행위"이다. 자원봉사는 시간과 노력이 필요한 활동으로 이루어지기 때문에 공감하는 마음이나 이타적인 생각, 현물 기부와 다른 고유한 개념이다(정진경, 2012). 따라서 청소년 자원봉사활동이란 청소년이 자발적이고 주도적으로 실천하고 경제적인 대가를 목적으로 하지 않는 체험활동으로서 개인적 성취감을 높일 뿐 아니라, 지역사회 참여를 통해 공공의 이익을 추구할 수 있는 실천적 행동이다.

선행연구에서 자원봉사활동의 특성으로 자발성, 무보수성, 공익성, 주체성, 복지성, 선구성, 개척성, 지속성, 연대성, 민감성, 다양성, 개별성, 비영리성, 비정파성, 비종파성, 조직성, 민주성(김창래, 2016; 신윤창, 손경숙, 2008; 정진경, 2012; 「자원봉사활동 기본법」 제2조) 등이 제시되어 왔다. 이 중 국내외 자원봉사활동 관련 법률이나 UN 등 세계기구에서 공통적으로 제시하는 자원봉사의 개념적 특징은 무보수성, 자발성, 공익성으로 함축된다(정진경, 2012).

이에 관해 구체적으로 살펴보면, 첫째, 무보수성은 경제적 대가 여부와 관련된 특징으로서 봉사행위에 대해 임금지급 등의 금전적 대가를 기대하지 않거나, 경제적 대가를 받게 되더라도 그것이 봉사활동의 직접적인 동기가 되지 않는다는 것을 의미한다. 둘째, 자원봉사의 자발성은 활동을 수행하는 데 있어서 강압성이나 처벌성이 없으며 오로지 자신의 의사에 따라 행동함을 의미한다. 따라서 학교 교육과정에 포함된 봉사활동, 대학입시를 위한 의무사항을 충족시키려는 동기로 행해지는 봉사활동이나 형벌 대신 이행하게 되는 사회봉사명령은 강제성이 있기 때문에 진정한 의미에서 봉사활동이라 불릴 수 없다(송민경, 2018; 정진경, 2012). 셋째, 공익성은 봉사행위가 이타적임과 동시에 수혜자가 자원봉사자의 가족이나 친구가 아닌 이웃과 지역사회 등 공공영역이어야 한다는 특징을 가리킨다. 따라서 자원봉사는 공공의 삶의 질 향상을 추구하는 행위이기 때문에 자기만족을 위한 개인의 취미생활이나 가족 내 돌봄 활동과는 구분된다(정진경, 2012).

청소년 자원봉사에 대한 국가의 관심과 제도적 지원이 높아지면서 자원봉사에 대한 연구도 활발히 진행되어 왔다. 청소년은 봉사활동을 통해 반성적 사고와 자기 성찰을 경험함으로써 개인적 성장뿐 아니라, 사회 구성원으로서의 책임감을 배우게 된다. 청소년 봉사활동이 공동체의식(안재진, 김선숙, 이경상, 2017; 정주원, 2020), 리더십 생활기술(정주원, 2020; 현안나, 2019), 다문화수용성(이경혜, 김혜인, 2018), 진로성숙도(안재진, 김선숙, 이경상, 2017)와 정적 관계를 보인다는 여러 선행연구가 있다. 청소년기에는 인지능력의 발달과 사회적 역할의 확대와 함께 도덕적 이해가 향상되는데, 김은정(2018)은 봉사활동이라는 도덕적 행동의 실천은 반성적 성찰을 통해 도덕적 자아정체성 형성에 기여할 수 있다고 주장하였다. 봉사활동은 보호요인으로도 작용하는데, 봉사활동 참여경험이 청소년의 가족이나 또래로부터 오는 스트레스가 우울에 미치는 악영향을 완충시키는 효과가 있었으며(김재엽, 이동은, 정윤경, 2013), 일반청소년뿐 아니라 위기청소년의 내적·대인관계적·사회정치적 역량 강화에도 기여하는 것으로 나타났다(이수연, 김형모, 2011).

봉사활동 참여 여부보다는 어떤 동기나 목적의식을 갖고 봉사활동에 참여했는가가 긍정적 발달에 더욱 중요한 요소로 나타나기도 하였다. 전현정과 정혜원(2019)의 연구에서 봉사활동 참여 여부에 따른 공동체의식과 진로정체감의 차이가 통계적으로 유의하지 않았으나, 자발적 참여 여부에 따른 차이는 유의하게 나타났다. 이는 청소년들이 봉사활동을 수행하는 데 있어서 자발성과 주도성이 중요하다는 것을 재차 강조하는 결과라 할 수 있다. 유사한 맥락에서 안재진, 김선숙과 이경상(2017)도 학교 교육과정 내 봉사활동보다는 청소년이 스스로 계획한 봉사활동이 청소년의 진로성숙도와 공동체의식 발달에 더 큰 영향을 미친다는 결과를 보고함으로써 자기주도적인 봉사활동 계획수립이 강화되어야 한다고 주장하였다. 그 외에 봉사활동 만족도나 봉사활동 시간에 대한 고려도 중요한 요소로 작용한다(박수원, 김샛별, 2017; 현안나, 2019).

2) 동아리활동

동아리는 순우리말로 "같은 뜻을 가지고 모여서 한패를 이룬 무리"를 의미하며 (표준국어대사전), 개인의 문화적·사회적 욕구를 효율적으로 충족시킴으로써 자기발전을 이루려는 자발적 소집단이다. 따라서 청소년 동아리활동은 "취미나 소질, 가치관이나 문제의식 등을 공유하는 청소년들의 자발적인 참여 아래 지속적으로 운영되는 청소년활동"이라 정의할 수 있다(맹영임, 조남억, 손의숙, 이명희, 2011).

청소년 동아리의 유형은 활동내용, 활동장소, 공식성, 조직화에 따라 다양하게 분류할 수 있다(맹영임 외, 2011). 내용에 따른 분류의 경우, 동아리는 취미, 문화예술, 스포츠, 학습, 사회·정치적 참여 등 다양한 주제를 중심으로 활동이 이루어질 수 있다. 동아리 활동이 행해지는 물리적 장소에 따른 분류로, 청소년시설이나 단체에서 이루어지는 지역사회동아리, 학교에서 이루어지는 학교동아리, 인터넷공간에서 비대면으로 이루어지는 사이버동아리 등이 있다. 청소년수련활동인증제를 통해 국가로부터 공식적으로 인증을 받고 제공되는 동아리는 공식동아리, 그렇지 않은 경우 비공식동아리로 불린다. 그 외 동아리를 결성하는 주체가 청소년이면 청소년 주도 동아리, 청소년 지도자이면 지도자 주도 동아리, 시설·단체·학교 등 기관이면 기관 주도 동아리라 불린다.

청소년 동아리는 청소년문화의 한 단면으로서 다음 세 가지 주요 특징을 갖는다 (김정주, 2003; 맹영임 외, 2011). 첫째, 청소년 동아리활동은 청소년이 주체가 되어 자율적으로 운영되는 자치활동이다. 둘째, 청소년 동아리는 집단활동으로서 연령대가 비슷한 또래들로 구성되며 대면·비대면 공간에서 동아리 구성원들 간 공통된 관심사, 가치관을 중심으로 활발한 교류가 이루어진다. 청소년들은 이러한 상호작용을 통해 사고·인지능력과 대인관계능력 및 사회성 발달을 경험하고 자아정체감을 형성할 수 있다. 셋째, 청소년 동아리활동은 청소년과 지역사회의 연계수단이 될 수 있는데, 특히 봉사동아리나 공동체적 가치관이나 지역사회 문제해결이란 내용을 주제로 형성된 청소년 동아리는 지역사회 연계 기능이 더욱 강할 것이다.

　이러한 특징으로 인해 청소년 동아리활동은 청소년의 발달에 다방면으로 기여한다고 보고된다. 청소년 동아리는 자치적인 활동으로서 청소년이 주도적으로 여러 경험을 갖고 다양한 분야에 대한 탐색을 할 수 있는 기회를 제공한다. 이 과정에서 청소년은 자신의 흥미, 적성, 가치에 대한 이해를 증진시켜 안정된 자아정체감을 확립할 수 있게 된다. 동아리활동은 긍정적 자아상을 형성시켜 주며, 자아개념을 성장시키는 데 기여하는 것으로 나타났다(송수지, 김정민, 남궁지영, 2012). 동아리활동은 새롭고 즐거운 시도들을 통해 미래 진로를 탐색하면서 진로목표를 정하고, 이를 위한 준비를 성공적으로 수행하는 데 긍정적인 영향을 주기도 한다(손병덕, 김민선, 허계형, 2020). 집단적인 활동으로서의 동아리는 청소년들이 이를 통해 공동의 목표 달성을 위해 구성원 간 상호협력하고, 집단 내 갈등이 발생했을 때 이를 효율적으로 해결하려는 경험을 할 수 있게 한다. 또한 동아리활동 경험은 협업능력(전자배, 2020), 리더십기술(최창욱, 김정주, 송병국, 2005), 다문화인식(최유민, 권지성, 2014)을 제고하는 것으로 나타났다. 동아리활동 참여 여부뿐만 아니라, 참여 특성에 따라 청소년의 역량에도 차이가 나타났다. 자율동아리 참여기간별 역량 차이는 없었으나, 동아리활동에 더 활발하게 참여한 청소년들이 거의 참여하지 않은 청소년들보다 의사소통 및 협업 역량이 높았으며, 유형별로는 청소년단체활동에 참여한 청소년들이 학술·문화예술·스포츠 활동에 참여한 청소년보다 의사소통 역량 및 사회정서역량이 더 높았다(김한솔, 장여옥, 2019).

4. 실천현장과 관련서비스

1) 청소년활동 정책 분야

여성가족부에서는 청소년을 위한 다양한 정책을 추진하고 있는데, 그중 청소년 활동과 직결된 것은 청소년 체험활동, 청소년 국제교류, 청소년 참여활동, 청소년 방과후아카데미, 청소년수련시설 설치·운영, 청소년수련시설 안전 지원이다(여성 가족부 홈페이지 http://www.mogef.go.kr). 각 정책의 목표를 구체적으로 살펴보면,

표 6-1 여성가족부 청소년활동 관련 정책 분야

정책	목표	사업 내용 및 지원 대상
청소년 체험활동	체험활동 기회를 통해 청소년의 역량 개발과 성장 도모	청소년어울림마당, 청소년동아리활동, 청소년자원봉사활동, 청소년프로그램 공모
청소년 국제교류	청소년의 글로벌리더십과 국제시민의식을 함양하고 국가 간 협력 기반을 조성	청소년해외자원봉사단('꿈과 사람속으로'), 국제회의·행사 참가단('청소년을 세계의 주역으로'), 국가 간 청소년교류
청소년 참여활동	청소년이 정책수립과 시행과정에 의견을 제시하고 참여기회 제공	청소년특별회의, 청소년참여위원회, 청소년운영위원회
청소년방과후 아카데미	방과 후 돌봄이 필요한 청소년에게 체험활동, 학습지원, 급식·상담 등 종합서비스 제공	지역 청소년수련관, 청소년문화의집, 종합사회복지관 등에서 저소득층, 한부모, 조손, 다문화, 장애, 다자녀, 맞벌이 가정 취약계층 청소년 우선 지원
청소년수련시설 설치·운영	공공청소년수련시설을 건립하고 기능 보강을 통해 청소년활동 인프라 구축	청소년수련관, 청소년문화의 집, 유스호스텔, 청소년특화시설, 청소년수련원, 청소년야영장
청소년수련시설 안전 지원	활동 신고·인증제, 시설 종합안전점검·평가로 안전한 청소년활동 인프라 구축	청소년수련관, 청소년문화의 집, 유스호스텔, 청소년특화시설, 청소년수련원, 청소년야영장

출처: 여성가족부 홈페이지 청소년정책 정보 내용을 정리(http://www.mogef.go.kr).

체험활동은 다양한 체험활동 기회를 통해 청소년의 역량을 개발하고 성장을 도모하고자 하며, 청소년 국제교류는 청소년의 글로벌리더십과 국제시민의식을 함양하고 국가 간 협력 기반을 조성하고자 한다. 청소년 참여활동은 청소년이 정책수립과 시행과정에 의견을 제시하고 참여할 수 있도록 하며, 청소년방과후아카데미는 취약계층 청소년을 우선지원대상으로 하여 체험활동을 포함한 종합서비스를 제공한다. 그 외 청소년활동을 위한 인프라 구축 정책으로 청소년수련시설 설치·운영 및 청소년수련시설 안전 지원 정책이 있다(〈표 6-1〉 참조).

2) 청소년활동 지원 제도 및 서비스

　여성가족부에서는 청소년활동 활성화를 주요 정책과제로 채택하고 다양한 사업을 추진하고 있다. 여성가족부의 대표적인 청소년활동 지원사업으로 청소년수련활동인증제, 청소년 봉사활동 두볼(DOVOL), 청소년어울림마당, 청소년 동아리활동 지원 등이 있다(여성가족부 홈페이지 http://www.mogef.go.kr).

　이 사업에 대해 여성가족부 산하 중앙 전달체계인 한국청소년활동진흥원은 프로그램의 원활한 운영과 활동지원, 청소년 지도자 양성·교육, 수련시설 설치 및 안전관리 등의 중추적인 역할을 담당하고 있다(한국청소년활동진흥원 홈페이지 https://www.kywa.or.kr). 이와 함께 시·도 청소년활동진흥센터는 지역 중심의 청소년활동정책 전달체계로서 해당 지역 내 청소년활동의 진흥을 목적으로 설치·운영되고 있다.

(1) 청소년수련활동인증제

　청소년수련활동인증제는「청소년활동 진흥법」에 근거를 두고 있으며, 청소년의 요구와 발달적 특성을 고려하여 안전하고 유익한 청소년활동을 제공하는 목적을 갖는 국가인증제도이다. 즉, 청소년활동 사업의 효율적·효과적 운영을 위해 구축된 제도이다. 국가 및 지방자치단체 또는 개인·법인·단체 등에서 개발된 청소년활동 프로그램의 공공성, 신뢰성, 적합성을 확보하기 위해 한국청소년진흥원과 지방청소년활동진흥센터에서 활동 프로그램, 지도력, 활동환경 등을 기준으로 프로그램을 심의하고, 인증신청 컨설팅을 제공하고 있다(청소년활동정보서비스 e청소년 홈페이지 https://www.youth.go.kr).

청소년기 발달과 성장에 기여하는 교육활동으로 인증 기준을 충족하는 모든 청소년활동이 인증을 신청할 수 있다. 단, 「청소년활동 진흥법 시행규칙」에 따라 청소년 참가인원이 150명 이상이거나, 수상활동, 항공활동, 산악활동, 장거리 걷기 등 위험도가 높은 청소년수련활동은 반드시 인증을 받아야 한다(한국청소년활동진흥원, 2016).

인증수련활동은 청소년 지도자의 개발 및 운영으로 이루어지며, 청소년이 자발적으로 참여할 수 있도록 구성되어 있다. 인증된 활동에 참여한 청소년의 활동실적은 기록·관리되며, 청소년들의 진학이나 취업 등 자기계발 자료로 활용될 수 있도록 한다(한국청소년활동진흥원, 2016).

2006년 79건의 청소년활동을 인증하면서 시작한 청소년수련활동인증제도는 2019년 기준 총 9,360건의 활동을 인증해 왔고, 3,113건의 활동을 유지하고 있다. 인증 프로그램은 활동 유형에 따라 정기형(일정기간 정기적으로 이루어지는 비숙박활동), 숙박형(일정기간 숙박하며 이루어지는 활동), 이동형(선정된 활동장을 이동하여 숙박하며 이루어지는 활동)으로 분류되며, 인증수련활동 보유기관별 운영 현황을 보면 청소년수련원, 청소년수련관, 청소년문화의 집 순으로 유치 건수가 높게 나타났다(여성가족부, 2019).

활동 영역에 따라 문화예술, 봉사협력, 환경보존, 모험개척, 역사탐방, 과학정보, 진로탐구, 자기계발, 건강/스포츠, 교류 등으로 분류된다. 청소년활동 영역별 분류에 대한 설명과 제공된 프로그램 건수는 〈표 6-2〉와 같다(전국 인증수련활동은 '청소년활동정보서비스 e청소년' 참조).

표 6-2 청소년수련활동인증제 영역 및 활동 예시

영역	영역별 활동 예시	건수
자기(인성)계발활동	표현능력개발 수련활동, 자기탐구활동, 자기존중감 향상 프로그램, 자기표현활동, 심성수련활동 등	973
건강보건활동	신체단련활동, 약물예방활동, 흡연·음주·약물·비만 예방활동, 안전·응급처치활동, 성교육활동 등	288
교류활동	청소년국제교류활동, 남북청소년교류활동, 도·농간 청소년교류활동, 국제이해활동, 다문화이해활동, 세계문화 비교활동, 한민족청소년캠프 등	34
모험개척활동	탐사·등반활동, 야영활동, 해양활동, 오지탐사활동, 극기훈련활동, 호연지기활동, 수상훈련활동, 한국의 산수탐사활동 등	465
과학정보활동	모형 및 로봇활동, 인터넷활동, 우주천체활동, 정보캠프활동, 영상매체활동 등	231
문화예술활동	지역문화, 세계문화, 대중문화, 역사연극활동, 어울마당, 전통예술활동 등	285
봉사활동	일손돕기활동, 위문활동, 지도활동, 캠페인활동, 자선·구호활동, 지역사회개발 및 참여활동 등	94
환경보존활동	생태활동, 환경탐사활동, 자연지도 만들기, 숲체험, 환경음식 만들기, 환경살리기 활동, 환경·시설 보존활동 등	170
직업체험활동	청소년모의창업, 경제캠프, 사회생활기술, 진로탐색활동, 직업현장체험 등	378
기타	–	195

출처: 청소년활동진흥원(2013).

(2) 청소년어울림마당

청소년어울림마당은 '청소년이 활동을 통하여 상호 소통하는 장'으로서 청소년들이 동아리 및 지역사회 자원과 연계하여 공연, 경연, 전시, 놀이체험 등 문화활동에 주체적으로 기획·참여할 수 있는 상시적 공간을 가리키며 청소년의 문화적 감수성 중진과 건전한 청소년 문화 형성을 목적으로 한다(여성가족부, 2021a). 이 사업은 「청소년활동 진흥법」에 법적 기반을 두고 있으며, 2004년 시범사업 실시 이후 2020년 현재 16개 시·도, 110개 시·군·구에서 운영되고 있다.

운영체계를 보면, 여성가족부에서 사업 총괄·조정 및 운영지침을 수립하고, 지자체에서는 예산 배정, 사업 운영 주체 선정 및 평가를 맡고 있으며, 청소년어울림마당 운영기관은 연간 사업·운영계획을 수립하고 어울림마당 행사를 운영한다. 한국청소년활동진흥원에서는 담당자 교육·컨설팅, 지역 청소년자원 연계와 유관기관 간 네트워크 구축을 지원한다(전국 어울림마당 프로그램은 '청소년활동정보서비스 e청소년' 참조).

(3) 청소년 동아리활동 지원사업

여성가족부(2021a)에 따르면, 청소년 동아리활동은 취미, 소질, 가치관, 문제의식 등을 공유하는 다수의 청소년이 함께 모여 주체적이고 지속적으로 참여하는 여가활동이다. 이를 지원하기 위한 '청소년 동아리활동 지원사업'은 「청소년활동 진흥법」에 사업 근거를 두며 청소년들의 특기·소질 개발, 건강한 또래관계 형성, 인성 함양을 목적으로 청소년 수련시설 소속 동아리나 시설과 연계하는 학교 동아리에 운영비를 지원한다. 동아리는 열다섯 가지 영역으로 분류되며(사회참여, 수리과학, 4차 산업혁명 관련, 인문사회, 역사, 미디어, 요리, 스포츠, 외국어, 진로, 기획, 취미, 비공연/특이공연/대중공연 문화예술), 운영체계에는 사업의 종합계획을 수립하는 여성가족부, 동아리를 관리하는 지자체 동아리 운영기관, 총괄지원 및 연계 강화를 하는 한국청소년활동진흥원, 지역 활동 및 지역 자원 발굴을 담당하는 지방청소년활동진흥센터, 동아리활동 운영을 지원하는 동아리 지도자 등이 있다.

(4) 청소년 자원봉사활동 포털 두볼(DOVOL)

청소년 자원봉사활동은 청소년활동의 대표적인 영역으로 인식되고 있다(조현주, 2020). 청소년 자원봉사활동은 개인, 가족, 동아리·단체 등의 유형으로 이루어지며, 청소년 자원봉사활동의 형태는 노력봉사(일손 돕기, 환경미화, 취약계층 보조 등), 교육봉사(학습 지도, 멘토링, 공부방 지원 등), 문화봉사(지역행사 보조, 캠페인 활동 등), 재능봉사(청소년들이 주도적으로 자신의 재능을 활용) 등 다양하다(여성가족부, 2019).

두볼(DOVOL)은 'Do Volunteer'의 약자로 청소년 자원봉사활동을 종합적으로 지원하는 전국 단위의 통합형 포털사이트(https://dovol.youth.go.kr)이다. 두볼은 봉사활동 검색, 활동 신청, 확인서 발급이 가능하며 효과적인 관리체계로서 봉사활동 경험에 대한 기록을 전부 보관하고 있어 청소년의 성장·변화를 기록하고 청소년 활동 시설을 개선하며 청소년에게 적절한 지원을 선제적으로 제공하는 데 활용될 수 있다는 의의가 있다(김태균, 2018). 또한 두볼은 1365 자원봉사포털(행정안전부) 연계를 통해 NEIS(나이스, 학생생활기록부)에 실적을 전송받을 수 있어 편리하다(청소년활동정보서비스 e청소년 홈페이지 https://www.youth.go.kr).

한편, 청소년 봉사활동 운영제도의 효율성과 체계성을 높이기 위해 인증 터전 제도가 시행되고 있다. 2021년 기준 약 3,000여 개의 인증 터전이 등록되었으며, 안전한 봉사활동 환경을 보장하기 위해 두볼 자원봉사자를 대상으로 상해보험을 무상 제공하고 있다.

한국청소년활동진흥원에서 두볼을 총괄하고, 시·도 청소년활동진흥센터에서 터전 인증 및 동아리 승인, 교육, 심사, 시상 등을 담당하며, 터전은 두볼을 통해 청소년 자원봉사활동 프로그램의 운영·관리, 확인서 발급 등을 진행한다(청소년활동정보서비스 e청소년 홈페이지 https://www.youth.go.kr). 한편, 여성가족부의 청소년 활동 관련 제도 및 서비스에 대한 모든 정보를 '청소년활동정보서비스 e청소년'에서 통합적으로 제공하고 있다(다음의 〈참고자료〉 참조).

〈참고자료〉

여성가족부 산하 기관인 청소년활동진흥원에서는 2005년부터 「청소년활동 진흥법」에 명시된 청소년활동 정보 제공 의무에 따라 청소년의 발달단계와 여건에 맞는 활동과 복지·보호 정보를 '청소년활동정보서비스 e청소년'(이하 e 청소년)을 통해 상시 안내하고 제공하고 있다. e청소년은 청소년활동 관련 통합정보서비스로서 청소년활동시설(수련관, 문화의 집 등), 공공기관(도서관, 사회복지관, 정부부처 등), 민간기관(종교단체, 기업 등)에서 제공하는 청소년 활동·복지·보호에 대한 서비스 정보를 취합·제공하고 있다. 청소년 체험활동, 참여활동, 봉사활동 프로그램에 대한 안내를 제공하고 신청을 할 수 있도록 하며, 청소년 관련 시설 및 단체에 대한 종합평가, 청소년 지도자에 대한 정보를 제공하고 있다.

청소년의 활동 참여기록은 e청소년에 저장·관리되며, 이렇게 e청소년에 등록된 정보는 교육부의 교육종합행정정보시스템(NEIS)과 행정자치부의 1365 자원봉사포털과 자동 연계되고 청소년활동 기록이 전달되어 행정적 효율성과 편의성을 높이고 있다.

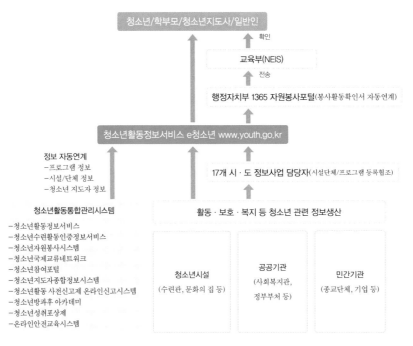

그림 6-2 청소년활동정보서비스 e청소년의 체계도

출처: 청소년활동정보서비스 e청소년 홈페이지(https://www.youth.go.kr, 2021년 5월 6일 인출).

3) 청소년활동시설

「청소년활동 진흥법」에서 정의하는 청소년활동시설이란 청소년수련활동, 청소년교류활동, 청소년문화활동 등 청소년활동이 이루어지는 시설이며 청소년수련시설과 청소년이용시설로 구분된다.

(1) 청소년수련시설

청소년수련시설이란 지역사회와 연계하여 청소년활동에 필요한 시설, 설비, 프로그램 등을 갖추고 청소년 지도자의 지도하에 청소년들에게 체계적이고 조직적인 활동을 제공하는 시설이다(여성가족부, 2021b). 청소년수련시설운영위원회, 청소년운영위원회 등이 구성되어 청소년수련시설의 활성화에 참여할 수 있다. 국가, 지방자치단체뿐 아니라, 개인·법인·민간단체도 특별자치시장·특별자치도지사·시장·군수·구청장의 허가를 받고 설치 및 운영이 가능하며 예산 지원도 받을 수 있다(「청소년활동 진흥법」 제11조). 수련시설은 설치 유형에 따라 공공시설(국가, 지방자치단체에서 설치)과 민간시설(개인, 법인, 단체에서 설치)로, 운영 유형에 따라 직영시설(시설 설치자 직접 운영)과 위탁시설(청소년단체에 운영위탁 운영)로 구분된다(여성가족부, 2021b). 시·도 및 시·군·구청장은 청소년수련시설의 안전사고 예방 및 쾌적한 환경 조성을 위해 정기적인 현장점검을 실시하고, 청소년수련시설의 설치 및 운영실태를 조사하여 여성가족부에 보고하여야 한다(여성가족부, 2021b).

청소년수련시설은 청소년수련관, 청소년수련원, 청소년문화의 집, 청소년특화시설, 청소년야영장, 유스호스텔로 세부 분류된다(〈표 6-3〉 참조). 이러한 수련시설은 1992년 이전에 150여 개 수준에서 지속적으로 증가하여 2018년 기준 801개가 설치·운영되고 있다(여성가족부, 2019). 「청소년활동 진흥법」을 근거로 중앙정부에서 전국 청소년을 대상으로 건립·운영 중인 시설은 국립중앙청소년수련원, 국립평창청소년수련원, 국립청소년우주센터, 국립청소년농생명센터, 국립청소년해양센터이다. 또한 지방자치단체는 시·군·구에 청소년수련관을 1개소 이상, 읍·면·동에 청소년문화의 집을 1개소 이상 설치·운영하여야 한다.

표 6-3 청소년수련시설의 종류

구분	정의
청소년수련관	다양한 청소년수련거리를 실시할 수 있는 각종 시설 및 설비를 갖춘 종합 수련시설
청소년수련원	숙박기능을 갖춘 생활관과 다양한 청소년수련거리를 실시할 수 있는 각종 시설과 설비를 갖춘 종합수련시설
청소년문화의 집	간단한 청소년수련활동을 실시할 수 있는 시설 및 설비를 갖춘 정보·문화·예술 중심의 수련시설
청소년특화시설	청소년의 직업체험, 문화예술, 과학정보, 환경 등 특정 목적의 청소년활동을 전문적으로 실시할 수 있는 시설과 설비를 갖춘 수련시설
청소년야영장	야영에 적합한 시설 및 설비를 갖추고, 청소년수련거리 또는 야영편의를 제공하는 수련시설
유스호스텔	청소년의 숙박 및 체류에 적합한 시설·설비와 부대·편익시설을 갖추고, 숙식편의 제공, 여행청소년의 활동지원(청소년수련활동 지원은 「청소년활동 진흥법」 제11조에 따라 허가된 시설·설비의 범위에 한정한다)을 기능으로 하는 시설

출처: 「청소년활동 진흥법」 제10조.

(2) 청소년이용시설

청소년이용시설은 "수련시설이 아닌 시설로서 그 설치 목적의 범위에서 청소년활동의 실시와 청소년의 건전한 이용 등에 제공할 수 있는 시설"이다(「청소년활동 진흥법」 제10조 제2항). 이용시설의 세부 분류로는 공연시설, 전시시설, 도서관, 문학관, 문화예술회관 등의 문화시설, 과학기술자료 및 프로그램을 보급하는 과학관, 정보처리 기술이나 기계장치를 이용한 체육시설, 수목원, 사회복지관 등이 있다. 국가 차원에서 운영되는 문화시설로는 국립중앙극장, 국립중앙박물관, 국립현대미술관, 국립국악원, 국립민속박물관, 국립중앙도서관이 있으며 과학관으로는 국립중앙과학관과 국립서울과학관이 있다. 또한 공공체육시설로 생활체육공원, 국민체육센터, 시·군 기본체육시설 등이 있다. 청소년이용시설 중 청소년지도사가 배치된 시설에 대해서는 우선 지원이 가능하다(여성가족부, 2019).

 **표 6-4** 청소년이용시설의 종류

구분	정의
문화시설	문화예술활동에 지속적으로 이용되는 공연시설(공연장, 영화상영관, 야외음악당 등), 전시시설(박물관, 미술관, 화랑, 조각공원), 도서관(도서관, 문고), 지역문화복지시설(복지회관, 문화체육센터), 문화보급전수시설(지방문화원, 국악원, 전수회관) 등(「문화예술진흥법」 제2조)
과학관	과학기술자료를 수집·조사·연구하여 이를 보존·전시하며, 각종 과학기술교육 프로그램을 개설하여 과학기술지식을 보급하는 시설로서 「청소년활동 진흥법」 제6조 제1항에 따른 과학기술자료, 전문직원 등 등록 요건을 갖춘 시설(「과학관의 설립·운영 및 육성에 관한 법률」 제2조)
체육시설	체육활동에 지속적으로 이용되는 시설[정보처리 기술이나 기계장치를 이용한 가상의 운동경기 환경에서 실제 운동경기를 하는 것처럼 체험하는 시설(「체육시설의 설치·이용에 관한 법률」 제2조)]
평생교육관	정규교육과정을 제외한 모든 형태의 조직적인 교육활동을 제공하는 기관(「평생교육법」 제2조)
자연휴양림	공유림과 사유림을 포함한 자연휴양림(「산림문화·휴양에 관한 법률」 제13조, 제14조, 제19조)
수목원	수목을 중심으로 수목유전자원을 수집·증식·보존·관리 및 전시하고 그 자원화를 위한 학술적·산업적 연구 등을 하는 시설(「수목원·정원의 조성 및 진흥에 관한 법률」 제2조)
사회복지관	지역사회를 기반으로 일정한 시설과 전문인력을 갖추고 지역주민의 참여와 협력을 통하여 지역사회의 복지문제를 예방하고 해결하기 위하여 종합적인 복지서비스를 제공하는 시설(「사회복지사업법」 제2조)
기타	시민회관·어린이회관·공원·광장·둔치, 그 밖에 이와 유사한 공공용시설로서 청소년활동 또는 청소년들이 이용하기에 적합한 시설(「청소년활동 진흥법 시행령」 제17조)

출처: 「청소년활동 진흥법 시행령」 제17조.

🔍 생각해 볼 문제

1. 자율활동·동아리활동·봉사활동·진로활동이 학생생활기록부에 기재되어 대학입시 등에 활용되고 있다. 학교 정규교육과정으로 이러한 활동이 진행되기도 한다. 이렇게 의무적으로 수행되는 청소년활동은 과연 청소년활동이라고 할 수 있는가? 청소년활동의 정의를 근거로 의견을 제시해 보자.

2. 법률에서 제시하는 청소년활동의 정의가 학술적 정의와 정책적 정의를 반영하기 위해서는 어떻게 변해야 하는지 설명해 보자.

3. 청소년활동은 청소년문화를 형성하는 데 있어서 어떤 역할을 하는지 설명해 보자.

📖 참고문헌

강대근(1981). 바람직한 청소년활동지도자상. 청소년연구 4집. 서울: 유네스코 한국위원회.

권일남(2019). 청소년활동의 본질과 이해. 한국청소년활동학회 추계 학술대회, 2019(0), 3-23.

권일남, 최창욱(2011). 청소년활동 개념 재정립에 관한 연구. 서울: 한국청소년정책연구원.

김영한, 서정아, 권일남(2019). 미래지향적 청소년관련 법 정비 방안. 세종: 한국청소년정책연구원.

김은정(2018). 청소년 봉사활동 학습의 인성교육적 의미탐구: 도덕적 자아 발달을 중심으로. 교육철학, 69, 57-85.

김재엽, 이동은, 정윤경(2013). 청소년 스트레스가 우울에 미치는 영향에 자원봉사활동의 조절효과. 한국청소년연구, 24(3), 99-126.

김정주(2003). 지역사회에서 청소년 동아리활동 실태외 지원방안 연구. 서울: 한국청소년정책연구원.

김창래(2016). 청소년 자원봉사 활동 실태와 활성화에 관한연구. 사회복지경영연구, 3(2), 205-244.

김태균(2018). 청소년활동 참여기록영역에 관한 연구. 한국청소년활동연구, 4(2), 27-48.

김한솔, 장여옥(2019). 자율동아리활동 참여특성에 따른 청소년활동 핵심역량 차이분석. 한국청소년활동연구, 5(3), 1-22.

김향초(2015). **청소년복지론**. 서울: 학지사.

마상욱(2019). 제4차 산업혁명시대의 청소년활동방향 연구. **한국청소년활동연구**, 5(1), 61-80.

맹영임, 조남억, 손의숙, 이명희(2011). **청소년동아리활동 인증방안 연구**. 서울: 한국청소년정책
　　연구원.

문성호, 문호영(2009). 청소년활동프로그램 공모사업 만족도 및 효과에 관한 연구. **미래청소
　　년학회지**, 6(2), 85-111.

문성호, 정지윤, 박승곤, 윤동엽(2016). 청소년활동 영역의 재정립에 관한 연구. **미래청소년학
　　회지**, 13(2), 1-23.

박수원, 김샛별(2017). 중학생의 봉사활동 시간 및 친사회성, 자아존중감의 종단적 관계. **미래
　　청소년학회지**, 14(1), 145-168.

박시현(2005). 지역별 청소년수련시설의 이용실태와 만족도에 관한 연구. **청소년행동연구**, 10,
　　1-17.

손병덕, 김민선, 허계형(2020). 토픽분석을 활용한 진로개발활동으로서의 청소년 동아리활동
　　지원사업의 효과성 연구. **청소년학연구**, 27(5), 253-275.

송민경(2018). 학생 자원봉사활동의 쟁점 연구. **청소년학연구**, 25(2), 499-532.

송수지, 김정민, 남궁지영(2012). 청소년 동아리활동경험이 자아개념 성장에 미치는 영향. **한
　　국청소년연구**, 23(1), 121-147.

신윤창, 손경숙(2008). 자원봉사활동의 이론적 연구. **한국행정과 정책연구**, 6(1), 123-148.

안재진, 김선숙, 이경상(2017). 청소년의 봉사활동 참여유형이 진로성숙도, 공동체의식에 미
　　치는 영향. **청소년복지연구**, 19(1), 85-107.

이경혜, 김혜인(2018). 청소년 봉사활동 참여가 사회공동체성, 학교생활적응, 다문화수용도
　　에 미치는 영향 연구. **청소년학연구**, 25(9), 179-202.

여성가족부(2019). **2019 청소년백서**.

여성가족부(2021a). **2021 청소년사업안내**.

여성가족부(2021b). **청소년수련시설 관리 운영지침**.

이경혜, 김혜인(2018). 청소년 봉사활동 참여가 사회공동체성, 학교생활적응, 다문화수용도
　　에 미치는 영향 연구. **청소년학연구**, 25(9), 179-202.

이수연, 김형모(2011). 자원봉사활동 참여가 비행청소년에게 미치는 임파워먼트 효과분석.
　　청소년학연구, 18(10), 207-228.

임희진, 문호영, 정정호, 김평화(2018). 청소년활동 참여 실태조사 연구. 서울: 한국청소년정책 연구원.

전국재(1998). IMF시대 청소년의 소외와 참여: 주제연구 논문; IMF 시대의 청소년 활동과 참여증진 방안. 한국청소년학회 학술세미나, 223-253.

전자배(2020). 청소년의 동아리활동이 협업능력에 미치는 영향: 자아유능감의 매개를 중심으로. 한국청소년연구, 31(1), 101-127.

전현정, 정혜원(2019). 봉사활동 참여가 고등학생의 공동체 의식 및 진로정체감에 미치는 영향 분석: 경향점수 매칭과 이중차분 추정기법 활용. 아시아교육연구, 20(2), 321-347.

정주원(2020). 고등학생의 봉사활동, 진로활동과 리더십 생활기술의 관계에서 공동체의식의 매개효과. 학습자중심교과교육연구, 20(11), 1077-1096.

정진경(2012). 자원봉사 개념의 재해석과 통합적 적용의 탐색. 한국사회복지행정학, 14(3), 31-52.

조용하(1994). 청소년 활동론. 서울: 인간과 복지.

조현주(2020). 빅데이터를 통해 바라본 청소년 활동과 역량에 대한 사회적 인식 연구. 한국청소년활동연구, 6(1), 25-46.

청소년활동진흥원(2013). 청소년수련활동인증제 운영 현황(2019년 말 기준).

한국청소년활동진흥원(2016). 청소년수련활동인증제 매뉴얼.

최유민, 권지성(2014). 다문화 인식개선을 위한 청소년 연극동아리활동 프로그램에 대한 평가 연구. 사회복지 실천과 연구, 11, 25-62.

최창욱, 김정주, 송병국(2005). 청소년 동아리활동이 리더십생활기술에 미치는 영향. 미래청소년학회지, 2, 57-76.

최창욱, 문호영, 김진호(2015). 청소년활동 참여 실태조사 연구 II. 서울: 한국청소년정책연구원.

한국청소년개발원(1993). 청소년활동론. 서울: 한국청소년개발원.

현안나(2019). 청소년의 자원봉사활동이 자아존중감을 매개로 리더십생활기술에 미치는 영향: 교급차이. 청소년학연구, 26(4), 409-437.

[홈페이지 참고자료]

여성가족부 홈페이지 https://www.mogef.go.kr

청소년활동정보서비스 e청소년 홈페이지 https://www.youth.go.kr

한국청소년활동진흥원 홈페이지 https://www.kywa.or.kr

제**7**장

청소년과 진로

일이란 본래 자신의 신념과 비전으로 수행해야 하는 전투이다.

−우에다 마사야−

청소년이 이후 흥미를 느끼는 일을 하고 직업을 통해 개인이 중요시하는 가치를 실현할 수 있다면 직업 자체에 대한 만족도뿐만 아니라 삶의 질도 향상시킬 수 있다. 특히 청소년에게 일을 위한 진로준비는 자아정체감을 확립시키고 미래의 직업을 준비하고 능력을 향상하는 등의 중요한 수단이다. 반면에 아르바이트, 생계 목적의 근로와 같이 청소년의 일, 직업은 어떻게 개념화하는가에 따라 청소년이 당면하고 있는 문제에 접근하는 방법과 범위가 달라질 수 있다. 이 장에서는 청소년의 진로와 근로에 대한 개념을 정의해 보고 이에 따라 필요한 청소년복지 개입방안을 논의하고자 한다.

1. 일과 직업

1) 청소년과 일

전근대 사회에서 청소년들은 대부분의 시간을 일하면서 보냈다. 청소년들은 '노동자'라는 정체성을 일찍부터 갖게 되어 그들의 생활 세계가 성인들의 그것과 별로 구별되지 않았다. '아동'이나 '청소년'이라는 사회적 범주가 생겨난 것은 근대에 접어들면서부터이다. 이때부터 청소년은 '노동자'가 아니라 '학생'이라는 정체성을 갖게 되어 대부분의 시간을 학교에서 공부를 하면서 보내게 된다. 그러나 1990년대 중반 이후부터 청소년의 일에 관한 사회적 관심이 증가하고 있다. 청소년의 상황에 따라 일의 의미는 상이하게 달라진다. 소득으로 생활하기 위해 학교 공부보다 일에 우선순위를 둔다면 이 경우의 일은 '직업'으로서의 근로를 의미하고, 학교 공부에 우선순위를 두고 일을 병행한다면 이 경우의 일은 '용돈 벌기'로서의 근로를 의미한다.

일반적으로 만 14세부터 24세까지 사업장에 직접 종사하는 청소년을 근로청소년이라 하는데, 근로청소년을 협의로 정의하면 가정형편 때문에 학업을 수행해야 할 나이에 학업을 포기하고 가사조력을 위해서 일하는 청소년을 의미해 '불우' 청소년이라는 부정적인 어감을 갖는다(오영재, 백경숙, 조선화, 2001). 그러나 근로청소년을 광의로 정의하면 청소년으로서 경제활동에 참여하고 있는 자뿐만 아니라 학교에서 경제활동 참여를 준비하고 있는 청소년을 모두 포괄한다. 학교 공부는 근로를 위한 이전 단계로 간주되므로 학교 공부에만 열중하는 학생청소년이라고 해서 일에서 완전히 벗어날 수는 없다.

청소년기의 일은 자아정체감을 확립시키고 삶을 영위하게 하는 주요한 수단이 되고 있으며, 미래의 직업을 준비하고 직업 능력을 배양하는 출발점이라는 점에서 근로청소년을 협의로 정의해서는 현재 청소년이 당면하고 있는 문제를 포괄하기 어렵다. 따라서 광의적 개념으로 정의함으로써 직업으로서 일에 종사하는 근로청

소년, 학업을 병행하며 아르바이트에 종사하는 청소년, 미래의 직업을 위해 공부하
는 청소년 모두를 포괄하여 다룰 필요가 있다.

2) 청소년 근로와 노동환경

최근 청소년 근로에 대한 비중이 지속적으로 증가함에 따라 이들이 처한 노동환
경에 관한 관심이 높아지고 있다(황진구, 유민상, 정유진, 2018). 위험요소가 많은 오토
바이 배달 아르바이트와 관련된 사고부터 2016년 구의역 스크린도어 사고, 2017년
제주 고교생 산재 사고 등 일련의 사건들은 우리 사회에 다양한 유형의 근로청소년
이 존재하며, 이들이 취약한 노동시장 환경에 놓여 있다는 것을 보여 준다. 그러나
청소년정책 또는 청소년 사업의 주된 초점은 교육이나 입시, 학교 안과 밖을 중심
으로 이루어지는 활동에 집중되어 있어 이들에 대한 보호는 여전히 미흡하다.

청소년 노동환경에 대한 문제는 물리적 작업환경, 임금수준, 근로시간의 문제를
포함하고 있다. 작업공간의 크기가 적정하고 방음장치, 환기시설, 샤워실, 휴게실,
보건·위생시설 등이 적절하게 제공되었을 때, 일한 노동의 대가가 충분히 지급되
었을 때, 노동시간이 그들의 건강과 의욕을 상실시키지 않는 범위 이내일 때 청소
년의 노동환경은 문제가 없다고 할 수 있다. 그러나 우리나라의 근로현장은 때때로
청소년뿐만 아니라 성인 근로자에게도 열악하고 위험한 수준이다(오영재, 백경숙,
조선화, 2001).

실제 청소년의 근무실태를 조사한 연구들(김영지, 김희진, 이민희, 김진호, 2019; 김
형주, 이종원, 2019; 여성가족부, 2019; 황진구, 유민상, 정유진, 2018)에 따르면, 청소년
들이 일하면서 경험한 환경적 어려움은 매우 다양하며, 부당한 처우를 경험한 청소
년의 비율은 매우 높은 것으로 나타났다. 그 예로는 임금체불, 최저임금 위반, 초과
근무 요구, 성희롱 및 물리적 폭행, 재해보상처리 거부, 휴게시간 미부여 등으로 다
양하였다. 그러나 부당처우에 대해 참고 계속 일했다고 응답한 비중이 70.9%로 매
우 높아(여성가족부, 2019), 청소년들이 최소한의 노동환경을 보장받지 못한 채 열
악한 근무환경에 노출되어 있음을 알 수 있다. 따라서 청소년들이 기본적인 노동

권을 보호받고 안전한 근로환경에서 일할 수 있도록 철저한 관리 감독이 필요하며, 청소년의 근로환경을 보장할 수 있도록 청소년을 위한 보호 대책을 지속적으로 추진할 필요가 있다.

최근 중앙 및 지방 정부 차원에서 근로청소년의 노동기본권을 보장하기 위해 다양한 제도와 정책을 마련하고자 하는 노력이 계속되고 있다(황진구, 유민상, 정유진, 2018). 정부는 청소년의 근로를 보호하기 위해 국정과제로 학교 노동인권교육 활성화와 청소년 근로보호현장 도우미 확대를 명시하고 있으며, 이 밖에 월 근로 60시간 미만 근로청소년의 고용보험 수급요건을 완화하고 실업급여를 확대하여 더 많은 근로청소년들이 고용보험의 혜택을 받을 수 있게 하였다.

그러나 여전히 청소년의 근로환경은 성인 근로자에 비해 노동기본권을 보장받고 있다고 보기 어렵다. 이들의 월평균 근로일수는 성인 근로자와 비슷하거나 더 많음에도 불구하고, 임금수준은 일반 근로자 평균의 60.4% 수준에 머무르고 있다(고용노동부, 2018). 2018년 기준 성인 근로자의 월평균 근로일수는 20.0일, 월평균 월급은 297만 원인 데 반해 15세 이상 24세 이하의 근로청소년의 월평균 근로일수는 20.2일, 월 평균 임금은 181만 3천 원으로 나타났다. 이는 경력과 학력상의 차이를 고려한다고 해도 심각한 수준이다. 이는 근로시간과 임금수준이 반비례 현상을 보이는 것으로 근로청소년은 성인 근로자보다 더 많이 일하고 더 적은 임금을 받는 것이다. 근로청소년들의 열악한 근로환경이 생계를 꾸리면서 미래를 준비하는 데 이중고를 겪게 한다는 점을 감안할 때 이들을 보호하고 부당한 처우를 당하지 않도록 노동기본권을 보장하기 위한 노력을 계속해 나가야 할 것이다.

3) 학생 청소년과 일

청소년들이 학교에서 배우는 공부는 궁극적으로 노동시장에 성공적으로 진입하기 위한 준비의 일환이라 할 수 있다. 점차 심각한 사회문제가 되어 가고 있는 청년층의 실업문제와 장기적인 고용 미진입 문제는 학교에서 공부하며 취업을 준비하는 청소년들에게 부담감과 두려움으로 다가올 수 있다. 실업문제는 청소년을 무능력자로서의 자괴감에 빠뜨리게 할 뿐만 아니라 투자된 인적자본을 무의미하게 만들어 인적자본의 지속적인 축적 기회를 상실하게 만들 수 있다. 또한 고용 미진입 상태 또는 실업 상태가 오랫동안 계속되면 인적자본의 감가상각에 따라 인적자본의 하락을 일으키며, 고용자에게 부정적인 인식을 제공함으로써 고용의 어려움이 심화되고 취업을 더욱 어렵게 만들 수 있다(이상우, 정권택, 2003). 또한 장기적인 고용 미진입과 실업은 사회불만 세력으로 성장하게 하여 여러 가지 일탈 행동과 범죄문제를 발생시키므로 이를 해결하기 위한 사회적 비용도 증가시키게 된다.

특히 학교는 청소년들을 노동시장으로 진입할 수 있도록 가장 잘 준비시킬 수 있는 곳이므로 청소년을 보호하고 교육하는 소극적 역할에서 벗어나 교육과 일의 세계를 접목하는 연결고리의 적극적 역할을 해야 할 것이다. 동시에 정부와 지역사회는 장기적인 고용 미진입으로 어려움을 겪고 있는 근로청소년이 경험하고 있는 심리사회적 문제와 그 해결방안을 함께 다룸과 동시에 청소년이 노동시장에 성공적으로 진입할 수 있도록 적극 지원할 필요가 있다.

2. 아르바이트

최근 한국에서 전업으로 일하는 근로청소년은 줄었지만, 많은 청소년은 '아르바이트'라는 이름으로 일하고 있다. 아르바이트란 근로기준법상 통상근로자보다 짧은 시간 동안 일하는 단시간근로자와 단시간근로자가 하는 일을 통칭하는데, 학업이나 가사를 하면서 일하는 시간제 노동자를 말한다(이용교, 2004). 단시간근로자도「근로기준법」상 근로자이지만, 1주간 근로시간이 15시간 미만인 근로자에 대하여는 휴일 등을 제한하거나 5인 미만 사업장에 법률상 예외규정을 두는 등 현실 노동시장에서 아르바이트는 근로자의 기본적인 권리를 온전히 보장받지 못할 가능성에 노출되어 있다. 특히 청소년의 주업은 학업이고 노동은 부업이나 용돈벌이 정도로 인식되고 있기 때문에 임금과 근로시간 등에서 매우 열등한 처우를 받고 있다.

1) 일할 권리

산업혁명에 의한 대량생산체제와 학교 교육이 제도적으로 정착되어 감에 따라 교육은 청소년기, 일은 청·장년기, 여가는 노년기로 생애주기에 따라 상이한 생활양식이 배분되기 시작하였다(이광호, 2001). 결국 세대별로 공부, 일, 여가를 배타적으로 분배하는 산업사회의 경제 효율적 생활양식은 청소년을 일로부터 분리시키게 되었다. 더욱이 공부 중심의 청소년기 생활양식의 심화는 10대의 일과 여가를 사회적 일탈로 간주하는 경향을 낳기도 한다. 또한 학벌 위주의 사회풍토 속에서 부모와 교사들은 일하는 아이들을 '낙오되거나 탈선할 가능성이 높은 아이들'로 여기기 쉽다. 이와 같은 성인들의 부정적인 시선 때문에 결국 청소년들은 부모와 교사의 눈을 피해 몰래 일하게 된다. 그러다 보니 부당한 대우를 받아도 의논할 상대가 없어 인권침해의 사각지대로 내몰릴 수밖에 없다. 청소년의 일할 권리가 청소년을 공부하게 만들어야 한다는 성인들의 보호 의무로 인하여 설 자리가 없어지는 것이다(문지영, 2002). 그러나 청소년의 일할 권리는 한편으로 보호받아야 할 권리이고 다른 한편으로 이들이 사회에 적절히 참여할 수 있도록 장려해야 할 권리이기도 하다. 「헌법」에서 「청소년헌장」에 이르기까지, 관련법들은 청소년의 일할 권리를 보장하고 있으나, 실제 현실에서는 이들의 일할 권리는 박탈되거나 침해받고 있다. 따라서 일하는 존재로서 청소년을 인식하고, 그들의 노동권을 어떻게 하면 보다 효과적으로 보장할 수 있는지에 대해서 진지하게 검토할 필요가 있다.

2) 아르바이트와 청소년 발달

청소년기는 개인적 가치와 목표를 설정하고 전문화되고 급변하는 직업 세계를 탐색하며, 진로결정에 필요한 준비를 적극적으로 해야 하는 시기로(김소라, 황영준, 2016), 적성과 흥미, 잠재력을 알고 진로에 대해 고민할 수 있는 다양한 기회를 얻는 것은 매우 중요하다(이화조, 정익중, 2020). 아르바이트는 비공식적 직업 체험이지만 중요한 교육적 효과를 가질 수 있다. 청소년 아르바이트는 진로선택의 중요한 시기에 일의 세계를 직접 체험할 수 있는 기회를 제공한다. 청소년 아르바이트의 효과를 보는 시각은 청소년의 교육과 일을 어떻게 보는가에 따라 대체로 두 가지 입장으로 나뉜다. 하나는 교육과 일의 상호 대체관계를 상정하는 것이고, 다른 하나는 교육과 일의 상호 보완관계를 가정하는 것이다. 전자는 교육과 일 사이의 '제로섬(zero sum)'을 상정하면서 청소년이 일을 하는 것이 교육을 저해한다고 주장하는 반면, 후자는 일과 교육 사이의 시너지 상승작용을 통해 일이 교육적일 수 있다고 가정한다(Marsh, 1991; Singh, 1998; Ruscoe, Morgan, & Peebles, 1996: 이광호, 2001에서 재인용).

청소년 아르바이트가 부정적 영향을 미친다는 관점에서 행해진 실증연구는 크게 '학업수행과 일' '가족관계와 일' '비행행동과 일'의 연구주제로 구분할 수 있다(Mortimer, 2003; Steinberg & Dornbusch, 1991; Steinberg, Fegley, & Dornbusch, 1993). 청소년의 일이 학업수행에 미치는 영향을 탐색한 연구에 따르면, 청소년이 일을 하는 경우 공부시간의 부족으로 '학업성취도'가 낮아지는 것으로 나타난다. 청소년 아르바이트는 가족관계에도 영향을 미치는데, 일하는 청소년은 우선 부모와의 상호작용 시간이 줄어들고 부모의 통제와 지도감독을 덜 받으며, 부모−자녀 간 정서적 유대의 정도가 약화되는 것으로 나타난다(Mortimer & Shanahan, 1994). 또한 아르바이트를 통한 청소년의 노동시장 참여는 '성인을 모방'하는 계기로 작용하면서, 비행행동으로 연결되는 것으로 나타난다. Shanahan 등(1996)도 청소년들이 아르바이트를 통해 자신들이 마음대로 쓸 수 있는 여윳돈이 생기게 되면서 '너무 이른 풍족함(premature affluence)'을 경험하게 되고 이것이 부정적인 결과를 낳을 가능성을 지적하고 있다(손승영 외, 2001에서 재인용).

반면, 청소년 아르바이트가 긍정적 영향을 미친다는 관점에서는 청소년 시기 일의 단기적이고 부정적인 영향에만 주의를 기울이지 말고, 생애과정 관점(lifecourse perspective)에서 장기적이고 긍정적인 영향에도 주목할 것을 주장한다. Mortimer와 Finch(1996), Pimentel(1996) 등은 학업과 일을 병행하는 '다중역할 수행경험'이 장기적으로 사회적 자본을 축적하는 과정이 될 수 있다고 보았다. 이들은 청소년이 아르바이트하면서 사회적 관계망 확대나 미래 직업에 도움이 될 수 있는 기술 습득

등 다양한 측면에서 사회적 자본을 축적할 수 있다고 주장한다. 아르바이트 경험은 청소년이 자기효능감이나 성취감을 높이거나 혹은 자신의 미래 모습에 대해 생각해 볼 기회를 제공한다(Markus et al., 1999: 한경혜, 2000에서 재인용). 또한 아르바이트는 청소년으로 하여금 자립심과 책임감을 기르게 하고 사회경험을 통해 대인관계나 사회생활의 어려움과 그것을 극복하는 방법들을 배울 수 있게 해 준다. 더불어 아르바이트를 통해 시간 관리와 경제관념을 획득하고, 다른 사람의 다양한 삶을 보면서 교훈을 얻게 된다(이철위 외, 2000; 장원섭, 2001; 한경혜, 2000).

청소년이 일을 하면서 무조건 부정적 경험(공부시간 감소, 비행, 과소비 등) 또는 무조건 긍정적 경험(성취감, 다양한 대인관계 경험, 사회적 관계망의 확장, 자립심 및 책임감 발달의 기회 제공 등)을 하게 될 것이라고 단정 짓는 것은 지나치게 단순한 결론이다. Hansen과 Javis(2000)는 이렇게 청소년 아르바이트의 영향에 대해 상반되는 관점과 연구결과가 공존하는 것은 이 연구들이 청소년의 일을 둘러싼 생태학적 환경을 간과한 데 그 원인이 있다고 지적한다. 즉, 아르바이트 여부가 긍정적 혹은 부정적 영향을 가지기보다 아르바이트가 어떠한 맥락에서 이루어지는가에 따라 그 영향의 방향성이 달라질 수 있을 것이라고 주장한다. 청소년 아르바이트는 학업성취와 학교생활에 언제나 부정적인 것은 아니며 학생의 개인적 · 가정적 배경, 일의 종류나 성격, 강도 등에 따라 청소년에게 긍정적으로 작용할 수도 있다(Mortimer & Finch, 1996). 따라서 청소년 아르바이트의 영향을 파악하기 위해서는 단순히 일하는지 여부에서 나아가 청소년이 어떤 동기에서 일을 시작하였는지, 어떤 일을 하고 있는지, 얼마나 오랜 시간 일을 하는지, 어떤 과정을 통해 일을 선택하였는지, 그 일에 대한 가족의 지지는 어떠한지 등을 살펴보아야 한다(한경혜, 2000).

노동시간이나 노동조건에 따라서도 청소년 아르바이트의 영향이 달라지는데, 제한된 시간 동안의 근로는 비행이나 범죄의 가능성을 감소시키지만, 주당 20시간 이상의 근로는 비행을 증가시키는 것으로 나타났다(McMorris & Uggen, 2000; Ploeger, 1997; Steinberg & Dornbusch, 1991; Wright, Cullen, & Williams, 1997). 이렇게 일하는 시간이 많아 일과 학교의 균형을 맞추지 못해 학업성취가 감소하는 정도로 일을 하는 청소년은 비행을 더 많이 저지르는 것으로 나타났다. 또한 청소년기의 좋은 일자리 조건과 성인기의 좋은 일자리 조건은 다를 수 있다. 성인의 일자리에서 자율성, 사회적 지위, 상대적으로 높은 임금 등은 긍정적인 가치가 있다. 하지만 높은 자율성, 높은 사회적 지위, 높은 임금 등 성인의 입장에서 좋은 노동조건을 가진 일을 하는 청소년은 자율성이 낮고, 낮은 지위를 갖고, 상대적으로 적은 임금을 받는 청소년보다 비행을 더 많이 저지르는 것으로 나타났다. 반면, 일과 학교와의 관계를 강화하는 학습기회를 제공하는 일이거나 청소년 연령에 적합한 일(사무보조, 도서관 정리 등) 등은 비행을 감소시키는 것으로 나타났다(Staff & Uggen, 2003). 따라서 청소년기의 좋은 일자리란 자율성, 지위, 임금 등의 조건은 조금 낮더라도 학생 역할을 대체하지 않아야 하고, 보람 있는 일 경험을 통해 얻을 수 있는 시간 관리와 경제관념, 다양한 삶에 대한 배움과 모델링 등 유용한 무언가를 배울 수 있는 기회를 제공해야 한다.

3) 아르바이트의 실태

아르바이트는 더 이상 문제청소년이나 불우청소년의 전유물이 아니며 많은 청소년에게 보편화되어 가고 있다. 청소년을 유해환경으로부터 보호하는 정책을 마련하고자 2018년 여성가족부가 청소년을 대상으로 '청소년 매체이용 및 유해환경 실태조사'를 실시한 결과(여성가족부, 2019), 2018년 한 해 아르바이트를 경험한 청소년은 9.0%였다. 부모님에게 용돈을 받지만, 원하는 것을 하기에 돈이 부족해서 아르바이트를 한다는 응답이 54.4%로 가장 높았고 형편이 어려워 생활비를 번다는 응답은 11.0%로, 청소년들이 아르바이트를 하는 주된 목적이 생활비나 용돈 마련 등 경제적 이유인 것으로 조사되었다. 스스로 사회경험을 해 보고 싶어서라는 응답은 17.2%로 나타났다. 1~6일의 단기 아르바이트가 28.2%로 가장 많고 평균 근무일수는 2~3일이었다. 6개월 이상 근무한 아르바이트도 20.6%로 조사되었다.

그러나 「근로기준법」과 「최저임금법」 등 법적 보호에 취약한 10대의 처지를 악용하는 일부 고용주들 때문에 이들 10대 아르바이트생은 법에서 정한 최저임금도 못받을 뿐만 아니라 고용노동부 장관의 사전인가도 없는 야근까지 하고 있는 실정이다. 또한 「근로기준법」에서 서면으로 작성하도록 명시한 근로계약서를 작성한 청소년은 10명 중 4명이었고, 근로계약서를 작성하지 않고 아르바이트를 하는 청소년은 61.6%로 절반 이상을 차지하였다. 청소년의 66.7%는 아르바이트 급여를 시급으로 받고 있었는데 법정 최저임금 미만으로 받는 청소년이 34.9%이고, 임금을 못 받거나 약속된 금액보다 적게 받는 경험을 하거나 초과근무에 대한 급여를 받지 못하는 경우도 7.3%로 나타났다. 이와 같이 정부 공식 조사에 잡히지 않는 감추어진 암수는 더 엄청날 것으로 생각된다. 또한 청소년은 아르바이트의 부당한 처우에 대해 '계속 참고 일했다'는 비율이 70.9%이며, '묻고 따졌다'는 비율은 8.4%에 불과했다. 참고 일한 이유는 항의나 신고가 별 도움이 될 것 같지 않아서 10.6%, 어디에 어떻게 도움을 요청해야 할지 몰라서 6.4%, 일자리를 잃게 될까 봐 5.0% 등으로 나타났다(여성가족부, 2019).

이를 종합하면 청소년들이 근로에 대한 부당한 처우와 불합리한 대우를 받음에도 생활비나 용돈 마련 등 경제적인 이유로 적극적으로 대처하지 못하거나, 계약서 작성 미비 등으로 고용의 불안정성에 놓여 있으며, 불합리한 노동에 대처하는 방법을 모르거나 번거롭게 생각하는 등 적극적으로 대처하기 위한 의지나 대책에 소극적인 경향을 보이는 등 열악한 근로환경에 놓여 있음을 확인할 수 있다.

한편, 경찰은 「청소년 보호법」에 의해 유흥주점, 비디오방 등 유해업소에 청소년을 고용하거나 출입시키는 등의 행위를 하는 위반사범에 대해 연 2회 단속을 시행하고 있다. 2003년 노동부 조사 결과, 만 18세 이하 청소년의 출입이 금지된 단란주점 등 유흥업소에서 약 2만 명에 이르는 중·고등학생이 아르바이트를 했던 것으로 조사되었으나, 2018년에는 「청소년 보호법」 위반사범으로 적발된 총 9,567명 중 276명만이 청소년을 유해업소에 고용 및 출입시킨 명목으로 적발된 것으로 나타나(여성가족부, 2019), 「청소년 보호법」 시행 이후 그 수가 확연히 줄어들었다. 다만, 여전히 유해업소에 고용되는 청소년이 있는 것으로 파악된 만큼 꾸준한 단속과 보호조치가 이루어져야 할 것이다.

4) 아르바이트 청소년을 위한 복지

청소년 아르바이트는 우리 사회가 방관하거나 외면할 수 없는 하나의 현실이다. 이제는 청소년 아르바이트를 막으려는 소극적인 자세보다는 이를 건전한 방향으로 이끌기 위해 학교, 지역사회, 정부의 적극적인 대책이 절실히 요청된다(이형하, 이용교, 2002; 장원섭, 2001).

(1) 제도적 지원

청소년이 아르바이트를 하면서 그들의 권익을 보호받으며, 건강하게 성장하고 발달과업을 성취할 수 있도록 제도적인 뒷받침이 필요하다. 이를 위해 근로청소년 보호를 위한 노동 관련법 개정의 많은 부분이 해결되어야 한다. 「근로기준법」 제64조에 따라 15세 미만이라도 취직인허증을 지닌 사람은 근로자로 사용할 수 있고, 「근로기준법」 제70조에 따라 18세 미만자의 동의가 있는 경우 근로 가능하다. 근로나 아르바이트에 참여하는 청소년들의 인권과 권익을 보호해야 한다. 아르바이트 청소년들이 겪고 있는 인권과 권익 침해를 방지하기 위해, 아르바이트 청소년에 대한 교육을 실시하여야 한다. 청소년의 근로시간, 임금, 근로환경을 개선하는 것도 개별 사업장 단위로 하기보다는 지역사회나 정부 단위로 철저하게 지도감독하려고 노력하는 것이 더 효과적일 것이다(도종수, 2001). 청소년 아르바이트에 대한 불법 노동행위와 청소년을 고용해서는 안 될 고용금지 업소에 대한 지속적인 예방교육과 지역사회의 관심과 고발정신이 필요하다.

(2) 사회적 인식의 전환

무엇보다 먼저, 청소년 아르바이트에 대한 사회적 인식이 바뀌어야 한다. 청소년을 단순히 학교에서 공부만 해야 하는 존재로 보는 것이 아니라 그들도 사회의 한 구성원으로서 일을 통해 사회에 기여하고 개인의 경력을 개발하는 존재로 인식할 수 있어야 한다. 이를 위해서는 청소년 아르바이트의 긍정적 취지가 적극적으로 발휘될 수 있도록, 청소년 아르바이트에 대한 관련 주체들의 인식 전환이 반드시 필요하다(이형하, 이용교, 2002). 아르바이트가 청소년에게 인간적인 성숙과 자기 계발의 일환으로 인식될 수 있도록 청소년을 대상으로 더 적극적인 직업교육을 수행해야 할 것이며, 이와 더불어 학교와 가정 차원에서도 청소년 아르바이트에 대한 피상적인 인식과 부정적인 태도를 해소하기 위한 교사, 학부모의 인식 전환에 많은 노력을 투입해야 할 것이다.

근로청소년의 권리를 옹호하기 위해서는 청소년도 일을 하면 근로자라는 인식 전환이 절실하게 요구된다. 현재 우리나라 근로청소년 문제의 핵심은 일하는 청소년을 '근로자'로 인식하지 않고, "공부해야 할 학생이 용돈벌이나 하는 것"으로 보는 사회적 인식이다(이용교, 2004). 자신의 노동력을 팔아서 생활할 수밖에 없는 사람은 연령과 무관하게 모두 근로자임에도 불구하고, 일하는 청소년은 공부해야 할 연령에 일하는 '일탈 청소년'이나 학생으로만 인식되는 것 자체가 문제이다. 비록 청소년이라도 일하는 사람은 근로자로 인정받고 각종 노동 관련법의 적용을 받아야 한다. 그러나 현행 노동 관련법은 단시간 근로자에게도 최소한의 규정을 정하고 있지만, 청소년을 노동자로 인식하지 않는 사회적 관행 때문에 일하는 청소년은 부당하게 그 노동권을 박탈당하는 경우가 많았다. 따라서 근로현장에서 「최저임금법」과 「근로기준법」 등 노동 관련법을 청소년에게도 철저히 적용하는 준법 운동을 광범위하게 전개해야 한다. 또한 아르바이트라 하더라도 적정한 임금, 근로시간, 작업환경 등을 보장해야 한다는 사회적 공감대를 형성하기 위한 사회운동과 함께 「근로기준법」 등에서 단시간근로자에 대한 법적 지위를 크게 강화해야 한디. 마지막으로, 노동 관련법의 위반 업소를 사법당국에 고소 · 고발하는 운동도 함께 전개해 나가야 한다. 청소년의 노동력을 착취해서 얻는 사용자의 이익보다 고소 · 고발당하여 처벌받을 위험이 훨씬 더 크다면 청소년 노동력을 착취하는 업소는 현저히 줄어들게 될 것이다.

3. 진로지원

급변하는 시대에서 일자리 변화에 능동적으로 대처하기 위해 청소년이 자신의 진로를 창의적이고 주도적으로 개발하고 설계할 수 있는 역량을 갖출 필요가 있다. 청소년이 주도적이고 창의적인 진로개발역량을 함양하기 위해 다양한 진로체험을 통하여 자신의 진로를 탐색하고 설계하도록 해야 한다. 최근에는 학교와 지역사회의 연계를 통하여 청소년의 진로활동 체험이 다양해지고 있다(강경균, 성윤숙, 김승보, 장현진, 2019).

1) 청소년 진로지원

4차 산업혁명 시대를 살아가는 청소년들에게 필요한 것으로 요구되는 역량은 창의성, 융복합성, 진로탄력성 등이며 이와 같은 제반 역량을 함양하기 위한 진로교육의 관심과 강화가 요구된다(이경상, 이창호, 김민, 김평화, 2018). 이지연(2017) 역시 급격히 변화되는 4차 산업혁명 시대의 고용·노동시장 환경에서 학생들에게 요구되는 역량으로 새로운 것을 개발할 수 있는 능력인 창의성, 다양한 지식과 생각을 상황과 맥락 안에서 하나로 통합할 수 있는 능력인 융복합성, 급격한 사회·환경 변화로 인한 미래의 불확실성과 불안감 증가에도 자립적이고 유연하게 자신의 진로를 지속적으로 발전·개척해 나갈 수 있는 능력인 진로탄력성을 제시하였으며, 이를 개인의 진로목표 달성을 위한 기초적인 요인으로 보았다. 또한 향후 진로교육은 학생들의 이들 요인을 향상시킴으로써 자신의 삶을 스스로 디자인할 수 있도록 생각하는 힘을 키우고 지속 가능한 진로개발을 함양할 수 있는 방향으로 변화되어야 한다.

우리나라의 진로교육은 2015년 6월 22일 「진로교육법」의 제정으로 진로교육 시행을 위한 법적·제도적 기틀을 마련하였다. 구체적으로 국가수준의 진로교육 목표와 성취수준을 마련하고 진로전담교사를 중·고등학교에 배치하였으며, 자유학

기제 도입으로 학생들은 다양한 진로체험 기회를 제공받을 수 있게 되었다(김정숙, 연보라, 2018). 「진로교육법」의 내용을 구체적으로 살펴보면, 해당 법률은 학생에게 다양한 진로교육의 기회를 제공함으로써 변화하는 직업 세계에 능동적으로 대처하고 학생의 소질과 적성을 최대한 실현하여 국민의 행복한 삶과 경제·사회 발전에 기여함을 목적으로 한다(제1조). 또한 「진로교육법」은 진로교육을 지원하기 위하여 교육부 장관은 전담기관을 지정하여 진로교육센터(이하 국가진로교육센터)로 운영하고 그 업무 수행에 필요한 경비를 지원할 수 있으며(제15조), 교육감은 국가진로교육센터와 연계하여 지역 실정에 맞는 진로정보 제공, 진로심리검사 및 진로상담 제공, 진로교육 콘텐츠 개발·보급, 진로체험 운영·지원 등을 수행하는 지역진로교육센터를 설치하고 운영하거나 전담기관을 지정하여 운영할 수 있도록 하고 있다(제16조). 또한 교육감은 지역의 진로교육을 지원하고 자문하기 위하여 지방자치단체, 공공기관, 대학, 지역사회단체 등이 참여하는 지역진로교육협의회를 구성하고 운영할 수 있다고 명시하고 있으며(제17조). 대학의 장 및 지방자치단체의 장과 진로체험 등을 활성화하기 위한 협력 체계를 구축하여야 한다고 명시하고 있다(제20조).

　「진로교육법」에는 초·중등학교의 진로교육(제8~13조)과 대학의 진로교육(제14조)을 구분하여 제시하고 있는데, 이 장에서는 초·중등학교의 진로교육을 중심으로 살펴보고자 한다. 초·중등학생을 위한 진로교육의 목표와 성취기준은 교육부 장관과 교육감이 정할 수 있도록 제시된다. 구체적으로 동법 제8조(진로교육의 목표와 성취기준)에는 교육부 장관이 학생의 발달단계 및 학교의 종류에 따른 진로교육의 목표와 성취기준의 기본적인 사항을 정하고, 교육감은 교육부 장관이 정한 범위에서 지역의 실정에 맞는 진로교육의 목표와 성취기준을 정할 수 있도록 한다. 또한 교육부 장관과 교육감은 진로교육의 목표와 성취기준을 교육과정에 반영하여야 한다. 이를 위해 초·중등학교에 학생의 진로교육을 전담하는 진로전담교사를 두게 되었으며, 진로전담교사는 담당교사와 협의를 거쳐 수업시간에 진로상담을 제공할 수 있고, 이 경우 진로상담시간은 수업시간으로 본다(제9조). 교육부 장관은 학생의 발달단계에 맞는 진로심리검사의 운영 기준을 제시할 수 있으며, 초·중등학교의 장은 학생이 소질과 적성을 이해하고 진로상담의 자료로 활용할 수 있도록 진로에 관한 심리검사를 제공할 수 있다(제10조). 또한 초·중등학교의 장은 학생의 진로 탐색 및 선택을 지원할 수 있도록 진로상담을 제공하여야 하며, 학생의 진로에 관하여 해당 학생의 보호자로부터 의견을 들을 수 있도록 되어 있다(제11조). 교육부 장관과 교육감은 학생에게 다양한 진로체험의 기회를 제공할 수 있도록 교육과정을 편성하고 운영하여야 하며 학교 교육과정 운영에 따른 진로체험 시간은 수업시간으로 본다(제12조). 마지막으로, 교육감은 특정 학년 또는 학기를 정하여 진로체험 교육과정을 집중적으로 운영하는 진로교육 집중학년·학기제를 운영할 수 있도록 명시하고 있다(제13조).

2) 대상별 진로교육 지원정책

「진로교육법」제5조(국가 및 지방자치단체 등의 책무)에는 국가 및 지방자치단체가 학생의 발달단계와 소질, 적성에 맞는 진로교육을 활성화하는 데 필요한 시책을 마련해야 하며, 장애인, 북한이탈주민, 저소득층 가정의 학생 및 학교 밖 청소년 등 사회적 배려대상자를 위한 진로교육 시책을 마련하여야 한다고 규정하고 있다. 그러나 여전히 학생 내부 집단별 배경과 특성을 고려한 진로교육 지원정책은 충분하지 않다(김정숙, 연보라, 2018). 소외계층 학생, 청소년을 위한 맞춤형 진로교육 지원정책은 균등한 진로교육 기회를 제공한다는 점에서 또한 이들이 성장하는 과정에서 겪는 다양한 어려움과 차별 요소를 고려할 때 현재의 불리한 여건을 적극적으로 보상하는 제도가 될 수 있다는 점에서 의미가 있다. 또한 계층 간 교육격차를 해소하는 데 기여함으로써 궁극적으로 사회통합에도 긍정적인 역할을 할 수 있을 것으로 판단된다.

(1) 장애청소년

먼저,「장애인 등에 대한 특수교육법」(법률 제16746호) 제15조에 따르면, 특수교육대상자(학생)는 시각장애, 청각장애, 지적장애, 지체장애, 정서·행동장애, 자폐성장애, 의사소통장애, 학습장애, 건강장애 등 어느 하나에 해당하는 사람 중 특수

교육을 필요로 하는 사람으로 진단·평가된 사람을 의미한다고 명시되어 있다. 이들 특수교육대상 학생들은 일반학교의 일반학급 및 특수학급, 특수학교에 배치되어 교육받고 있다(김정숙, 연보라, 2018). 이는 통합교육 확대에 따라 일반학교에 배치를 희망하는 특수교육대상자가 증가하고 있기 때문으로, 특수교육대상자의 약 70%가 일반학교에 배치되어 있다(교육부, 2018a). 특수교육대상 학생들의 주요 진로고민은 원하는 학교나 직장에 들어가기 위하여 어떻게 준비해야 할지 모르겠다는 고민이 29.5%로 가장 높게 나타났고, 장래희망이 무엇인지 모르겠다는 고민은 27.2%이며, 이들이 필요로 하는 학교진로상담 내용 역시 자신이 무엇을 잘하는지 알고 싶다는 진로정보에 대한 요구가 높게 나타났다(교육부, 한국직업능력개발원, 2016a). 이들을 대상으로 진로교육을 할 때 강조되어야 하는 내용은 독립적으로 일상생활을 살아가는 데 필요한 능력과 타인과 더불어 삶을 살아가는 데 필요한 대인관계 능력 등이며, 아울러 자신에 대한 이해를 바탕으로 흥미, 적성 등을 발견하고 진로목표를 설정하는 동시에 진로준비 행동을 지원하는 방향으로 진로교육이 이루어질 필요가 있다(김정숙, 연보라, 2018).

(2) 이주배경 청소년

탈북청소년은 다문화청소년, 중도입국청소년 등과 함께 이주배경 청소년에 포함된다(「청소년복지 지원법」 제18조). 이들은 국내로 이주하여 사회적응 및 학업 수행에 어려움을 겪는 청소년들로 부모 중 최소한 한 명이 북한 출신으로 북한 또는 제3국에서 출생한 후 한국으로 입국한 학생이며, 점차 중·고등학생의 비율이 높아지는 추세이다(김정숙, 연보라, 2018). 이들은 본인 및 가족의 이주배경으로 차별을 경험하며, 자기에 대한 이해와 수용의 어려움, 정체성 형성 혼란과 언어·문화적 차이 등의 어려움이 결합하여 불안정한 정서를 경험하는 청소년들로(교육부, 한국직업능력개발원, 2016b; 이진석, 2014), 장학금 등 학습과 학업 지원, 진로 프로그램, 진학상담 등 진로지원 등을 필요로 한다(남북하나재단, 2018). 따라서 진로상담을 통해 긍정적인 자아정체성을 형성하도록 지원하고 자신의 강점을 이해하고 이를 발굴하여 진로경로를 안내할 필요가 있다(김정숙, 연보라, 2018).

(3) 학교 밖 청소년

학교 밖 청소년이란「학교 밖 청소년 지원에 관한 법률」제2조에 의거하여,「초·중등교육법」제2조의 초등학교·중학교 또는 이와 동일한 과정을 교육하는 학교에 입학한 후 3개월 이상 결석하거나 동법 제14조 제1항에 따라 취학의무를 유예한 청소년,「초·중등교육법」제2조의 고등학교 또는 이와 동일한 과정을 교육하는 학교에서 제적·퇴학처분을 받거나 자퇴한 청소년,「초·중등교육법」제2조의 고등학교 또는 이와 동일한 과정을 교육하는 학교에 진학하지 아니한 청소년 중 어느 하나에 해당하는 청소년을 말한다. 학령인구 감소에 따른 결과로 2012년 이후부터 그 수가 감소하고 있다(김정숙, 연보라, 2018). 이들은 가정해체와 부모의 방임 등으로 인해 가족으로부터 제대로 보호받지 못하며 사회적 지지환경이 취약하다. 또한 미래에 대한 불안, 무기력함, 학교 다니는 것에 대한 의미 상실 등을 보이며, 주변 어른들에 대한 부정적 인식, 심한 감정기복, 자신의 이야기를 개방하지 않는 등 상담관계 형성이 어렵다는 특성을 갖는다(김정숙, 연보라, 2018; 오혜영 외, 2012). 이들의 25%는 진로를 결정하지 못한 것으로 응답하였으나 검정고시 지원, 건강검진 제공, 진로탐색 체험, 직업교육훈련 등 진로 및 직업과 관련된 정책에 대한 요구도가 높은 것으로 나타난다(최인재, 이경상, 김정숙, 장근영, 2015). 따라서 학교를 그만두는 시점에 따라 차별적인 지원이 이루어질 필요가 있으며, 시설이나 지원 프로그램 등에 대한 정보를 충실하게 제공하기 위해 서비스 매뉴얼을 작성하여 이들에게 배포하고, 청소년지원센터, 취업사관학교, 단기 쉼터, 보호관찰소, 소년원 등 다양한 학교 밖 청소년의 특성을 고려하여 중점 지원 서비스를 제공할 필요가 있다(최인재 외, 2015).

3) 청소년 진로지원 사업 활성화 방안

첫째, 급격히 변화하는 고용환경, 직무환경, 직업구조 등에 청소년들이 유연하게 대처하여 자신의 진로개발을 성공적으로 성취하기 위한 진로 프로그램의 개발과 보급이 필요하다. 미래 인재상에 부합하는 청소년 진로 프로그램을 개발하고 보급할 필요가 있으며, 창의성, 융복합성, 진로탄력성 등 미래 제반 역량을 함양하기 위한 진로교육이 이루어져야 한다. 또한 개발과정에서 청소년이 갖는 장점과 특성에 기초하여 인지적 역량(창의성, 문제해결역량) 및 비인지적 역량(대인관리, 정서지능, 타인과의 협조 등) 강화에 초점을 맞춘 프로그램 개발 전략과 특성화가 요구될 것으로 보인다(이경상 외, 2018). 또한 4차 산업혁명 시대에는 빅데이터, 인공지능, 로봇 등 지능정보기술들의 도입으로 인해 전통적으로 유지해 오던 직업이 많이 사라지거나 축소될 가능성이 크며, 빅데이터, 인공지능, 로봇, 사물인터넷, 드론 등 지능정보 기술 관련 직업들이 새롭게 생겨 늘어날 가능성이 매우 크다. 지능정보기술 관련 진로직업체험 프로그램을 강화할 필요가 있으며, 전통적인 청소년 역량에 대한 비판적 재검토와 미래 핵심역량 향상을 위한 청소년 프로그램만의 강점을 살린 접근과 특화전략이 요구된다(이경상 외, 2018).

둘째, 「진로교육법」에는 장애인, 북한이탈주민, 저소득층 가정의 학생 및 학교 밖 청소년 등을 위한 진로교육 시책을 마련하여야 한다고 규정하고 있으나 이들에 대한 맞춤형 진로교육은 충분히 이루어지고 있지 않다. 이들을 위한 교육적 지원은 주로 대상자를 선별하여 지원해 왔으나, 이는 낙인과 차별을 유발할 수 있으므로 이들에 대한 진로지원은 일반학생과 동일한 틀 안에서 보편적으로 실시하되 균등한 진로교육 기회 제공이라는 측면에서만 선별 지원 방식을 병행 적용하는 것이 필요하다. 또한 이들을 위한 진로지원은 결핍에 초점이 맞추어져 있었으며 주로 단기간에 자격증을 취득하거나 단순한 기술이나 기능교육을 하는 방향으로 이루어져 왔다. 그러나 모든 존재는 각자의 강점이 있으므로 이들을 잠재역량을 지닌 각기 다른 존재로 인식하고 잠재역량을 개발하기 위한 진로교육이 이루어질 필요가 있으며, 이들이 독립적인 성인으로 성장할 수 있도록 지원하는 데 초점을 두고 변화하는 환경에 적응하고 경제적으로 자립할 수 있는 근본적인 역량을 배양하도록 지원해야 한다(김정숙, 연보라, 2018).

셋째, 학교-지역사회가 연계하는 진로체험활동을 지원하고 강화하는 것이 매우 중요하다. 청소년기관은 지역사회의 진로체험 지원을 위한 중요한 역할을 수행하고 청소년활동으로서 진로체험활동을 연계함으로써 지역사회의 자원을 유기적으로 연계하여 청소년기관과 학교의 문화, 나아가 청소년의 의식을 변화시키는 역할을 수행해야 한다. 청소년기관이 진로체험을 통해 청소년의 진로체험활동을 지원하고, 지역사회의 진로생태계에서 청소년기관이 지역사회 인프라와 유기적으로 협력할 수 있도록 지원체계를 마련하는 것이 필요하다. 이에 따라 청소년기관이 지역사회 자원을 포함한 네트워크를 활용하여 청소년의 진로개발을 위한 진로체험활동을 지원해 주는 것이 필요하며, 학교와 지역사회 연계를 통해 청소년 진로교육의 내실화에 중요한 역할을 할 수 있는 청소년기관의 효율적인 역할과 기능이 요구된다(강경균 외, 2019).

4. 근로청소년의 보호와 자립지원

자본주의 생산과정에서 기계가 도입되자 노동과정은 훨씬 단순해지고 탈숙련화되어 기술과 근육의 힘은 중요하지 않게 되었다. 따라서 자본은 성인 남성 노동자보다 임금을 적게 주어도 되는 여성과 청소년을 고용하기 시작하였다. 아동ㆍ청소년과 여성은 성인 남성보다 늘 열등한 노동자로 취급되었고, 이들에 대한 착취가 점점 심해졌다. 따라서 산업화과정에서 공장법 역사의 큰 기조는 전체적으로 노동시간을 줄이고 근로조건을 향상시키면서도 특별히 아동ㆍ청소년과 여성의 노동을 보호하려는 것이었다. 공장법의 입법과 여러 차례에 걸친 개정을 통해서 일하는 아동ㆍ청소년과 여성의 지위는 점진적으로 향상되었지만, 그 혜택은 주로 공식 노동시장에 한정되었고, 주로 비공식 노동시장에서 일하는 아동ㆍ청소년과 여성에게는 큰 영향을 미치지 못하였다(이용교, 2004). 지금도 만 18세 미만 청소년을 위한 보호 입법이 존재하지만, 법적으로 규정된 권리조차 누리지 못하는 사각지대가 존재하고 있다.

1) 근로청소년의 법적 보호

「근로기준법」의 청소년 근로자 보호조항은 5인 미만 사업장의 적용 제외, 단시간

근로자 제도, 근로감독의 소홀 등으로 사문화되어 있는 경우가 많다. 근로청소년 보호를 위해 「근로기준법」과 「최저임금법」의 개정이 필요하다(김진, 2002; 이용교, 2004; 「근로기준법」 제17326호; 「청소년 기본법」 제17285호; 「최저임금법」 제17326호).

첫째, 「근로기준법」상 적용제외 사업장의 규정을 삭제한다. 「근로기준법」은 상시 5인 이상의 근로자를 사용하는 모든 사업장에 적용하고, 상시 4인 이하의 근로자를 사용하는 사업장에 대하여는 대통령령이 정하는 바에 따라 이 법의 일부 규정을 적용할 수 있다고 규정하고 있다(제11조). 현행법에 따르면, 4인 이하 사업장도 청소년 근로자를 위한 보호조항은 모두 적용되지만, 관행상 소규모사업장이란 이유로 「근로기준법」이 철저히 적용되지 않는 경우가 많다. 소규모사업장에 「근로기준법」 적용이 어려운 이유는 행정감독상의 어려움, 사용자의 능력, 법의 실효성 미흡, 제도적 타당성 논란 때문이라고 한다. 그러나 「근로기준법」은 근로조건의 최저 기준을 정한 것이고 영세사업장일수록 그러한 최저 기준을 강제해야 할 필요성이 높다는 점을 고려한다면, 사각지대에 있는 영세사업장이야말로 「근로기준법」을 철저하게 적용하여야 할 것이다.

둘째, 근로청소년이 가장 많이 피해를 받고 있는 것은 '단시간근로자'라는 제도 때문이다. 「근로기준법」에는 단시간근로자를 "1주 동안의 소정근로시간이 그 사업장에서 같은 종류의 업무에 종사하는 통상근로자의 1주 동안의 소정근로시간에 비하여 짧은 근로자"로 정의한다(제2조). 따라서 동법 제18조에는 단시간근로자의 근로조건은 당해 사업장의 동종 업무에 종사하는 통상근로자의 근로시간을 기준으로 산정한 비율에 따라 결정되어야 한다고 규정하고 있다. 다만, 4주 동안을 평균하여 1주간의 소정 근로시간이 15시간 미만인 근로자에 대하여는 유급휴일, 연차유급휴가를 적용하지 않는다고 명시하고 있어 각종 보호조항을 무력화시키고 있다. 그러나 단시간근로자는 근로시간의 차이만 있을 뿐이므로 원칙적으로 노동법에 의한 보호가 충실하게 이루어져야 한다. 특히 계약은 단시간근로자로 하고 사업주가 초과 근로를 하도록 할 경우에는 근로자의 신분과 근로조건만 악화시킬 수 있으므로, 초과근로를 엄격히 제한하고 만약 초과근로 시 이에 대해 충분한 할증 수당을 지급하도록 해야 할 것이다.

셋째, 근로청소년의 근로계약 서면 작성을 철저히 지도감독해야 한다. 「근로기준법」 제17조에서는 "사용자는 근로조건을 체결할 때에 근로자에 대하여 임금, 근로시간, 휴일, 연차 유급휴가 등 기타의 근로조건을 명시하여야 한다."라고 명시하고 있다. 이 경우 임금의 구성항목, 계산방법 및 지급방법의 사항이 명시된 서면을 근로자에게 교부하도록 하고 있다. 이러한 조항에도 불구하고 청소년 근로자가 근로계약의 당사자가 되는 경우, 그 경제적 지위의 취약성과 경험의 부족으로 인하여 근로조건이 명확하게 제시되지 않거나 지켜지지 않을 가능성이 많으므로 청소년 근로자의 근로계약에서는 모든 근로조건이 적시된 서면으로 된 근로계약서의 작성·교부를 의무화하도록 해야 한다.

넷째, 실제 대다수 문제가 관계 법체제의 미비보다는 제정된 법을 제대로 시행하지 않는 데서 비롯되는 경우가 더 많다. 근로청소년을 보호하기 위하여 근로감독을 강화하고 청소년 근로자 고용조건 보호를 위한 전달체계를 마련해야 한다. 현재 고용노동부에는 청소년 노동에 대한 전담부서가 없어, 근로청소년의 보호를 위한 정확한 실태파악과 근로감독이 이루어지는 데 한계가 있는 실정이다. 다만, 고용노동부는 청소년을 고용한 사업장에서 알아야 할 목록을 만들어 발행하고 있다. 「청소년 기본법」에는 국가 및 지방자치단체는 근로청소년을 특별히 보호하고 근로가 청소년의 균형 있는 성장과 발전에 도움이 되도록 필요한 시책을 마련하여야 한다고 규정하고 있으며(제8조), 근로청소년의 권리에 필요한 교육, 상담을 실시하고 근로권익 보호정책을 적극적으로 홍보하여야 한다고 언급하고 있다(제8조의2). 청소년 근로자에 대한 차별과 보호규정 위반 등의 문제가 쉽게 해결되지 않는 것은, 청소년들이 권리구제 절차에 익숙하지 않고 이러한 점을 사용자들이 악용하고 있기 때문이다. 따라서 이러한 영세한 지위에 있는 고용관계에서의 위법사항을 철저하게 감독하기 위해서는 별도의 강력한 관리·감독 체계와 법질서의 실천의지가 요구된다. 동시에 청소년 노동에 대한 감독은 단순히 위법 사실에 대한 적발과 권리구제뿐 아니라 보다 교육적이고 장기적인 관점에서 청소년 문제 전반에 관한 전문성으로 접근할 필요가 있다. 「청소년 기본법」 제52조의2는 누구든지 청소년의 근로와 관련하여 「근로기준법」 「최저임금법」 등 노동 관련 법령의 위반 사실을 알게 된 경우 그 사실을 고용노동부 장관이나 근로감독관에게 신고할 수 있다고 명시하고 있으며, 특히 상담전화, 한국청소년상담복지개발원, 청소년상담복지센터, 이주배경청소년지원센터의 장과 그 종사자, 학교 밖 청소년지원센터의 장과 그 종사자, 아동복지시설의 장과 그 종사자는 신고하여야 한다고 의무를 부여하고 있다. 청소년이 사업장과 체결한 근로조건이 법률적으로 명확하게 작성되어 있는지 실제 업무에 있어서 위반사실이 없는지 등의 실태를 면밀히 파악할 수 있도록 관계 기관 간 협력을 강화하고, 청소년이 센터, 상담전화 등을 보다 가깝게 인지하고 접근가능성을 높일 수 있도록 방안을 마련하여야 할 것이다.

다섯째, 간접 고용의 문제이다. 간접 고용은 1998년 「파견근로자 보호 등에 관한 법률」이 제정되면서 가능해졌다. 예를 들어, 호텔은 서빙 · 주방 보조 인력을 직접 고용하는 대신, 인력 파견 사업을 하는 제3자와 계약하고 그 파견업체를 통해 간접적으로 인력을 공급받는다. 이 때문에 노동자가 근로계약은 파견업체와 하고 일은 호텔에 파견되어 하게 된다. 자신을 고용한 업체와 자신의 노동력을 사용하는 업체가 서로 다른 것이다. 이러한 형태를 간접 고용이라 한다(이수정 외, 2015). 간접 고용하에서는 책임을 져야 할 진짜 사용자를 찾아내는 일도, 그 사용자를 상대로 책임을 묻는 일도 어렵다. 그러다 보니 억울한 일을 당하고 그냥 넘어갈 수밖에 없는 경우가 많은데 사회적 약자인 청소년은 그런 위험에 더욱 노출되기 쉽다(이수정 외, 2015). 이와 같은 경향은 최근 확산되고 있는 배달 대행에서도 유사하게 나타난다. 음식점-배달, 대행업체-배달 청소년 노동자 간의 관계를 보면, 음식점에서 배달 노동자를 따로 채용하지 않고 배달 업무를 배달 대행업체에 외주화하고, 배달 대행업체는 배달 업무를 자영업자와 유사한 겉모습으로 배달 청소년 노동자들에게 맡기고 있다. 구조상 배달 대행업체는 더 많은 수입을 위해 가급적 많은 음식점과 제휴 맺기를 원하고, 이로 인해 청소년 노동자들의 배달지역은 더 넓어지고 거리도 길어진다. 반면, 배달 대행을 맡긴 음식점에서는 배달 노동자를 직접 고용했을 때와 비슷한 시간 안에 배달이 이루어지길 원하므로 청소년 노동자는 더 먼 거리를 더 빠르게 이동해야 하며 더 위험해질 수밖에 없다. 청소년들이 목숨을 걸 정도로 노동 강도가 높아졌고 사고 위험도 크게 높아졌지만 이로 인한 중간 수익, 인건비

절감 등의 이익은 배달 대행업체와 음식점 업주에게 돌아간다. 더욱이 이와 같은 특수 고용노동은 사실상 노동자를 「근로기준법」상 노동자로 인정하지 않고 개인 사업자로 간주한다. 실제로 인천의 한 배달 대행업체에서 일했던 청소년 노동자들이 배달 대행업체 대표자가 「근로기준법」을 위반했다고 진정을 제기하자 배달 대행 청소년 노동자들이 「근로기준법」상 노동자가 아니고 개인 사업자로 인정이 되었다. 따라서 사업주가 가져야 할 법적 책임을 회피하게 되고 실제 노동자인 청소년들에게는 저임금과 열악한 노동조건을 감내하게 만들게 된다. 따라서 이러한 특수고용의 굴레가 교묘하게 씌워지지 않도록 개선이 필요하다(이수정 외, 2015).

2) 중등직업교육 기관

청년 실업률이 지속적으로 높고 취업난이 심해지는 현 상황에서 노동시장의 수요를 파악하여 적합한 인재를 양성하고 노동시장으로 원활히 이행하도록 돕기 위해, 정부는 지속적으로 다양한 정책을 통해 취업 지향 정책을 추진하고 있으며 고등학교를 통한 고졸 채용을 확대하고자 하였다. 특히 중등단계 직업교육 기관을 특성화고등학교와 마이스터고등학교로 구분하여 경제성장에 필요한 산업인력을 양성하고 노동시장으로의 원활한 이행을 유도하고자 하였다. 이와 같은 직업계고등학교 학생들의 졸업 후 취업은 사회적으로도 매우 중요한 이슈가 된다(박자경, 최수정, 2020).

1960년대부터 1990년대 중반까지 특성화고등학교(전 전문계고등학교)는 우리나라 직업교육의 중추적 역할을 담당해 왔다(박자경, 최수정, 2020). 고등학교 직업교육 선진화 방안에서는 전체 전문계고를 분야별 특화된 직업교육 기관으로 개편하고, 산업계와 정부 부처 공동으로 '선취업 후진학 여건 조성'을 중점 추진 방향으로 제시하였으며, 이를 위한 중점 과제로 전문계고 체제 개편 방안을 제시하였다. 그 일환으로 전문계고를 마이스터고등학교와 산학 협력형 특성화고로 개편하고, 나머지 전문계고등학교는 일반계고로 전환을 추진하는 방안을 제시하였다(교육과학기술부, 한국직업능력개발원, 2012). 먼저, 특성화고등학교는 특정 전문 분야에 대해 소질과 적성, 관심이 있고 조기에 진로를 결정한 학생들을 대상으로, 특정 산업과 연관된 전문 분야에 대한 직업 교양 교육과 전문 교육을 실시하는 직업교육 기관으로서, 특성 있게 자율적으로 운영되는 학교이다(박자경, 최수정, 2020). 마이스터고등학교는 산업계의 수요에 직접 연계된 맞춤형 교육과정을 운영하는 고등학교로 예비 마이스터(Meister)가 되기 위한 진로를 만들어 가고 이를 위한 과정을 지원하는 고교단계의 직업교육의 선도적인 기관이라 볼 수 있다(박자경, 최수정, 2020). 마이스터고등학교는 교육과정의 설계부터 운영에 산업체가 긴밀히 연계되어 있고 졸업 후 취업으로의 지원이 특성화고등학교보다 훨씬 더 긴밀히 연계되어 있다. 또한 학생들의 입학 동기와 진로현황에서도 차이가 있는데, 마이스터고등학교는 학생들이 특기와 적성을 바탕으로 진학하고 졸업 후 희망하는 직업으로 취업할 것을 목표로 진로계획을 세운다(배상훈, 김환식, 김효선, 2011). 반면, 특성화고등학교는 학생의 소질과 적성보다는 중학교 성적에 맞춰서 진학하며, 졸업 후 취업보다 대학 진학을 더 우선시하는 경향을 보이는 것으로 나타난다(맹희주, 2014; 박자경, 최수정, 2020).

산업체 파견 현장실습은 조기취업이 아닌 교육적 기능이 최우선으로 되어야 하며, 산업체 현장의 업무 수행을 통해 학생의 역량을 향상하도록 하는 데 중점을 두어야 한다. 따라서 학생의 전공을 고려하여 업무를 배정해야 하고 현장실습 학생을 관리할 수 있는 담당자, 관리자가 배치되어야 하며, 현장실습 프로그램을 체계적으로 운영할 수 있는 프로그램이 갖추어져야 한다(장명희, 김선태, 최수정, 길대환, 2012). 그러나 현장실습이 교육적 목적을 달성하기 위한 체계적인 프로그램보다는 산업체와 학교에서 추구하는 목적을 달성하기 위한 수단으로 활용되는 경우가 있으며, 최근 전국적으로 현장실습생들이 일을 하다가 산재 사고로 목숨을 잃거나 정신적 고통으로 자살하는 등 열악한 근로조건에 있다는 것이 알려지면서 사회적 문제가 되고 있다(경기도교육연구원, 2016). 2005년 현장실습생의 사망사고로 현장실습제도의 개선 필요성이 강하게 제기되면서 2006년 실업계고 현장실습 운영 정상화 방안이 마련되었으며, 2016년 「직업교육훈련 촉진법」의 개정이 이루어졌다. 이에 따라 현장실습생과 현장실습 산업체의 장, 학교장이 현장실습계약인 표준협약서를 체결하고 이를 위반할 시 산업체 장에게 과태료를 처분할 수 있도록 강화되었으나 여전히 현장실습생들은 법의 사각지대에 놓여 있다(경기도교육연구원, 2017).

현장실습제도의 변화과정은 현장실습의 노동 성격을 인정하는 방향으로 이루어져
왔고 산업현장 내 학습지도사의 배치, 교육 프로그램 마련 등이 권장되고 있으나,
현실은 이러한 정책적 방향을 뒷받침하지 못하고 있다(경기도교육연구원, 2017).

　2016년 구의역에서 발생한 스크린도어 사고로 19세 김 군이 목숨을 잃은 사건
이 발생하였다. 김 군은 공업고등학교 3학년 때인 2015년 현장실습생으로 취업했
다가 1년도 되지 않은 때 사고를 당하였다. 직접 고용된 노동자가 아닌 스크린도어
의 유지·관리를 담당하는 하청업체 소속으로 비정규직이었다(허환주, 2019). 이 외
에도 2016년 외식업체 현장, 2017년 제주도의 음료 회사에서 현장실습 도중 청소
년이 사고로 혹은 자살로 사망하는 사건이 발생하였다. 선임노동자의 언어폭력, 폭
행, 연장근무와 주말 특근 등 장시간 업무, 사고, 자살 등이 발생하고 있다. 이들 사
건을 보면, 사회초년생으로서 초반 적응 시스템이 없이 현장에 투입되었고, 기본적
인 노동조건이 지켜지지 않았으며, 모두가 꺼리는 일이 조직의 최약자인 그들에게
할당되었고, 학교·일터·가정에서 자신의 고통을 공적으로 문제 삼는 법을 배우
지 못했다는 공통의 문제를 갖는다(은유, 2019).

　구의역 김 군 사건으로 여러 하청업체가 나눠서 하던 업무가 하나로 일원화되면
서 안전이 강화되었고, 각 지하철역 상황이 실시간 모니터링되었으며, 열차 운행도
통제하게 되는 등(허환주, 2019) 이들 사건을 통해 일부 변화가 있었다. 이후 2017년
12월 정부는 '조기 취업형 현장실습 전면 폐지' 계획을 발표하면서 산업체 파견형
현장실습을 없애는 듯 보였다. 당장 2019년부터 학생 신분으로 현장실습, 즉 취업
하지 못하게 한 것이다. 또한 현재 고등학생 현장실습이 이뤄지고 있는 모든 현장
을 전수 점검해 즉각 학생들을 복교시키도록 하는 조치를 마련하였으며, 현장실습
표준협약서를 준수하지 않을 경우 과태료를 부과하기로 하였다. 그러나 교육부는
두 달 만인 2018년 2월 '조기 취업형 현장실습'을 폐지하는 게 아니라 보완·수정하
는 방식으로 방향을 튼 '학습 중심 현장실습의 안정적 정착 방안'을 발표하였다. 다
시 말해, 학기 중 현장실습을 할 수 있도록 허용한 것이다. 안전 등 일정기준을 충
족하는 업체에 한한다는 단서가 있었으나 이는 이전의 현장실습 제도의 연장에 불
과하다(허환주, 2019).

3) 청소년 근로보호 관련 상담 신고체계

청소년들은 사업장에서 부당한 처우를 받거나 근로에 합당한 임금을 받지 못하는 상황에서도 「근로기준법」이나 신고체계에 대해서 잘 모르거나 단순히 어리다는 이유로 불이익을 받는 상황에 처할 수도 있다. 이러한 상황에서 청소년의 근로보

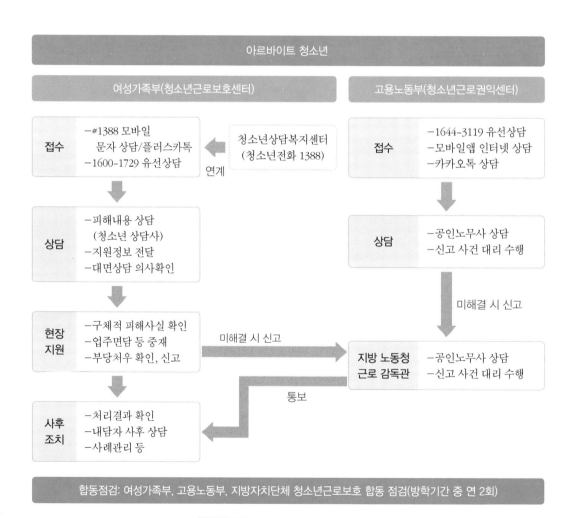

그림 7-1 청소년 근로권익 보호 단계

출처: 여성가족부 홈페이지-청소년 근로권익 보호.

호를 위해 청소년들이 쉽게 접근할 수 있는 창구로는 현재 여성가족부에서 실시하고 있는 '청소년근로보호센터', 고용노동부가 운영하는 '청소년근로권익센터' 등이 있다.

(1) 청소년근로보호센터(여성가족부)

청소년근로보호센터에서는 해피워크매니저(청소년 근로현장도우미), 근로상담(1600-1729, 문자 및 카카오톡 #1388, 네이버 톡톡, 네이버 지식in), 현장면담 등 다양한 방법으로 청소년의 근로상담을 지원하고 있다. 여성가족부는 2013년부터 '청소년 근로현장도우미' 시범사업을 하였으며, 2018년부터는 신규 사업으로 편성, 수도권 외에도 경상권, 전라권, 2019년에는 충청권까지 확대하였다. 2019년 10월 기준으로 청소년 근로보호센터 중앙지원단 및 지역지원본부 4개소를 운영하고 있다(여성가족부, 2019). 해피워크매니저는 만 24세 이하 청소년이 사업장에서 부당한 일을 당했을 때, 문제해결을 도와주는 청소년 근로현장도우미로서, 전화 및 온라인 상담, 사업장 방문 등으로 현장면담도 가능하고, 문제해결을 돕는 중재자 역할을 한다. 내담자의 거주지역까지 해피워크매니저가 찾아가 상담하며, 구체적 근로계약 조건, 문제상황 등을 파악해 정확한 임금계산이나 사업주와의 중재, 고용노동부 출석 동행 등도 지원한다. 또한 청소년 아르바이트에 대한 정보를 제공함으로써 궁금증을 해결해 주고 최저임금 미지급, 근로계약서 미작성 등 청소년 근로 피해구제 상담도 지원한다.

더불어 청소년을 보호하는 것이 목적인 만큼, 근로문제뿐 아니라 진로 및 고민상담도 지원한다. 내담자에게 추가로 필요한 도움이 있다면, 내담자의 동의 후 타 기관에 의뢰해 연계서비스(WEE클래스, 꿈드림, 경찰서, 보건소, 행정복지센터, 청소년상담복지센터, 해바라기센터, 정신건강복지센터 등)도 진행한다. 예를 들어, 아르바이트 청소년의 근로여건, 사유 등을 파악하여 건강 · 진로상담, 학업복귀, 직업교육, 자립지원 등의 서비스를 청소년상담복지센터, 학교밖청소년지원센터, 구청 및 주민센터 등과 연계하고, 성희롱, 성폭력 등 젠더폭력에 대해서는 해바라기센터 등과 연계를 통해 지원하고 있다.

(2) 청소년근로권익센터(고용노동부)

2015년부터 운영되고 있는 청소년근로권익센터는 사업장에서 부당한 처우를 받은 청소년들이 상담을 통하여 권리구제를 지원받을 수 있도록 하고 있다. 이를 위해 청소년 신고 대표전화(1644-3119)와 더불어 온라인(http://www.youthlabor. co.kr), 모바일(앱, 카카오톡 ID: 청소년근로권익센터)을 통하여 실시간 댓글 상담 서비스를 제공하고 있다(고용노동부, 2020). 청소년근로권익센터에서는 상담을 통해 공인노무사로 구성된 관할 지역 청소년보호위원을 배정하여 '우리동네 알바지킴이 (공인노무사)'를 청소년에게 소개해 주고, 청소년이 동의한다면 관할 고용센터에 대리인의 자격으로 체불임금에 대한 지급을 요청하는 신고 및 소송을 대행하는 등 청소년 근로권익 보호를 위한 통합 상담·권리 구제 지원체계를 마련하였다(고용노동부, 2020). 이 밖에 센터에서는 수요자 요구에 맞는 교육 콘텐츠를 개발하고 교육청, 지방관서 등과 협업하여 특성화고등학교 등을 대상으로 '찾아가는 근로권익 교육'을 주관하고 있다.

4) 자립지원

우리나라 취약청소년에게는 자립지원이 이루어지고 있다. 인생의 대부분을 아동양육시설과 같은 보호기관에서 보내고 사회로 나가는 10대 후반 또는 20대 초반의 청년들에게 자립은 매우 두렵고 요원한 일임에도 불구하고, 정부의 지원은 이들을 성인으로 보아 자립을 강요한다. 보호종료 청소년들은 자립준비가 부족해도 어쩔 수 없이 가정외보호 체계를 떠나 고군분투하며 살아갈 수밖에 없다(정익중, 김주현, 2019). 이처럼 개인마다 자립준비 수준이나 보호종료 이후 계획이 모두 다름에도 불구하고 만 18세를 보호종료 연령으로 규정하는 것이 적정한가에 대한 지적이 있다. 이 지원도 주로 보건복지부에서 관리하는 시설에서 퇴소한 경우에만 이루어지는 것이고 여성가족부에서 관리하는 시설인 쉼터에서 퇴소하는 경우 동등한 지원을 받지 못하고 있다.

현재 가정외보호 종료 청소년을 대상으로 지원되는 제도를 살펴보면 크게 경제적 지원과 주거지원, 교육 및 취업지원, 그리고 기타 지원제도로 구분할 수 있다(보건복지부, 아동자립지원단, 2019). 첫째, 경제적 지원은 자립생활을 위한 경제적 지원으로, 현금을 지급하는 방식으로 이루어진다. 자립정착금과 디딤씨앗통장, 후원금, 그리고 2019년부터 지급된 자립수당이 그것이다. 둘째, 주거지원은 SH, LH 전세주택지원과 주거지원 통합서비스, 자립지원시설(자립생활관)이며, 가정외보호 종료 청소년들에게 임대주택이나 자립생활관 등의 입주자격을 부여하고, 주거비를 지원한다. 셋째, 교육 및 취업 지원은 학업 및 취업준비를 위한 지원으로, 대학등록금과 교육비, 어학교육비를 지급하거나 직업훈련, 자격증취득비 등을 제공하여 진로탐색 및 준비를 지원하는 것이다. 대학에 진학한 가정외보호 종료 청소년들이 가장 많이 이용하는 등록금 마련 수단은 국가장학금이다. 그런데 국가장학금을 받기 위해서는 일정 수준 이상의 성적을 유지하는 조건을 충족하여야 하지만, 생활비 마련을 위해 아르바이트와 학업을 병행하는 이들에게 이 조건은 매우 높은 장벽과도 같다. 따라서 국가장학금 수혜조건을 완화하여 대학에 진학한 가정외보호 종료 청소년들이 무사히 학업을 마칠 수 있도록 지원할 필요가 있다. 또한 취업준비를 위한 지원을 받을 때에는 기존의 국민취업지원제도II 유형(취업성공패키지)에 의무적으로 참여하거나 현실적인 진로지도와 상담을 받을 수 있는 서비스도 함께 제공하여 이들에게 현실적인 도움이 될 수 있는 방안을 마련하여야 할 것이다. 마지막으로, 기타 지원제도는 앞서 언급한 제도 이외의 자립지원제도로, 경계선지적기능아동 자립지원이나 자립통합지원(주거, 자기계발, 의료 등)을 들 수 있다.

이와 같이 현재 가정외보호 종료 청소년들에 대한 자립지원 정책 대부분은 물질적 지원 중심으로 구성되어 있으며, 건강지원 서비스는 미흡하다는 것을 알 수 있다. 물론, 주거나 경제지원과 같은 물질적인 지원이 자립에 매우 필요한 것은 분명하지만, 신체와 정신 건강 역시 자립을 위해 필요한 요소이다. 보호종료 청소년 대상 조사에서도 신체건강에 대해서는 병원치료 등 직접적 서비스에 대한 욕구, 그리고 정신건강과 관련하여 종합상담 및 정보제공에 대한 욕구가 높은 것으로 나타났다(김형모, 손병덕, 최권호, 2019; 정선욱, 강현주, 김진숙, 정익중, 2018). 따라서 보호종료 청소년에 대한 의료서비스나 보험료 지원, 그리고 심리치료 및 상담서비스와 같은 건강 및 심리정서적 지원 관련 서비스 역시 마련되어야 할 것이다. 이러한 지원들이 관련 부처와 상관없이 취약한 상황에 있다면 지원할 수 있는 체계를 구축해야 할 것이다.

5. 실천현장과 관련서비스

진로에 대한 고민보다는 대학 진학을 강조하는 사회분위기가 지속되고 있는 가운데 청소년들 자신들의 고민을 상담할 수 있고 진로를 계획할 수 있는 창구가 필요하다. 2019년 청소년 상담(1388) 건수는 90만 2천 건으로 2011년(68만 5천 건) 이후 청소년 고민 상담은 계속 증가하고 있는 것을 볼 수 있다(통계청, 2020). 최근 코로나19로 인한 사회적 거리두기로 인해 청소년들의 미디어기기 사용시간은 더욱 증가되고 있는 것으로 나타났고(정익중, 이수진, 강희주, 2020), 우리 시대의 청소년들은 우울감 증가로 인해 코로나 블루를 겪는 등 심리정서적으로 더욱이 취약한 상태에 놓여 있다. 또한 예상치 못한 가정해체, 빈곤 등의 위험이 여전히 청소년들에게 위험요인으로 존재하고 있다. 이러한 상황에서 가정환경의 변화나 감염병 위험으로 인한 스트레스와 우울감, 입시경쟁으로 인한 스트레스나 학교폭력으로 인해 가족에게조차 말할 수 없는 고민거리를 가지고 있는 청소년들이 자신의 고민을 나눌 수 있는 통로가 필요하며, 과도한 입시경쟁에서 벗어나 자신의 진로를 고민해 보고 미래를 설계할 수 있는 사회적 시스템을 이용할 수 있어야 할 것이다.

1) 청소년상담복지센터

청소년상담복지센터는 청소년의 건강한 성장과 복지증진을 목적으로 하며, 청소년을 대상으로 하는 상담, 긴급구조, 자활, 의료지원 등의 역할을 담당하고 있다. 그리고 각 지방자치단체는 지역 특성과 여건에 따라 직영 또는 청소년 단체 등을 통한 위탁운영의 방법으로 청소년상담복지센터를 지원하고 있다. 1990년부터 설치하기 시작한 청소년상담실(청소년상담복지센터의 전신)은 「청소년복지 지원법」에 근거하여 2020년 5월 기준 17개 시·도, 214개 시·군·구에 235개소가 설치 운영 되고 있다(여성가족부, 2020a).

청소년상담복지센터의 법적 근거는 「청소년복지 지원법」 제29조(청소년상담복 지센터) 및 동법 시행령 제14조(청소년상담복지센터의 설치 등), 제42조의 2(청소년복 지지원기관 등의 위탁·운영)를 근거로 한다. 「청소년복지 지원법」은 청소년의 복지 향상에 대한 가정·사회 및 국가의 책임과 의무를 정하고 이를 실천하는 데 필요 한 사항을 정함으로써 미래사회의 주역이 될 청소년들의 삶의 질 향상과 최적의 성 장·발달을 도모하고 있다(여성가족부, 2018). 청소년상담복지센터는 청소년안전망 (이전 Community Youth Safety-Net: CYS-Net) 사업을 수행하는 중추적 역할을 수행 하고 있다(김동일 외, 2017). 청소년상담복지센터는 청소년안전망 체계 내에서 담당 공무원과 함께 위기청소년 사례관리를 위한 허브 기관으로서 다양한 기관과의 연 계와 사례를 통합적으로 관리하는 역할을 담당하고 있다.

2) 청소년자립지원관

청소년자립지원관은 일정기간 청소년쉼터 또는 청소년회복지원시설의 지원을 받았음에도 불구하고 가족·학교·사회로 복귀하여 생활할 수 없는 청소년들에게 자립하여 생활할 수 있는 능력과 여건을 갖추도록 지원하는 역할을 담당하고 있다 (여성가족부, 2019). 청소년자립지원관은 자립준비 청소년이 안정적으로 자립생활 을 영위할 수 있도록 해당시설의 자원, 지역 공공서비스 및 민간자원 등을 활용하 여 일상생활·학업·취업 지원 및 주거지원 서비스를 제공하고 있다. 청소년자립 지원관은 2012년 「청소년복지 지원법」 전면개정에 따라 청소년복지시설의 한 유형 으로 법적 근거가 마련되었으며(「청소년복지 지원법」 제31조), 2020년 기준 9개소가 설치·운영되고 있다(여성가족부, 2020b).

청소년자립지원관의 이용대상은 청소년쉼터 및 청소년회복지원시설 퇴소 후 추 가적인 자립지원이 필요한 청소년으로 19~24세의 청소년을 우선적으로 지원한다

(김지연, 백혜정, 최수정, 2017). 그 밖에 가정의 지원을 받지 못하여 자립지원이 필요한 청소년 또한 사례심의위원회의 결정에 따라 이용할 수 있다. 지원기간은 기본 1년이며, 연장 필요시 사례심의위원회를 통해 6개월씩 2회까지 연장할 수 있다.

청소년자립지원관은 주거지원을 비롯해 생계지원, 취업지원, 교육지원, 자립지원, 의료지원, 심리·정서지원, 사례지원 등 이용 청소년들의 안전한 자립을 돕기 위해 노력하고 있으며, 자립지원을 위한 프로그램을 제공하고 있다(여성가족부, 2019). 자립지원 프로그램은 크게 필수 프로그램과 선택 프로그램이 존재한다. 필수 프로그램에는 위기청소년의 주거안정을 위한 주거지원 프로그램, 주거급여 연계 프로그램, 자립지원 프로그램, 자립지원계획에 따른 맞춤형 사례관리, 사회보장제도 연계 프로그램, 의료지원 프로그램이 포함되며, 선택 프로그램에는 협동조합 프로그램, 주요직종 자격증 취득지원 프로그램, 자산형성사업 및 무이자 소액대출사업 프로그램, 사회적 기업 특화 운영 프로그램, 실손보험 가입비 지원 프로그램 등을 포함하고 있다(김지연, 백혜정, 최수정, 2017).

3) 진로체험지원센터

진로체험지원센터는 「진로교육법」 제정과 자유학기제 실시에 따라 진로체험의 중요성이 확산됨에 따라 진로체험을 지원하기 위해 중앙부처와 지자체가 지역사회와 연계한 운영지원체계이다(정지은, 윤형한, 이민욱, 고요한, 2019). 진로체험지원센터는 학교 밖의 다양한 자원을 동원하고 이를 청소년의 학습활동으로 연결함으로써 안정적이고 지속적인 청소년들의 진로교육을 지원하는 역할을 담당하고 있다(교육부, 2018b). 진로체험지원센터는 2014년부터 교육(지원)청과 지자체 협력으로 지자체 단위에서 진로체험지원센터가 설립되었으며, 2019년 8월 기준 228개의 진로체험지원센터가 운영되고 있다(교육부, 2019).

진로체험지원센터는 지역사회에서 진로체험활동에 적합한 체험처를 발굴하여 단위학교에 배정하고, 체험처의 특성에 맞는 진로체험 프로그램을 기획하고 이를 위한 컨설팅을 제공하며, 학교와 체험처 간의 진로체험 운영에 관련된 의견을 상호

조율하는 등 학생 진로체험을 위해 지역사회와 학교를 연결하는 가교 역할을 담당
하고 있다(장혜정, 박화춘, 박동찬, 윤지영, 2019).

　진로체험지원센터의 운영은 지역사회 맥락에 따라 지역 자율로 운영되고 있으
며, 이에 따라 지역별 특성과 맥락에 따라 설립된 진로체험지원센터는 설립 형태별
운영체계에 있어서 의사결정구조, 예산 및 인력체계, 사업 수행의 양상 등에서 지
역별로 차이가 나타나고 있다(교육부, 2018b). 진로체험지원센터 운영체계는 지자
체 혹은 교육(지원)청의 직영 형태인지 혹은 위탁 형태인지에 따라 지자체 직영형,
교육지원청 직영형, 민간기관 위탁형 등의 유형이 결정되며, 진로체험지원센터에
공통되는 운영체계 요소에도 불구하고 유형별 운영형태에 따라 운영체계는 다소
간의 차이가 나타나게 된다(교육부, 2019).

　진로체험지원센터에서 제공하는 진로체험의 유형은 다음과 같다(교육부, 2018b).
현장직업체험형 진로체험은 청소년들이 관공서, 회사, 병원, 가게, 시장과 같은 현
장 직업 일터에서 직업 관련 업무를 직접 수행하고 체험하는 활동이며, 직업실무체
험형 진로체험은 학생들이 직업체험을 할 수 있는 모의 일터에서 현장직업인과 인
터뷰 및 관련 업무를 직접 수행하고 체험하는 활동이다. 현장견학형 진로체험은 일
터, 직업 관련 홍보관, 기업체 등을 방문하여 생산 · 공정 · 산업 분야의 흐름과 전
망 등을 개괄적으로 견학하는 활동이며, 학과체험형 진로체험은 특성화고, 대학교
를 방문하여 실습, 견학, 강의 등을 통해 특정 학과와 관련된 직업 분야의 기초적인
지식이나 기술을 학습하는 활동이다. 진로캠프형 진로체험은 특정 장소에서 진로
심리검사 · 직업체험 · 사담 · 멘토링 · 특강 등 종합적인 진로교육 프로그램을 경
험하는 활동이며, 강연 · 대화형 진로체험은 기업 CEO, 전문가 등 여러 분야 직업
인들의 강연이나 대화를 통해 다양한 직업 세계를 탐험하는 활동이다.

생각해 볼 문제

1. 청소년 아르바이트가 학업에 미치는 효과는 긍정적이라는 주장과 부정적이라는 주장이 공존하고 있다. 특히 청소년 아르바이트는 청소년 비행의 시작점이 될 수도 있고, 비행 또래집단의 집합장소로서 비행의 심각화에 작용할 가능성도 있다. 청소년 아르바이트가 학업에 미치는 효과가 긍정적이기 위해서는 어떤 조건들이 충족되어야 하는지 설명해 보자.

2. 아르바이트에 참여하는 청소년들의 인권과 권익을 보호하기 위해서 사회적으로 어떤 노력이 필요한지 생각해 보자.

3. 청소년이 근로에 대한 부당한 처우나 불합리한 대우를 받음에도 생활비나 용돈 마련 등 경제적인 이유로 적극적으로 대처하지 못하거나 계약서 작성 미비 등으로 고용의 불안정성에 놓여 있는 경우가 많다. 이러한 상황을 개선하기 위한 방안에는 무엇이 있을지 토론해 보자.

4. 본인은 일에 대해 어떻게 정의 내리는가? 일이 삶의 동력이 되고 자기계발에 도움이 되는 경우와 침체와 소진을 일으키는 경우가 있을 수 있다. 이를 결정짓는 요인은 무엇인지 생각해 보자.

5. 청소년을 대상으로 진로상담을 실시할 때 청소년의 학업과 일, 여가 등의 일상 균형을 위해 청소년 지도자로서 어떤 개입을 할 수 있을지 논의해 보자.

참고문헌

강경균, 성윤숙, 김승보, 장현진(2019). 청소년기관의 진로체험 지원체계 구축 방안 연구. 세종: 한국청소년정책연구원.

강성국(2016). 특성화고 학생들의 진로결정과 직업가치관의 변화에 관한 연구. 전남대학교 교육대학원 석사학위논문.

경기도교육연구원(2016). 특성화고 · 마이스터고 현장실습 법제도 분석.

경기도교육연구원(2017). 특성화고 현장실습 개선방안 연구.

고용노동부(2018). 2018년 고용형태별 근로실태조사.

고용노동부(2020). 2020년판 고용노동백서.

교육부(2018a). 2018 특수교육통계.

교육부(2018b). 2018년 진로체험지원센터 길라잡이.

교육부(2019). 진로체험지원센터 운영 지원사업 현황 보고자료.

교육부, 한국직업능력개발원(2016a). 특수교육대상학생을 위한 학교진로상담(지도) 운영 매뉴얼.

교육부, 한국직업능력개발원(2016b). 탈북학생을 위한 학교진로상담(지도) 운영 매뉴얼.

교육과학기술부, 한국직업능력개발원(2012). 고졸 취업 및 후진학 활성화 정책 성과 분석 연구.

김소라, 황영준(2016). 고등학생 진로체험과 프로그램 평가가 진로성숙도에 미치는 영향. 진로교육연구, 29(2), 167-190.

김동일, 이은경, 최수미, 금창민, 김유근(2017). 지자체 CYS-Net운영위원회 운영실태. 서울: 여성가족부.

김영지, 김희진, 이민희, 김진호(2019). 아동·청소년 권리에 관한 국제협약 이행연구: 한국 아동·청소년 인권실태 2019 총괄보고서.

김정숙, 연보라(2018). 소외계층 진로교육 활성화 방안. 한국청소년정책연구원 연구보고서, 1-138.

김지연, 백혜정, 최수정(2017). 청소년자립지원관 운영 모형 개발연구. 서울: 여성가족부·한국청소년정책연구원.

김진(2002). 청소년 노동보호를 위한 근로기준법·최저임금법의 개정방향.

김형모, 손병덕, 최권호(2019). 보호종결아동의 자립증진을 위한 정책개선 연구. 서울: 국가인권위원회.

김형주, 이종원(2019). 청소년 근로환경 개선을 위한 지원방안 연구. 한국청소년정책연구원 연구보고서, 1-314

남북하나재단(2018). 2018 탈북청소년 실태조사.

도종수(2001). 청소년 아르바이트실태와 대책. 사회복지정책, 제13집, 104-123.

맹희주(2014). 마이스터고와 특성화고 학생들의 직업가치관과 진로성숙도 비교 분석. 교과교육학연구, 18(3), 579-599

문지영(2002). 푸대접 속에 일하는 청소년: 아르바이트와 현장실습을 중심으로. 김중섭 편저, 한국 어린이·청소년의 인권: 진주 지역 사례 연구 (pp. 107-137). 서울: 도서출판 오름.

박자경, 최수정(2020). 특성화고등학교 및 마이스터고등학교 학생의 취업결정과 학생 및 학교 변인의 위계적 관계. 농업교육과 인적자원개발, 52(1), 21-42.

배상훈, 김환식, 김효선(2011). 마이스터고 학생의 학교소속감, 학교만족도, 학교수업 및 진로지도에 대한 인식: 특성화고 및 일반고 학생과 비교를 중심으로. 직업능력개발연구, 14(3), 155-180.

보건복지부, 아동자립지원단(2019). 자립 지원 업무 매뉴얼.

손승영, 김현주, 전효관, 주은희, 한경혜(2001). 청소년의 일상과 가족. 서울: 생각의 나무.

여성가족부(2018). 청소년상담복지센터의 구조개편 및 기능 개선을 위한 연구.

여성가족부(2019). 2019 청소년백서.

여성가족부(2020a). 제6차 청소년정책기본계획(2018~2022) 2020년도 시행계획.

여성가족부(2020b). 2020년 청소년사업안내.

오영재, 백경숙, 조선화(2001). 뉴밀레니엄 시대의 청소년복지론. 서울: 양지.

오혜영, 박현진, 공윤정, 김범구, 양대희, 최영희, 성벼리, 이정실(2012). 학업중단 청소년 유형별 상담 매뉴얼 개발. 서울: 한국청소년상담복지개발원.

은유(2019). 알지 못하는 아이의 죽음. 경기: 돌베개.

이경상, 이창호, 김민, 김평화(2018). 제4차 산업혁명시대 대비 청소년활동정책 전략 연구. 한국청소년정책연구원 연구보고서, 1-254

이광호(2001). 청소년 아르바이트지원 실태 및 정책 방안 연구. 서울: 문화관광부.

이상우, 정권택(2003). 청년실업 증가의 문제점과 대응 방안. 서울: 삼성경제연구소.

이수정, 윤지영, 배경내, 림보, 김성호, 권혁태(2015). 십 대 밑바닥 노동: 야/너로 불리는 이들의 수상한 노동 세계. 서울: 교육공동체벗.

이용교(2004). 디지털 청소년복지. 서울: 인간과 복지.

이지연(2017). 4차 산업혁명을 대비한 청소년 진로교육의 방향. 한국진로교육학회 학술대회 자료집, 65-96.

이진석(2014). 다문화 가정 중도 입국 청소년들의 시민성 탐색. 시민교육연구, 46(4), 79-105.

이철위 외(2000). 청소년 파트타임 고용실태와 제도적 지원방안 연구. 서울: 한국청소년개발원.

이형하, 이용교(2002). 청소년 아르바이트 실태와 지원방안 연구. 청소년복지연구, 4(2), 89-100

이화조, 정익중(2020). 청소년 진로지원사업의 효과성과 성별차이. 사회복지 실천과 연구, 17(1), 35-64.

장명희, 김선태, 최수정, 길대환(2012). 특성화고 현장실습생 핸드북. 고용노동부, 한국직업능력개발원 연구자료(11-55-01).

장원섭(2001). **직업체험의 교육적 의미: 청소년의 시간제 취업을 중심으로.** 서울: YMCA.

장혜정, 박화춘, 박동찬, 윤지영(2019). 진로체험지원센터 성과평가 운영방안. 한국직업능력개발원 연구보고서.

정선욱, 강현주, 김진숙, 정익중(2018). **보호종료아동 자립지원 강화방안.** 서울: 보건복지부, 덕성여자대학교 산학협력단.

정익중(2019). 보호종료 청소년 실태와 자립지원 방안. 보호대상 아동 자립지원 제정법을 위한 국회정책세미나 자료집.

정익중, 김주현(2019). 가정위탁종결청소년의 자립경험. 한국가족복지학, 64, 131-163.

정익중, 이수진, 강희주(2020). 코로나19로 인한 아동일상 변화와 정서 상태. **한국아동복지학,** 69(4), 59-91.

정지은, 윤형한, 이민욱, 고요한(2019). **학교 진로체험 질 제고를 위한 내실화 방안.** 세종: 한국직업능력개발원.

최인재, 이경상, 김정숙, 장근영(2015). **2015 학교 밖 청소년 실태조사.** 서울: 여성가족부.

통계청(2018). **경제활동인구조사.**

통계청(2020). **2020 청소년 통계.**

한경혜(2000). 청소년의 아르바이트 경험: 그 과정과 의미에 대한 질적 연구. **한국청소년연구,** 32, 153-180.

허환주(2019). **열여덟, 일터로 나가다: 현장실습생 이야기.** 서울: 후마니티스(주).

홍봉선, 남미애(2001). **청소년복지론.** 서울: 양서원.

황진구, 유민상, 정유진(2018). 청소년의 노동기본권 보장 방안 연구. 청소년정책연구원 연구보고서.

Hansen, D., & Jarvis, P. (2000). Adolescent employment and psychosocial outcomes: A comparison of two employment contexts. *Youth and Society, 31*, 417-436.

McMorris, B., & Uggen, C. (2000) Alcohol and employment in the transition to adulthood. *Journal of Health and Social Behavior, 41*, 276-294.

Mortimer, J. T. (1996). Work, family, and adolescent development. In J. Mortimer & M. D. Finch (Eds.), *Adolescents, work, and family: An intergenerational developmental analysis* (pp. 1-24). Thousand Oaks, CA: Sage.

Mortimer, J. T. (2003). *Working and Growing up in America.* Cambridge, MA: Harvard

University Press.

Mortimer, J. T., & Finch, M. D. (1986). The effect of part-time work on self-concept and achievement. In K. Borman & J. Reisman (Eds.), *Becoming a worker* (pp. 66-89). Norwood, NJ: Albex.

Mortimer, J., & Finch, M. D. (1996). *Adolescents, work, and family: An intergenerational developmental analysis*. Thousand Oaks, CA: Sage.

Mortimer, J. T., Pimentel, E. E., Ryu, S., Nash, K., & Lee, C. (1996). Part-time work and occupational value formation in adolescence. *Social Forces, 74*(4), 1405-1418.

Mortimer, J. T., & Shanahan, M. J. (1994). Adolescent work experience and family relationships. *Work and Occupations, 21*, 369-385.

Pimentel, E. E. (1996). Effects of adolescent achievement and family goals on the early adult transition. In J. Mortimer & M. D. Finch (Eds.), *Adolescents, work, and family: An intergenerational developmental analysis* (pp. 191-220). Thousand Oaks, CA: Sage.

Ploeger, M. (1997). Youth employment and delinquency: Reconsidering a problematic relationship. *Criminology, 35*, 659-675.

Ruscoe, G., Morgan, J. C., & Peebles, C. (1996). Students who work. *Adolescence, 31*, 625-633.

Staff, J., & Uggen, C. (2003). The fruits of good work: Early work experiences and adolescent deviance. *Journal of Research bin Crime and Delinquency, 40*(3), 263-290.

Steinberg, L. D., & Dornbusch, S. M. (1991). Negative correlates of part-time employment during adolescence: Replication and elaboration. *Developmental Psychology, 27*, 304-313.

Steinberg, L. D., Fegley, S., & Dornbusch, S. M. (1993). Negative impact of part-time work on adolescent adjustment: Evidence from a Longitudinal Study. *Developmental Psychology, 29*, 171-180

Wright, J. P., Cullen, F. T., & Williams, N. (1997). Working while in school and delinquent involvement: Implications for social policy. *Crime & Delinquency, 43*, 203-221.

[홈페이지 참고자료]
여성가족부 홈페이지-청소년 근로권익 보호 http://www.mogef.go.kr/sp/yth/sp_yth_f012.do

제8장

청소년과 빈곤

가난하여도 지혜로운 소년은 늙고 둔하여 경고를 받을 줄 모르는 왕보다 나으니라.

—전도서 4:13—

 빈곤은 우리 사회에서 가장 오래되고 심각한 문제 중 하나이고, 빈곤가정에서 성장하는 청소년은 부모와 가정환경의 부정적인 영향을 직접적으로 받는 대상에 속한다. 빈곤청소년은 부모로부터의 부적절한 양육과 위험한 환경에 처할 가능성이 높은데, 이로 인해 정상적인 발달과업을 성취하는 데 어려움을 겪기도 한다. 특히 학교 부적응 및 비행 경험은 부모세대의 빈곤 만성화와 더불어 빈곤의 악순환과 빈곤 대물림 현상의 주된 원인이 된다. 하지만 빈곤가정에서 성장하더라도 부모의 관심과 애정, 청소년의 회복탄력성(resilience) 등의 요인은 이들이 빈곤의 부정적 영향을 덜 받도록 보호하는 역할을 한다. 이 장에서는 빈곤의 개념과 빈곤이 청소년에게 어떠한 영향을 미치는지 살펴보고, 빈곤부모와 빈곤청소년을 지원하는 제도에 대해 알아보고자 한다.

1. 빈곤과 복지

우리나라의 빈곤상황은 급속한 경제성장의 과정에서 사회적 주목을 받지 못했지만, 1997년 말 외환위기 이후 새로운 국면을 맞게 되었다. 즉, 이제 우리 사회에서 빈곤은 근로능력이 없는 사람에 대한 지원만으로 해결할 수 없는 문제가 된 것이다(김태성, 손병돈, 2016). 특히 우리나라는 시장소득 기준으로 저소득층이었던 사람이 가처분소득 기준 중상층으로 이동한 사람의 비중인 '빈곤탈출률'이 불과 19.5%로, OECD 회원국 중 가장 낮은 수준이다(정민, 민지원, 2018). 이는 빈곤층으로 추락한 사람들이 '빈곤의 함정'에서 벗어나지 못하여 빈곤이 만성화되고 있음을 의미한다. 이러한 빈곤의 만성화가 지속되면 양극화 심화로 사회불안이 가중되며, 빈곤이 세대 간 대물림되는 결과를 낳기도 한다. 게다가 빈곤가정의 아동과 청소년은 정상적인 발달과업을 성취하는 데 어려움을 겪게 되어, 부정적인 영향이 성인기까지 이어지는 악순환이 반복될 수 있다. 빈곤 자체도 문제이지만 이것이 비행, 범죄, 알코올중독 등 수많은 병리현상의 원인이 되기 때문에 더욱 심각한 사회문제가 된다. 특히 빈곤이 아동에게 미치는 영향은 발육부진, 발달지체 등과 같은 신체발달의 문제에서 저지능, 학업부진, 학교중퇴 등과 같은 인지발달의 문제, 우울과 불안 등과 같은 내면화된 문제 및 공격성, 주의력 결핍 과잉행동장애, 반사회적 행동 등과 같은 외현화된 문제 등을 포함한 심리사회 발달문제에 이르기까지 광범위한 것으로 밝혀지고 있다(Chung, 2004: 정익중, 오정수, 2021에서 재인용).

이러한 빈곤문제가 주는 심각한 해악, 즉 부모세대 빈곤의 만성화와 자식세대로의 빈곤 대물림 때문에 빈곤문제 해결은 모든 국가에서 사회복지제도의 핵심과제가 되고 있다. 인간 사회의 주요 제도로서의 사회복지는 상부상조를 그 일차적 기능으로 삼으며, 이 상부상조 기능은 빈곤문제의 해결과 가장 밀접한 관계를 갖는다. 또한 사회복지학은 사회적 부적응을 야기하는 문제가 빈곤에 의해서 파생될 가능성이 가장 높다고 보고 인간에 대한 과학적인 지식과 전문적 기술을 토대로 빈곤으로 인해 야기되는 대상 집단의 사회적 부적응을 예방, 치료, 재활하고자 한다.

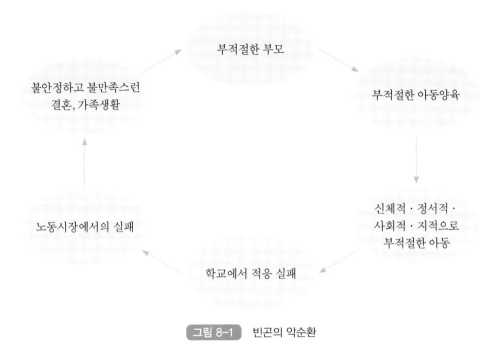

그림 8-1   빈곤의 악순환

1) 빈곤의 정의

학자들은 빈곤의 개념을 절대적 빈곤, 상대적 빈곤, 주관적 빈곤으로 구분하여 살펴보고 있다. 절대적 빈곤(absolute poverty)은 빈곤 개념 중 가장 역사가 깊고, 빈곤인구의 산정이 간편하기 때문에 가장 널리 사용되는 빈곤의 정의이다. 절대적 빈곤이란 한 개인이나 가구의 소득이 최저생활을 하는 데 필요한 최저생계비에 미달될 때에 이들을 빈민 혹은 빈곤가구로 간주하는 것이다. 이때 최저생계비는 국민의 건강하고 문화적인 생활을 유지하기 위하여 소요되는 최소한의 비용을 의미한다. 이는 빈곤 상황을 파악하는 일차적 기능을 하고 있다(서대석, 2018).

Townsend(1979)에 따르면, 절대적 빈곤은 빈곤에 대한 인식을 오도할 수 있는 부적절한 개념이다. 절대적 빈곤 개념은 빈곤을 최저수준의 확보라는 측면에서 쉽게 파악할 수 있다는 장점이 있지만 몇 가지 단점을 가지고 있다. 첫째, 경제발전과 더불어 상대적 박탈감이 더욱 커짐에도 불구하고 절대적 빈곤 개념은 사회의 전반적인 생활수준을 반영하지 못한다. 둘째, 육체적 효율성 혹은 생존을 위해 필요한 식품이나 생필품의 내용이 바뀔 수 있고, 과거에는 사치품이었던 것이 현재는 필수품이 되는 현상을 반영하기 위해서는 최저생계비를 수시로 계측해야 하기 때문에 시대변화를 따라가기 쉽지 않다. 셋째, 거주 지역, 가족 내 인구구성, 직업구성 등에 따라 최저생계비가 달라져야 함에도 불구하고 절대적 빈곤 개념에서 이를 신축적으로 반영하기가 쉽지 않다. 하지만 절대적 빈곤은 실질 경제성장이 계속되어 그 사회의 전반적인 생활수준이 향상되면, 궁극적으로 빈곤선 이하의 절대적 빈곤층의 크기도 저절로 줄어들게 된다. 이처럼 절대적 빈곤 개념은 장점도 있지만, 국가나 시대에 따라 절대적이라고 설정한 기준이 변화하기 때문에 '절대적'이라는 의미 자체가 '상대적'이 되는 문제가 발생할 수 있으며, 최소한의 욕구에 필수적이라고 고려되는 기준 설정에 있어서도 자의적 혹은 상대적 판단이 개입될 여지가 있다는 한계가 있다(김교성, 노혜진, 2011). 이에 따라 우리나라는 기존에는 최저생계비를 기준으로 빈곤을 정의하고 있었지만, 2015년 「국민기초생활 보장법」 개정에 따라 기준 중위소득을 산출하여 주요 급여의 기준선을 설정하게 되면서 상대적 빈곤 개념을 적용하였다.

상대적 빈곤(relative poverty) 개념은 절대적 빈곤 개념에 따른 빈곤선 책정의 자의성을 보완하기 위해 대두되었다. 절대적 빈곤 개념은 빈곤을 일반 사회 구성원의 생활수준과는 별개의 생존 개념으로 본 반면에 상대적 빈곤 개념은 특정 사회의 전반적인 생활수준과 밀접한 관련하에 상대적 박탈과 불평등의 개념을 중시한다. 이 개념하의 빈곤선은 특정 사회의 구성원 대다수가 누리는 생활수준에 못 미치는 것이기 때문에, 이것은 특정 사회의 사회적 관습과 생활수준에 따라 크게 달라질 수 있다. 예를 들면, 사회 구성원 대다수가 자동차를 소유하고 있다면 자동차가 없는 사람은 빈곤한 것이다. 상대적 빈곤을 측정하는 방법으로 가장 널리 알려진 방법은 평균소득(또는 지출) 혹은 중위소득(또는 지출)을 이용하는 방법이다. 평균(또는 중위) 소득(또는 지출)의 일정 비율을 빈곤선으로 정하고 이 이하를 빈곤으로 간주하는 것이다. 우리나라에서는 국민기초생활보장제도가 맞춤형 급여 체계로 개편되면서 2015년부터 수급자에 대한 생계급여 지급에 있어서 기준 중위소득을 사용하

표 8-1 주요 기관/국가들의 상대빈곤선

주요 기관/국가	상대빈곤선 기준
OECD	중위소득의 40%, 50%, 60%
EU	중위소득의 60%
World Bank	개발도상국은 평균소득의 1/3, 선진국은 평균소득의 1/2
영국	평균소득 50% 또는 중위소득의 60%
프랑스	중위소득의 50%
일본	평균소비지출의 68%

출처: 김미곤 외(2010); 이승영(2020).

고 있다. 중위소득의 40% 이하는 수급권자, 50% 이하는 차상위계층, 60% 이하는 차차상위계층이라 한다. 평균소득(또는 지출)이든 중위소득(또는 지출)이든 이러한 기준을 사용하면 사회의 전반적인 생활수준의 변화를 반영할 수 있어, 전반적 수준이 상승하면 평균소득과 중위소득도 동반상승하여 결국 빈곤선도 높아진다. 이는 절대적 빈곤의 최대 약점인 전반적인 생활수준 변화를 고려하지 못하는 점을 해결한다. 또한 우리나라의 경우처럼 소득이 전반적으로 과소 파악되는 경우 절대적 빈곤율은 현실보다 과도하게 높게 나타날 수 있지만 상대적 빈곤율은 왜곡이 덜한 편이다(박능후, 2004). 이 개념은 불평등의 정도 파악이나 국제적 비교에서도 유용하게 사용된다.

　주관적 빈곤(subjective poverty) 개념은 빈곤 여부를 가장 잘 평가할 수 있는 사람은 자기 자신이라는 전제에서 출발한 개념으로 생존에 필요한 기준을 스스로 설정하고 이를 통해 빈곤을 규명한다(김교성, 노혜진, 2011). 주관적 빈곤 개념을 이용한 빈곤 조사는 적절한 생활을 영위하는 데 필요한 필수품의 목록과 그것을 마련하는 데 필요한 소득수준 결정에 일반 시민 또는 빈민이 참여하게 한다는 점에서 차별성이 있다. 하지만 모든 사람의 의견을 종합해 빈곤의 기준을 설정하는 것은 어렵고, 조사과정의 복잡성 및 많은 비용과 시간을 필요로 하여 현실적으로 어렵다. 따라서 주관적 빈곤 개념으로 빈곤선을 설정하는 국가는 존재하지 않는다(김윤태, 서재욱, 2013). 하지만 선행연구의 결과를 살펴보면 객관적 빈곤가구와 주관적 빈곤가구가 약 50% 정도만이 일치하는 것으로 나타났고(이승기, 2008), 청소년 시기는 객관적 지표보다는 스스로가 인지하는 가정의 경제적 수준이 발달산물에 영향을 미치기 때문에 주관적 빈곤은 간과할 수 없는 빈곤 개념이다(박수영, 이주재, 2019; 신명주, 2015; 이원식, 2018).

2) 사회적 배제

초창기에는 인간다운 생활이 가능한 자원의 절대적 기준을 정해 그 이하를 빈곤으로 정의했으나(절대적 빈곤), 이는 차차 상대적 빈곤으로 그 논의를 보완해 왔다. 그런데 상대적 빈곤 개념 역시 기준의 상대성이란 측면에서 차별성이 있을 뿐 기본적으로는 생활에 필요한 자원의 부족이라는 빈곤의 변별기준과는 다를 바가 없다. 그러나 빈곤에 대한 이런 정의로는 충분한 교육기회나 쾌적한 환경에 대한 욕구 미충족 등을 다룰 수 없었기 때문에 궁핍(deprivation)이라는 개념이 등장하게 된다. 전통적 빈곤 개념 외에도 삶의 질이라는 개념을 포괄한 것이다. 하지만 이 역시 기본적으로는 화폐의 구매력으로 치환될 수 있는 개념으로, 최근의 빈곤 현상을 충분하게 설명하기엔 한계가 있다. 최근의 빈곤은 심리적·정서적 부적응과 의욕상실 경향을 강하게 드러낸다. 이러한 빈곤 양상을 이해하기 위해서는 물질적 자원이 있느냐 없느냐 하는 문제보다도 각종 자원에 접근할 수 있는 '기회'와 '의지'에 주목할 필요가 있다. 젊고 건강한 사람이 노동에 참여할 의욕을 잃고 복지에 의존하려고 할 경우, 전통적 빈곤 정의로는 수용하기 어려운 문제가 발생하는 것이다. 이에 따라 유럽 각국에서는 이렇게 이해하기 어려운 빈곤 현상을 정의하기 위해 '경제적인 측면만이 아니라, 문화적·정치적·사회적 소외와 배제 현상에 초점을 맞추어 주류사회(혹은 기성사회)로부터 단절된 상황'을 빈곤으로 정의하는 사회적 배제(social exclusion) 논의가 보편화되고 있다.

빈곤은 소득 부족이라는 단일 차원에 주목하는 개념인 반면에 사회적 배제는 빈곤을 경제적 문제에 국한시키지 않고 다차원적 불리함으로 확대하는 것으로, 저소득과 경제적 결핍과 함께 교육·주거·보건의 배제, 가족해체, 사회주류와의 관계망 단절, 문화적·심리적 단절을 아우르는 개념이라 할 수 있다(김안나 외, 2008: 정익중, 오정수, 2021에서 재인용). 특히 청소년은 시기적 제약으로 인해 적극적으로 노동시장에 진입할 기회가 배제되어 빈곤을 극복할 자원이 부족한 집단이며, 그들의 발달특성상 교육, 문화, 대인관계, 사회 등 다양한 차원에서 배제되기 쉽기 때문에 (노혁, 2009) 청소년의 사회적 배제에 주목할 필요성이 있다.

사회적 배제에는 여러 가지 담론이 있는데 그중 하나는 빈곤을 일반적으로 관계의 개념이라고 보는 것이다. 지배적 사회에 적절하게 참여할 수 없게 하는 개인 또는 집단의 특성이 있다는 뜻이다. 약한 담론 형태는 배제된 사람들의 취약성을 바꾸어 지배적 사회에 통합하는 것을 해결책으로 하며, 강한 담론 형태에서는 배제시키는 계층의 힘을 감축시키는 것을 목표로 한다(서병수, 2015). 이처럼 사회적 배제에는 이미 빈곤 구조에 대한 인식이 담겨 있다. 즉, 구조적으로 차별과 배제가 일어나는 현상을 빈곤의 가장 중요한 측면으로 인식하면서, 그 해법으로 사회자본개발, 가족지지, 참여기회 제공 등과 같은 다차원적인 접근을 제시하고 있는 것이다. 기존의 빈곤 혹은 빈곤 극복정책이 단순히 경제적·물질적 결핍현상을 중시하여 이전 지출 위주의 소득보장정책을 추구했다면, 사회적 배제 혹은 사회적 배제 극복정책은 단순한 경제적·재정적 측면뿐만 아니라 사회적·심리적 측면에도 관심을 가지며 또한 빈곤에 대한 현상적 측면 외에도 빈곤의 원인, 빈곤으로의 과정 부분에 더 많은 관심을 가지고 있다(심창학, 2001). 이러한 시각의 변화는 결국 빈곤에 대한 예방적·포괄적·장기적 정책의 실시를 요구하고 있고 현재 많은 정책이 실시되고 있다. 유럽 각국의 경우 사회적 배제 개념을 실제 빈곤 정책 수립에 적용하고 있으며 영국에서는 1997년 총리직속으로 사회적 배제 위원회(Social Exclusion Unit)를 설치하여 빈곤문제 등에 대해 범정부적인 대응책을 모색하고 있다.

2. 빈곤가정과 청소년

빈곤가정에서 생활하는 18세 미만의 아동·청소년을 빈곤아동·청소년이라고 하는데, 이들은 신체발달과 인지발달, 우울과 불안, 반사회적 행동(antisocial behavior) 등과 같이 발달과정 전반에서 부정적인 경험을 하게 되며, 빈곤가정의 청소년들이 처한 부정적 환경은 청소년 비행의 원인으로 작용하기도 한다(주영선, 정익중, 2019). 게다가 아동기 초기에는 빈곤으로 인한 문제행동의 정도가 심각하지 않아 적절한 개입 시기를 놓칠 수 있으며, 이로 인해 청소년기에 더 큰 문제를 유발하기도 한다(Dubow & Ippolito, 1994; Garmezy, 1991). 특히 아동·청소년기는 부모를 비롯한 성인에게 의존해야 하는 시기이기 때문에 빈곤청소년은 독립적이라기보다는 빈곤가족의 일부로 존재하는 경우가 대부분이다. 따라서 가정 내 빈곤 영향의 메커니즘을 검토하고, 빈곤아동·청소년이 가장 많이 존재하는 가족 형태인 한부모가구, 근로빈곤층(working poor) 세대에 대해 살펴볼 필요가 있다.

1) 빈곤 영향의 메커니즘

(1) 빈곤 영향을 악화시키는 위험요인

빈곤부모들은 자신들이 처해 있는 환경을 스스로 통제할 수 없다는 불안감이나 필요한 재화나 서비스를 필요할 때 가질 수 없다는 무력감, 수치심, 혹은 자존감의 상실 등으로 스트레스나 우울증에 빠져들기 쉽다(김인숙, 1994; 백혜영, 2017; Adler et al., 1993). 가족과정모델에 따르면, 이러한 부모의 스트레스와 우울은 부부간이나 가족 간 갈등을 유발하는 동시에 부모의 양육행동과 태도에 영향을 준다(Brooks-Gunn & Duncan, 1997; Conger et al., 1994; Liaw & Brooks-Gunn, 1995; McLoyd, Jayaratne, Ceballo, & Borquez, 1994). 즉, 빈곤부모들은 아동행동 자체 혹은 아동이 어떤 친구들과 어디서 노는지 등에 대한 지도감독을 하지 못하고, 긍정적 훈육보다는 신체적 체벌을 더 자주 사용하는 등 자녀들과 질적으로 낮은 수준의 상호작용을 하며, 아동에 대한 정서적 지지의 수준 역시 낮다(Conger, Conger, & Elder, 1997; Hanson, McLanahan, & Thomson, 1997; McLeod & Shanahan, 1993; McLoyd, 1998). 빈곤아동의 부모들은 상대적으로 양육기술이 부족하고 부모-자녀 관계가 좋지 않은 것으로 나타났다. 빈곤아동들은 상대적으로 가정에서 아동학대와 방임을 6.8배 이상 더 경험하고 폭력 피해도 2.2배 이상 더 높은 것으로 나타났다(Duncan & Brooks-Gunn, 2000: 김성경, 김혜영, 최현미, 2013에서 재인용.)

　이처럼 빈곤청소년들의 성장기 경험은 빈곤 그 자체보다 빈곤과 관련된 충격적인 트라우마 경험이라고 할 수 있는데(손상희, 서원영, 손성보, 2020), 부모 사이의 갈등에 자주 노출된 청소년은 상당한 심리적 스트레스를 경험한다(Brody, Stoneman, & Flor, 1995; Lempers & Clark-Lempers, 1997). 부모의 가혹한 대우나 거부적인 훈육을 경험한 청소년은 자기가치를 훼손하고 자기능력에 대한 신뢰감이 손상되기도 한다(Conger, Conger, & Elder, 1997). 부모의 부정적 양육태도와 부정적 부모-자녀 관계로 인해 자기통제력과 자신감을 상실한 청소년은 학업동기를 상실하여 학업성취에 있어 방해를 받게 되고, 학교적응에 실패할 수 있다(백혜영, 2017; 송희원, 최성열, 2012; Gutman & Eccles, 1999; McLoyd, 1989). 미국의 조사에서는 학년 유급 및 학교중퇴 문제에 있어 빈곤아동이 비빈곤아동에 비해 2배가량 높으며, 학습장애 비율도 1.4배 높은 것으로 나타났다(Duncan & Brooks-Gunn, 2000: 김성경, 김혜영, 최현미, 2013에서 재인용). 우리나라에서 청소년의 학업, 특히 사교육 활동은 이들의 생활양식에 미치는 영향이 상당하다(이수진, 정익중, 2020). 특히 빈곤의 부정적인 영향력은 아동기보다 학업 결과가 중요하게 부각되는 청소년기의 학업성취에 더 직접적으로 영향을 미칠 가능성이 있다(백혜영, 2017).

　게다가 지적 자극이 될 만한 장난감이나 컴퓨터 등의 구입을 위한 자원이 부족하고 가족 내 상호작용 빈도도 떨어지는 빈곤가정에서 성장한 청소년은 인지능력의 수준이 낮고, 언어적 능력이 떨어지며 공격적인 경우가 많다(Mayer, 1997; Seccombe, 2000). 그리고 아동기부터 부모로부터 적절한 양육을 받지 못하여 부정적 생활 습관이 형성되고, 이는 또래집단에서 소외되는 등 또래관계를 어렵게 하는 원인으로 작용하기도 한다(양경선, Chung, 2019). 정보처리 단계에서의 여러 형태의 결핍도 또래집단으로부터의 소외를 가져온다. 이러한 소외는 항상 타인의 신호를 적대적인 것으로 귀속시켜 버리기 때문에 좀 더 심각한 형태의 반응적인 공격성을 가져오게 된다. 귀속 편견은 또래집단에서 소외된 아동이 다른 아동들의 행동에 좀 더 공격적이고 보복적인 방식으로 대응하도록 하고, 다른 아동들도 그 소외된 아동을 더 심하게 집단따돌림시키도록 한다(Hymel, Wagner, & Butler, 1990; Perry, Kusel, & Perry, 1988).

한편, 빈곤으로 인한 부적절한 양육환경, 부모로부터의 학대와 방임, 또래관계 및 학교적응의 어려움 등을 경험한 청소년은 비행의 위험에 쉽게 노출된다. 또한 부정적인 부모-자녀 관계는 청소년이 비행에 참여하는 것을 스스로 억제하도록 하는 자기통제 기능을 약화시킨다(Dubois, Eitel, & Felner, 1994). 또래집단으로부터의 소외(peer rejection)는 좀 더 심각한 비행의 원인인 동시에 초기 부적응 행동의 결과이기도 하다(Coie & Miller-Johnson, 2001). 또래집단으로부터 소외된 공격적 아동들은 일반 공격적 아동보다 훨씬 더 만성적 비행에 빠져들 위험이 높다. 청소년기가 되면 소외받던 아동들끼리 비행 또래집단을 형성하게 되고, 이러한 또래집단은 심각한 비행의 좋은 훈련 장소가 된다(Patterson & Yoerger, 1993, 1989; Patterson, Capaldi, & Bank, 1991). 이는 더 심각한 비행으로의 이행을 가져온다.

빈곤청소년이 거주하는 지역사회 환경 역시 이들의 신체적·정신적 발달과 학업에 부정적인 영향을 미치는데, 이들은 지역사회 해체(social disorganization)나 사회적 소외(social isolation)로 특징지어지는 지역사회에 거주하는 경우가 많다(Chung, 2004). 지역사회 해체는 범죄, 실업 등으로 그 지역사회에 사는 아동과 청소년에 대한 집합적인 지도감독이 불가능하며 지역사회 구성원들 간의 비공식적인 네트워크가 부족한 경우를 말한다(Sampson & Laub, 1993; Sampson & Wilson, 1994). 사회적 소외는 주류사회를 대표하는 기관이나 개인과의 상호작용이나 접촉의 부족으로 그 지역사회에 사는 아동과 청소년이 따를 만한 역할모델이 존재하지 않고 문화적 학습기회를 상실하는 것을 말한다(Wilson, 1987, 1991). 이러한 지역사회에 살게 되면 긍정적 역할모델의 결핍과 부정적 역할모델의 과잉, 사회적 자본(social capital)의 부족과 사회규범의 약화 등으로 청소년은 유해한 환경에 지속적으로 노출된다(Coleman, 1988; Hagan, 1994; Herrenkohl et al., 2001). 이와 같이 빈곤지역에 거주하는 것은 빈곤으로 인한 범죄나 유해환경 등 다양한 위험요인이 공존할 수 있다는 점에서 청소년의 비행에 영향을 줄 수 있는 것이다.

지금까지 살펴본 바에 따르면, 또래관계를 적절히 맺지 못하거나 학교적응에 실패한 빈곤청소년은 가정에서의 빈곤이 청소년의 학교생활 부적응과 비행으로 이어지고, 비행이 범죄 및 사회부적응으로 발전하여 또 다른 빈곤부모가 되는 빈곤 대물림과 빈곤의 악순환에 빠질 수 있다. 따라서 이를 예방하기 위해서는 빈곤청소년에 대한 개입뿐만 아니라, 빈곤부모에 대한 적절한 지원과 교육이 필요할 것이다.

(2) 빈곤 영향을 완화시키는 보호요인

빈곤의 부정적 영향은 빈곤청소년이 그렇지 않은 청소년보다 더 많은 위험요인에 노출되어 있음을 강조하는 위험모델(risk model)의 관점에 해당한다(Huston, 1991; McCormick et al., 1989). 빈곤한 가정환경으로 출생부터 위험한 환경에 놓이게 되고, 부적절한 양육태도, 스트레스적인 생활사건 등 생물학적 또는 환경적 위험요인에 노출되어 긍정적 발달을 방해받는다(Brooks-Gunn, 1993; Huston, 1991; Liaw & Brooks-Gunn, 1993; McLoyd, 1990, 1998). 또한 위험모델에서는 동일한 빈곤 상황에서도 이들이 경험하는 위험요인의 정도에 따라 그 영향이 다르며, 빈곤청소년들 간의 발달 및 사회적응 정도 역시 차이가 있다고 설명한다. 즉, 이러한 논리에 따르면 위험요인에 많이 노출될수록 아동과 청소년의 학교 또는 사회에의 적응수준이 낮아지고, 빈곤가정의 모든 청소년은 비행을 저지르거나 범죄에 가담하는 등 문제를 일으켜야 하며, 사회 부적응 또는 소외된 성인이 되어야 한다. 그러나 빈곤한 가정과 위험요인에 노출된 상황에서도 이를 극복하고 주어진 환경에 적응하여 건강한 성인으로 성장하는 빈곤청소년이 분명히 존재한다. 위험모델에서 설명하는 빈곤의 부정적 메커니즘만으로는 이러한 청소년을 설명할 여지가 없다. 따라서 최근 연구에서는 빈곤청소년의 발달을 설명하는 이론에서 점점 보호요인이 강조되고 있다.

보호요인은 취약한 환경조건에서도 부정적인 발달 산물의 가능성을 경감시키는 요소를 말한다. 부모의 자녀 학업에 대한 격려와 관여(Steinberg, Lamborn, Dornbusch, & Darling, 1992), 청소년의 높은 회복탄력성 등이 대표적인 보호요인에 해당한다. 가족 중 적어도 한 사람과 밀접한 유대관계를 갖고 어린 시절부터 양육자와 기본적인 신뢰를 통해 안정적인 애착관계를 형성하며, 서로 가족 내 역할에 협조적이고 통제와 애정이 적절하게 균형 잡힌 민주적인 양육태도가 이루어질 때, 회복탄력성이 발달할 수 있는 가족분위기가 된다. 또한 자녀와 부모가 가치를 공유하고 부모가 자녀의 미래에 대한 낙관적인 견해를 가지며, 가족 내 의사소통이 적절하게 이루어지며 가족응집력이 높고 부모와 자녀의 역할이 잘 규정되어 있는 가정이 보호적인 기능을 하는 것으로 나타났다(Block & Block, 1980; Kirby & Fraser, 1997; Rutter, 1987; Werner, 2000). 이 외에도 학교 분위기 자체가 학생의 욕구에 반응적이고 뚜렷한 규범을 가지고 있으며, 예측할 수 있는 환경이 되어야 하며, 좋아하고 믿을 수 있는 교사가 존재하고, 학교에서 제공하는 교과과정 이외의 활동에 적극적으로 참여할 때 심리사회적 발달에 긍정적인 것으로 나타났다(Garmezy, 1985; Werner & Smith, 1992).

2) 빈곤청소년이 많이 존재하는 가족 형태

(1) 한부모가구

한부모가구는 일반가구 중에서 한부모와 미혼자녀로만 구성된 가구를 의미한다. 최근에 한부모가구는 이혼이나 미혼 가구의 증가 등으로 점차 증가하는 추세이다. 전체 가구 중 한부모가구가 차지하는 비중은 2008년에는 9.0%, 약 150만 가구로 나타났는데, 2011년에는 9.3%, 약 160만 가구로 증가하였으며, 2014년에는 10.5%, 약 190만 가구로 증가하였다. 2015년과 2016년에는 각각 전체 가구 중 10.8%에 해당하는 약 200만 가구, 2017년과 2018년에는 10.9%에 해당하는 약 210만 가구가 한부모가구였다(여성가족부, 2019a). 지난 10년을 살펴봐도 한부모가구는 계속 증가 추세에 있으며 앞으로도 다양한 가족 형태가 늘어남에 따라 한부모가구의 비율은 늘어날 전망이다(여성가족부, 2020).

2018년 한부모가족 실태조사에 따르면, 한부모가족 발생원인은 이혼이 77.6%로 가장 많은 비중을 차지하였고, 한부모의 평균연령은 43.1세로 나타났다(김은지 외, 2018). 한부모의 연령이 30~40대라는 점을 고려하면 이혼 당시 자녀의 연령이 18세 미만인 상태에서 이혼하는 경우가 많다는 것인데, 이는 한부모가 생계와 자녀양육을 모두 책임져야 한다는 것을 의미한다. 따라서 많은 한부모가구 구성원은 경제적으로 매우 불안정한 삶을 살고 있으며, 충분하지 못한 수입 때문에 주택규모를 줄이거나 자녀교육비, 생활비까지 줄여야 하는 상황에 놓여 있다.

2018년 실태조사 결과, 한부모가구의 월평균소득은 전체 평균 가구 가처분소득 (389.0만 원)의 절반을 겨우 넘는 56.5% 수준인 월 219.6만 원이었고, 기초보장 또는 저소득 한부모지원 등 정부지원을 받는 가구는 46.0%로 나타났다(김은지 외, 2018). 게다가 상당수의 한부모는 취업상태에 있는데, 이들 대부분은 서비스직이나 단순 노동, 영세 사업장 근로와 같이 고용이 불안정하거나 소득수준이 낮기 때문에 근로빈곤층에 속할 가능성이 컸다(김은지 외, 2018). 이처럼 한부모가구는 주요 빈곤집단 중 하나인데, 여성 한부모가구는 빈곤에 더욱 취약하다. 여전히 우리 사회에서는 여성들, 특히 경력단절여성을 위한 일자리가 매우 제한되어 있으며 취직을 하더라도 임금이 열악한 직업에 종사하게 되는 경우가 대부분이다. 이러한 상황에서 한부모가구에 대한 자녀양육비 지원은 굉장히 큰 의미를 가진다. 물론 소득과 계층에 따라 그것이 가지는 의미가 조금씩 다르다 할지라도, 양육비 지원은 한부모가구, 특히 여성 한부모가구의 생활을 조금이나마 윤택하게 한다는 측면에서 매우 중요하다(한국여성민우회, 2002).

미혼 또는 이혼한 한부모가구에서는 자녀를 양육하지 않는 다른 한 부모가 자녀양육비를 부담할 일차적 책임이 있다. 그러나 2018년 실태조사에서 미혼 또는 이혼 한부모 중 양육비를 한 번도 받은 적이 없다는 응답이 73.1%에 달하여, 양육비 지급 문제가 여전히 심각한 수준이라는 것을 알 수 있다(김은지 외, 2018). 이러한 문제는 선진국에서도 유사하게 나타났고, 많은 나라는 이러한 문제를 해결하기 위하여 사적인 아동양육비 지급제도에 대한 다양한 공적 개입의 방안을 마련해 왔다. 우리나라에서도 2007년 「민법」을 개정하여 양육비 강제집행에 관한 제도를 마련하였고, 2015년부터 시행된 「양육비 이행확보 및 지원에 관한 법률」에 따라 양육비 채무 이행을 유도할 수 있는 법적 근거를 마련함으로써 제도를 정비하였다. 대표적인 것이 양육비이행관리원 설치와 양육비 채무 불이행자에 대한 운전면허 제한제도이다. 양육비이행관리원은 미성년 자녀의 양육비 청구와 양육비 이행감독을 담당하는 별도의 기관으로, 양육비와 관련한 상담과 이행확보 등을 위한 법률지원, 한시적 양육비 긴급지원, 양육비 채무 불이행자에 대한 제재와 같은 다양한 지원을 제공하도록 하고 있다. 또한 2021년 6월부터 양육비이행관리원의 역할이 보다 확대되어, 이행관리원에서 양육비를 긴급지원한 경우 그 지급액의 일부 또는 전부를 양육비 채무자에게 징수하거나, 이에 따르지 않으면 국세 체납처분의 예에 따라 징수할 수 있게 되었다는 점에서 이행관리원의 역할이 조금씩 확대되고 있음을 알 수 있다(정익중, 오정수, 2021). 다만, 이러한 제도들은 부양의무자의 경제적 능력을 전제로 하기 때문에 중산층 이상의 이혼가정만이 주로 혜택을 받게 되고 빈곤층은 이 제도의 혜택을 받기 어렵다는 점에서 한계가 있다. 아동양육비를 지급 받지 못하는 가장 큰 이유가 전남편의 경제적 무능력이라는 점(장혜경, 2003)을 감안하면 빈곤층은 이 제도가 갖추어져도 양육비를 지급받기 어려울 수 있다. 이러한 현실을 고려할 때 일정 수준의 최저양육비를 정부가 보장하는 것이 한부모가족의 경제적 안정과 아동보호를 위해서 긴요한 것으로 판단된다.

공적 제도는 아니지만 민간단체에서도 양육비 미지급 문제 해결과 양육비에 대한 사회적 인식 변화를 위해 노력하고 있는데, 대표적인 것이 양육비해결모임이라는 단체에서 운영하는 '배드파더스'라는 웹사이트이다. 이 웹사이트에서는 2018년 7월부터 양육비를 지급하지 않는 부모의 신상을 공개하고 있다(김현진, 2020). 그러나 웹사이트에 신상이 공개된 부모가 양육비를 지급하지 않더라도 양육비 채무 이행을 강제할 수 있는 권한이 없다는 데 한계가 있었다.

현재 우리나라 양육비 이행 정책 흐름 중 하나는 처벌적인 양육비정책을 강화하려는 것인데 많은 비양육부모가 양육비를 지급할 능력이 있지만, 지급 의지가 없다는 정책 가정을 바탕을 두고 있다(정이윤, 2020). 이에 따라 「양육비 이행확보 및 지원에 관한 법률」이 개정되어 양육비를 지급하지 않으면 지방경찰청장에게 운전면허 정지처분을 요청할 수 있으며, 여성가족부 장관이 양육비이행심의위원회 심의·의결을 거쳐 직권으로 법무부 장관에게 출국금지를 요청할 수 있다. 또 양육비 채권자가 여성가족부 장관에게 신청하면 양육비 채무자에게 3개월 이상 소명 기회를 부여한 후 양육비이행심의위원회 심의·의결을 거쳐 인터넷 홈페이지에 이름을 공개할 수 있도록 하였다. 이와 함께 감치명령 결정을 받았음에도 정당한 사유 없이 1년 이내에 양육비 채무를 이행하지 않으면 '1년 이하의 징역 또는 1,000만 원 이하의 벌금'에 해당하는 형사처벌도 가능해진다. 이번 개정 법률의 시행으로 '배드파더스'의 역할을 대체하는 동시에 양육비를 이행하지 않는 비양육부모의 책임성이 강화돼 양육비 이행률이 제고될 것으로 기대된다.

하지만 양육비를 낼 능력이 없는 비양육부모에게 지원 없이 처벌적 수단을 도입하면 이행 향상에 역효과가 있을 뿐 아니라 자녀와의 관계가 악화되거나 비양육부모 본인이 국가와 부정적 상호작용 경험을 하게 되어 정부에 대한 불신과 정치참여의 약화로까지 이어질 수 있다(김화연, 김민길, 조민효, 2018; Crowley, Watson, & Waller, 2008; Soss, 1999: 정이윤, 2020에서 재인용). 따라서 실효성 있는 양육비 이행 정책을 위해서는 저소득 비양육부모에게 어느 정도 양육비 이행을 기대하는 것이 적정한가에 대한 정책적 결정이 필요하며, 비양육부모에게 양육비 지급 시 경제적 인센티브 제공 또는 공공부조를 받는 한부모의 경우 양육비를 소득에서 공제하는 등의 양육비 이행을 독려하는 방안을 고안하는 것이 필요하다(정이윤, 2020). 더 나아가 국가가 양육비를 선지급하고 양육비 채무자에게 구상권을 청구하여 돌려받는 방식도 고려할 수 있다.

(2) 근로빈곤층 세대

과거에는 빈곤의 원인이 근로활동을 하지 않았기 때문이라고 여겼다. 즉, 일자리만 구하면 적어도 빈곤층에 빠지지는 않을 것이라는 믿음이 있었다. 과거엔 일자리만 구하면 그럭저럭 먹고 살 수 있었다. 하지만 우리나라에서는 1990년대 후반 IMF 경제위기를 겪었고, 그 이후 비정규직 일자리가 늘어나면서 일을 해도 가난에서 벗어나지 못하는 '근로빈곤층(working poor)'이 급증하였다. 2018년 기준 1인 이

상 전 가구 중 취업자의 가처분소득 기준 상대적 빈곤율(중위 50%)은 11.4%로 나타
났다(한국보건사회연구원, 2019).

근로빈곤층 양산의 주요 원인은 외환위기를 벗어나기 위해 기업들이 비정규직
을 급속히 확대한 것이다. 비정규직은 근로기간이 정해져 있지 않은 상시근로자와
달리 근로기간이 정해져 있는 계약직, 일용직 등으로 한시적 근로자, 시간제 근로
자, 비전형 근로자로 구분한다. 2019년 8월 기준 우리나라의 비정규직 규모는 총
7,481천 명으로, 전체 임금근로자의 36.4%를 차지하고 있다(김복순, 임용빈, 2020).
이렇듯 비정규직 노동자의 비중은 점차 증가하는 추세이며, 국제적으로도 우리나
라의 비정규직 비중은 높은 수준에 이르렀고 비정규직을 위한 대책 마련은 시급하
다. 정부는 노 · 사 관계자 등과 여러 차례 합의를 거쳐 2017년 10월 '일자리 정책
5년 로드맵'에 비정규직 로드맵을 포함하여 발표하였고, 이를 구체화하기 위해 민
간 전문가 등으로 구성된 비정규직 TF를 운영하였으며, 경제사회노동위원회 등에
서 노 · 사 관계자와 사회적 대화를 거쳐 관련 법 · 제도 개선을 추진하고 있다(고용
노동부, 2020). 2018년 6월 기준 전체 근로자의 월 임금 총액은 3,028천 원으로 조사
되었는데, 정규직 근로자의 월 임금 총액은 3,510천 원인데 비해 비정규직 근로자
는 1,588천 원(정규직 대비 45.2%)으로 나타났다(고용노동부, 2018). 비정규직 근로자
의 월 임금 총액이 「국민기초생활 보장법」의 4인 가구 생계급여 선정기준인 1,355천
원(보건복지부, 2017)보다 조금 높은 수준에 불과하다. 즉, 많은 사람이 일해도 급여
가 낮고 고용이 불안정한 상태에 머물러 가난에서 좀처럼 벗어날 수 없었다(정익중,
오정수, 2021).

정부에서는 빈곤층을 지원하기 위해 공공부조로서 국민기초생활보장제도를 도
입하였으나, 이는 소득 규모에 상관없이 최저생계비와 가구소득의 차액을 보충해
주는 방식이기 때문에 수급자들이 국가의 보호에 의존할 가능성이 크고 저소득층
의 근로 의욕을 높이는 데 한계가 있었다. 따라서 공공부조 수급자의 근로 동기를
고취하기 위해 우리나라에서는 2009년에 최초로 근로장려세제(Earned Income Tax
Credit)를 시행하였다. 이는 저소득 근로자 가구에 소득세 환급의 형태로 근로장려
금을 지급하는 제도로, 실질소득을 증가시킴으로써 저소득층이 극빈층으로 추락

하는 것을 예방하고 조세제도를 통한 근로 의욕 고취와 소득재분배 효과를 기대할 수 있으며, 일정 소득 구간에서 소득이 증가할수록 지급액이 많아지므로 근로 의욕을 높일 수 있다(국세청, 2020). 즉, 열심히 일은 하지만 소득이 적어 생활이 어려운 근로자 또는 사업자 가구에 대하여 가구원 구성과 총급여액 등에 따라 산정된 근로장려금을 지급함으로써 근로를 장려하고 실질소득을 지원하는 근로연계형 소득지원제도이다. 최초로 근로장려금을 지급하였던 2009년에는 소득파악이 쉬운 근로자를 대상으로 하였으나, 점차 지급범위를 확대하고 지급액을 인상하는 등 제도를 보완하였다. 즉, 2012년에는 자영업자 중 일부가 추가되었고 2015년부터는 지급대상을 모든 자영업자까지 확대하였으며, 2019년에는 종교인이 추가되었다(국세청, 2020).

근로장려금은 근로소득, 사업소득(전문직 제외), 종교인소득이 있는 거주자로서 총소득요건과 재산요건 등을 갖춘 자에게 2020년 기준 150만 원에서 300만 원까지 지급된다. 또한 저소득 근로자의 자녀양육비 지원을 위해 2015년부터 자녀장려금도 추가로 지급하고 있는데, 총소득 4,000만 원 미만이면서 부양 자녀(18세 미만)가 있는 경우 자녀 1인당 70만 원(최소 50만 원)을 지급한다. 특히 근로장려금 지급을 단독 및 가족(홀벌이/맞벌이) 가구 기준으로 개정하여 기존 근로장려세제의 자녀 기준을 자녀장려금에 적용하고 근로장려금과 자녀장려금의 수급요건을 연계하고 있다(김재진, 2014). 2018년 기준 총 388.5만 가구에 43,003억 원(가구당 평균 110만 7천 원)의 근로장려금을 지급하였고, 자녀장려금은 총 84.8만 가구에 7,273억 원(가구당 평균 85.8천 원)을 지급하였다(국세청, 2019).

근로장려금과 자녀장려금은 공공부조 성격의 소득이전 확대 및 소득재분배 효과가 있는 것은 분명하다. 하지만 이들만으로는 근로빈곤의 근원적 문제를 해결하는 데에는 한계가 있다. 즉, 저숙련 저임금 일자리나 단시간 근로, 불안정한 고용형태를 개선하려는 노력이 병행되어야 하며, 이를 위한 제도 간 연계나 기능 분담과 같은 조정이 필요하다(배화숙, 2019). 특히 정규직을 확대하고 근로빈곤층을 정규직으로 채용하는 등 일자리의 질을 높여 취업기회를 확대해야 한다. 근로빈곤층은 일할 의욕이 있다고 하더라도 노동시장의 진입장벽으로 인하여 정규직에 취업하기가 쉽지 않은 실정이다. 문재인 정부에서는 2017년부터 비정규직에 대한 정규직화 정책을 통해 고용안정을 유도하고 있지만, 공공부문과 비교하면 민간부문의 정책 효과는 아직 미비한 상황이다(조영현, 김근세, 2019). 따라서 근로빈곤층을 정규직으로 채용하는 고용주에게 세제상 인센티브를 주거나 기업복지와 사회보장급여에서의 정규직과 비정규직 간의 차이를 철폐하고, 비정규직의 근로시간 확대를 통해 고용 안정성과 적절한 노동시간을 보장할 필요가 있다(백학영, 구인회, 2010). 이를 통해 근로빈곤층은 안정적인 일자리에서 자기의 능력과 경쟁력을 입증할 기회를 가질 수 있을 것이다.

　정부에서는 근로빈곤층의 탈빈곤과 빈곤예방, 그리고 자립지원을 위해 자활사업을 수행하고 있다(보건복지부, 2020b). 과거 기초생활보장 수급자를 중심으로 자활사업을 추진하였으나 점차 그 대상을 확대하였고, 자활근로사업의 다양화와 개인별 맞춤 일자리를 지원하는 희망리본사업, 저소득층의 자산 형성을 지원하는 희망키움통장(IDA, 개인발달계좌) 사업 도입 등 효과를 극대화하기 위한 노력을 거듭하여왔다. 특히, 정부는 기초생활보장 수급자 및 차상위계층의 자립을 지원하고 자활사업 지원체계의 전문성 및 효율성을 높이고자 2019년 7월, 한국자활복지개발원을 출범시켰다(보건복지부, 2020b).

　우리나라의 자활사업은 근로연계복지를 통해 근로빈곤층의 최저생활을 보장하고 자활의 기회를 제공해 왔다는 데에서 그 의미를 찾을 수 있다. 그러나 지금까지의 여러 가지 노력에도 불구하고 근로빈곤층의 탈수급 및 탈빈곤 효과가 그리 크지 않은 것이 사실이다(장호윤, 정우열, 최인규, 2019). 따라서 자활사업의 성공을 위해서는 자활사업 참여자 상당수가 자신감과 의욕이 부족한 점을 고려하여 자활사업 참여 전에 자신감 회복 및 동기부여 등의 기초교육·훈련 과정을 개발하여 실시해야 한다. 빈곤층이 자활사업에 참여하고자 하는 동기를 부여하는 방법으로 효율적인 근로유인체계를 활용하고, 탈수급 제고를 위하여 주거와 일자리 지원정책을 패키지로 운영하는 등의 방법을 도입할 수 있다. 또한 더욱 효율적인 운영을 위하여 현행 기초보장제도의 급여체계를 개편할 필요가 있다. 즉, 근로와 연계하여 자활이 초점이 되는 급여체계로 전환하되 주거, 교육, 의료 등 욕구별·영역별 급여대상을 폭넓게 확대하여 빈곤을 예방하는 체계로 전환하는 것이 필요하다(이태진, 2011).

3. 청소년 빈곤정책

현재 우리나라의 청소년 관련 업무는 여성가족부가 중심이 되어 담당하고 있으나, 빈곤청소년을 위한 정책은 보건복지부, 교육부에서도 담당하고 있다. 청소년 빈곤과 관련하여 기존에 정부에서 빈곤청소년을 대상으로 대표적으로 실시하였던 정책은 청소년자활지원관 사업이라고 할 수 있다. 청소년자활지원관의 설립 취지는 자활사업에 참여하는 저소득층의 자녀를 보호·지도함으로써 자활효과를 극대화하는 한편, 저소득층 자녀인 청소년을 대상으로 진학 및 취업상담을 지원함과 동시에 건전한 문화공간을 제공함으로써 빈곤문화의 세습화를 방지하는 것이었다. 청소년자활지원관은 직업개발, 직업체험 등 자활지원센터로서의 일차적 역할과 더불어 저소득층 청소년들에 대한 방과후 학습지원 등 교육지원의 역할을 보조적으로 담당하였다. 구체적인 사업내용은 저소득 청소년의 올바른 진로의식 및 직업관 확립을 위한 사업, 청소년의 창의적인 직업개발 및 창업을 위한 동아리 활동 지원, 취업 전 단계에서의 직업능력 향상 지원, 직장 및 사회적응력 배양을 위한 교육, 실업청소년 모임을 통한 자생력 배양, 자활공동체 사업장에의 취업 연결 등 크게 여섯 가지였다(손치훈, 박미란, 2003). 하지만 청소년지원체계가 여성가족부 산하에서 진행된다는 이유와 유사·중복 복지사업을 정리해 불필요한 복지재정 지출을 줄인다는 취지로 2015년부터 폐지공고를 받았으며 사업은 2016년 12월 말로 종료되었다(김신민, 2019; 서울신문, 2015. 8. 19.). 정식 폐관이 되었을 때 남아 있는 청소년들의 복지서비스 이전을 위해 2015년 말부터 인근 지역아동센터와 사업이 합병되기 시작하여 현재는 지역아동센터, 청소년방과후아카데미 등이 대체하고 있다. 여기서는 현재 시점에서 빈곤청소년을 주요 대상으로 삼고 있는 청소년복지정책들을 중심으로 살펴보고자 한다.

1) 사례관리: 교육복지우선지원사업

교육복지우선지원사업은 교육부 교육복지정책과에서 운영 중인 사업으로「초·중등교육법 시행령」제54조 제1항에 따라 도시 저소득층 밀집 지역의 학교(초등, 중등, 고등)에 교육·복지·문화 프로그램을 집중적으로 지원하고, 지역교육공동체를 구축하도록 하여 교육취약학생의 학교생활 적응과 교육적 성취를 도모하고, 궁극적으로는 모든 학생의 교육기회 균등을 실현하기 위한 사업으로 시작되었다. 이는 교육부를 중심으로 2003년부터 현재까지 시행되어 오고 있다.

사업 시행 초기부터 2010년까지는 '교육복지투자우선지역 지원사업'으로 진행되었는데, '국민의 정부'에서 추진해 온 '중산층 육성 및 서민생활 향상 대책' 중 교육부문 대책의 일환으로 모색되었으며, 산업화 과정에서 정책 지원대상에서 소외되었던 도시 주변부의 저소득층을 겨냥하여 정책이 입안되었다. 서울 6개, 부산 2개 지역을 대상으로 시행되었고, 당시 교육복지투자우선지역 지원사업은 지역교육공동체의 구현을 통하여 취약계층의 삶의 질 제고를 목표로 하였으며, 사업내용도 대상 학생의 학교 교육과정 이수와 함께 교육·문화·복지 차원의 지지망을 구축하여 저소득층 학생의 욕구에 맞는 프로그램을 제공하고자 하였다(김광혁 외, 2019).

그러나 사업의 한계점으로 제도화 수준이 미흡하고, 사업선정의 기준을 지역(zone) 단위로 적용함에 따라 대상 학교 선정이 경직적이며, 매년 교육부 특별교부금 재원에 의존함으로써 안정적이고 예측 가능한 사업 수행이 어려웠다. 또한 시·도교육청의 자율적 사업 운영에 제약이 있고, 교육지원청과 단위학교의 관련 사업과의 연계성이 부족한 점 등이 한계로 지적되었다(교육과학기술부, 2010: 김광혁 외, 2019에서 재인용). 이에 따라 2010년에 '교육복지투자우선지역 지원사업 개선방안'이 발표되었고, 2011년도에 전국적으로 전면 확대·적용되었다. 개선 방향의 주요 내용으로 사업 명칭이 '교육복지우선지원사업'으로 개칭되었고, 사업의 재원을 지방자치단체(교육청) 재원으로(보통교부금) 전환하고, 사업의 안정성을 확보하기 위해 보통교부금 산정기준에 교육복지우선지원사업 항목을 삽입하였다. 또한 사업의 법적 근거를 마련하기 위해「초·중등교육법 시행령」을 개정(2010. 12.)하고 교육부 훈령인 「교육복지우선지원사업 관리 · 운영에 관한 규정」을 제정 · 시행(2011. 2.)하였다. 교육복지우선지원사업으로 변경되면서 주요 운영 방향이 변경되었는데, 사업 운영을 저소득층 및 소외계층 지역의 교육 · 문화 · 복지 수준의 향상을 강조하던 것에서 학생 중심으로의 지원을 강화하겠다는 점을 분명히 하였다. 이에 따라 사업 대상이 저소득층 및 소외계층 지역에서 취약한 여건에 있는 학생을 포함한 모든 학생으로 변경되었으며, 시 · 도교육청에서는 학교 소재지와 규모에 상관없이 취약계층 학생이 교육복지 혜택을 받을 수 있도록 다양한 방식으로 확대할 것을 권고하였다. 더불어 지역네트워크 부분에서도 지자체와 사례관리 영역 중심으로 연계 · 협력을 공식화할 것을 강조하였다(김광혁 외, 2019).

2) 돌봄 및 활동 지원

(1) 청소년방과후아카데미

청소년방과후아카데미는 여성가족부와 지방자치단체에서 공적 서비스를 담당하는 청소년수련시설(청소년수련관, 청소년문화의집 등)을 기반으로 방과후 돌봄이 필요한 청소년(초등 4학년~중등 3학년)의 자립역량을 개발하고 건강한 성장을 지원하고자 방과후 학습지원, 전문체험활동, 학습 프로그램, 생활지원 등 종합서비스를 제공하는 국가정책 지원사업이다. 2005년 9월부터 46개소에서 시범운영을 시작하여, 2006년 전국적으로 확대되었으며, 2020년 7월 기준 청소년수련관, 청소년문화의집 등 301개소의 공공시설에서 청소년방과후아카데미가 운영되고 있다. 이 사업은 「청소년 기본법」 제48조의2에 법적 근거를 두고 있으며, 방과 후 돌봄이 필요한 청소년에게 체험활동, 학습지원, 급식, 상담 등 종합서비스를 제공하고, 청소년 활동 · 복지 · 보호 · 지도 등을 통해 청소년의 전인적 성장을 지원하고 가정의 사교육비 경감 및 양육 부담 완화에 기여하는 것을 목적으로 한다. 지원대상은 초등학교 4학년부터 중학교 3학년까지로 구체적인 내용은 〈표 8-2〉와 같다.

사업 추진방향은 다음과 같다. 첫째, 방과 후 돌봄 사각지대 청소년을 위한 다양한 프로그램 운영 및 청소년의 성장 · 발달에 부합하고 청소년 · 학부모의 눈높이

표 8-2 청소년방과후아카데미 지원대상

대상 구분	지원대상
우선순위 지원대상	기초생활수급자, 차상위계층, 한부모·조손·다문화·장애가정, 두 자녀 이상 가정, 맞벌이가정 등 방과 후 돌봄이 필요한 청소년
기타 지원대상	학교(교장·교사), 지역사회(주민센터 동장·사회복지사 등)의 추천을 받아 청소년방과후 아카데미 지원협의회에서 승인받은 청소년

출처: 여성가족부(2019b).

에 맞는 과정 운영을 통해 지역사회에서의 청소년 활동·복지·보호체계 역할을 수행한다. 둘째, 방과 후 안전하게 보호되고 건강한 성장을 도와주는 사업으로의 인식을 확산하고 방과 후 돌봄 사각지대 해소를 위한 방과후아카데미 지원협의회 구성을 통해 지역사회의 참여 확대 및 연계체계를 구축함으로써 학교와 지역사회 의 상호 신뢰 및 연계를 강화한다. 셋째, 지역사회 공공기관, 사회단체, 기업, 개인 등의 물품지원 및 후원, 자원봉사, 재능기부 등 다양한 지역사회 자원을 연계하여 종합서비스를 제공한다. 지원내용은 〈표 8-3〉과 같다.

표 8-3 청소년방과후아카데미 지원내용

구분		세부내용
전문체험활동	주중체험활동	체험활동 위주로 청소년들의 창의·인성 함양을 위한 다양한 체험활동 프로그램 운영(예술체험활동, 과학체험활동, 직업개발활동, 봉사활동, 리더십개발활동 등)
	주말체험활동	
학습지원활동	교과학습	교과학습 중심의 학습지원
	보충학습지원	숙제, 보충학습지도, 독서지도
자기계발활동	주중자기계발활동	청소년들의 주도로 진행하는 활동
	주말자기계발활동	(자치활동, 동아리활동 등)
생활지원	급식, 상담, 건강관리, 생활일정 관리(메일링서비스) 등의 생활지원	
특별지원	청소년캠프(방학), 보호자교육, 초청인사 특별강의, 발표회 등	

출처: 청소년방과후아카데미 홈페이지.

(2) 지역아동센터

　지역아동센터는 빈곤 지역을 중심으로 1985년에 공부방으로 시작되었으며, 지역사회에서 빈곤 및 방임아동을 위하여 복지서비스를 지속적으로 제공해 왔다(조영준, 2017). 이후 2004년 「아동복지법」 개정을 통해 지역아동센터로 규정되었으며 법적인 아동복지시설로 인정받게 되었다(박태정, 박형원, 이희연, 2010). 지역아동센터는 법적 아동복지시설로 규정된 이후 국가의 재정적 지원을 기초로 양적으로 확대되었고, 2020년 아동권리보장원으로 통합되어 공적 아동복지전달체계로서 자리 잡고 있다.

　지역아동센터는 사회적 보호가 필요한 아동에게 지역사회 최일선에서 보호 · 교육 · 문화 · 복지 서비스를 제공하는 이용시설이며, 예방적 아동복지시설로서 기능해 왔다(정익중, 박현선, 오승환, 임정기, 2009). 2020년도 지역아동센터 지원 사업안내에서 제시하는 지역아동센터의 기능은 다음과 같다(보건복지부, 2020a). 첫째, 지역아동센터는 지역사회 아동보호를 실현한다. 지역아동센터는 지역사회 안에서

표 8-4 지역아동센터 사업개요

구분	내용
목적	• 방과후 돌봄이 필요한 지역사회 아동의 건전육성을 위하여 보호 · 교육, 건전한 놀이와 오락의 제공, 보호자와 지역사회의 연계 등 종합적인 복지서비스 제공
근거	• 「아동복지법」 제50~52조, 제54~75조(설치근거 제52조 제1항 제8호) • 「아동복지법」에 별도로 규정이 있는 경우를 제외하고는 「사회복지사업법」을 따름(「사회복지사업법」 제3조)
대상	• 「국민기초생활 보장법」에 따른 생계 · 의료 · 주거 · 교육급여 수급자, 그 외 기준에 따른 취약계층 • 18세 미만의 아동으로서 초등학교 및 중학교에 재학 중인 아동, 그 외 기준에 따른 아동
지원내역	• 아동보호(안전한 보호, 급식 등), 교육 기능(일상생활지도, 학습능력 제고 등), 정서적 지원(상담 · 가족지원), 문화서비스(체험활동, 공연 등)으로 지역사회 내 아동 돌봄에 대한 사전 예방적 기능 및 사후 연계 제공

출처: 보건복지부(2020a).

위기와 빈곤 가운데 있는 아동의 권리를 보장하며, 안전하게 보호하고 급식지원을 하며 결식을 예방한다. 둘째, 지역아동센터는 교육적 기능을 담당한다. 지역아동센터를 통해 아동의 학습능력을 제고하여 학교 부적응을 해소하고, 가족의 보호기능 약화로 인한 일상생활 지도를 하며 학교생활의 유지 및 적응력을 강화시키는 기능을 담당한다. 셋째, 지역아동센터는 아동의 정서적 지원을 담당한다. 아동의 심리정서적 안정 및 건강한 신체발달을 강화하는 기능을 담당한다. 넷째, 지역아동센터는 문화서비스를 제공하는 기능을 담당한다. 지역아동센터는 문화적으로 소외되어 있는 아동에게 다양한 문화체험 및 문화체험의 장을 제공한다. 다섯째, 지역아동센터는 지역사회 연계 기능을 담당한다. 지역아동센터는 지역사회 자원을 발굴하여 지원을 강화하고, 지역사회 내 아동문제에 대한 사전 예방적 기능 및 사후

표 8-5 지역아동센터 프로그램 소개

구분		세부내용
기본 프로그램	보호 프로그램	빈곤 · 방임 아동보호, 일상생활지도, 급식제공, 위생지도 등
	교육 프로그램	학교생활 준비, 숙제지도, 예체능교육, 안전교육, 기초학습 부진 아동 특별지도, 독서지도 등
	문화 프로그램	문화체험, 견학, 캠프, 공동체활동, 놀이활동 지원, 특기적성 등
	복지 프로그램	사례관리, 상담, 정서적 지원, 부모교육, 가정방문 등
	지역사회 연계 프로그램	지역 내 인적 · 물적 자원을 연계, 결연후원, 지역복지활동 등
특화 프로그램	주말 · 공휴일 프로그램	평일에 시간적 여유가 없어 진행할 수 없었던 프로그램과 주말에만 참여 가능한 체험학습 등을 제공
	야간보호 프로그램	저녁 늦은 시간까지 부모가 귀가하지 않아 방임되고 있는 아동들을 보호자의 귀가시간까지 지역아동센터에서 보호
	가족기능강화 프로그램	아동양육기술 및 의사소통 증진, 부모 집단 프로그램 및 자조모임, 가족성장교실, 좋은부모교실, 지역주민 결연 및 멘토링 활동 등
	청소년을 위한 프로그램	1:1 학습멘토, 동아리활동, 진로탐색 프로그램

출처: 아동권리보장원 홈페이지.

연계 서비스를 제공한다.

지역아동센터는 특히 빈곤아동·청소년에게 네 가지 점에서 중요한 영향을 미친다(정익중 외, 2009). 첫째, 지역아동센터는 지역사회의 최전선에 위치하여 빈곤아동·청소년이 이용하기에 편리하다. 둘째, 지역아동센터는 이용정원이 30명 내외인 소규모 시설로서 빈곤아동·청소년 개개인의 욕구에 맞는 개별화된 서비스를 제공할 수 있다. 셋째, 지역아동센터는 빈곤가정 아동·청소년을 가까운 거리에서 생애주기에 따라 지속적으로 접촉할 수 있어 꾸준한 관찰이 가능하며, 아동·청소년의 성장과 함께하며 지속적인 관계를 맺을 수 있다. 넷째, 지역아동센터는 지역 자원을 통합함으로써 다각적인 서비스를 제공하고 아동·청소년의 건강한 성장에 실질적인 도움을 준다.

3) 교육지원

(1) 교육급여

교육급여는 1999년 「국민기초생활 보장법」이 제정되면서 2000년부터 시행되었다. 2014년 12월 「국민기초생활 보장법」이 개정되고 2015년부터 맞춤형 급여가 본격적으로 도입되면서 최저생계비 이하의 빈곤가구에 대한 통합지원이 생계·주거·의료·교육 등 급여별로 별도의 기준을 설정하는 개별 급여 방식으로 개편되었다. 이에 따라 교육급여의 소관 부처가 보건복지부에서 교육부로, 보장 기관이 시·군·구에서 시·도교육청으로 변경되었다(김지하, 2016). 이러한 교육급여는 생계유지 능력이 없거나 생활이 어려운 자에게 필요한 교육급여를 지급하여 빈곤층 교육비 부담을 경감하고 실질적인 교육기회 보장을 위한 기초생활보장제도이다. 자세한 사업개요는 〈표 8-6〉과 같다.

표 8-6 교육급여 사업개요

구분	내용
목적	• 기초생활보장 수급자에 대하여 적정한 교육기회를 제공하여 자립능력을 배양함과 동시에 빈곤의 세대전승 차단

기본원칙	• 최저생활보장의 원칙
	  − 생활이 어려운 자에게 필요한 급여를 행하여 이들의 최저생활을 보장
	• 개별성의 원칙
	  − 급여수준을 정함에 있어서 수급자의 개별적 특수 상황을 최대한 반영
	• 타 급여 우선의 원칙
	  − 급여신청자가 다른 법령에 따라 보장을 받을 수 있는 경우에는 기초생활보장 급여에 우선하여 다른 법령에 따른 보장이 먼저 행해져야 함
	• 보편성의 원칙
	  −「국민기초생활 보장법」에 규정된 요건을 충족시키는 국민에 대하여는 성별 · 직업 · 연령 · 교육수준 · 소득원 기타의 이유로 수급권을 박탈하지 아니함

대상	•「국민기초생활보장법 시행령」제16조 각 호의 학교 또는 시설에 입학 또는 재학하는 자 및「의사상자 등 예우 및 지원에 관한 법률」제12조에 따른 의사자의 자녀 및 의상자와 그 자녀
지원내역	• 소득인정액이 중위소득의 50% 이하인 가구의 초 · 중 · 고등학생 부교재비, 학용품비, 고등학생 교과서, 입학금 및 수업료 지급

출처: 교육부(2020a).

(2) 교육비 지원

① 방과후학교 자유수강권

방과후학교 자유수강권은 초 · 중 · 고등학교에 재학하는 저소득층 가구 학생을 위한 교육비 지원 중 하나로 방과후학교 수업을 통해 저소득층 자녀의 지속적이며 실질적인 교육기회를 확대하고 공교육 활성화 및 저소득층의 교육격차 해소를 도모하는 사업이다. 지원내용은 초 · 중 · 고등학교 방과후학교 자유수강권 연 60만 원 내외이며, 지원대상은 초 · 중 · 고등학교에 재학하는 저소득층 아동 · 청소년이다. 지원대상자로 선정되고, 개별 방과후학교 프로그램을 신청하여 수강한 경우에

만 해당 금액을 지원한다.

② 교육정보화 지원

교육정보화 지원은 초 · 중 · 고등학교에 재학하는 저소득층 가구 학생을 위한 교육비 지원내용 중 하나로 PC와 인터넷 통신비를 지원하여 정보 소외계층의 교육격차를 해소하고 균등한 교육기회를 제공하는 사업이다. 지원대상은 생계 · 의료 · 주거 · 교육 급여 수급자, 한부모가족 보호 대상자(법정 한부모), 차상위계층 등의 초등학생, 중학생, 고등학생이며, 시 · 도교육청의 기준에 따라서 지원대상과 학년의 범위가 서로 다르다. 지원내용은 가구당 컴퓨터 1대, 인터넷 통신비 매월 1만 7,600원 상당의 1회선 무료 사용 등이다. 그리고 시 · 도별 기준에 따라 유해차단 서비스(월 1,650원 상당)를 지원한다.

(3) 급식사업

① 급식비 지원

급식비 지원은 초 · 중 · 고등학교에 재학하는 저소득층 가구 학생을 위한 교육비 지원내용 중 하나로 무상 급식을 실시하지 않는 학년 및 지역의 저소득층 자녀에게 급식비를 지원하여 학부모의 부담을 덜어 주고 교육복지를 실현하는 사업이다. 지원내용은 초 · 중 · 고등학교 학기 중 중식비 전액이며, 지원대상은 초 · 중 · 고등학교에 재학하는 저소득층 아동 · 청소년이다. 토 · 공휴일, 방학 중 급식은 지방자치단체 등에서 지원한다.

② 학교우유급식 지원

학교우유급식 사업은 농림축산식품부에서 담당하는 사업으로 성장기에 있는 기초생활수급자와 차상위계층 등의 학생에게 학교 우유급식을 공급함으로써 체력 증진과 영양 불균형을 해소하는 동시에 우유 소비 기반을 확대하여 낙농산업의 안정적 발전을 도모하는 사업이다(〈표 8-7〉 참조).

표 8-7 학교우유급식사업 사업개요

구분	내용
목적	• 학교우유급식을 통하여 성장기 학생들에게 필요한 필수 영양소를 공급하여 고른 영양섭취를 통한 신체발달 및 건강 유지 · 증진 • 우유 음용습관을 조기에 형성시킴으로써 우유 소비 기반을 확대하여 낙농산업의 안정적 발전 도모
기본원칙	• 「낙농진흥법」 제3조(낙농진흥계획의 수립), 「축산법」 제3조(축산발전시책의 강구) • 「국민기초생활 보장법」 제7조(급여의 종류), 「한부모가족지원법」 제2조(국가 등의 책임), 「장애인 등에 대한 특수교육법」 제3조(의무교육 등)
대상	• 「국민기초생활 보장법」에 따른 생계 · 의료 · 주거 · 교육 급여 수급자, 그 외 기준에 따른 취약계층
지원내역	• 대상 학생들의 학교급식으로 우유(200mL)를 연 250일 내외로 무상지원(우유단가: 430원/개).

출처: 농림축산식품부(2019).

(4) 장학사업

① 국가장학금

교육부에서는 경제적 여건에 관계없이 누구나 의지와 능력에 따라 고등교육 기회를 가질 수 있도록 '소득연계형 국가장학금'을 지원하고 있다. 이는 고등교육(대학교)의 교육비 부담을 경감시키기 위해 등록금의 일부를 국가장학금으로 지원하는 사업이다(〈표 8-8〉 참조).

표 8-8 국가장학금 사업개요

구분	내용
목적	• 저소득층 · 중산층의 고등교육 비용을 실질적으로 경감하기 위해 정부가 등록금을 연간 520만 원을 한도로 소득구간별 차등 지원
기본	• 「교육기본법」 제28조(장학제도 등) • 「한국장학재단 설립 등에 관한 법률」 제1조(목적), 제5조(국가의 책무) • 「국가장학사업 운영규정(훈령)」 • 「저출산 · 고령사회기본법」 제10조(경제적 부담의 경감)
대상	• 대한민국 국적을 소지한 사람 중 국내 대학에 재학 중인 학자금 지원 8구간* 이하 대학생 • 한국장학재단에 국가장학금 신청절차를 완료한 대학생 • 대학의 평생교육체제 지원사업(구 평생교육 단과대학 지원사업)에 선정된 대학의 학위과정 대학생 • 성적 기준을 충족하는 대학생
지원 내역	• 학자금 지원 8구간 이하 학생을 대상으로 구간별 대학 등록금 차등지원

* 사회보장정보시스템을 활용하여 소득 · 재산 환산액이 949.8만 원 이하인 대학생.

출처: 교육부(2020c).

② 복권기금 꿈사다리 장학사업

교육부에서는 복권기금 꿈사다리 장학사업을 시행하여 저소득층 중 · 고생 중 잠재력 있는 학생을 조기 발굴, 대학까지 연계 지원함으로써 교육의 희망사다리 기능을 강화하고 있다(〈표 8-9〉 참조).

표 8-9 복권기금 꿈사다리 장학사업 사업개요

구분	내용
목적	• 복권기금을 재원으로 저소득층 우수 중 · 고생을 발굴, 대학까지 연계 지원하는 국가 장학제도를 통해 교육의 희망 사다리 기능 강화
기본	• 「교육기본법」 제4조(교육의 기회균등), 제28조(장학제도) • 「복권 및 복권기금법」 제23조 제3항(복권기금의 배분 및 용도) 등 • 「한국장학재단 설립 등에 관한 법률」 제2조(정의), 제5조(국가의 책무) 등

대상	• 국내 중학교 2, 3학년 및 고등학교 1, 2, 3학년 재학생 중 역량과 잠재력을 갖춘 저소득층 가정 혹은 긴급구난 사유에 해당하는 학생
지원 유형	• 꿈장학금: 학교에서 추천한 저소득층 가정의 우수 학생 지원 • 재능장학금: 학생이 신청하여 대면평가를 통해 우수 학생 선발 및 지원 • SOS 장학금: 긴급한 위기 상황에 처해 있는 학생 한시적으로 장학금 지원
지원 내역	• 장학금: 중학생 월 25만 원, 고등학생 월 35만 원, 대학생 월 45만 원 지원 • 멘토링 지원 • 교육 프로그램 지원

출처: 한국장학재단(2020a).

③ 우수고등학생 해외유학 장학금(드림장학금)

우수고등학생 해외유학 장학금은 학업에 대한 의지와 열정이 있는 저소득층 성적 우수고등학생에게 해외유학 기회를 제공하여 글로벌 인재로의 성장을 지원하는 장학금이다(〈표 8-10〉 참조).

표 8-10 우수고등학생 해외유학 장학금 사업개요

구분	내용
목적	• 학업에 대한 의지와 열정이 있는 저소득층 성적 우수고등학생에게 해외유학 기회를 제공하여 글로벌 인재로의 성장 지원
기본	• 「교육기본법」 제28조(장학제도) • 「한국장학재단 설립 등에 관한 법률」 제1조(목적), 제2조(정의), 제5조(국가의 책무) 등
대상	• 대한민국 국적을 소지한 기초생활수급자 또는 차상위계층인 자 • 공고일 현재 국내 고등학교 재학자 중 2년 이내 졸업예정자로서 해외대학 입학 희망자 • 국내 고등학교 재학 중 全학년 全학기 동안 이수한 국어, 영어, 수학, 과학, 사회 성적인정 과목수 또는 이수단위 합계가 지원 기준 이상인 자 중 학교장의 추천을 받은 자 • 30명 내외 선발
지원 내역	• 학업장려비 고등학교 2학년 월 50만원, 고등학교 3학년 월 70만 원

출처: 한국장학재단(2020b).

4. 실천현장과 관련서비스

민간 차원에서도 기관을 중심으로 빈곤가정 청소년들을 위한 서비스가 제공되고 있다.

첫째, 사회복지 실천현장에서는 경제적인 이유로 교육의 시기와 기회를 놓치고 있는 교육 소외계층 아동·청소년의 학업 불균형을 해소하고, 안정적인 교육기회를 제공하기 위해 교육지원 사업을 제공한다. 학습비, 교육 무료 수강, 도서·교복·학용품 등의 학습 물품, 자격증 시험비, 급식비, 학습 멘토링 등이다.

둘째, 경제적인 이유로 문화예술 경험 기회가 부족한 빈곤가정 청소년들에게 동등한 기회를 부여하기 위해 공연, 전시 관람, 문화예술 동아리, 음악·미술·체육 영재 등 문화예술활동을 지원하고 있다. 대표적으로 CJ나눔재단의 도너스캠프가 있다. CJ도너스캠프에서는 공부방 제안서 사업, 객석나눔, 창의학교, 청소년 문화동아리, 꿈 키움 장학 등 다양한 사업을 통해 빈곤청소년의 문화예술을 지원한다.

셋째, 의료 취약계층인 빈곤가정 아동·청소년들에게 의료비를 지원하는 의료지원 사업이 있다. 의료지원 사업은 주로 병원, 재단, NGO 등을 중심으로 진행된다. 대표적으로 삼성서울병원에서는 안과 진료에 접근도가 떨어지고 지속적인 검진과 치료가 필요한 안질환을 가지고 있는 저소득층 아동·청소년들을 적기에 발견하고 치료하여 시각장애를 예방하고, 눈 건강을 증진시키는 데 일조하여 안정적인 사회생활을 할 수 있도록 지지하고 있다. 지원대상은 만 24세 미만 아동·청소년 중 중위소득 60% 이하 저소득층이며, 삼성서울병원에서 진행되는 안과 외래, 입원 등에 대한 본인부담금 전액을 지원하고 있다. 세이브더칠드런에서는 전문적인 정신건강서비스가 필요한 중위소득 75% 이하 가정의 13~18세 청소년과 그 부모를 대상으로 진료비(검사 및 치료, 약제, 프로그램) 최대 150만 원과 입원 치료 필요 시 타 사업으로의 연계를 지원하고 있다.

넷째, 진로지원 사업은 빈곤가정 아동·청소년들이 미래에 대한 희망을 가지고 도전하며 스스로의 삶을 개척할 수 있도록 꿈과 진로를 지원하기 위한 사업이다.

대표적으로 부스러기사랑나눔회의 〈내일을 찾는 학교〉, 삼성꿈장학재단의 〈꿈 키움 장학〉, 월드비전의 〈꿈꾸는 아이들〉 사업 등이 있다. 지원대상은 취약계층 아동·청소년이며, 교육비, 개인·집단 멘토링, 진로 체험비, 꿈 프로그램 등을 지원한다.

다섯째, 다수의 사회복지재단과 NGO에서는 빈곤가정 아동·청소년들을 위해 장학사업을 진행하고 있다. 장학금 선정기준은 지원 기관마다 상이하며, 매월 혹은 일회성으로 장학금을 지급한다. 이 장학금과 함께 멘토링을 진행하기도 한다.

빈곤은 아동·청소년에게 정상적인 발달을 성취하는 데 장벽을 가져올 뿐만 아니라, 문제들이 누적되고 회복이 불가능하게 되어 성인이 되어서까지 부정적인 영향을 미치게 된다. 또한 빈곤이 다음 세대로 이어지는 결과를 낳기도 한다. 그대로 방치할 경우 빈곤의 구조화, 세습화의 문제는 더욱 심화될 것이 분명하다. 단지 빈곤한 부모 밑에서 태어났다는 이유만으로 자녀도 빈곤에 빠지게 되는 이러한 심각한 빈곤 대물림 때문에 빈곤아동·청소년 문제 해결은 모든 국가에서 사회복지제도의 핵심과제가 되고 있다. 하지만 우리나라는 관련 예산이 부족하여 빈곤아동·청소년 문제에 제대로 대처하지 못하고 있다.

우리도 선진국처럼 아동을 '공공재'로 생각하고 빈곤아동·청소년의 양육을 사회가 책임져야 한다는 인식을 갖고 빈곤아동·청소년 문제를 접근하고 풀어 나가야 한다. 가난한 부모 밑에 태어났다는 이유로 그 자녀의 일생이 불행하게 되는 악순환을 끊겠다는 사회적 합의가 이뤄져야 한다. 이러한 사회적 합의가 이루어지면 빈곤아동·청소년의 사회적 양육에 필요한 재원 확보 문제는 비교적 쉽게 해결될 수 있을 것이다. 또한 빈곤아동·청소년 문제를 빈곤아동·청소년을 도와주는 것이라고만 생각해서는 안 된다. 빈곤아동·청소년이 사회적 도움이나 지지 없이 자라나게 되었을 때 사회가 경험하게 될 수많은 사회문제들을 생각하면 사회적 투자라는 차원에서 접근해야 한다. 빈곤아동·청소년들을 방치하면 나중에 복지예산으로 부양해야 할 또 다른 '짐'이 되겠지만 빈곤아동·청소년의 건강한 심리·정서 발달을 원조하고 교육·문화적 결손을 치유·예방하여 빈곤 세습을 차단해 줄 수만 있다면 장래 국가경쟁력에 도움이 될 인재로 길러 낼 수 있을 것이다.

생각해 볼 문제

1. 빈곤의 개념에는 절대적·상대적·주관적 빈곤이 있고, 이러한 경제적 측면뿐만 아니라 문화적·정치적·사회적 소외와 배제 현상에 초점을 맞춘 사회적 배제도 있다. 이 개념들을 활용하여 청소년의 빈곤을 어떤 관점으로 보아야 하는지, 그리고 어떻게 접근할 수 있는지 논의해 보자.

2. 2015년에 양육비이행관리원이 설립되면서 양육비 이행 지원 서비스를 제공하고 있지만 비양육부모와의 관계의 문제나 빈곤으로 인해 현실적으로 받기 어려운 상황을 이유로 이용 의사가 없는 비율이 높게 나타났다. 이 정책이 실효성을 가지기 위해서 어떠한 방안이 필요한지 논의해 보자.

3. 빈곤청소년을 대상으로 정부와 민간에서 다양한 정책과 서비스를 제공하고 있다. 현재 제공되고 있는 정책 및 서비스가 빈곤청소년들에게 적절한 지원인지, 적절하지 않다면 어떤 변화가 필요한지 논의해 보자.

참고문헌

고용노동부(2018). 2018년 고용형태별 근로실태조사.

고용노동부(2020). 2020년판 고용노동백서.

교육부(2020a). 2020 국민기초생활보장사업 교육급여 운영 방안 안내.

교육부(2020b). 2020 초·중·고 학생 교육비 지원 안내.

교육부(2020c). 2020년도 국가장학금 지원 기본계획.

국세청(2019). 2019년 국세통계연보.

국세청(2020). 근로장려금·자녀장려금 안내.

김광혁, 이종익, 김현숙, 황유리, 장미나(2019). 교육복지우선지원사업 성과지표 개발 연구. 세종: 교육부.

김교성, 노혜진(2011). 한국의 빈곤. 서울: 나눔의 집.

김미곤, 여유진, 김태완, 손창균, 최현수, 이선우, 김계연, 송치호, 오지현, 이서현, 신재동 (2010). 2010년 최저생계비 계측조사 연구. 한국보건사회연구원 정책보고서, 2010-77.

김복순, 임용빈(2020). 2019년 비정규직 규모와 특징: 2019년 8월 경제활동인구조사 부가조사를 중심으로. 노동리뷰, 2020(1), 125-143.

김성경, 김혜영, 최현미(2013). 아동복지론. 경기: 양서원.

김신민(2019). 저소득층 청소년의 청소년자활지원관 경험에 대한 내러티브 탐구. 한국상담대학원대학교 석사학위논문.

김윤태, 서재욱(2013). 빈곤. 경기: 한울아카데미.

김은지, 최인희, 송효진, 배호중, 최진희(2018). 2018년 한부모가족 실태조사. 서울: 한국여성정책연구원, 여성가족부.

김인숙(1995). 사회적 지지와 심리적 디스트레스의 관계에 관한 비교연구: 빈곤여성과 중산층 여성을 중심으로. 한국사회복지학, 27, 67-89.

김재진(2012). 근로장려세제(EITC)와 두루누리 사회보험 지원사업 연계방안. 서울: 한국조세재정연구원.

김지하(2016). 교육급여제도 평가: 선정기준, 급여 수준과 전달체계. 보건복지포럼, 241, 64-77.

김태성, 손병돈(2016). 빈곤론. 서울: 형지사.

김화연, 김민길, 조민효(2018). 일-가정갈등이 사회참여와 정부신뢰에 미치는 영향력 연구. 현대사회와 행정, 28, 89-113.

노혁(2009). 빈곤청소년의 사회적 배제와 청소년복지정책의 방향. 미래청소년학회지, 6(3), 23-43.

농림축산식품부(2019). 2019년 학교우유급식사업 시행지침.

박능후(2004). 빈곤율 추정의 쟁점과 대안. 비판사회복지학회 2004년 춘계학술대회 자료집.

박수영, 이주재(2019). 중국 연변지역 조선족 청소년의 주관적 빈곤감과 사회적 위축의 관계-자아탄력성과 양육태도의 조절효과. 한국자치행정학보, 33(1), 193-211.

박태정, 박형원, 이희연(2010). 지역아동센터는 어떻게 운영되고 있는가? 지역아동센터의 운영경험에 관한 질적연구. 한국아동복지학, 33, 75-109.

배화숙(2019). 근로장려금제도의 근로유인효과에 대한 비판적 검토. 인문논총, 50(0), 127-154.

백학영, 구인회(2010). 비정규 노동과 근로빈곤의 관계: 임금차별과 근로시간의 영향을 중심으로. 노동정책연구, 10(3), 87-117.

백혜영(2017). 빈곤이 부모우울과 가족 내 사회적 자본을 통해 학업성취에 미치는 영향: 아동과 청소년의 다집단 분석. 학교사회복지, 38(0), 47-74.

보건복지부(2017). 2018년 기준 중위소득 및 생계·의료급여 선정기준과 최저보장수준. 보건복지부 고시 제2017-139호.

보건복지부(2020a). 2020 자활사업안내.

보건복지부(2020b). 2020년 지역아동센터 지원 사업안내.

서대석(2018). 상호주관적 빈곤선 및 포괄소득을 활용한 빈곤측정 방안 연구. 사회과학리뷰, 3, 25-47.

서병수(2015). 빈곤의 역사, 이론, 정책. 빈곤없는세상 연구보고서, 1-236.

서울신문(2015. 8. 19.). 복지사업 정비에…청소년 자활지원관 존폐위기.

손상희, 서원영, 손성보(2020). 저소득층 청소년의 재무적 트라우마 경험에 대한 내러티브 탐구. 소비자학연구, 31(6), 223-252.

손치훈, 박미란(2003). 청소년자활지원관 운영실태 조사연구보고서. 자활정보센터 보고서 2003-4.

송희원, 최성열(2012). 빈곤 여부, 지각된 부모양육태도, 학업동기, 심리적 안녕감과 청소년의 학교적응 간의 구조적 관계. 교육심리연구, 26(3), 651-672.

신명주(2015). 저소득가정의 청소년이 지각한 가정의 경제적 환경, 가족의 건강성, 자아존중감 간의 관계. 청소년문화포럼, 42, 33-58.

심창학(2001). 사회적 배제 개념의 의미와 정책적 함의. 한국사회복지학, 44, 178-208.

양경선, Chung, G. H. (2019). 빈곤이 청소년의 또래관계에 미치는 영향: 부모의 방임과 청소년 위생습관의 조절된 매개효과. 청소년복지연구, 21(1), 57-76.

여성가족부(2019a). 2019 청소년백서.

여성가족부(2019b). 2020년도 청소년방과후아카데미 운영 지침.

여성가족부(2020). 2020년 한부모가족지원사업 안내.

이수진, 정익중(2020). 청소년의 일상생활과 행복 간의 관계: 빈곤과 비빈곤청소년의 비교. 학교사회복지, 49(0), 175-200.

이승기(2008). 객관적 빈곤가구와 주관적 빈곤가구의 일치성에 관한 연구. 사회보장연구, 24(3), 99-116.

이승영(2020). 영국의 빈곤 측정 방식 및 빈곤 현황. 국제사회보장리뷰, 13, 105-115.

이원식(2018). 대학생의 사회적 위축이 삶의 만족도에 미치는 영향: 공격성의 매개효과를 중심으로. 보건사회연구, 38(3), 75-108.

이태진, 정홍원, 강신욱, 김진수, 김태완, 남상호, 손창균, 여유진, 최현수, 황덕순, 최준영, 이주미, 박형존, 윤수경, 유진영, 김상은, 박은경(2011). 빈곤정책 선진화를 위한 실태조사 연구. 서울: 보건복지부, 한국보건사회연구원.

장호윤, 정우열, 최인규(2019). 한국의 자활지원제도 변화와 활성화에 관한 연구. 한국행정사학지, 45(45), 51-66.

정민, 민지원(2018). 조세재정정책의 소득재분배효과 국제부교와 시사점−소득 불균형 해소를 위한 전제 조건: 사회적 합의. 한국경제주평, 818, 1-16.

정이윤(2020). 한국 양육비정책: 역사, 현황, 쟁점과 대안. 현대사회와 행정, 30(2), 219-266.

정익중, 박현선, 오승환, 임정기(2009). 아동청소년방과후서비스의 현황과 과제. 경기: 공동체.

정익중, 오정수(2021). 아동복지론. 서울: 학지사.

조영준(2017). 지역아동센터장의 시설운영경험에 관한 질적 연구. 중원대학교 대학원 박사학위논문.

조영현, 김근세(2019). 공공기관 비정규직 근로자의 정규직화에 있어 변화관리 연구: 퍼지셋 질적비교연구방법을 중심으로. 한국행정논집, 31(2), 149-177.

주영선, 정익중(2019). 지역사회 빈곤, 범죄, 유해환경 수준이 청소년 비행에 영향을 미치는가? 한국청소년연구, 30(4), 33-62.

한국보건사회연구원(2019). 빈곤통계연보. 세종: 보건사회연구원 소득보장정책연구실.

한국여성민우회(2002). 여성한부모가족 지원 여성부 위탁 시범사업 보고서. 서울: 한국여성민우회 가족과성상담소.

한국장학재단(2020a). 2020년 복권기금 꿈사다리 장학사업 세부 시행계획.

한국장학재단(2020b). 2020년 우수 고등학생 해외유학 장학금 시행계획.

Block, J. H., & Block, J. (1980). The role of ego-control and ego-resiliency in the organization of behavior. In W. A. Collins (Ed.), *Development of cognition, affect and social relations: The Minnesota symposia on child psychology* (Vol. 13, pp. 39-101). Hillsdale, NJ: Erlbaum.

Brody, G. H., Stoneman, Z., & Flor, D. (1996). Parental religiosity, family processes, and youth competence in rural, two-parent African American families. *Developmental Psychology, 32*(4), 696-706.

Brooks-Gunn, J., & Duncan, G. J. (1997). The effects of poverty on children. *The Future of Children, 7*(2), 55-71.

Chung, I.-J. (2004). A conceptual framework for understanding the relationship between poverty and antisocial behavior: Focusing on psychosocial mediating mechanisms. *Journal of Primary Prevention, 24*, 355-380.

Clark, L. P., Millet, D. B., & Marshall, J. D. (2014). National patterns in environmental injustice and inequality: Outdoor NO 2 air pollution in the United States. *PloS One, 9*(4), e94431.

Coie, J. D., & Miller-Johnson, S. (2001). Peer factors and interventions. In R. Loeber & D. P. Farrington (Eds.), *Child delinquents: Development, intervention, and service needs* (pp. 191-209). Thousand Oaks, CA: Sage Publications.

Coleman, J. S. (1988). Social capital in the creation of human capital. *American Journal of Sociology, 94*, 95-120.

Conger, R. D., Conger, K. J., & Elder, G. H. (1997). Family economic hardship and adolescent adjustment: Mediating and moderating processes. In G. J. Duncan & J. Brooks-Gunn (Eds.), *Consequences of growing up poor* (pp. 288-310). New York: Russell Sage Foundation.

Conger, R. D., Ge, X., Elder, G. H., Lorenz, F. O., & Simons, R. L. (1994). Economic stress, coercive family process, and developmental problems of adolescents. *Child Development, 65*(2), 541-561.

Crowley, J. E., Watson, M., & Waller, M. R. (2008). Understanding "power talk": Language, public policy, and democracy. *Perspectives on Politics, 6*(1), 71-88.

Dubois, D., Eitel, S., & Felner, D. (1994). Effects of family environment and parent-child relationships on school adjustment during the transition to early adolescence. *Journal of Marriage and Family, 56*, 405-414.

English, D. J. (1998). The extent and consequences of child maltreatment. *Future of Children, 8*, 39-53.

Garmezy, N. (1985). *Stress-resistant children: The search for protective factors.* Elmsford, NY: Pergamon Press.

Gutman, L. M., & Eccles, J. S. (1999). Financial strain, parenting behaviors, and adolescents' achievement: Testing model equivalence between African American and European American single- and two-parent families. *Child Development*, 70(6), 1464-1476.

Hagan, J. (1994). *Crime and disrepute*. Thousand Oaks, CA: Pine Forge Press.

Herrenkohl, T. I., Huang, B., Kosterman, R., Hawkins, J. D., Catalano, R. F., & Smith, B. H. (2001). A comparison of social development processes leading to violent behavior in late adolescence for childhood initiators and adolescent initiators of violence. *Journal of Research in Crime and Delinquency*, 38, 45-63.

Huston, A. C. (1991). *Children in poverty: Child development and public policy*. Cambridge, UK: Cambridge University Press.

Hymel, S., Wagner, E., & Butler, L. J. (1990). Reputational bias: View from the peer group. In S. R. Asher & J. D. Coie (Eds.), *Peer rejection in childhood* (pp. 156-186). New York: Cambridge University Press.

Kirby, L., & Fraser, M. (1997). Risk and resilience in childhood. In M. Fraser (Ed.), *Risk and resilience in childhood: An ecological perspective* (pp. 10-33). Washington, DC: NASW.

Lempers, J. D., & Clark-Lempers, D. S. (1997). Economic hardship, family relationships, and adolescent distress: An evaluation of a stress-distress mediation model in mother-daughter and mother-son dyads. *Adolescence*, 32(126), 339-356.

Liaw, F., & Brooks-Gunn, J. (1994). Cumulative familial risks and low-birthweight children's cognitive and behavioral development. *Journal of Clinical Child Psychology*, 23(4), 360-372.

Mayer, S. E. (1997). What money can't buy: Family income and children's life chances. Cambridge, MA: Harvard University Press.

McCormick, M. C., Brooks-Gunn, J., Shorter, T., Holmes, J. H., & Heagarty, M. C. (1989). Factors associated with maternal rating of infant health in central Harlem. *Journal of Developmental and Behavioral Pediatrics*, 10(3), 139-144.

McLoyd, V. C. (1989). Socialization and development in a changing economy: The effects of paternal job and income loss on children. *American Psychologist*, 44, 293-302.

McLoyd, V. C., Jayaratne, T. E., Ceballo, R., & Borquez, J. (1994). Unemployment and work interruption among African American single mothers: Effects on parenting and adolescent socioemotional functioning. *Child Development*, 65(2), 562-589.

Patterson, G. R., Capaldi, D. M., & Bank, L. (1991). An early starter model for predicting delinquency. In D. J. Pepler & K. H. Rubin (Eds.), *The development and treatment of childhood aggression* (pp. 139-168). Hillsdale, NJ: Lawrence Erlbaum.

Patterson, G. R., & Yoerger, K. (1993). Developmental models for delinquent behavior. In S. Hodgins (Ed.), *Mental disorder and crime* (pp. 140-172). Newbury Park, CA: Sage.

Perry, D. G., Kusel, S. J., & Perry, L. C. (1988). Victims of peer aggression. *Developmental Psychology*, 24(6), 807-814.

Rutter, M. (1987). Psychosocial resilience and protective mechanisms. *American Journal of Orthopsychiatry*, 57, 316-331.

Sampson, R. J., & Laub, J. H. (1993). *Crime in the making: Pathways and turning points through life*. Cambridge, MA: Harvard University Press.

Sampson, R. J., & Wilson, W. J. (1994). Toward a theory of race, crime, and urban inequality. In J. Hagan & R. D. Peterson (Eds.), *Crime and inequality* (pp. 37-54). Stanford, CA: Stanford University Press.

Seccombe, K. (2000). Families in poverty in the 1990s: Trends, causes, consequences, and lessons learned. *Journal of Marriage and the Family*, 62, 1094-1113.

Soss, J. (1999). Lessons of welfare: Policy design, political learning, and political action. *American Political Science Review*, 93(2), 363-380.

Starr, R. H., Jr., MacLean, D. J., & Keating, D. P. (1991). Life-span developmental outcomes of child maltreatment. In R. H. Starr, Jr. & D. A. Wolfe (Eds.), *The effects of child abuse and neglect: Issues and research*. New York: Guilford.

Steinberg, L., Lamborn, S. D., Dornbusch, S. M., & Darling, N. (1992). Impact of parenting practices on adolescent achievement: Authoritative parenting, school involvement, and encouragement to succeed. *Child Development*, 63(5), 1266-1281.

Weir, L. A., Etelson, D., & Brand, D. A. (2006). Parents' perceptions of neighborhood safety and children's physical activity. *Preventive Medicine*, 43(3), 212-217.

Werner, E. E. (2000). Protective factors and individual resilience. In J. P. Shonkoff & S. J. Meisels (Eds.), *Handbook of early childhood intervention* (pp. 115-132). Cambridge

University Press.

Werner, E. E., & Smith, R. S. (1992). *Overcoming the odds: High risk children from birth to adulthood*. Ithaca, NY: Cornell University Press.

[홈페이지 참고자료]

복지로 홈페이지 http://www.bokjiro.go.kr

아동권리보장원 홈페이지 https://www.icareinfo.go.kr

양육비이행관리원 홈페이지 https://www.childsupport.or.kr/lay1/S1T8C9/contents.do

청소년방과후아카데미 홈페이지 https://www.youth.go.kr/yaca/about/about.do

제9장

청소년과 이주배경

젊은이는 무엇인가를 할 기회요. 누군가가 되는 기회이다.

―데오드 T. 멍거―

2000년대 이후 한국 사회 내에 결혼이주여성과 외국인 근로자가 급격하게 증가하면서 '다문화'는 정책과 서비스뿐만 아니라 사회 전반에서 보편적으로 통용되는 용어가 되었다. 그러나 학계와 정부, 현장에서 지칭하는 다문화의 개념과 범위는 각기 다른 상황이다. 이 장에서는 「청소년복지 지원법」에 근거하여 '이주배경 청소년'의 정의와 범주를 살펴보고, 다문화청소년과 탈북배경 청소년의 개념과 현황, 적응, 지원정책에 대해 살펴보고자 한다. 그리고 이주배경 청소년을 지원하는 실천현장으로 다문화가족지원센터와 이주배경 청소년지원재단 무지개청소년센터의 주요 사업에 대해 확인하고자 한다.

1. 이주배경 청소년의 개념

현재 우리 사회에서는 이주배경 청소년의 개념과 범주에 대하여 사용하는 사람들마다 다른 의미로 사용하고 있으며, 법과 각 부처별 조사에 나타난 정의와 범주도 상이하다.

법에 나타난 이주배경 청소년의 정의와 범주를 살펴보면, 「다문화가족지원법」에서는 '다문화가족자녀'로 지칭하고 범주에는 '한국인과 결혼이민자 결혼가정의 자녀'와 '한국인과 귀화자 결혼가정의 자녀' 중 만 24세 이하가 포함된다. 「청소년복지 지원법」에서는 '이주배경 청소년'이라고 지칭하고 있고, 범주에는 「다문화가족지원법」에 근거한 다문화가족 청소년과 그 밖에 국내로 이주하여 사회 적응 및 학업 수행에 어려움을 겪는 청소년 중 만 9~24세가 포함된다. 포괄적으로 보아 국내로 이주한 청소년에 탈북청소년을 포함할 수 있으나 탈북청소년을 보다 적극적으로 지원대상으로 언급하지는 않고 있다(양계민 외, 2020a).

「청소년복지 지원법」에 근거하여 이주배경 청소년을 지원하는 이주배경 청소년지원재단 무지개청소년센터는 이주배경 청소년의 유형을 ① 다문화가족의 청소년, ② 외국인근로자가정 자녀, ③ 중도입국청소년, ④ 탈북청소년, ⑤ 제3국 출생

표 9-1 이주배경 청소년의 개념과 범주

구분		유형	부모 배경	본인 출생지
이주배경 청소년	다문화 청소년	국제결혼가정 국내 출생 자녀	부모 중 한 명 외국인	국내
		국제결혼가정 중도입국 자녀	부모 중 한 명 외국인	국외
		외국인가정 자녀	부모 모두 외국인	국내/국외
	탈북배경 청소년	탈북청소년	–	북한
		제3국 출생 탈북배경 청소년	부모 중 한 명 이상 북한이탈주민	남한, 북한 이외의 제3국
		남한 출생 탈북배경 청소년	부모 중 한 명 이상 북한이탈주민	남한

북한이탈주민 자녀로 분류하고 있다(무지개청소년센터 홈페이지).

　다문화가족의 청소년은 「다문화가족지원법」상의 다문화가족(대한민국 국적자와 외국 국적자 간의 국제결혼으로 이루어진 가족)의 자녀로 국내 출생의 결혼이민자 가족을 지칭하고 있다. 그러나 이는 다문화를 협의로 개념 규정한 것으로 보다 넓은 의미로 다문화청소년은 외국인가정 자녀와 중도입국청소년을 포함하는 개념이다. 따라서 이 장에서는 앞의 〈표 9-1〉과 같이 이주배경 청소년의 개념을 규정하고자 한다.

2. 다문화청소년

1) 다문화청소년 개념

　2000년대 이후 한국 사회 내에 결혼이주여성과 외국인 근로자의 급격한 증가와 이로 인한 다문화아동·청소년의 증가로 인해 다문화는 정책과 서비스뿐만 사회 전반에서 보편적으로 통용되는 일상적인 용어가 되었다(김지혜, 정익중, 2009). 그리고 정부 부처에서는 '다문화가족'과 '다문화청소년'을 위한 다양한 정책 및 지원 사업을 수행하고 있으며, 다문화 현황을 파악하기 위한 여러 조사 및 연구를 실시하고 있다. 이 과정에서 '다문화청소년'의 개념과 범위는 점차 다양하고 복잡해졌으며, 정부 부처 및 현장에서 이들을 지칭하는 용어도 각기 다른 상황이다(양계민 외, 2020b).

　여성가족부의 제3차 다문화가족정책 기본계획(여성가족부, 2018a)에서는 「다문화가족지원법」에 따라 '다문화가족의 자녀'는 부모 중 한 명 이상이 대한민국 국적을 가지고 있는 만 24세 이하인 사람으로 정의하고 있다. 「다문화가족지원법」이 제정된 2008년 당시 '다문화가족'은 출생으로 인해 대한민국 국적을 취득한 자와 결혼이민자 또는 결혼귀화자로 구성된 경우만으로 한정하였고, 2011년 4월 개정을 통해 보다 다양한 유형의 가족이 포함되는 현재의 정의로 확대되었다(양계민 외, 2020b).

교육부의 2021년 다문화교육 지원계획(교육부, 2021)에서는 '다문화학생'이라는 용어를 사용하며, 다문화가정의 특성과 학생의 출생지에 따라 ① 국제결혼가정의 국내 출생 자녀, ② 국제결혼가정의 중도입국 자녀, ③ 외국인가정의 자녀로 세분화하면서 여성가족부와는 달리 외국인 사이에서 태어난 자녀도 다문화 학생에 포함하고 있다. 처음으로 다문화가정 자녀 교육지원 대책(교육인적자원부, 2006)이 발표된 2006년도에는 정책 대상을 국제결혼가정 자녀, 외국인 근로자 자녀, 새터민(북한이탈주민) 청소년으로 정의하였으나, 이후 2007년도 다문화가정 자녀 지원계획(교육인적자원부, 2007)에서는 다문화가정 학생을 '국제결혼가정 자녀'와 '외국인 근로자 자녀'로만 정의하였고, 북한이탈 청소년은 제외하였다(양계민 외, 2020b).

제6차 청소년정책기본계획(여성가족부, 2018b)에서는 「청소년 기본법」 및 「청소년복지 지원법」에 따라 '이주배경 청소년'이라는 용어를 사용하고 있다. 「청소년복지 지원법」에 따른 '이주배경 청소년'은 「다문화가족지원법」에 따른 다문화가족의 만 24세 이하의 청소년과 그 밖에 국내로 이주한 청소년이 포함된다. 다문화가족 지원정책의 '다문화가족 자녀'와 다문화교육정책의 '다문화 학생'과 비교할 때, 청소년정책의 '이주배경 청소년'은 상대적으로 보다 넓은 범위로 정의되고 있다. 2004년 「청소년복지 지원법」 제정 당시에는 이주배경 청소년 관련 조항이 포함되지 않았으나 2012년 개정을 통해 관련 조항이 추가되었다(양계민 외, 2020b).

양계민, 황진구, 연보라와 정윤미(2018)는 다문화청소년을 본인이나 가족이 이주의 배경을 지닌 청소년기 연령인 자로 정의하였으며, 부모의 배경과 본인의 출생지 요인을 기준으로 〈표 9-2〉와 같이 네 가지 유형으로 구분하였다.

표 9-2 부모 배경 및 출생지에 따른 다문화청소년 구분

출생 구분	한국인과 외국인 결혼가정	외국인과 외국인 결혼가정
국내 출생	국제결혼가정 자녀	국내 출생 외국인가정 자녀
외국 출생	중도입국청소년	국외 출생 외국인가정 자녀

출처: 양계민 외(2018); 양계민, 장윤선, 정윤미(2019)의 내용 일부 수정.

이 장에서는 '다문화청소년'의 개념을 양계민 등(2018)이 정의한 한국인과 외국인 결혼가정의 국내 출생 국제결혼가정 자녀와 중도입국청소년, 외국인가정 자녀로 정의하고자 하며, 이는 교육부의 '다문화학생' 개념에 학교를 다니지 않는 다문화청소년을 포함한 것이다.

2) 다문화청소년 현황

교육부(2020)의 2020년 교육기본통계에 따르면, 2020년 4월 기준 다문화학생은 147,378명이다. 이는 전년대비 10,153명(7.4%) 증가한 수치이다. 전체 학생 대비 다문화 학생 비율은 2.8%로 전년 대비 0.3%가 상승하였으며, 초등학교가 4.0%, 중학교 2.0%, 고등학교는 0.9%이다. 2016년도부터 추이를 살펴보면, 매년 1만 명 이상 증가하는 것을 볼 수 있다.

표 9-3 다문화학생 현황   (단위: 명)

인원 수	2016	2017	2018	2019	2020
다문화학생 수	99,186	109,387	122,212	137,225	147,378
전체 학생 수	5,890,949	5,733,132	5,592,792	5,461,614	5,355,832
다문화학생 비율	1.7%	1.9%	2.2%	2.5%	2.8%

*주 1) 다문화 학생 수=국제결혼가정 자녀+외국인가정 자녀
출처: 교육부(2020).

교육통계서비스의 연도별 다문화가정 학생 현황을 살펴보면 다음과 같다(교육통계서비스 홈페이지). 학교급별로 살펴보면, 2020년도에 다문화 초등학생은 107,694명으로 전년 대비 3,813명(3.7%) 증가하였고, 중학생은 26,773명으로 전년 대비 5,080명(23.4%), 고등학생은 12,478명으로 전년 대비 1,244명(11.1%) 증가하였다. 각종학교는 433명으로 전년대비 16명(3.8%) 증가하였다. 유형별 다문화 학생을 살펴보면, 2020년도 국제결혼가정 국내 출생 113,774명(77.2%), 국제결혼가정 중도입국 9,151명(6.2%), 외국인가정 24,453명(16.6%)이다. 부모의 출신 국적별 다문화 학생

수는 베트남이 46,683명(31.7%)으로 가장 많고, 중국(한국계 제외) 34,885명(23.7%), 필리핀 15,140명(10.3%), 중국(한국계) 12,296명(8.3%), 일본 8,686명(5.9%)의 순이다.

3) 다문화청소년 발달과 적응

(1) 다문화 적응 관련 이론

① 동화주의 모델

동화주의 모델은 한 국가 내에 공존하는 주류문화와 비주류문화 중에서 주류문화에 의한 사회통합을 목표로 한다(한승준, 2008). 동화주의 모델에서는 이주민이 출신국의 문화와 언어를 완전히 포기하고, 사회에 용해됨으로써 주류문화의 성원들과 차이가 사라지게 되는 것을 이상으로 삼는다(Faist, 2009; Will & Gomez, 2006). 이주민의 문화적 동화를 조건으로 '국민'으로 합류하는 것을 허용하는 정책이다(김지혜, 정익중, 2009).

미국의 용광로 이론(Melting Pot Theory)이 대표적인 사례이다. 용광로 이론에서는 미국이라는 사회를 거대한 용광로로 보고 이민자들이 미국 사회에 정착하게 되는 과정에서 백인 주류문화에 용해되어 미국인이라는 새로운 정체성을 가지게 된다고 하였다. 그러나 실제로는 이주해 온 소수민족의 다양한 문화가 용광로에 녹여져 문화적 다양성이 고루 반영돼 새로운 문화가 창출되는 것이 아니라 소수문화가 백인의 주류문화에 동화되는 것이다(최정숙 외, 2020). 이주민들은 주류사회가 다수를 차지하는 커다란 용광로에 섞여서 출신국별 고유성을 상실하고 주류사회의 단일한 정체성을 가진 국민이 되고 국가는 이주민들이 주류사회의 언어와 문화에 적응할 수 있도록 도와준다(조원탁 외, 2012). 이주민의 동화는 이들에 대한 편견과 차별을 지속하게 되는 요인이 될 수 있기 때문에 용광로 이론은 미국 사회의 유색 인종, 소수자 집단에 대한 편견, 차별, 갈등을 지속하는 데 기여했다는 비판을 받게 되었다(최정숙 외, 2020).

② 다문화주의 모델

다문화주의는 하나의 문화, 하나의 언어, 하나의 민족 등을 주장하는 동화주의를 극복하는 이론이다. 다문화주의란 폭넓고 다양한 가치들을 반영하는 이념이기 때문에 한 마디로 정의하기는 어렵지만 대체로 한 사회 내 다양한 인종이나 민족집단의 문화를 단일한 문화로 동화시키지 않고 서로 인정하고 존중하면서 공존하게끔 하는 데 그 목적이 있는 이념체계이다(윤인진, 2007). 한 국가 내에서 소수자들의 문화를 존중하고자 하는 목적을 가지며, 민족적·문화적 다양성 자체를 사회의 기본 구성 원리로 채택한다. 이주민들에게 굳이 출신문화를 탈피해 새로운 문화에 동화하도록 요구하지 않으며 출신문화를 유지할 수 있도록 지원하고 다양한 문화적 배경을 지닌 주체들이 사회, 문화, 정치, 경제 등 각 분야에서 함께 활동하면서 상호 교류를 원활히 할 수 있는 방안을 강구하는 데 주력한다. 또한 국가는 소수자들의 고유한 문화와 언어를 유지하기 위한 법적·제도적 지원을 하기도 한다(한승준, 2008).

샐러드볼 이론(Salad Bowl Theory)이 대표적인 사례이다. 샐러드볼은 여러 가지 야채, 채소들이 모여 하나의 샐러드를 만들어 내듯이 문화의 다양성과 다원성을 인정하면서 사회통합을 추구한다는 것이다. 이는 주류사회의 존재를 인정하지 않고 다양한 문화가 독립적으로 평등하게 공존되어야 함을 강조하며, 소수민족의 문화를 지원하는 정책이다(최정숙 외, 2020).

③ 문화적응 이론

'문화적응(acculturation)'이란 문화가 다른 두 사회 집단이 비교적 장시간에 걸쳐 직접적으로 접촉한 결과로 어느 한쪽 또는 양쪽 성원들의 문화에 변화가 일어

표 9-4 Berry의 문화적응 유형

주류사회와 관계 유지		모국의 문화적 정체성과 특성 유지	
		높음	낮음
	높음	통합	동화
	낮음	분리	주변화

출처: 최정숙 외(2020)의 내용 재구성.

나는 현상이다(최정숙 외, 2020). Berry(1997)는 이주민이 정착사회에 참여하는 정도와 이주민 모국의 문화와 정체성 유지의 정도에 따라 '동화(assimilation)' '분리(segregation)' '주변화(marginalization)' '통합(integration)'의 네 가지 문화적응 유형을 제시하였다.

'통합'은 이주민들이 정착하게 되는 주류사회에 적극적으로 참여하면서 자신의 고유한 문화적 특성과 정체성을 유지하는 경우로 가장 적절한 형태의 적응으로 보았다. '동화'는 이주민 모국의 고유한 문화와 정체성을 포기하고 새로이 정착한 주류사회와만 상호관계를 유지하는 것이다. 외형적으로는 사회에 잘 적응한 듯 보이지만 급격한 문화의 변화로 인해 정체성에 혼란을 가져오기도 한다. '분리'는 이주민 자신이 그동안 생활해 온 문화를 고수하고자 하면서 주류사회와의 상호작용은 거부할 때 나타나는 유형이다. 새로운 사회환경에 적응하지 못하고 거부하며 자신들의 문화만을 지키는 보수성향을 지님으로써 주변 환경과 분리된 삶을 살게 된다. '주변화'는 이주민 자신의 고유한 문화와 정체성도 부정하고 주류사회와의 상호작용도 거부하는 것으로 어느 한 쪽의 사회에서도 소속감을 느끼지 못하게 되고 두 문화권의 주변에서 머물게 된다(최정숙 외, 2020).

(2) 문화적응 스트레스

한국에 거주하는 다문화청소년은 한국문화와 부모의 소수문화를 동시에 경험하면서 문화적응의 어려움을 겪게 되는데, 이것을 문화적응 스트레스(acculturative stress)라고 한다(김지혜, 2019). 다문화청소년의 부모 중 외국 출신의 부모는 한국 사회에서 살아가면서 새로운 문화를 경험하는 과정에서 스트레스를 경험하게 되며, 이러한 스트레스는 자녀에게 영향을 주기도 한다. 다문화청소년들은 한국 사회에서의 출생 여부와 관계없이 가정 내에서 이중문화를 경험하고, 이로 인한 문화적응 스트레스를 경험할 수 있다(강화, 배은경, 2018). 이들은 가정 내외에서 외국인 부모 나라의 문화를 무시한 채 일방적인 한국문화 수용을 강요받기도 하고, 두 문화 간 갈등을 경험하면서 문화적응 스트레스를 겪기도 한다(이소희, 최운선, 2008).

또한 학령기에 들어서면서 또래로부터 소외를 당하는 등 적응의 어려움을 겪게 되고, 이중 언어와 문화를 배워야 하는 발달과업을 부여받으면서 문화적응 스트레스를 겪게 된다(진은영, 2015). 국내 출생 다문화청소년의 경우 언어의 문제는 없으나 다문화 배경특성이 발달과정에서 불안감을 지속적으로 유발하는 요인으로 작용하고 있다. 특히 집단괴롭힘 피해경험은 다문화청소년의 건강한 성장과 적응을 방해하는 부정적 요소로 작용하고 있다(양계민, 장윤선, 정윤미, 2019). 다문화청소년은 문화적응 스트레스가 높을수록 우울, 위축, 비행 및 공격성이 증가하며(강유임, 김병석, 2013), 삶의 만족도와 자아존중감은 낮아지는 것으로 보고되고 있다(김민주, 윤기봉, 2018; 이소연, 2018).

다문화청소년의 문화적응 스트레스를 감소시키기 위해서는 다문화청소년을 위한 심리·사회적응 지원 시스템을 강화하고, 부모·친구·교사 등 주변 환경에 대한 개입을 확대하며, 지역사회 중심의 다문화청소년 심리·사회적응 및 위기 지원 시스템을 구축해야 한다(양계민, 장윤선, 정윤미, 2019).

먼저, 다문화청소년의 심리·사회적응을 위해 위기청소년에 대한 초기 발굴과 예방적 접근을 실시해야 한다. 청소년동반자사업이나 다문화가족지원센터에서 운영 중인 다문화가족방문교육서비스의 내용을 확대하여 다문화청소년들의 심리부적응 및 위기 사례를 발굴하고 모니터링할 수 있도록 하고, 보다 적극적으로 다문화청소년 사례관리를 추진할 필요가 있다. 둘째, 부모교육과 학교 구성원 대상 다문화교육 강화를 통해 다문화청소년들의 건강한 성장을 위한 환경을 조성할 필요가 있다. 다문화청소년 부모들의 경우 학교를 직접 방문하는 것에 대해 부담을 갖는 경우가 많기 때문에 보다 친근감을 느낄 수 있는 건강가정·다문화가족지원센터 중심의 부모교육시스템을 활성화시킬 필요가 있다. 부모교육 내용은 자녀양육과 관련한 기본 교육과 함께 다문화적 특성을 어떻게 다룰 것인지, 차별 상황에서 어떻게 대처할 것인지 등 다문화청소년의 문화적응 스트레스를 감소시킬 수 있는 부모역할에 대한 내용을 포함시킬 필요가 있다. 또한 학교 내 다문화청소년 차별문제 근절을 위한 교사교육과 비다문화학생 대상 교육이 강화될 필요가 있다. 부모의 출신국에 대한 비하나 차별 행동이 다문화청소년에게 상처가 되고, 문화적응 스트레스를 높이는 요인이 되기 때문에 단순한 다문화청소년에 대한 이해의 수준을 넘어서 반편견, 반차별, 인권존중의 시각에서 교육이 이루어져야 한다. 마지막으로, 지역사회 중심의 다문화청소년 지원 시스템 구축을 위해서는 학교, Wee클래스, 다문화청소년기관, 청소년상담복지센터, 정신건강증진센터 등 다양한 지역 내 기관이 참여하여 다문화청소년지원 협의체를 구성하고 위기상황에서 통합적으로 개입할 필요가 있다. 다문화청소년 밀집지역에는 네트워크 운영 예산을 지원하고, 다문화청소년의 건강한 발달과 적응을 지원하는 업무를 수행할 수 있는 협의체 내 전담인력을 배치하여 초기상담, 모니터링, 사후관리 등을 담당하도록 하는 등 협의체가 기능을 잘할 수 있도록 지원할 필요가 있다(양계민, 장윤선, 정윤미, 2019).

(3) 다문화청소년 발달 추이

다문화청소년의 발달 추이를 확인하기 위해 한국청소년정책연구원의 2020년도 다문화청소년 종단연구 결과를 확인하였다. 다문화청소년이 초등학교 4학년에 재학 중이던 2011년부터 고등학교 3학년인 2019년까지 수행된 조사의 분석결과는 다음과 같다(양계민 외, 2020b).

① 학교생활 및 학업성취

다문화청소년이 학교생활 중 친구들과의 관계에서 경험하는 어려움은 9년간 조사에서 모두 '별 어려움이 없다'고 응답한 비율이 80% 이상이었다. 친구들과의 어려운 점이 무엇인지에 대해서는 초등학교와 중학교 시기에는 '나의 외모를 가지고 놀리는 것'이 가장 많았고, 고등학교에는 '친한 친구가 없는 것'이 가장 많았다.

학교 공부와 관련해서는 고등학교에 진학한 시기부터 어려움이 크게 증가하는 것으로 나타났으며, 책의 내용을 이해하기가 어렵고, 공부할 때 물어볼 사람이 없는 것이 가장 어려운 점으로 나타났다. 학업성적은 초등학교 시기에 비해 중학교에 진학한 시기부터 큰 폭으로 떨어졌고, 고등학교에 진학한 시기에도 학교성적에 대한 주관적 인식은 이전에 비해 낮게 나타났다.

② 심리 · 사회 적응

다문화청소년의 삶의 만족도를 4점 척도로 조사한 결과, 초등학교 재학 시기에는 평균 3.2 이상의 높은 수준이 유지되었으나 점차 낮아져 고등학교 시기에는 평균 3점 미만으로 나타났다. 우울은 학년이 올라갈수록 높아졌으며, 4점 척도 조사 결과, 초등학교 시기는 1.59~1.63점이었으나 고등학교 시기에는 1.73~1.79점이었다. 흡연, 음주, 가출, 무단결석 등의 비행경험도 초 · 중등 시절에는 낮았으나 고등학교 진학 시기부터 급격하게 증가하였다.

친한 친구의 수는 초등학교 4학년 시기에는 평균 10.64명이었으나 이후 계속 감소하여 고등학교 3학년 시기에는 평균 6.41명으로 감소하였다. 가족의 지지는 4점 척도 기준, 평균 3.17~3.22점 사이로 초등학교부터 고등학교까지 안정적인 수준이 유지되고 있었으며, 사회적 지지와 관련하여 학교 밖에서 어려운 일이 있을 때 도와주는 어른이 있다는 응답의 비율은 초등학교 4학년 20%, 중학교 1학년 38.6%, 고등학교 1학년 26.7%로 매우 낮은 것으로 나타났다.

4) 다문화청소년 정책

다문화청소년 정책은 주로 여성가족부와 교육부에서 담당하고 있다. 여성가족부는 다문화가족과 그 자녀에 대한 정책을 추진하고 있으며, 교육부는 학교에 재학하고 있는 다문화청소년을 대상으로 정책을 추진하고 있다(연보라, 이윤주, 김현철, 2019).

(1) 여성가족부

여성가족부는 다문화가족의 가족상담, 가족교육, 가족돌봄, 가족문화서비스 등 가족 지원을 위해 건강가정 · 다문화가족지원센터를 운영하고 있다. 센터에서는 다문화가족의 국내 정착과 자립을 돕기 위해 결혼이민자 정착단계별 지원패키지, 성평등 · 인권교육 등 기본 프로그램과 함께 방문교육서비스 등 특성화 프로그램을 제공하고 있다. 결혼이민자와 중도입국 자녀를 대상으로 한국어 의사소통 능력

함양과 사회생활 적응을 지원하고 있으며, 지리적 여건 등으로 센터 이용이 어려운 다문화가족을 대상으로 자녀양육 및 자녀생활 지원, 한국어교육 등 맞춤형 방문교육서비스를 제공하고 있다. 또한 이중언어 환경 조성을 위해 부모코칭·부모-자녀 상호작용 프로그램 등 이중언어를 가정 내에서 활용할 수 있는 다양한 프로그램을 지원하며, 언어발달 지연을 보이는 다문화가족 자녀 대상으로 언어평가 및 1:1 언어 촉진교육을 제공한다(여성가족부 홈페이지).

여성가족부는 2010년부터 '다문화가족지원정책 기본계획'을 발표하였는데, 제1차 기본계획(2010~2012)에서는 '다문화가족의 삶의 질 향상 및 안정적인 정착 지원'에 중점을 두고, 결혼이민자의 한국 사회 정착을 중심으로 정책과제를 제시하였다. 제2차 기본계획(2013~2017)에서는 '사회발전 동력으로서의 다문화가족 역량 강화'와 '다양성이 존중되는 다문화 사회 구현'이라는 목표하에 다문화가족에 대한 사회적 수용성 제고 및 결혼이민자 사회 진출 확대를 중심으로 정책과제를 제시하였다. 제3차 기본계획(2018~2022)에서는 '모두가 존중받는 차별 없는 다문화사회 구현' '다문화가족의 사회·경제적 참여 확대' '다문화가족 자녀의 건강한 성장 도모'와 같은 다문화가족의 장기 정착을 위한 지원에 중점을 두었으며, 다문화가족 자녀를 대상으로 하는 정책과제를 확대하였다.

'제3차 다문화가족지원정책 기본계획'에 근거하여 여성가족부에서 실시하고 있는 다문화청소년 관련 주요 지원 정책은 〈표 9-5〉와 같다.

표 9-5 2020년도 여성가족부 다문화청소년 관련 주요 지원 정책

정책영역	세부과제
다문화가족 자녀의 안정적 성장과 역량 강화	1. 안정적 성장을 위한 환경 조성 • 건강가정·다문화지원센터에서 운영하는 '다재다능' 프로그램을 확대하여 다문화가족 자녀의 사회성, 리더십 개발(여가부) • 자녀 발달주기별 부모교육·상담 및 정보 제공 강화, 자녀 창의·인성 함양 지원(여가부-교육부) • 다문화감수성 향상을 위한 또래상담 역량 프로그램 강화(여가부)

2. 학업 및 글로벌 역량 강화
- 다문화가족 자녀가 이중언어로 소통할 수 있는 환경 조성 강화, 이중언어교육 전자책 추가 개발 등 글로벌 인재 양성 지원(여가부-교육부)
- 다문화학생의 학교적응과 기초학습능력 향상을 위한 멘토링, 교과 보조교재 개발(여가부-교육부)

3. 진로준비 및 사회진출 지원
- 한국어교육부터 심리·정서상담, 진로교육, 취업지원 등 이주배경 청소년의 안정적 정착을 위한 종합서비스 지원모델 시범 운영(여가부)

4. 중도입국 자녀 맞춤형 지원
- 중도입국 등 이주배경 청소년 대상 상담 및 사례관리를 통한 심리·정서적 어려움 해소(여가부)

출처: 여성가족부(2020b)의 내용 재구성.

(2) 교육부

교육부는 2006년 수립된 '다문화가정 자녀 교육지원 대책'을 시작으로 이후 매년 다문화교육정책을 수립·추진하고 있다. 2007년도에는 '다문화가정 자녀 교육지원 계획'으로 변경되었고, 2015년까지는 '다문화가정 학생 교육 선진화 방안' '다문화교육 활성화 계획' 등으로 매년 명칭이 조금씩 변경되다가 2016년도부터 '다문화교육 지원 계획'으로 정책명이 일관되게 유지되고 있다. 정책명의 변화를 통해 초기 다문화학생을 지원하는 것에 중점을 두었던 것에서 점차 다문화교육을 위한 교육환경 조성에 필요한 다양한 대상과 분야를 지원하는 정책으로 변화되었음을 알 수 있다. 정책의 비전과 목표는 초기 '사회통합'에 중점을 두었던 것에서 점차 '다양성과 조화'에 중점을 두는 것으로 기본 방향이 변화되었다(양계민 외, 2020b).

교육부의 2021년도 다문화교육 주요 지원정책은 〈표 9-6〉과 같다.

표 9-6 2021년도 교육부 다문화교육 주요 지원 정책

목표	추진과제
• 다문화학생 교육기회 보장 및 교육격차 해소 • 다양한 문화가 공존하는 성숙한 교육환경 구축	1. 출발선 평등을 위한 교육기회 보장 1) 다문화학생 공교육 진입 제도 안착 2) 학교교육 준비도 격차 해소 2. 학교 적응 및 안정적 성장 지원 1) 맞춤형 한국어교육 제공 2) 학교 적응 및 인재 양성 지원 3. 다양성이 공존하는 학교 환경 조성 1) 전체 학생 대상 다문화교육 확대 2) 교원의 다문화교육 역량 제고 3) 가정 및 지역사회와의 연계 4. 다문화교육 지원체계 내실화 1) 다문화교육 법 · 제도 개선 2) 코로나19 대응 다문화교육 지원 3) 중앙-지역 및 부처 간 협력 강화

3. 탈북배경 청소년

1) 탈북배경 청소년 개념

탈북배경 청소년의 개념은 각 부처별로 다르게 나타난다. 통일부와 교육부의 경우 출생지를 중심으로 탈북청소년, 북한이탈주민자녀, 탈북학생으로 지칭하고 있으며, 여성가족부의 경우 이주배경 청소년, 다문화가정 자녀라는 용어를 사용하고 있다(조정래, 2019). 탈북청소년이라는 용어를 하나의 개념으로 정의하고자 탈북배경 청소년(이기영, 김민경, 조재희, 최지원, 2014)이 제안되었으며, 용어의 중립성 및 지원의 세밀화 차원에서 북한배경청소년(김정원 외, 2018)이라는 용어가 제안되기도 하였다.

탈북배경 청소년은 좁은 의미로는 '북한에서 출생하여 현재 한국에 살고 있는 만 9세 이상 24세 이하의 북한이탈주민'을 지칭한다. 북한이탈주민은 「북한이탈주민의 보호 및 정착지원에 관한 법률」에 북한을 벗어난 후 외국 국적을 취득하지 않은 사람이라고 정의되어 있다. 북한이탈주민 가운데 청소년 연령의 집단을 탈북청소년이라고 부른다. 그러나 넓은 의미로 볼 때, 탈북배경 청소년에는 "부모 중 한 사람 이상이 북한이탈주민이고 중국 등 제3국에서 출생한 청소년"이 포함되며, 북한이탈주민이 남한에서 출생한 자녀도 포함된다. 이들은 원칙적으로는 앞의 법률이 정의하는 북한이탈주민의 범주에 포함되지 않지만, 탈북가정의 자녀로서 교육적 지원이 필요한 경우가 있으므로 교육지원 대상에 포함한다(탈북청소년교육지원센터 홈페이지).

이 장에서는 〈표 9-7〉과 같이 부모 중 한 명 이상이 북한 출신인 가정의 청소년기 연령대의 자녀로 북한출생청소년, 제3국 출생 북한이탈주민 자녀, 남한출생 북한이탈주민 자녀를 모두 포함하여 탈북배경 청소년의 개념을 정의하고자 한다.

표 9-7 탈북배경 청소년의 개념과 범주

구분	내용
개념	부모 중 한 명 이상이 북한 출신인 가정의 청소년기(만 9~24세) 연령대의 자녀
출생지	북한 출생 청소년, 제3국 출생 북한이탈주민 자녀, 남한 출생 북한이탈주민 자녀

출처: 양계민 외(2020a)의 내용 재구성.

2) 탈북배경 청소년 현황

국내 입국 북한이탈주민의 수는 지속적인 증가 추세를 보이며, 이들의 자녀인 탈북배경청소년의 수도 증가하고 있다(교육부, 한국교육개발원, 2021a).

2019년 통일부 내부 자료에 따르면, 2019년 12월 기준 만 24세 이하의 북한이탈 아동·청소년은 2,604명으로 파악되며, 연령대별로는 만 19~24세가 1,504명으로 57.8%를 차지하고, 다음으로 만 13~18세가 799명(30.8%)이었으며, 만 7~12세가

272명(10.5%), 만 0~6세가 29명(1.1%)으로 파악되었다. 통일부는 북한이탈주민을 "북한에 주소, 직계가족, 배우자, 직장 등을 두고 있는 사람으로서 북한을 벗어난 후 외국 국적을 취득하지 아니한 사람"으로 한정하고 있으므로, 북한 출생 탈북 아동·청소년 규모만 측정이 가능할 뿐 제3국 출생 및 국내 출생 아동·청소년의 규모는 추정할 수 없다(양계민 외, 2020a).

북한 출생과 중국 등 제3국 출생을 포함하여 교육기관에 재학 중인 탈북배경 청소년은 2020년 4월 기준 총 2,725명이며, 이 중 정규학교(초·중·고)에 재학 중인 탈북배경 청소년은 총 2,437명으로 초등학생은 741명, 중학생은 782명, 고등학생은 738명이며, 기타 학교에 재학 중인 학생은 176명이다. 전체 정규학교 재학 탈북배경 청소년 중 62.7%는 북한이 아닌 중국 등 제3국에서 출생한 북한이탈주민의 자녀이다(교육부, 한국교육개발원, 2021a). 2020년 교육부의 탈북학생 통계 현황에 따르면, 초·중·고 및 기타 학교에 재학 중인 탈북배경 청소년의 수는 2017년까지 증가하다가 이후 감소하는 추세이며, 중국 등 제3국 출생 탈북배경 청소년의 비율은 증가하는 추세이다. 탈북배경 청소년의 절반 이상(61.6%)이 수도권 학교에 재학 중이며 2017년까지 학업중단율이 감소하다가 이후 증가하고 있고, 상급학교로 갈수록 학업중단율은 증가하고 있다(교육부, 한국교육개발원, 2021a).

1990년대 중반 북한에 닥친 자연재해 및 경제악화로 인한 '고난의 행군' 시기를 거치며 생존을 위해 국경을 넘었던 식량난민 성격의 북한이탈주민은 최근 가족 단위 입국으로 변화 양상을 보이며 이주민의 특성을 나타낸다. 이에 따라 북한이탈주민의 연령구성에서 탈북배경 청소년이 차지하는 비율도 높아지고 있다. 과거에는 탈북배경 청소년들이 탈북 후 중국을 비롯한 제3국에서 오랜 기간 체류한 후 국내로 입국하는 사례가 많았으나, 최근에는 탈북 후 단기간 내에 한국에 입국하는 사례가 늘고 있다. 탈북 이후 중국에서 장기간 체류하다 국내로 입국하는 북한이탈주민에 의해 중국 등 제3국에서 출생한 탈북청소년들의 국내 입국 사례도 증가하고 있는데, 이들은 대부분 중국어를 모국어로 사용하며, 한국어 구사 능력이 낮은 경우가 대부분이다(교육부, 한국교육개발원, 2021a).

3) 탈북배경 청소년의 경험과 적응

(1) 한국 입국 이전의 경험

탈북배경 청소년이 북한에서 남한으로 들어오는 경로에는 여러 가지가 있다. 일단 북한에서 압록강이나 두만강을 건너 중국으로 간다. 이들은 중국에 있는 각국 대사관과 영사관에 들어가 탈북을 신청하기도 하고 여권을 만들어서 국내로 입국하기도 하지만, 대다수가 중국을 벗어나 제3국의 한국대사관까지 이동한다. 최근에는 대부분 라오스, 베트남, 태국 등을 거쳐 한국으로 들어온다. 탈북 후 한국으로 들어오는 과정은 많은 위험 요인을 내포하고 있다. 은둔 생활을 하다가 신분이 노출되어 중국의 공안이나 국경수비대에 발각되는 이들은 북한으로 송환되어 처벌을 받을 수 있기 때문이다.

탈북 후 이런 불안한 생활을 장기간 겪은 경우 남한 입국 후에도 계속해서 심리적 불안을 호소하는 청소년들도 있다. 일부 탈북배경 청소년은 탈북 과정에서 가족을 잃은 경험으로 마음에 상처를 갖고 있으며, 북한에 남아 있는 가족 때문에 마음의 큰 부담을 안고 있기도 하다. 또한 부모와 장기간 떨어져 생활하다가 재결합한 경우 부모에게 친근함보다 불편함을 느끼며, 간혹 부모가 재혼하여 새로운 가정을 꾸린 경우 배신감을 느끼며 부모에게 버림받았다고 생각하기도 한다. 중국 출생자의 경우 북한 출생자와 달리, 남한에 먼저 온 부모의 초청으로 한국에 입국한다(교육부, 한국교육개발원, 2021b).

(2) 탈북배경 청소년의 학교적응 및 학업성취

북한이탈주민의 경우 남한 사회 적응에서 경제적 차원의 적응이 가장 중요하지만 탈북배경 청소년의 경우 청소년기의 주된 생활공간이 가족과 학교라는 점을 감안하면 남한의 학교적응이 매우 중요한 과제라고 할 수 있다. 탈북배경 청소년들은 새로운 학교생활에 기대감도 갖지만 동시에 남한의 입시 위주의 경쟁적 학습 분위기에 두려움을 느끼고 부진한 학습능력에 좌절하며 또래관계에서 소외를 경험하기도 한다. 탈북배경 청소년들은 남한 학생들의 선입견 때문에 편입학한 학교에서 자신들이 북한에서 왔다는 사실을 숨기고 싶어 하는 경우가 많다. 탈북과정에서 학업 공백기가 있기 때문에 대부분 학교에 편입할 때 자신의 취학연령보다 1~2년 정도 낮춰서 편입하는 사례가 많다. 이로 인해 같은 학년임에도 불구하고 나이 차이가 나기 때문에 급우들과 원만한 관계를 맺기 어렵다(이소희 외, 2005). 탈북 이후 중국 등 제3국에서 장기 체류한 탈북배경 청소년의 경우에는 학업 공백으로 인해 낮은 학력을 보이는 경우가 많으며, 한국 입국 후 자신의 나이보다 낮은 학년에 배정되는 등 학력과 연령의 차이로 인해 입국 초기 교우관계 형성 및 학교적응 과정 등에서 부적응 문제가 발생하기도 한다. 탈북배경 청소년들 간의 학업성취수준 편차는 매우 크지만, 평균적으로 낮은 학업성취수준, 부족한 가정의 교육지원 등으로 인해 학교적응에 어려움을 겪는 경우가 많다(교육부, 한국교육개발원, 2021a).

이처럼 탈북배경 청소년의 상당수는 학교생활 적응에 어려움을 경험하는데, 2019년도 탈북배경 청소년의 학업중단율은 초등학생 1.5%, 중학생 2.7%, 고등학생 4.8%로 전체 학생의 학업중단율(초등학생 0.7%, 중학생 0.8%, 고등학생 1.7%)에 비해 높은 것으로 나타났다(교육부, 2020; 탈북청소년교육지원센터, 2020). 학업중단의 사유로는 학교부적응이 주요 요인인데(이기영 외, 2014), 이러한 경향은 초등학교에서 고등학교인 상급학교로 갈수록 높은 것으로 나타났다(정순미, 2010). 탈북배경 청소년의 학교부적응 원인과 관련하여 정순미(2010)는 친구관계 형성의 어려움, 학습부진, 문화 및 언어 부적응 등을 그 원인으로 제시하였다. 탈북배경 청소년들은 학제의 차이나 언어의 차이 등 문화적 차이를 경험하고 이러한 차이로 인해 친구들 사이에서 따돌림과 소외를 경험하게 된다(서미 외, 2016).

2018 탈북청소년 실태조사(남북하나재단, 2019)에 따르면, 탈북청소년의 학교 성적에 대한 자기평가는 중간이 52.3%이고, 못함이 26.1%, 잘함이 21.5%로 나타났다. 학교 성적에 대한 만족도는 보통이 41.1%였으며, 만족이 32.0%, 불만족 26.9%의 순이었다. 현재 고민이나 걱정거리는 진학·진로 문제가 68.7%로 가장 높았고, 다음으로 공부·학교·성적 문제 62.8%, 미래에 대한 불안감 49.6%의 순이었다. 이러한 조사 결과는 탈북청소년이 진로와 학업에 대한 불안과 고민이 크다는 것을 보여 준다.

이와 같이 탈북배경 청소년은 학교적응과 학업성취에서 어려움을 경험하는데, 그 원인을 정리하면 다음과 같다(교육부, 한국교육개발원, 2021b).

첫째, 학교교육과 관련한 부모의 적극적인 지원을 받기 어렵다. 문화적 차이와 경제적 불안정 등으로 한국 사회 정착에 어려움을 겪는 부모로부터 일상적인 돌봄을 기대하기 어려우며, 부모가 한국의 학교 교육에 대해 아는 바가 적으므로 부모로부터 학교 학습에 대한 내용적 지원을 기대하기 어렵기 때문이다. 북한에서는 학교 교사에게 자녀를 전적으로 맡기는 것이 일반적이므로 탈북학부모들은 자녀의 학교 교육을 위해 부모가 적극적인 역할을 해야 한다는 것에 대한 이해가 부족하다. 또한 자녀양육 부담 없이 적극적으로 경제활동에 종사해서 한국 사회에 빠르게 정착하기 위해 자녀를 기숙시설이 있는 교육기관에 맡기는 경우도 있다.

둘째, 탈북배경 청소년들은 남북한 교과 용어, 교육제도, 학교 문화 등의 차이에 의해 혼란을 경험한다. 남북한이 같은 한국어를 사용하기는 하나, 각종 용어 차이로 인해 의사소통이나 교과 수업 내용 이해에서 어려움을 겪는다. 또한 북한의 학교에서는 교과별로 학습해야 할 범위와 내용이 분명하게 설정되어 있고, 교사가 매일 학생들의 학습 결과를 엄격하게 확인하고 통제하는 데 비해 한국에서는 학습해야 할 범위가 열려 있어 탈북배경 청소년들은 교과별로 공부를 얼마나, 어떻게 해야 하는 것인지를 알 수 없어 혼란스러워한다. 그러나 이런 혼란에 대해 부모도 도움을 주기 어렵다.

셋째, 탈북 신분 미공개 시 학교생활 문제에 대해 적극적인 도움을 구하지 못한다. 탈북배경 청소년임을 드러내기 어려운 상황에서 학교생활 문제를 겪을 때 적극적으로 도움을 구하지 못할 수 있다. 즉, 수업 내용을 이해하지 못해도 이해하지 못한다는 것을 드러내고 질문하지 못하는 상황이 발생하게 된다.

넷째, 처해 있는 상황에 비해 부모가 자녀의 학업에 거는 기대가 매우 높다. 탈북배경 청소년 부모들은 목숨을 걸고 탈북을 한 것이 자녀를 위해서였다는 점을 자녀에게 강조하거나 어려운 상황 속에서도 자녀가 더 나은 환경에서 교육받도록 하기 위해 힘들게 한국으로 데리고 왔음을 상기시키며 자녀의 높은 성취에 대한 기대를 일방적으로 드러내는 경우가 자주 있다. 그러나 탈북배경 청소년이 처한 조건은 부모의 기대에 부응하기 어려운 경우가 많아서 부모와의 갈등이 매우 심각한 상황으로 이어지기도 한다.

(3) 탈북배경 청소년의 심리사회적 특성

이주민, 난민 등과 같이 모국을 떠나 새로운 환경으로 이주하는 경우 외상 후 스트레스 장애(Post Traumatic Stress Disorder: PTSD), 불안, 우울 등 심리적 어려움을 겪는다(서미 외, 2016). 탈북청소년 역시 모국을 떠나 남한으로 이주하는 과정에서 다양한 심리적 어려움을 경험하게 된다(조영아, 김연희, 김현아, 2011).

탈북배경 청소년은 탈북 과정에서 각각 다양한 경험과 남한 입국경로를 가지고 있다. 탈북과정과 제3국에 체류하는 과정에서 생명을 위협받기도 하고, 자신과 가까운 사람이 생명을 위협받거나 죽음을 당하는 것을 목격하기도 한다. 이들의 심리 상태는 새로운 세계에 대한 두려움과 불안, 반발 심리를 가지고 있음과 동시에 심리적 안정감과 성취감을 경험하기도 한다(권부균, 2009). 자신들이 살던 사회와 전혀 다른 사회에 적응해야 하는 부담으로 인해 미래는 불안할 수밖에 없으며, 정체감의 혼란과 심리사회적인 스트레스를 경험하게 된다(김형태, 2004; 최보영, 김현아, 최연우, 2012).

북한으로 송환될지 모른다는 극단적인 공포심을 느끼기도 하고, 이러한 공포심은 이들의 삶을 극도로 위축시키기도 한다(최명선, 최태산, 강지희, 2006). 그리고 이러한 불안과 공포심, 북한에서 겪었던 삶과 탈북과정에서의 힘들었던 경험으로 인해 외상 후 스트레스 장애의 위험성이 크고, 이로 인해 남한 사회에 적응하는 데 어려움을 겪기도 한다(최명선, 최태산, 강지희, 2006). 청소년기는 또래와의 상호작용이 매우 중요한데, 탈북배경 청소년들은 늦은 진학으로 인한 동급생들과의 나이 차이, 그들에 대한 남한 청소년의 편견, 남북한 청소년들 간의 문화 차이 등을 이유로 남한의 또래 친구들과 관계 맺는 것에서 어려움을 경험한다(이기영, 2002; 장창호, 2001).

4) 탈북배경 청소년 지원정책

(1) 단계별 교육 지원[1]

교육부는 탈북배경 청소년의 학교 및 사회적응력을 높이기 위해 입국초기교육 → 전환기교육 → 정착기교육 순으로 교육경로를 단계별로 체계화하여 지원하고 있다. 입국초기교육은 기초학습지도와 심리적응치료, 초기적응교육으로 구성되어 있으며, 전환기교육은 일반학교 전입을 위한 학업보충교육과 사회적응교육으로 구성되어 있다. 정착기교육은 한국학생과 탈북배경 청소년의 통합교육 및 탈북배경 청소년 핵심역량 중심 진로교육으로 구성되어 있다(〈표 9-8〉 참조).

표 9-8 탈북배경 청소년 단계별 교육 지원 내용

구분	내용
입국초기교육	• 기초학습지도, 심리적응치료, 초기적응교육 　－삼죽초등학교: 하나원 재원 유 · 초등 탈북학생 교육 및 특별학급 운영 　－하나둘학교: 하나원 재원 중 · 고등학생의 학업보충 및 사회적응 교육
전환기교육	• 일반학교 전입을 위한 학업보충교육, 사회적응교육 　－한겨레 중 · 고등학교: 6개월 또는 1년 전환기교육 후 전출 조치
정착기교육	• 한국학생과 탈북학생의 통합교육, 탈북학생 핵심역량 중심 진로교육 　－탈북학생 다수 재학 학교(밀집학교)에 특별반 운영
대안교육	• 학령기 초과, 학교 부적응 학생 맞춤형 교육 지원 　－대안학교: 탈북과정의 심리 · 정서 치유와 기초학력 지원 교육 　－대안교육기관: 부적응 학생을 위한 위탁교육
탈북청소년 교육지원센터	• 입국초기, 전환기, 정착기 교육기관 간의 연계 지원

출처: 교육부, 한국교육개발원(2021b).

---

1) 교육부, 한국교육개발원(2021b), pp. 21-26의 내용을 정리함.

① 입국초기교육

우리나라에 온 북한이탈주민은 정부합동조사기관에서 일정 기간 조사를 받은 후 북한이탈주민 정착지원사무소(하나원)에서 한국 사회적응을 위한 교육을 받는다. 하나원에서 3개월간의 초기적응교육을 통해 한국 사회에서 살아갈 수 있는 기본 지식과 정보를 얻고 심리·정서적 안정을 도모하고, 진로직업훈련을 받으며 퇴소 후 정착지에서의 성공적인 정착을 준비한다. 하나원에서 지내는 기간 동안 아동과 청소년은 유치반, 초등반, 청소년(중·고등학생)반으로 나누어 교육을 받는다.

하나원에서 적응훈련을 받는 기간 동안 초등학교 취학대상자 아동들은 삼죽초등학교(경기도 안성)에서 위탁교육을 받는다. 여기에서 초등학생들은 처음으로 학적을 취득한다. 취학 전 탈북유아는 하나원 인근에 위치한 삼죽초등학교 병설유치원에서 한국 유치원생과 함께 교육을 받는다. 삼죽초등학교의 적응교육은 크게 교과학습지도와 체험학습, 상담활동으로 구성되어 있다. 북한 출생 학생은 1~4교시에 일반학생과 함께 통합교육을, 5~6교시에는 탈북학생을 위한 특별학급에서 맞

표 9-9 하나원 재원기간 중 교육

대상	미취학 연령 대상	초등학교 연령 대상	중·고등학교 연령 대상
교육기관	삼죽초등학교 병설유치원	삼죽초등학교	하나원 하나둘학교
교육내용	• 삼죽초등학교 병설유치원 일반 원아와 통합수업 • 병설유치원 일과 후에는 하나원에 돌아와 하나둘학교에서 방과후 프로그램	• 오전: 삼죽초등학교에서 일반 학생과 함께 통합교육 • 오후: 특별학급에서 탈북학생 맞춤형 수업 • 학교 일과 후에는 하나원에 돌아와 하나둘학교에서 방과후 프로그램	• 입소 기수별로 학급이 편성되고 국어, 영어, 수학 교과의 경우 수준별로 학급 구성 • 2011년 3월부터 하나둘학교 청소년반 학생 대부분은 하나원 재원기간 내에 경기도교육청에서 실시하는 학력심의를 거쳐 학교에 편입할 수 있는 학력을 인정받음

출처: 교육부, 한국교육개발원(2021b).

춤형 교육을 받는다. 제3국 출생 학생은 1~2교시에는 통합교육을, 3~6교시에는 부족한 한국어와 기초학력 향상을 위한 맞춤형 교육을 받는다. 방과 후에는 기초학습능력이 부족한 탈북학생을 대상으로 보충지도가 실시되며, 일반 학생이 등교하지 않는 방학 중에도 특별학급에서 탈북학생 교육이 진행된다. 탈북 초등학생들은 삼죽초등학교에서 학년 배정을 받고, 학적을 갖게 된다. 그리고 북한에서의 학력, 현재의 수학능력, 연령 등을 종합적으로 고려한 학력심의를 통해 학력을 인정받는다. 하나원 퇴소 시 삼죽초등학교에서 정착지 학교로 전학을 간다.

중·고등학교 연령대의 탈북배경 청소년은 하나원 하나둘학교에서 교육을 받는다. 교육부는 하나원 하나둘학교에 정규교사를 파견하여 국어, 영어, 수학, 과학, 사회, 역사 등의 기본 교과를 가르치고 있다. 경기도교육청에서는 탈북배경 청소년들이 하나둘학교에서 이루어지는 3개월간의 기초교육을 수료하면 초등학교 교육을 이수한 것으로 인정하며, 하나원 수료 후 북한에서의 학력, 현재의 수학능력, 연령 등을 종합적으로 고려한 학력심의를 통해 정규 중·고등학교(한겨레 중·고등학교 포함)에 취학 또는 편입학할 수 있는 자격을 부여하고 있다.

② 전환기교육

전환기교육은 하나원 재원 기간 동안의 입국초기교육과 연계하여 일반학교에 편입학 하기 위한 학업보충과 사회적응을 지원하는 디딤돌 교육을 말한다. 전환기교육은 탈북배경 청소년을 위한 기숙형 학교인 한겨레 중·고등학교에서 실시되며, 6개월 또는 1년 동안 전환기교육을 받은 탈북배경 청소년은 한겨레 중·고등학교에 계속 재학하여 졸업을 하거나 정착지의 중·고등학교로 전학 또는 편입할 수 있다.

학령기가 지났거나 연령과 학력의 지나친 차이로 인해 정규학교에 다니기 어려운 탈북배경 청소년 중 일부는 고등학교 학력을 인정받을 수 있는 대안학교에서 고등학교 과정을 이수할 수 있다. 또한 정규학교에 재학 중인 탈북배경 청소년이 학교 적응에 어려움을 호소할 경우 각 시·도교육청에서 지정한 대안학교에서 위탁교육을 받은 후 다시 원적교로 돌아올 수 있는 준비가 되면 복교할 수 있는 제도도 운영되고 있다.

(2) 탈북배경 청소년 지원 기관

탈북배경 청소년에 대한 지원은 「북한이탈주민의 보호 및 정착지원에 관한 법률」
「다문화가족지원법」「초·중등교육법」「청소년복지 지원법」 등을 토대로 하여 통
일부, 여성가족부, 교육부를 중심으로 정책이 추진되고 있다.

통일부에서는 남북하나재단을 통해 한국 입국 초기 적응과 학습지원을 위한 다
양한 사업을 추진하고 있으며, 교육부는 한국교육개발원을 통해 탈북청소년 교육
지원센터에서 교육을 지원하고 있다. 여성가족부에서는 이주배경 청소년지원재단
인 무지개청소년센터를 통해 사회통합을 지원한다(양계민 외, 2020a). 각 기관의 탈
북배경 청소년 주요 지원정책은 〈표 9-10〉과 같다.

표 9-10 탈북배경 청소년 지원 기관의 주요 사업

구분	남북하나재단 (통일부)	탈북청소년 교육지원센터 (교육부)	무지개청소년센터 (여성가족부)
교육내용	• 장학금 지원 • 진로진학 지원, 예비대학 • 학습지원(화상영어) • 글로벌 인재육성 사업 • 교육시설 운영지원 • 무연고 청소년 그룹홈 지원 • 통일전담교육사 배치 및 운영 • 한미 취업연수 프로그램	• 초기 정착 매뉴얼 개발 • 하나둘학교 탈북학생 진로교육 • 우수탈북학생 전문가 결연 • 멘토링 운영 및 멘토 교사 연수 • 교육 우수사례 발굴 및 보급 • 심리·정서 치료지원 • 잠재역량 강화 프로그램	• 탈북청소년 맞춤형 교육지원(영어, 한국어능력) • 공동체리더십 장학금 지원 • 탈북청소년 사회입문 프로그램 • 하나둘학교 학생 비교문화체험학습

출처: 양계민 외(2020a).

4. 실천현장과 관련서비스

1) 다문화가족지원센터

다문화가족지원센터는 「다문화가족지원법」 제12조에 근거하여 결혼이민자 · 귀화자와 대한민국 국적취득자로 이루어진 가족을 지원하기 위해 설치 · 운영되는 시 · 군 · 구 단위의 센터이다. 2006년도에 '여성결혼이민자가족의 사회통합 지원방안'을 마련하고 결혼이민자가족의 사회문화적 적응 지원체계 구축을 위해 시 · 군 · 구별로 '결혼이민자 가족지원센터'(21개소)를 지정 · 운영하면서 시작되었으며, 2008년에 「다문화가족지원법」을 제정하면서 '다문화가족지원센터'로 명칭을 변경하였다.

2020년 2월 기준, 일반형 32개소와 확대형 196개소 등 총 228개소의 다문화가족지원센터가 운영 중에 있다. 확대형은 건강가정 · 다문화가족지원 통합서비스 운영기관으로, 가족의 유형별로 이원화되어 있는 가족지원서비스를 가족의 유형에 상관없이 한 곳에서 다양한 가족에 대한 보편적이고 포괄적인 서비스를 제공하고자 「건강가정기본법」과 「다문화가족지원법」에 근거하여 설치 · 운영하는 기관이다. 2014~2015년까지 22개소의 통합서비스 시범사업을 실시하였으며, 매년 운영기관을 확대하여 2020년도에는 196개소를 운영하였다(여성가족부, 2020a).

확대형 다문화가족지원센터의 주요 사업 내용은 〈표 9-11〉과 같다.

표 9-11 다문화가족지원센터의 주요 사업

구분	주요 내용
가족관계	• 부모역할지원 • 부부역할지원 • 이혼 전후 가족지원 • 다문화가족관계 향상 지원 • 다문화가족 이중언어 환경 조성 • 다문화가족 자녀 성장 지원 • 가족상담
가족돌봄	• 가족역량 강화 지원 • 다문화가족 방문서비스
가족생활	• 맞벌이가정 일가정양립지원 • 다문화가족 초기정착지원 • 결혼이민자 통번역 지원 • 결혼이민자 취업지원
가족과 함께하는 지역공동체	• 가족봉사단 • 공동육아나눔터 • 다문화가족 교류 · 소통 공간 운영 • 결혼이민자 정착 단계별 지원 패키지 • 찾아가는 결혼이주여성 다이음사업

출처: 여성가족부(2020a).

2) 남북하나재단

남북하나재단(북한이탈주민지원재단)은 탈북민의 우리 사회 정착을 돕기 위해 「북한이탈주민의 보호 및 정착지원에 관한 법률」 제30조에 따라 2010년 설립된 통일부 산하 공공기관이다. 남북하나재단은 북한이탈주민지원재단의 대외별칭이며, 재단은 한국에 온 탈북민들의 초기 정착부터 생활보호, 취업 및 교육지원, 통일미래리더 양성, 국민인식개선 캠페인까지 다양한 사업을 통해 탈북민들의 경제적 자립과 사회적 통합을 돕고 있다.

주요 사업은 초기정착 · 생활안정지원, 정착지원금, 취업 · 창업지원, 교육 · 인재양성 지원사업, 사회통합 지원사업, 실태조사 · 정책연구 등이 있으며, 이 중 교육 · 인재양성지원사업은 탈북배경 청소년을 대상으로 하는 사업으로 주요 내용은 〈표 9-12〉와 같다.

표 9-12 남북하나재단의 교육 · 인재양성 지원사업 주요 내용

구분	주요 내용
통일미래인재육성	• 장학지원: 중 · 고등학생 및 대학생 대상 생활비 보조 • 진로진학 지원 　-대학 진학을 희망하는 탈북배경 청소년에게 입학 관련 기본 정보 및 수준별 맞춤 정보 제공 　-예비 대학생의 대학 적응능력과 학업능력 향상을 위한 멘토링 및 교육 • 탈북대학생 해외연수 지원
청소년 교육 및 적응 지원	• 청소년 교육 및 공동생활시설 지원 • 통일전담교육사 파견 • 대상별 교육지원: 하나원 기초교육생 지역정착지원, 정착지원 전문인력 양성, 탈북배경 청소년 학력증진 지원, 화상영어 교육지원, 학습지 지원

3) 탈북청소년교육지원센터

2009년 7월 교육부는 탈북청소년에 대한 종합적 교육대책을 수립하였으며, 그 일환으로 한국교육개발원에 탈북청소년교육지원센터를 설립하여 탈북청소년 교육지원 사업을 수행하고 있다. 탈북청소년교육지원센터의 사업추진 전략은 '탈북학생 맞춤형 교육 강화' '탈북학생 진로 · 직업교육 내실화' '탈북학생 교육지원 기반 공고화'이며, 센터의 역할은 '탈북학생 및 학부모 역량개발' '탈북학생 지도 학교 및 교사 지원' '연계 협력 지원' '탈북학생 교육 실태조사 연구 및 관련 DB 구축' '탈북학생 교육지원 기반 구축' 등 다섯 가지 영역이다. 센터의 주요 사업은 〈표 9-13〉과 같다.

표 9-13 탈북청소년교육지원센터의 주요 사업

구분	주요 내용
탈북학생 맞춤형 교육	• 심리상담 지원사업 • 성장 멘토링 • 잠재역량 강화 프로그램 • 한국어교육 지원
탈북학생 진로 · 직업교육	• 하나둘학교 진로교육 지원 • 찾아가는 진로상담
탈북학생 교육지원 기반 구축	• 탈북학생 맞춤형 멘토링 담당교원 연수 • 밀집학교 역량 강화 워크숍 • 우수사례 발굴 및 보급 • 관계기관 네트워크 활성화 • 전문가 네트워크 활성화 • 통계조사 및 홈페이지 운영

4) 이주배경 청소년지원재단 무지개청소년센터

　무지개청소년센터는 「청소년복지 지원법」 제18조에 근거하여 중도입국, 다문화, 북한이탈 등 이주배경 청소년의 사회적응을 지원하기 위하여 설립되었다. 대상은 만 9세부터 24세의 이주배경 청소년이며, 구체적으로는 다문화가족의 청소년과 그 밖에 국내로 이주히여 시회적옹 및 학업수행에 어려움을 겪는 청소닌이다. 주요 사업 내용은 〈표 9-14〉와 같다.

표 9-14 무지개청소년센터 주요 사업

구분	주요 내용
이주배경 청소년에 대한 초기 지원	• 입국초기 청소년 적응지원(레인보우스쿨) • 중도입국청소년 진로교육(무지개 Job아라, 내일을 Job아라) • 중도입국청소년 자립지원(다톡다톡 카페 운영)
이주배경 청소년 심리지원	• 통합상담 및 사례관리 • 집단상담 프로그램 • 이주배경 청소년 멘토링 • 이주배경 청소년 상담 및 심리치유 프로그램(다톡다톡)
인식개선사업	• 청소년 다문화 감수성 증진 프로그램(다가감) 운영 • 이주배경 청소년과 일반청소년 통합 캠프
이주배경 청소년 전문가 양성	• 전문가 양성을 위한 교육 훈련 프로그램

생각해 볼 문제

1. 이주배경 청소년의 문화적응 스트레스를 감소시키기 위해서는 학교 내에서의 개입과 지역사회 차원의 개입이 필요하다. 그리고 이주배경 청소년뿐만 아니라 비다문화청소년에 대한 개입도 함께 이루어져야 한다. 학교와 지역사회 차원에서 비다문화청소년의 문화적 민감성을 향상시키기 위해 어떠한 프로그램들이 제공되어야 하는지에 대해 생각해 보자.

2. 이 장에서는 이주배경 청소년을 다문화청소년과 탈북배경 청소년으로 구분하였다. 다문화청소년은 국제결혼가정 국내 출생 자녀와 중도입국 자녀, 외국인가정 자녀를 포함하였고, 탈북배경 청소년은 탈북청소년과 제3국 출생 탈북배경 청소년, 남한 출생 탈북배경 청소년을 포함하였다. 보다 광의의 관점에서 다문화청소년은 우리 사회의 다양한 소수자 청소년이 포함될 수 있다. 이 장에서 다루지 않았으나 우리 사회에서 차별과 소외를 경험하는 다문화청소년은 누가 있으며, 이들을 위해 어떠한 정책과 서비스가 필요한지 논의해 보자.

◎ 참고문헌

강유임, 김병석(2013). 다문화가정 아동의 모애착과 심리사회적 적응의 관계: 문화적응 스트레스와 부정적 대처기제의 중재효과. 청소년상담연구, 21(1), 19-42.

강화, 배은경(2018). 다문화가정 청소년의 문화적응 스트레스가 심리적 부적응에 미치는 영향. 한국아동복지학, 62, 131-164.

교육부(2020). 2020년 교육기본통계 주요내용.

교육부(2021). 출발선 평등을 위한 2021년 다문화교육 지원계획.

교육부, 한국교육개발원(2021a). 2020년 탈북청소년교육지원센터 운영사업 12차년도 결과보고서.

교육부, 한국교육개발원(2021b). 탈북학생 지도교사용 매뉴얼. 함께 만들어요! 하나된 세상.

교육인적자원부(2006). 다문화가정 자녀 교육지원 대책.

교육인적자원부(2007). 2007년도 다문화가정 자녀 교육지원 계획.

권부균(2009). 새터민 청소년의 스트레스와 사회적 지지: 남한사회적응과정을 중심으로. 장로회신학대학교 대학원 석사학위논문.

김민주, 윤기봉(2018). 다문화 청소년이 지각한 사회적 지지가 삶의 만족도에 미치는 영향: 문화적응스트레스 및 자아탄력성의 매개효과. 한국웰니스학회지, 13(1), 373-388.

김정원, 김지수, 김지혜, 김진희, 조정아, 김윤영, 김성식(2018). 2주기 탈북청소년 교육 종단연구(Ⅲ). 충북: 한국교육개발원.

김지혜(2019). 다문화 청소년의 문화적응스트레스가 우울과 자아존중감을 매개로 학교적응에 미치는 영향. 청소년시설환경, 17(3), 115-124.

김지혜, 정익중(2009). 다문화 아동청소년 정책에 나타난 통합관점에 대한 고찰. 한국아동복지학, 30, 7-40.

김형태(2004). 북한이탈청소년의 남한사회 적응유형에 관한 통합적 비교연구. 숭실대학교 대학원 박사학위논문.

남북하나재단(2019). 2018 탈북청소년 실태조사.

서미, 조영아, 양대희, 문소희, 이은별, 김혜영(2016). 다문화 청소년 또래상담 프로그램 개발-탈북청소년을 중심으로-. 서울: 한국청소년상담복지개발원.

양계민, 변수정, 조혜영, 김이선, 이민영(2020a). 포용사회 구현을 위한 이주배경 아동 · 청소년 성장기회격차 해소방안연구: 통계구축방안을 중심으로. 경제 · 인문사회연구회 협동연구총서, 20-06-01.

양계민, 장윤선, 정윤미(2019). 다문화청소년 종단연구 2019: 총괄보고서. 세종: 한국청소년정책
연구원.

양계민, 장윤선, 정윤미(2020b). 2020 다문화청소년 종단연구: 총괄보고서. 세종: 한국청소년정
책연구원.

양계민, 황진구, 연보라, 정윤미(2018). 다문화청소년 종단연구 2018: 총괄보고서. 세종: 한국청
소년정책연구원.

여성가족부(2018a). 제3차 다문화가족정책 기본계획.

여성가족부(2018b). 제6차 청소년정책기본계획.

여성가족부(2020a). 2020년 가족사업안내(Ⅰ).

여성가족부(2020b). 제3차 다문화가족정책 기본계획(2018-2022) 2020년도 시행계획.

연보라, 이윤주, 김현철(2019). 이주배경 아동·청소년 지역기관 연계 종합지원모델 개발. 한
국청소년정책연구원 연구보고서.

윤인진(2007). 국가주도 다문화주의와 시민주도 다문화주의. 한국사회학회 동북아시대위원
회 용역과제, 251-291.

이기영, 김민경, 조재희, 최지원(2014). 탈북청소년 및 북한이탈주민 자녀 지원정책 분석 및 효과
적 지원방안 모색-무연고, 제3국 출생, 남한출생 자녀를 중심으로. 서울: 남북하나재단(북한
이탈주민지원재단).

이기영(2002). 탈북배경 아동청소년의 남한사회 적응에 관한 질적 분석. 한국청소년연구,
13(1), 175-223.

이소연(2018). 다문화가정 청소년의 이중문화수용태도 변화궤적과 관련 요인에 관한 연구.
한국청소년연구, 29(1), 179-208.

이소희, 도미향, 정익중, 김민정, 변미희(2005). 청소년복지론. 경기: 나남.

이소희, 최운선 (2008). 국제결혼가정 자녀의 문화정체감과 사회적 관계에 관한 연구. 한국심
리학회지: 학교, 5(1), 27-40.

장창호(2001). 탈북청소년의 남한사회 적응에 관한 질적 분석. 한국청소년연구, 13(1), 175-
224.

정순미(2010). 북한이탈청소년의 학교생활 적응을 위한 남한청소년의 역할. 윤리교육연구, 22,
301-319.

조영아, 김연희, 김현아(2011). 북한이탈 청소년의 문제행동과 외상 후 스트레스 증상 영향
요인. 청소년학연구, 18(7), 33-57.

조원탁, 박순희, 서선희, 안효자, 송기법, 이형하(2012). 다문화사회의 이해와 실천. 경기: 양서원.

조정래(2019). 제10차 탈북학생 교육포럼. 탈북학생 맞춤형 진로·진학지도 방안 모색. 교육부·한국교육개발원 포럼자료집, 7-24.

진은영(2015). 다문화가족 아동의 문화적응스트레스가 심리사회적응에 미치는 영향: 이중문화역량의 매개효과와 성별차이. 이화여자대학교 대학원 박사학위논문.

최명선, 최태산, 강지희 (2006). 탈북 아동·청소년의 심리적 특성과 상담전략 모색. 놀이치료연구, 9(3), 23-34.

최보영, 김현아, 최연우(2012). 북한이탈 청소년 대상 상담개입 프로그램 개발—대인관계 증진을 중심으로—. 2012 청소년상담연구 168. 서울: 한국청소년상담복지개발원.

최정숙, 강향숙, 김경희, 김선민, 김유정, 김주현, 김지혜, 박형원, 백형의, 우재희, 이영선, 이예승, 이인정, 이혜경, 임정원, 장수미, 정선영, 한인영(2020). 가족복지론(2판). 서울: 학지사

탈북청소년교육지원센터(2020). 2020년 탈북학생 통계현황.

한승준(2008). 동화주의 모델 위기론과 다문화주의 대안론: 프랑스의 선택을 중심으로. 한국정책학회 하계학술대회 발표논문집, 99-126.

Berry, J. W. (1997). Immigration, acculturation, and adaption. *Applied Psychology: An International Review, 46*(1), 4-68.

Faist, T. (2009). Diversity-a new mode of incorporation? *Ethnic and Radical Studies, 32*(1), 171-190.

Will, J. B., & Gomez, C. (2006). Assimilation versus multiculturalism: Bilingual education and the Latino challenge. *Journal of Latinos and Education, 5*(3), 209-231.

[법령 참고자료]

「다문화가족지원법」 https://www.law.go.kr/LSW/lsInfoP.do?efYd=20200519&lsiSeq=218017#0000, 2021년 2월 10일 인출

「북한이탈주민의 보호 및 정착지원에 관한 법률」 https://www.law.go.kr/LSW/lsInfoP.do?efYd=20190716&lsiSeq=206648#0000, 2021년 2월 10일 인출

「청소년기본법」 https://www.law.go.kr/LSW/lsInfoP.do?efYd=20201120&lsiSeq=218027#0000, 2021년 2월 10일 인출

「청소년복지 지원법」 https://www.law.go.kr/LSW/lsInfoP.do?efYd=20190319&lsiSeq=
    205826#0000, 2021년 2월 10일 인출

「초・중등교육법」 https://www.law.go.kr/LSW/lsInfoP.do?efYd=20201020&lsiSeq=
    220731#0000, 2021년 2월 10일 인출

[홈페이지 참고자료]

교육통계서비스 홈페이지 https://kess.kedi.re.kr/index

무지개청소년센터 홈페이지 http://www.rainbowyouth.or.kr

여성가족부 홈페이지 http://www.mogef.go.kr/sp/fam/sp_fam_f003.do

이주배경 청소년지원센터 무지개청소년센터 홈페이지 http://www.rainbowyouth.or.kr

탈북청소년교육지원센터 홈페이지 https://www.hub4u.or.kr/hub/main.do

제10장

청소년과 성

보라. 청춘을! 그들의 몸이 얼마나 튼튼하며. 그들의 피부가 얼마나 생생하며.

그들의 눈에 무엇이 타오르고 있는가?

−민태원. '청춘예찬'−

　최근 청소년들은 다양한 유해환경과 성적 호기심을 유발하는 대중매체의 범람 속에서 성에 대해 개방적 태도와 자유로운 사고방식 및 성의식의 혼란을 경험하고 있다. 청소년 성문제는 성적 충동을 절제하지 못하고 쾌락의 도구나 경제적 수단으로 성을 사고파는 등의 비윤리적인 문제로 점차 증가하고 있는 상황이다. 특히 청소년의 성매매와 임신, 출산에 따른 사회적·경제적 어려움은 청소년 개인뿐 아니라 사회 전체에 심각한 성문제를 야기하고 있다. 호기심 많은 청소년 시기에 바른 성 가치관을 정립하는 것은 청소년을 포함한 사회 전반의 올바른 성문화를 형성하는 데 있어 매우 중요하다. 따라서 이 장에서는 청소년 성의 개념과 성문제 발생원인을 살펴보고 청소년 성의식과 성문제 및 청소년 성문제 유형을 청소년 한부모, 성폭력, 성매매로 나누어 살펴보고, 이에 대한 청소년 성문제 예방 대책과 실천적 서비스에 대하여 고찰하고자 한다.

1. 청소년 성과 성문제 원인

1) 성의 개념

서구의 성해방 풍조가 급격히 밀어닥치고 이성교제의 기회가 많아지고, 대중매체를 통한 성적 자극이 만연함에 따라 청소년의 성에 대한 태도와 행동은 적극적이고 개방적인 양상을 띠게 되었다. 청소년기는 아동기에서 성인기로 가는 과도기로 모든 신체적·심리적·정신적 측면에서 질적·양적 변화가 일어난다. 이때는 성호르몬 분비로 인해 제2차 성징이 나타나고 성정체감이 확립되는 시기이다(신성철, 이종춘, 김성수, 2014). 따라서 청소년들은 쉽게 성적 충동을 느끼고, 성에 대해서 보다 허용적인 태도를 가지게 되어 사회적으로 성도덕 문란, 성범죄, 혼전 성문제가 야기되기도 한다. 이러한 청소년의 성문제를 이해하기 위해서는 성이라는 개념에 대한 이해가 필요한데, 성(性)은 gender, sex, sexuality라는 뜻으로 사용된다. 성의 개념을 세분화하면 다음과 같다.

- 사회문화적인 성(gender): 성별, 성차, 성역할 등으로, 이는 여성성과 남성성에 대해 사회문화적으로 여성과 남성에게 부과된 일련의 특징 및 행동 유형을 의미하는 것으로 '사회적 성'이라 할 수 있다.
- 생물학적인 성(sex): 신체구조, 특히 성기의 생김새에 따른 남녀 간의 성정체감을 지칭하며 개인의 선택이 아니라 태어나면서부터 결정지어지는 생득적인 성이다. 우리 사회에서는 주로 남녀 간의 성기 결합이나 성관계라는 의미로 사용된다.
- 성 욕구와 성 경향성(sexuality): 성적 욕망, 실천들, 정체성 등을 의미하며, 여성 혹은 남성으로서 가지고 있는 의식까지를 포함한다. 또한 성적인 관계뿐만 아니라 생물학적·심리사회적·행동적·임상적 차원을 포함하는 광범위한 개념이다.

이에 따른 청소년 성문제행동 또는 성일탈은 여러 가지로 정의할 수 있다. 광의로 볼 때 청소년 성문제는 청소년의 성과 관련된 행위와 의식적 측면에서의 규범 혹은 규칙의 위반행위이다. 여기서 의식적 일탈이란 혼전 성관계나 성매매 등에 대한 호의적 태도 등이 포함되는 것으로 행위에 관련이 깊은 의식적 문제영역을 말한다. 반면, 행위적 성일탈은 합의범죄, 갈등범죄는 물론, 협의의 일탈에 해당되는 강간(성폭력), 성매매, 성관계, 포르노그래피 접촉 등이 포함된다.

2) 청소년 성문제의 원인

현대의 청소년은 다양한 경로를 통하여 성과 관련된 다양한 정보를 얻을 수 있으며, 공식·비공식 정보를 무분별하게 습득하여 왜곡된 성개념과 성문화를 형성하고 있다. 인터넷이나 대중매체 등을 통한 각종 음란물이나 성 관련 상품은 성적 호기심이 왕성한 청소년들에게 일탈행동을 부추기고, 비현실적인 상상을 자극하는 원인으로 작용한다. 즉, 청소년 성문제의 원인으로는 신세대들의 성개방 풍조, 성교육의 부재, 무분별한 성충동, 음란을 방관하는 사회현실 등 다양하면서도 복합적인 원인이 있다. 이러한 청소년 성문제를 생물학적 접근, 정신분석학적 접근, 심리학적 접근, 사회문화적 접근, 성행태적 접근 등으로 나누어 볼 수 있다(이소희 외, 2005).

(1) 생물학적 접근

청소년기는 신체적·성적으로 급격한 발달이 이루어지는 시기로, 이들은 신체 및 호르몬의 변화뿐 아니라 변화 자체로 인한 스트레스와 적응전략 등으로 인해 성적 태도와 행동상에서 혼란을 경험하기 쉽다. 청소년의 성문제행동에 대한 생물학적 관점에서는 청소년들이 경험하는 성호르몬 분비의 급증과 성욕을 통괄하는 뇌기관의 이상 등 청소년의 급격한 신체 변화나 이상을 원인으로 본다.

청소년기는 2차 성징이 나타나는 사춘기를 통하여 신체적으로 커다란 변화가 일어나고 이러한 신체적 변화에 따라 자연스럽게 나타나는 성적 욕구와 관심은 이

성교제에 대한 관심을 유발시키고 성에 대한 갈등과 스트레스를 유발한다. 청소년기는 급격한 신체적인 발달과 함께 성적 성숙이 이루어지는 시기로, 청소년의 성적 성숙과 성적 욕구에 영향을 미치는 요인은 성호르몬의 분비인데 청소년의 강한 성적 욕구는 생리적인 변화와 관계가 있다. 또한 청소년들이 보이는 성자극 충동의 이상은 성문제행동의 원인이 되기도 한다. 즉, 신체적 변화를 토대로 하여 청소년의 성행위를 설명하는 관점에서는 청소년기의 성적 관심과 충동을 자연적인 발달현상이라고 보고 있다. 이러한 관점에서 보면 신체적으로 조숙한 오늘날의 청소년들은 왕성한 성적 욕구는 가지지만 음성적이고 은폐적인 방법 이외에는 자신들의 성욕구를 해결할 수 없기 때문에 성폭력, 성매매, 강간 등의 비행적 성행위를 많이 하게 된다는 것이다.

(2) 정신분석학적 접근

정신분석학적 접근은 성문제를 청소년의 잠재의식 속에 있는 갈등에 의한 것으로 보는 관점이다. 즉, 부모와의 심리적 갈등, 특히 지배적이고 가해적인 성격을 가진 어머니와의 갈등과 아버지에 대한 소유 욕구에서 나타나는 오이디푸스 콤플렉스(Oedipus complex)의 해결책으로서 성문제를 유발하게 되고, 임신이나 미혼모가 되도록 동기화시킨다는 입장이다. 특히 남아의 경우 아버지와의 동일시 실패, 근친상간적 선망(incestuous wishes), 그리고 거세불안에 따른 비정상적인 이성애의 발달 등이 구체적인 원인으로 작용하는 것이다. 청소년들은 이러한 성적 갈등을 해소하기 위하여 성인이나 동료학생의 비행적인 성행위를 모방하거나 정반대로 억압하고 금기시함으로써 성행위에 대한 부정적인 견해를 갖기도 한다.

(3) 심리학적 접근

성문제의 심리적 요인은 충동성, 초자아 발달의 결함, 낮은 지적 능력, 성에 대한 불안, 가족 간의 의사소통 장애 등에서 그 원인을 찾을 수 있다. 의존박탈증후군(dependency-deprivation syndrome)에 따르면, 청소년의 성문제행동은 가족의 낮은 사회경제적 지위, 결손된 가족구조, 가족갈등 및 불화, 또래와 형제간의 경쟁심, 어머니와의 무보상 관계, 신체적 학대에 기인한다는 것이다. 또한 미혼모인 모친과의 동일시, 가족 간의 만성적인 스트레스, 가족관계에서의 긴장과 갈등, 부모의 적절한 감독 부재, 그리고 어린 시절의 정서적 박탈감 등이 임신의 동기가 되기도 한다. 즉, 타인으로부터 애정을 받기 위해 쉽게 혼전 성행위에 빠지며, 특히 여학생의 경우 남학생과 만남을 지속하기 위해 남학생들의 성적인 요구를 수용하는 복종적인 성의식을 가지게 된다는 것이다.

이러한 측면에서 부모-자녀 사이가 애정이 있고, 가족이 안정되어 있을 때는 성적인 충동을 억제할 수 있고, 또한 부모의 교육수준이 높을수록 10대 자녀의 성행동이 낮은 비율로 나타난다는 결과가 있다(도미향, 정은미, 2001). 따라서 청소년기에 나타나는 성적 욕구를 건전하고 적절하게 분출할 수 있도록 하여 심리적 갈등을 해소하는 것이 청소년기에 필요한 발달과업이며 이러한 과업이 적절하게 수행되지 못할 때 청소년은 성적 이상행동을 보일 수 있다.

(4) 사회문화적 접근

사회문화적 접근으로 사회문화적 상황이 청소년 성문제행동을 조장하는 것으로서 가족기능의 약화, 성윤리의 변화, 낮은 취업률, 매스미디어의 위험요인 등 산업화, 도시화에 따른 사회적 변화가 청소년 성문제에 영향을 미친다는 관점이다. 문화적 입장에서 볼 때 현대 사회의 무규범현상(anomie)과 평등에 기초한 남녀 성역할 변화는 성개방적 자유의 추구를 가능케 하고 각종 음란물과 음란 인터넷 사이트 등 시청각 매체의 발달과 이에 따라 성적 자극을 쉽게 받고, 성충동의 자제가 어려운 데에 영향을 받는다. 또한 성문제 청소년은 또래집단의 영향을 받게 되고, 친구와 성적인 대화를 많이 하고 그것이 성적 행동으로 이어지는 경우가 많다. 또한 사회경제적 지위와 교육수준이 낮고, 장래가 불투명할 때 일정한 시기 이후까지 성적 행동을 연기할 수 있는 태도를 갖거나 성행위를 억제하는 것이 힘들어진다는 것이다(도미향, 2002).

사회의 성문화와 대중매체가 청소년 성문제에 많은 영향을 미치고 있다. 우리 사회가 가지고 있는 전반적인 성문화는 청소년기뿐만 아니라 인생의 전 과정을 거처 개인의 섹슈얼리티를 결정하는 중요한 역할을 한다. 남녀 차별적 성역할, 사회화과정 또는 이중 성윤리의 형성을 강조하며 사회적 환경이 성폭력 등의 각종 청소년 성문제를 야기시킨다고 할 수 있다. 한편, 최근 들어 우리 사회에 범람하고 있는 외설적인 음란물은 청소년들의 행동문제에 큰 영향을 미친다. 인터넷 등에서의 음란물 범람이 청소년의 성충동을 강하게 자극하고 있으며 그 속에 담겨 있는 폭력성이 극단적인 성행동으로 이어지게 하는 원인이 될 수 있는 것이다.

(5) 성행태적 접근

성행태적 접근은 성태도, 성지식, 성욕이 청소년의 성문제에 영향을 미친다는 입장이다. 즉, 청소년의 성행동은 성지식의 결여로 인한 무분별한 성태도 혹은 많은 성지식으로 인한 성에 대한 호기심이 부정적인 영향으로 작용한다고 볼 수 있다. 또한 성문제 청소년은 그렇지 않은 청소년보다 성욕이 강하고, 욕구 충족을 지연하기 어려워 성문제를 유발시키기도 한다.

성행동과 성태도는 또래들의 행동 및 가치와 관련이 있다. 특히 청소년기의 친구와 형제의 성행동이나 다른 비행행동은 청소년기들의 비행이나 성행동을 예건하는 요인이라는 의견도 있지만, 이에 대해서는 논의가 분분하다. 그리고 많은 청소년이 가정이나 학교에서 부모와 교사를 통하여 배운 성지식이 아니고 무분별한 성인잡지 또는 컴퓨터 포르노 등을 통해서 얻은 성지식으로 인해 잘못된 성개념 및 성지식과 성태도를 가지고 있다.

2. 성의식과 성문제

1) 청소년의 성의식

청소년기는 2차 성징의 발현과 함께 신체적인 변화가 시작되고 성에 대한 호기심이 증가하는 시기로 성에 대한 올바른 지식과 이해가 필요하다. 청소년 성의식은 성에 대한 가치관으로 개인에게 내재하고 있는 성에 대한 신념과 선호의 형태 및 정도를 의미한다. Reiss(1960)는 도덕성에 기초한 성의식을 절제, 애정적 허용성, 비애정적 허용성, 이중적 기준의 네 가지로 분류하여 제시하였다(최세영, 최미경, 2020).

첫째, 절제는 결혼한 배우자 외에는 어떤 성관계도 허용하지 않는 기준으로 많은 사회에서 공식적 규범으로 받아들여져 왔으며 우리나라에서도 공식적인 성규범이다.

둘째, 애정적 허용성은 사랑하는 사이에서 당사자 간의 합의가 이루어진다면 혼전 성관계는 개인의 자유 선택으로 여긴다는 기준이다. 서구 사회는 이미 널리 받아들인 규범이고 우리나라도 젊은 층은 일부 받아들이고 있으며, 결혼 전 아이의 임신을 혼수라고 말하기도 하는 추세이다.

셋째, 비애정적 허용성은 사랑과는 상관없이 성적 충동에 의해 혼전 성관계까지도 정당하다고 보는 입장으로 성행위에 대한 신체적 측면만을 강조한 입장이다.

넷째, 이중적 기준은 성행동에 대해 남녀에게 차별적 입장을 취하며 여성에 비해 남성에게 성적으로 더 허용적인 경향을 보인다. 즉, 남성에게는 혼전 성관계를 허용하지만, 여성에게는 허용하지 않는 것이다. 한국 사회의 전통적인 기준이며 현재도 이를 묵인하고 있다.

청소년의 스킨십은 주로 손잡기, 껴안기, 키스, 성관계 순의 형태로 나타나는데, 교육부, 보건복지부와 질병관리본부(2018)의 '제14차 청소년 건강행태조사 통계'에 따르면, 청소년이 성관계를 시작하는 연령은 만 13.6세였고, 성관계 경험이 있다고 응답한 경우는 전체의 5.7%, 성관계 시 피임률은 59.3%로 나타나 40% 정도는 피임을 하지 않는 것으로 나타났다.

한국보건사회연구원(2018)이 발표한 '인공임신중절 실태조사'를 보면, 청소년은 '피임도구를 준비하지 못해서'(49.2%), '상대방이 피임을 원하지 않아서'(33.1%) 피임을 하지 않는다고 답하였다. 성관계를 하는 연령이 낮아지는 가운데 피임을 지키지 않는다면 청소년 임신율은 높아질 수밖에 없다.

그리고 청소년이 주로 성지식을 습득하는 경로는 인터넷, 친구, 학교 성교육 등이다. 이는 학교나 청소년시설의 지원으로 제공받고 있는 성교육 외에 대중매체, 음란영화 등을 통해서도 성에 관한 궁금증을 해소하고 있는 것이다. 특히 비행청소년들은 친구나 인터넷, 음란영화 등에 영향을 더욱 크게 받을 것이다. 이상에서 볼 때 성에 대한 바른 지식을 습득하고 성충동과 성관계에 대해 건강한 방법으로 해결할 수 있도록 학교 교육이나 건강한 성지식 습득을 위한 다양한 노력이 필요하다.

2) 청소년의 성문제

최근 무분별한 성관계가 증가함에 따라 성범죄율 증가, 성매매 및 성폭력의 증가, 10대 청소년의 출산율 증가, 낙태 등의 개인적·사회적 문제로 이어지기도 한다. 그리고 청소년의 성행동이 기존에는 폭력이나 절도와 같은 중비행으로 분류되었으나, 성관념의 변화와 함께 점차 지위비행으로 분류되는 경향도 있는 청소년 시기의 이러한 성문제행동은 청소년들에게 다음과 같은 부정적인 영향을 미칠 수 있다.

(1) 고립화

청소년의 고립화 문제가 생겨날 수 있다. 음란물 탐닉 청소년이나 성매수에 참여하는 청소년들은 자신의 행위가 떳떳하지 못하다는 것을 알기 때문에 동일한 경험을 갖는 일부 친구를 제외하고는 일반적인 대인관계를 기피하게 된다. 이러한 경우는 가출을 해서 성산업에 유입된 경우 더욱 심해진다. 따라서 인간관계의 부재 속에서 외롭고 고독한 존재가 되어 간다.

(2) 자아존중감의 상실

청소년의 성문제는 자칫 자아존중감의 상실로 이어질 수 있다. 성은 인간에게 가장 사적이고 비밀스러운 것이기 때문에 친밀한 사이가 아닌 경우의 성관계는 청소년에게 큰 영향을 줄 수 있다. 청소년의 직접적인 성행동의 상당수는 사랑이나 합의에 의한 성행위라기보다는 강요나 순간적인 충동에 의해 심리·생리적 성욕구를 해결하기 위한 성행위가 많다. 또 정서적 욕구에 의해서도 발생되는데, 애정욕구, 인정받고 싶은 욕구, 자아존중감을 높이기 위한 욕구, 자신의 남성성이나 여성성 확인에 대한 욕구, 분노표현의 욕구, 혹은 따분함을 벗어나고 싶은 욕구 등이 잘못된 성적 행동으로 나타난다. 이러한 현상은 열등감이 많은 청소년일수록 성을 통해 자신을 증명해 보이려는 경향이 있어 청소년의 부정적 자아개념과도 밀접한 관련이 있다.

특히 최근 증가하고 있는 청소년들의 성매수는 육체에 대한 건강한 이미지를 형성하는 데 장애가 되고, 자신의 몸을 소중히 여기는 마음이 없어지고 자아존중감을 잃게 될 우려가 있다. 이러한 결과는 미래의 비전과 장래 희망에 대한 낮은 기대로 이어질 수 있다.

(3) 잘못된 성문화 수용

청소년은 성인의 성에 대한 타부성과 적극성을 모방하고, 상업적 성문화를 적극 향유하고 모방하게 된다. 따라서 향락적이고 상품화된 성을 이용하는 경우가 많아 성의 왜곡으로 인한 비행행동의 잠복성이 높거나 사회적 일탈을 경험하고 있다는 것이다. 청소년의 성문제를 조장하는 부정적인 사회적 환경이나 퇴폐, 향락 업소의 만연은 물론, 컴퓨터를 통한 사이버 포르노나 음란통신, 음란물 등을 통한 퇴폐문화 등은 잘못된 성지식 및 무분별한 성행동과 이상 성행동을 유발하는 환경을 조성하고 있으며, 청소년 가출문제는 청소년 성문제 잠재집단의 수를 더욱 증가시킨다.

(4) 성문제 부작용에의 노출

성에 대한 청소년의 개방적인 태도나 빈번한 성행위와는 달리, 성행위에 따른 실제적인 문제, 즉 10대 임신, 낙태, 출산, 성병, 성폭력문제, 미혼모문제 등에 무방비하게 놓여 있다. 특히 유흥업소에서의 미성년자 성매수뿐만 아니라 컴퓨터 채팅, 핸드폰을 이용한 신종 성매매행위, 불법 성매매업소들의 암암리 영업, 불법 성매매 알선 사이트 등을 통한 성문제 증가는 중요한 사회문제 중의 하나이며 청소년의 삶의 질에 영향을 미치는 중요한 요인이다. 청소년들은 대개 성과 관련된 고민을 친구와 상의하거나 어쩔 수 없이 해결하지 못하고 방치하고 있으며, 성에 관련된 지식을 주로 친구나 대중매체를 통해 얻고 있어 성충동의 남녀 차이, 피임법, 성병 등 구체적인 성지식이 부족하다.

3. 성문제의 유형

1) 청소년 미혼 한부모

미혼모는 18세 이하 자녀를 양육하는 법적으로 미혼인 모 또는 부를 말한다. 개념상으로 보면 미혼의 상태에서 혼전 임신 및 출산, 인공임신중절과 별거, 이혼, 사별 상태에서 배우자와 관계없이 아이를 가진 경우를 말한다. 2019년 기준 미혼모는 2.1만 명, 미혼부는 7,082명 정도이다. 이 중 임신·출산과정에서 부모와 관계 단절 등 사회경제적 지지가 없을 경우 취약한 상황에 놓이기 쉬운 청소년 미혼모(~24세)는 약 1.7천 명(8.4%) 정도이다. 그리고 아이를 낳아도 양육하지 못하는 미혼모 출산 아동이 여전히 많아 유기, 입양되는 경우가 다수이다. 특히 2019년 국내외 입양 아동 704명 중 91.8%가 미혼모 아동이었다(통계청, 2019).

이러한 통계를 봐도 알 수 있듯이 청소년 미혼모는 학교 중퇴, 저임금 업종에의 근로, 홀로 생계와 가사, 자녀양육을 책임지는 한부모가 되고, 건강·인지 문제 등에 있어서 다른 또래나 20대 이후 미혼모에 비해 열악한 상황에 놓이게 된다. 이러한 입장에 있는 미혼모의 가장 큰 문제는 자녀양육 의사의 여부, 경제적인 문제, 미혼부나 부모와의 관계, 결혼의사의 여부 등의 문제를 들 수 있다. 미혼모가 아이를 출산하기 전 문제로는 대부분의 10대 미혼모는 임신 중기 이후부터 학업을 포기한 상태에서 가출하였거나, 재학 중의 임신으로서, 정신적으로나 경제적으로 부모로서의 역할을 수행하기가 거의 불가능하다는 점이고, 또한 미혼부로부터 유기되어 혼자서 자녀를 출산, 양육하게 되는 경우가 많다는 점이다. 그리고 이들은 가정과의 결별, 기본적인 생활의 유지, 산전 및 산후관리 및 자녀 출산 및 출산 자녀양육, 사회에서의 고립 등의 복합적인 문제를 안고 있다.

미혼모의 아이 출산 후 문제는 미혼모 자신에게 미치는 영향, 미혼부에게 미치는 영향, 미혼모의 아이에게 미치는 영향, 미혼모의 부모가 받는 영향으로 나눌 수 있다.

(1) 미혼모 자신에게 미치는 영향

미혼모의 경우 임신 결과에 대한 책임을 주로 여성에게 전가하여 본인뿐만 아니라 가족이나 사회 속에서 다양한 어려움에 직면하게 된다. 특히 가족으로부터의 소외감, 아이에 대한 죄책감을 가지게 되고, 또한 아버지 없이 경제적으로나 정신적으로 불안정한 상태에서 자녀를 양육하게 된다. 그리고 아이를 입양시키게 되는 경우 친권포기 이후의 심리적 상실 및 박탈감과 고통을 경험하게 되는 친모증후군(Birthmother Syndrome)의 증세를 보이기도 한다.

(2) 미혼부에게 미치는 영향

미혼부는 어린 시기의 임신과 부모 됨이 심리적인 압박과 더불어서 아이에 대한 책임을 회피하는 결과로 이어지게 한다. 청소년 미혼모들은 20대 미혼모들에 비해 임신 사실을 미혼부에게 알리지 않는 경향이 더 강했으며, 임신 사실을 미혼부에게 알린 경우에도 이들은 대부분 아기에 대한 책임을 전가하고, 입양을 권유하거나 유산시킬 것을 바라는 경향이 있다.

(3) 미혼모의 아이에게 미치는 영향

이미 자녀를 낳아서 양육하고 있는 미혼모의 경우 경제적 문제와 앞으로의 자녀 입적이나 기타 한부모가 자녀를 양육하게 되는 등의 문제를 안고 있다. 특히 자녀는 열악한 한부모가족 상황에서 자라게 되므로 좋은 성장을 기대하기 어려운 경우가 발생하며, 어려운 가정 여건으로 학업성취도가 비교적 낮고, 이로 인해 가출 혹은 비행청소년이 될 우려도 있다.

(4) 미혼모의 부모가 받는 영향

미혼모의 부모는 자녀의 임신으로 인해 실망과 충격을 느끼며, 손자녀의 양육문제로 여러 가지 정신적 스트레스를 받게 된다. 특히 우리나라의 경우 청소년 미혼모의 부모는 20대 미혼모의 부모에 비해 자녀의 행동에 대해 더 많이 간섭하고 이에 대한 불만이 혼전 임신과 같은 일탈행동을 이끄는 요인이 되기도 한다. 그리고 청소년 미혼모의 부모는 자신의 자녀가 아직 어린데 아이를 출산한 사실에 분노와 더불어 온정적인 양가감정을 느끼면서 자녀의 임신 및 출산 이후 적응을 돕기 위해 노력하면서 더 많은 정신적 · 물질적 스트레스를 받게 된다.

한편, 최근에는 청소년기에 아이를 낳아 키우는 여성을 '리틀맘(little mom)'이라고도 한다. 리틀맘은 출산 사실을 밝히고 사실상 결혼생활을 하는 어린 엄마를 뜻하는 용어이다. 이들은 남편과 함께 아이를 양육한다는 점에서 한부모인 '미혼모'와는 개념이 다르다. 리틀맘은 임신 후 학교를 그만두고 시댁 혹은 친정이나 부모님이 얻어 준 별도의 집 등에서 사실상 결혼생활을 하는 것이 특징이다. 남편은 대부분 학생이거나 자퇴 후 아르바이트 등으로 생활비를 댄다. 혼인신고는 뒤로 미루는 경우가 대부분이다. 아이의 출생신고는 할아버지 등의 호적에 올리기도 한다. 이들은 인터넷을 통해 육아 정보를 교환하는 등 공개적인 활동을 하기도 한다(구혜영, 2021).

2) 청소년 성폭력

(1) 청소년 성폭력의 개념과 유형

성폭력은 신체적 · 언어적 · 정신적 폭력을 포괄하여, 피해자의 성적 자기결정권을 침해하며 가해지는 모든 성적 행위이다(한국여성인권진흥원, 2019). 국내에서는 「아동 · 청소년의 성보호에 관한 법률」에 의거해 13세 이상 19세 미만 청소년을 대상으로 하는 성폭력을 청소년 성폭력이라고 별도로 규정한다(법제처 국가법령정보센터 홈페이지 https://www.law.go.kr). 구체적인 행동으로 보면 성폭력은 '의도적으로 계속 따라다니면서 괴롭히는 스토킹, 말이나 눈짓, 몸짓으로 성적 모욕감을 느끼는 괴롭힘, 고의적인 신체 접촉이나 노출 등의 괴롭힘, 강제로 성관계 시도나 피해, 온라인에서 스토킹이나 성희롱, 온라인에서 조건만남을 제안 또는 강요, 온라인에서 신체촬영 강요, 성적 이미지 합성 및 유포 협박' 등의 개념을 포함한다(여성가족부, 2021).

이러한 성폭력은 다양한 유형으로 나타나는데, 성폭력의 유형은 행위와 유형에 따라 분류할 수 있다(이해경, 2011).

- 행위에 따른 분류: 강간, 강간미수, 성추행, 성희롱, 성기 노출, 음란전화, 인신매매, 강제매춘, 성적 가혹행위 등
- 대상에 따른 분류: 어린이 성폭력, 청소년 성폭력, 데이트 성폭력, 부부강간 성폭력 등

이를 청소년 관련 성폭력 유형과 대상으로 나누어 제시하면 〈표 10-1〉과 같다.

표 10-1 청소년 관련 성폭력 유형과 대상

구분	내용
청소년 대상 성폭력	만 13세 이상 만 19세 미만(19세 도달 1월 1일 이전까지) 아동 · 청소년을 대상으로 성폭력을 하는 행위
친족 성폭력	친족 관계라는 일상적 친밀감과 신뢰관계에서 발생하는 성폭력(친족의 의미는 4촌 이내 혈족 또는 인척과 동거하는 친족)
동성 간 성폭력	동성 간에(여성 간/남성 간 사이에서) 일어나는 성폭력
데이트 성폭력	성적인 친밀감이 있으면서 데이트 관계에 있는 상대방에게 동의 없이 강간뿐만 아니라 강간미수, 성추행, 성희롱 등 성적인 행동을 하여 신체적 · 정신적 폭력을 입히는 행위
학내 성폭력	학교를 둘러싼 인간관계, 특히 권력관계에서 우월적 지위를 가진 교수와 교사에 의해 학생에게 행해지는 성폭력, 선후배 혹은 또래 학생들 사이에서 일어나는 성폭력
스토킹	괴로움과 공포심을 느낄 정도로 행해지는 반복적이고 잦은 침범적 행위
사이버 성폭력	사이버 공간을 매개로 이루어지는 성적 침해 행위

(2) 청소년 성폭력 실태

아동 대상 성폭력 범죄는 계속 증가 추세를 보이며 문제는 나날이 심각해지고 있다. 강력범죄인 성폭력에 대해 다룬 〈도가니〉(2011)나 〈소원〉(2013)이라는 영화에서도 나타나듯이 성폭력을 경험한 피해자들의 후유증을 치료하고 회복시키기란 대단히 어렵고, 가해자에 대한 처벌도 쉽지 않은 상황이다(신수민, 2018).

우리 사회는 매년 성폭력 피해자가 급증하고 있으며 여성가족부(2021. 3. 24.)가 발표한 '2020 청소년 매체이용 및 유해환경 실태조사'에 따르면, 2018년과 비교한 통계를 봤을 때 성폭력 피해 여자청소년은 온라인 성폭력 피해 경험률이 크게 증가하였다(24.2% → 58.4%). 그리고 성폭력 가해자의 경우 잘 모르는 사람의 비율이 특히 증가하였다(10.7% → 33.3%). 또한 최근 1년간 성폭력 피해율은 1.8%로, '말이나 눈짓, 몸짓으로 성적 모욕감을 주거나 괴롭힘을 당함'이 0.9%, '온라인(인터넷, 채팅앱)에서 스토킹이나 성희롱 피해를 당함' 0.6% 순으로 나타났으며, 성폭력 피해 장소는 사이버(인터넷) 공간 44.7%, 학교 교실 외 교내 공간 16.5%, 학교 교실 안 16.0%의 순으로 나타났다.

(3) 성폭력 피해 증상

성폭력 피해는 신체적 피해와 정신적 피해를 발생시키는데(Trickett, Noll, & Putnam, 2011), 이 중 정신적 피해로는 우울, 불안, 수면장애, 외상 후 스트레스 장애, 섭식장애, 해리, 자살 생각과 시도 등이 있다(신은영 외, 2015; Chen et al., 2010). 청소년의 성폭력 경험은 청소년 발달과업의 성취를 어렵게 하고, 성인기까지 장기적으로 부정적 영향을 미친다. 성폭력 피해자의 정신건강 문제는 개인마다 증상과 그 수준의 차이가 있으나, 일반적으로 피해자가 경험한 사건 특성과 그의 개인적·환경적 조건의 영향을 받는 것으로 알려져 있다(류희정, 김기현, 김재원, 2020). 그리고 10대 때 폭력 경험은 이후 삶에 부정적인 영향을 미치는데(이정희, 박선영, 2012), 양육 부재와 학대 상황이 겹쳐지면서 가출과 귀가를 반복하다 성매매로 유입되는 상황까지 발생한다.

3) 청소년 성매매

(1) 성매매의 의미

청소년 대상 성범죄는 「아동·청소년의 성보호에 관한 법률」 제2조에 따르면, 청소년을 대상으로 하는 강간·추행 관련 범죄, 디지털 성범죄, 성매매(性賣買) 범죄 등을 말하며 구체적인 내용은 다음과 같다(법제처 국가법령정보센터 홈페이지 https://www.law.go.kr).

- 강간, 강제추행, 미성년자 간음·추행, 업무상 위력에 의한 간음·추행 등 강간·추행 관련 범죄
- 아동·청소년 이용 음란물[1] 제작·배포·소지, 카메라 등 이용 촬영, 통신매체이용 음란, 음화반포·제조 등 디지털 성범죄
- 아동·청소년 성매수, 인신매매, 성매매 유인·권유·강요·알선 등 성매매 범죄
- 기타 공연음란, 성적 목적 공공장소 침입죄 등

이상의 청소년 성범죄 중 성매매는 우리나라에서 1990년대 말에 나타나기 시작해서 사회적인 문제로 부각되었고, 숫자가 폭발적으로 증가하였다. 청소년 성매매는 과거 '원조교제'라는 용어에 대한 대체 용어로서 이에는 미성년 성관계, 금품 수수, 유인이나 강요, 오락 등의 내용을 포함한다. 특히 원조교제라는 용어는 돈을 주고 미성년자와 성관계를 갖는다는 뜻의 일본어로서 우리말로는 적합하지 않다는 점과 성의 잘못된 사용에 대한 의미가 나타나지 않는다는 점 등의 용어 사용 문제점이 제기되어 청소년 성매매로 대체되었다(조성연 외, 2016). 최근 청소년 성매매를 하는 청소년이나 성인은 단지 금전을 매개로 한 성관계 행위를 넘어 자신의 이익 추구를 위해 타 비행까지 저지르면서 각종 범죄의 발판이 되고 있어 문제가

---

1) '음란'이란 사회통념상 일반 보통인의 성욕을 자극하여 성적 흥분을 유발하고 정상적인 성적 수치심을 해하여 성적 도의관념에 반하는 것을 뜻함(대법원 2014. 6. 12. 선고 2013년 6345 판결; 찾기 쉬운 생활 법령정보).

더욱 심각하다.

(2) 성매매 실태

성매매 실태에 관해 여성가족부(2020)는 3년 주기로 실태조사를 실시하는데 '2019 성매매 실태조사'에 따르면, 일반 청소년 대상의 경우 지난 3년간 인터넷을 통해 원치 않는 성적 유인 피해를 당한 경험이 있는 청소년은 11.1%였으며, 성에 관한 대화 유인이 9.3%로 가장 높은 비율을 차지하는 것으로 나타났다. 그리고 대가를 약속하면서 만나자는 유인을 받았거나 실제 유인자를 만나는 등 성매수 피해 위험상황에 처한 경험이 있는 청소년은 1.1%였다. 그리고 위기청소년 대상의 경우 조건만남 경험[2]을 한 경우는 응답자의 47.6%에 달하고 가출·조건만남을 모두 경험한 응답자가 처음으로 조건만남을 경험한 시기는 대부분 가출 이후로 나타나 가출 청소년에 대한 각별한 관심이 필요함을 알 수 있다.

한편, 온라인 성매매 실태조사에 따르면, 성적 유인 유형별 경로를 보면 인스턴트 메신저(카톡, 페이스북 메신저 등, 28.1%), SNS(트위터, 인스타그램, 페이스북 등, 27.8%), 인터넷 게임(14.3%) 순이었다. 그리고 유튜브에서 성매매 조장 영상은 2,425개로 나타났으며, 이 중 성인인증이 필요한 영상은 17.9%(435개)에 불과하였다.

(3) 성매매의 부정적 영향

성매매 여성들 중 상당수는 성매매 유입 이전부터 불우한 가정환경과 가정폭력, 성폭력을 당하여 원가족과의 관계가 단절되고 지지체계가 열악한 경우가 많다(박순주, 2014). 청소년기 성매매로 유입된 여성들은 타인과 소통하는 기술이 저하되며, 착취적이고 통제된 성매매 구조로 인해 개인적인 사회관계망을 형성하기 힘들어서 인적·물적 자원을 확보하고 이용하는 데 많은 제약을 받는다(Shdaimah &

---

2) 조건만남이란 휴대폰을 이용하거나 지인의 소개, 또는 우연한 기회에 돈, 식사, 선물, 술 등의 대가를 약속받고 남성과 만나거나 성관계를 가진 경우를 말한다. 응답자(166명)가 조건만남을 경험한 비율은 47.6%(79명)이었음.

Wiechelt, 2013). 성매매로 유입된 이후에는 통제와 폭력이 난무하는 성산업 구조 속에서 피해를 입고, 착취적인 채무관계 사회로부터 고립된 환경에 머무르게 된다. 성매매 상황에서 성매수자들과 업주의 억압과 폭력하에서 피해 여성들은 저항하지 못하고 무기력하게 순응하고, 자존감이 낮아진다. 또 성매매라는 위법행위를 했기 때문에 법적인 도움을 요청하지 못하는 상황과 이 고통을 감내하며 성매매 상황에 머물면서 겪는 지속적이고 만성적인 외상 경험은 그 한계가 없이 심각하다(이정희, 박선영, 2020).

(4) 성매매와 제도적 장치

성매매 문제는 개인이나 단체의 노력만으로는 효과를 거두기가 어렵기 때문에 청소년 성매매의 근절을 위한 제도적 접근의 필요성이 대두되어 청소년들의 성매매를 사전에 예방하고 피해청소년을 보호·구제하는 장치를 마련하기 위해 「아동·청소년의 성보호에 관한 법률」(이하 약칭 「청소년성보호법」)[3]이 시행되고 있다. 이 법에 따르면, '아동·청소년의 성을 사는 행위'란 아동·청소년, 아동·청소년의 성(性)을 사는 행위를 알선한 자, 아동·청소년을 실질적으로 보호·감독하는 자 등에게 금품이나 그 밖의 재산상 이익, 직무·편의 제공 등 대가를 제공하거나 약속하고 성교행위, 구강·항문 등 신체의 일부나 도구를 이용한 유사 성교행위, 신체의 전부 또는 일부를 접촉·노출하는 행위로서 일반인의 성적 수치심이나 혐오감을 일으키는 행위, 자위행위를 아동·청소년을 대상으로 하거나 아동·청소년으로 하여금 하게 하는 것으로 정의하고 있다. 그리고 성매매는 「성매매알선 등 행위의 처벌에 관한 법률」 제2조에 따라 "불특정인을 상대로 금품이나 그 밖의 재산상의 이익을 수수하거나 수수하기를 약속하고 성교행위나 유사 성교행위를 하고, 그 상대방이 되는 것"으로 정의한다. 그에 따라 청소년 성매매는 청소년이 「성매매알선 등 행위의 처벌에 관한 법률」 제2조에 의한 행위를 하는 것이다. 그리고 「청소년성보

---

3) 「청소년의성보호에관한법률」[시행 2000. 7. 1.] [법률 제6261호, 2000. 2. 3. 제정]은 「아동·청소년의 성보호에 관한 법률」[시행 2010. 1. 1.] [법률 제9765호, 2009. 6. 9. 전부개정]로 법 명칭이 변경됨.

호법」은 청소년을 보호의 대상으로 보고 청소년에 대한 형사처벌을 면제시킨 선도 보호조치를 시행하고 있으며, 또한 성범죄행위의 근절을 위해 신상공개 제도를 채택하였다.

그러나 「청소년성보호법」이 제정 및 시행된 이후에도 청소년 성매매의 수요자인 성인과 공급자인 청소년의 숫자는 여전히 증가하고 있다. 그리고 성범죄자에 대한 신상공개제도에 대한 논란이 있고, '보호처분' 제도가 현실적인 보호 기능을 제대로 발휘하고 있지 못하고 있다는 실정에 청소년 성매매의 수요자와 공급자에 대한 시각의 불일치로 인하여 형사처벌의 필요성이 제기되고 있으며, 성교행위나 유사성교행위에 대한 대가에 관한 논란이 「청소년성보호법」상의 문제들로 제기되어 왔다.

4. 청소년 성문제 정책

청소년들의 성문제는 하나의 요인에 의해 발생한다기보다는 다양하고 복합적인 요인에 의해 생겨나는 현상이다. 따라서 이에 대한 대처방안을 마련하는 것도 단순한 하나의 접근방법으로는 효과적일 수 없다. 이런 점을 감안하더라도 현재 우리 사회에서 발생되고 있는 청소년 성문제의 감소와 예방을 위해서는 다음 측면의 복지정책적 노력들이 이루어져야 할 것이다.

1) 일반 청소년 성문제 정책

(1) 성 자율권 존중

일반적으로 사회는 청소년을 신체적 · 성적으로 성인과 같은 성숙한 발달단계에 있음을 인정하면서도 도덕적 · 문화적 · 사회문제적 이유를 들어 청소년의 성적 자유와 권리를 억제해 왔다. 그리고 보호와 배제라는 논리로 인해 무시되거나 가려져 왜곡되게 인식되어 왔던 성적 존재로서의 청소년을 있는 그대로 이해하고 수용하는 것이 필요하다. 따라서 우리나라 청소년에 적합한 새로운 성윤리가 확립되어

야 한다. 청소년에게 '시민'으로서 가지는 권리와 의무, 자율권과 책임감을 부여하
듯이 청소년의 성적 주체성과 자율권도 보장되어야 한다. 정부에서는 2015년 '국가
수준의 학교 성교육 표준안'을 발표하였다. 이는 과거 청소년의 성에 대하여 억압
적이고 부정적인 인식을 주는 교육이나 반복되는 기본적인 성교육을 넘어 청소년
의 성문화에 실질적인 도움이 될 수 있는 교육으로 가기 위한 방향 제시이다(최세
영, 최미경, 2020). 성에 대한 바른 가치관과 성의 소중함, 올바른 성지식을 교육함으
로써 청소년의 성적 자기결정권에 책임감을 갖고 행동할 수 있는 인식을 줄 수 있
어야 한다. 또한 성에 대한 다양한 정보에 대하여 비판적으로 사고할 수 있는 교육
을 진행하여 올바른 성 가치관을 형성할 수 있도록 해야 한다.

(2) 건강한 성문화 형성

사회문화적 측면에서 성규범 및 성문화에 대한 건강한 풍토 조성이 필요하다.
청소년의 성을 보호하기 위하여 「청소년성보호법」과 「청소년 보호법」을 통해 청소
년 성보호를 계도하고 있다. 그리고 「성폭력방지 및 피해자보호 등에 관한 법률」
(약칭: 「성폭력방지법」), 「성폭력범죄의 처벌 등에 관한 특례법」(약칭: 「성폭력처벌법」),
「성매매방지 및 피해자보호 등에 관한 법률」(약칭: 「성매매피해자보호법」) 등에서도
성에 대한 보호와 성범죄의 처벌을 강화하고 있으므로 이러한 제도적 실시와 더불
어 청소년 임신 및 미혼모를 위한 제도적 보완을 통하여 청소년에게 성의 존귀함을
일깨우고 자신의 성을 보호함이 필요하다.

또한 청소년 시기에 성에 대한 관심과 성적 욕구를 표출할 수 있는 방법과 공간이
마련되어야 한다. 청소년의 성적 변화에 대하여 부모나 또래 등에게 의논하고, 건전
한 방법으로 성적 호기심을 충족시켜야 하며, 성적 에너지를 다양한 활동으로 발산
할 수 있도록 해야 한다. 동아리활동, 봉사활동, 문화활동 등을 통하여 욕구를 해소
하고 다양한 인간관계 형성을 통하여 올바른 성 가치관을 정립하도록 해야 한다.

(3) 유해환경 타파

성폭력, 가출, 성매매의 심각한 문제점이 노출되면서 청소년의 성보호 이슈가 사

회적으로 대두되고, 성매매는 청소년에 대한 성적 착취로서 보아야 하며 성매매문제를 수요자의 처벌을 강화함으로써 해결책을 찾아야 한다는 관점의 변화를 가져왔다.

또한 유해업소의 청소년 고용에 있어서 종전의 강제 또는 유혹 등으로 이루어지던 형태에서 최근 가정과 학교의 부적응으로 인한 가출의 유지 방법으로, 물질에 대한 욕구로 인한 자금 조달의 방법으로 자발적으로 유흥업소를 찾는 경우가 늘고 있으며, 일단 고용된 이후에는 본인의 의사에 관계없이 강제적인 퇴폐행위가 요구되며 그 세계를 빠져나오기가 쉽지 않다는 점에서도 잘 알 수 있다. 그리고 청소년의 유해환경인 '청소년유해 매체물, 청소년 유해약물, 청소년 유해물건, 청소년 유해업소 및 청소년 폭력·학대행위' 등은 청소년 성문제와 무관하지 않기에 가급적 청소년들이 이러한 유해환경에 노출되는 것을 줄이도록 적극적 노력이 필요하다.

2) 미혼모 청소년 정책

(1) 미혼모를 위한 법적 제도의 합리화

우리나라의 경우 현재 미혼모와 관련된 조항들은 「헌법」「민법」「사회복지법」「아동복지법」「한부모가족지원법」「국민기초생활 보장법」「의료보호법」「입양특례법」「모자보건법」「청소년 기본법」 등에서 찾아볼 수 있다. 이 법들 중 「한부모가족지원법」은 제4조의 한부모에 관한 정의에서 미혼자가 자녀를 양육하는 경우를 포함하고 있으며, 또한 청소년 한부모를 24세 이하의 모 또는 부로 정의하고 있어 미혼부모도 법적으로 보호를 받는 입장이 되었다. 또한 제12조 제2항에서 아동양육비를 지급할 때에 미혼모나 미혼부가 5세 이하의 아동을 양육하거나 청소년한부모가 아동을 양육하면 예산의 범위에서 추가적인 복지급여를 실시하고, 또한 국가나 지방자치단체는 이 법에 따른 보호대상자의 신청이 있는 경우에는 예산의 범위에서 직업훈련비와 훈련기간 중 생계비를 추가적으로 지급할 수 있도록 하고 있다(법제처 국가법령정보센터 홈페이지 https://www.law.go.kr).

(2) 미혼모를 위한 다양한 정책 지원 강화

최근 베이비 박스 앞 신생아 사망, 중고물품 거래 앱에서의 아이 입양 게시 사건 등을 계기로 미혼모 지원제도에 대한 개선 필요성이 높아져서 정부에서도 다양한 지원대책을 마련하고자 노력하고 있다. 10대 미혼모의 대부분은 가출상태로 부모의 보호를 받지 못하는 경우가 많으므로 미혼모들은 임신을 안 순간부터 분만 후 자녀양육 동안 경제적 어려움을 계속적으로 느끼게 된다. 이를 해결하기 위해 숙식보호, 분만비 보조, 의료혜택, 직업훈련에서 취업알선, 자녀양육에 관한 경제적 지원, 숙식보호시설에서 퇴소하는 청소년을 위한 '중간의 집' 이용과 운영을 위한 지원 등을 통하여 현실적인 생계문제를 독립적으로 해결할 수 있도록 법적 지원이 필요하다.

(3) 학업지속을 위한 제도적 지원

청소년 미혼모의 학업지속을 위한 제도적 뒷받침이다. 청소년 미혼모의 학업지속을 위해 정부는 몇 가지 대책을 수립하였다(여성가족부, 2020).

- 지원기관과의 연계 강화를 위하여 학생 미혼모 발생 시, 미혼모 상담전화 (1644-6621)와 상담하고 전국 미혼모 · 부 거점기관과 연계하여, 학생 미혼모가 즉시 지원을 받을 수 있도록 조치한다.
- '임신 · 출산'을 사유로 유예 및 휴학을 허용하여 미성년 미혼모의 원적학교 복귀 및 정규 교육과정 이수를 지원한다.
- 사회진출을 희망하는 미혼모를 대상으로 학교 밖 청소년 내일이룸학교에서 특화 직업교육훈련과정을 운영 · 추진한다.

물론 이런 제도가 마련되어도 우리나라의 현행 교육제도와 사회적 분위기, 학업 풍토 등으로 임신 후 학교를 계속 다니거나 출산 후 학교로 복귀하는 것은 쉽지 않다. 그러나 미국의 경우 청소년의 출산 후 학교복귀는 증가하고 있는 추세이며 아이의 양육을 돕기 위하여 학교에 어린이집을 마련해 주는 등의 지지를 해 주고 있다. 물론 근본적으로 미혼모 발생을 예방하여야 하지만 미혼모가 된 경우 학교 교육 등을 통한 인적 자본에의 투자를 통해 미혼모가 된 후에도 자립의 가능성을 높여 주어야 한다. 미혼모는 아이 출산 후 자녀양육과 생계를 위해 저임금의 근로현장에 투입되는 경우가 많기에 정부의 재정지원을 통한 인적 자본에의 투입이 필요하고, 이에 교육성취는 자립대책의 하나로 중요한 대안이다.

(4) 미혼모 예방 대책 프로그램 개발 및 평가

성행태학적으로 볼 때 성태도, 성지식이 미혼모 발생의 한 원인이 되고 있으므로, 이들에 대한 지속적인 성교육 프로그램 개발, 운영 및 평가와 통계의 자료화를 통한 예방적 측면에서의 대책을 강구하여야 한다. 학교와 그 지역의 사회복지관이 협력하여 성교육 프로그램을 개발하여 학교나 지역사회복지관에서 실시하고, 이를 통해 사전에 미혼모 발생을 예방할 수 있을 뿐 아니라 미혼모가 발생했을 경우 청소년들이 상담에 쉽게 접근할 수 있는 통로가 될 수 있도록 해야 한다(김혜경 외, 2018). 또한 정부에서는 초·중·고생을 위한 예방교육 콘텐츠를 만들고 여러 기관에서 청소년을 위한 성교육이 실시되고 있기는 하지만 이러한 프로그램에 대한 체계적 평가와 더불어 여러 기관에서 실시되고 있는 프로그램들의 효과에 대한 지속적 평가가 필요하다.

3) 성매매 청소년 정책

(1) 청소년 성매매에 대한 올바른 인식의 정립

청소년 성매매의 문제를 청소년 개인의 문제로 초점을 맞추어 처벌과 통제의 대상으로 인식할 것인가, 아니면 사회적·문화적 체계에 초점을 맞추어 어른들이 만들어 놓은 사회구조의 피해자이며 적극적인 보호와 복지서비스가 필요한 대상으로 인식할 것인가 하는 점에 있어서의 인식 정립이 필요하다.

청소년 성매매는 성에 대한 호기심, 유흥비와 생활비 마련, 놀이와 여가생활, 성적 탐닉 같은 물질주의적 가치관과 왜곡된 성 가치관의 결합 등의 개인적 원인과 부모의 이혼과 불화, 부모와의 갈등, 부모의 무관심, 가정의 빈곤 등의 가족적 원인이 영향을 미친다(정규석, 김영미, 김지연, 2013). 그리고 사회 전반에 퍼진 성의 상품화 현상과 여성노동의 상품화 현상, 어린 여성에 대한 남성 수요자의 존재, 청소년 가출을 부추기는 학교의 문제, 노동시장에서의 청소년 배제문제 등과 같은 사회구조적인 요인들이 청소년 성매매의 근저에 있다. 이러한 상황에서 청소년의 개인적 경험들이 성매매 유입의 동기로 작용하게 된다. 그러나 청소년 성매매문제를 청소년의 자발적 선택이라 보기보다는 사회구조적 제반 요인에 의해 강제되는 경향이 있음을 간과하면 안 된다.

청소년 대상 성범죄를 효과적으로 규제하고 청소년에 대한 건전한 육성 및 성매매로부터의 예방을 위해서는 청소년 대상 정책이 일반 성인과는 다른 방향에서 설정ㆍ진행되어야 하는 특성을 인식하는 것이 전제되어야 한다.

(2) 「청소년성보호법」의 개선

청소년 대상 성범죄자의 범죄를 예방하기 위하여 정부는 '아동ㆍ청소년 이용 음란물'이라는 용어를 '아동ㆍ청소년 성착취물'이라는 용어로 변경함으로써 아동ㆍ청소년 이용 음란물 그 자체가 '성착취ㆍ성학대'를 의미하는 것임을 명확히 하였다. 또한 아동ㆍ청소년 성착취물 관련 범죄에 대한 처벌을 강화함으로써 경각심을 제고하고, 아동ㆍ청소년 성착취물 관련 범죄를 저지른 사람을 수사기관에 신고한 사람에 대하여 포상금을 지급하는 근거를 마련하였다(「청소년성보호법」 2020. 6. 일부 개정). 즉, 여성가족부(2021)는 신종 청소년 온라인 성범죄에 대한 사전 대응을 강화하고, 청소년 성착취 영상물에 대한 사회적 감시 및 경각심을 높이기 위해 신고포상금제 도입을 검토하고 온라인 모니터링 등 신고 기능을 강화하고자 한다.

한편, 2021년부터는 16세 미만의 아동ㆍ청소년을 대상으로 성을 사는 행위 등을 한 경우 가중처벌할 수 있도록 하였다. 또한 피해청소년에 대한 보호를 강화하기 위하여 13세 미만 혹은 신체적ㆍ정신적 장애로 의사소통이나 의사표현에 어려움이 있는 피해청소년이 진술조력인의 조력을 받을 수 있도록 하고, 청소년 대상 성범죄 발생 사실 신고의무기관의 유형을 확대하였다(법제처 국가법령정보센터 홈페이지 https://www.law.go.kr).

(3) 성매매 청소년에 대한 처우개선

성매매 청소년에 대한 보호처분제도를 개선하기 위해서는 우선 성매매 청소년에 대한 보호처분을 결정하는 데 있어 과학화 · 전문화를 기해야 할 것이며, 현재의 보호처분제도의 운영에 있어서 청소년 전담 보호관찰관의 증원과 더불어 소년조사제도에서 청소년 전문복지요원을 투입하여 전문적 조사에 의한 보호처분이 이루어져야 한다. 그리고 성매매 청소년에 대한 별도의 보호시설이 마련되어야 하고, 선도보호시설의 양적 확충뿐만 아니라 기존의 선도보호시설에 대한 환경적 개선, 차별화된 프로그램의 개발, 전문상담사, 심리치료사의 고용을 위해 현실적인 예산지원이 이루어져야 한다.

(4) 성매매 청소년을 위한 전문 상담 프로그램 개발

성매매 청소년을 위한 전문 상담 프로그램, 그리고 인성교육과 같은 재활교육 프로그램을 받을 수 있도록 프로그램이 개발되어야 하고 귀가 조치 후에도 각종 치료서비스의 지원을 받을 수 있는 체제 도입이 필요하다. 그리고 성매매 청소년뿐만 아니라 청소년의 부모를 대상으로 한 가족치료, 가족상담 프로그램의 병행이 필요하다(도미향, 윤지영, 2004). 성매매 청소년들이 기존의 사회적 관계망으로 복귀하고자 할 때 직면하는 어려움은 자신들에 대한 주위의 따가운 시선이며, 가장 먼저 그리고 치명적인 영향을 줄 수 있는 것은 가족의 반응이다. 따라서 성매매 청소년들의 사회복귀를 위해서는 무엇보다 가족들의 이해가 중요하며, 이를 위해 원활한 의사소통방법을 가족들에게 갖게 하는 것이 중요하다. 청소년과 가족을 지원하는 다양한 청소년복지서비스 기관의 가족기능 강화 프로그램들을 확대하고, 학교 사회사업, 청소년 전문 복지인력을 통하여 청소년들의 가족 및 학교에서의 적응을 돕고, 청소년 관련기관을 중심으로 가출 및 성매매 청소년이 이용할 수 있는 쉼터 등 서비스 제공이 필요하다.

5. 실천현장과 관련서비스

청소년 성문제 유형에 적합한 관련 기관과 시설을 다양화하고 특성화하며, 관련 기관과 시설의 통합적인 연계 서비스가 이루어져야 한다. 가출쉼터, 위기청소년 교육센터, 교정시설, 중ㆍ단기 보호시설 등의 연계와 지원이 확대되어야 한다. 성 관련 문제해결을 위한 전문인력을 양성하여 청소년 관련 기관과 시설에 의무적으로 배치하고, 성문제 발생 시 신속하고 전문적으로 대처할 수 있는 체계적인 시스템이 구축되어야 한다.

1) 청소년 미혼 한부모를 위한 서비스

현재 미혼모를 위하여 실시하고 있는 복지서비스를 살펴보면, 예방적 차원에서의 성교육과 상담실 운영, 사후 서비스로서 미혼모시설보호서비스로 나누어 볼 수 있다. 시설보호서비스는 〈표 10-2〉와 같이 미혼모시설 등을 비롯하여 다양한 형태의 시설에서 보호받을 수 있는데, 현재로서는 그 수가 부족해서 이용에 어려움이 따른다(김혜경 외, 2018; 여성가족부, 2021).

미혼모 발생 예방을 위하여 중ㆍ고등학교의 정규 교과목 과정 중에서 또는 가족계획협회 등과의 연결을 통하여 성교육을 실시하고 있으며, 상담서비스로는 혼전에 성관계를 가졌거나 임신으로 도움이 필요한 사람은 전국 청소년종합상담소, 여성복지상담소, 성폭력피해상담소, 미혼모시설, 입양알선기관, 국내입양지정기관 등의 상담소에서 도움을 받을 수 있다. 또한 '여성긴급전화 1366'을 통하여 미혼모 등이 복지서비스를 받을 수 있다.

표 10-2 미혼부모를 위한 시설서비스의 종류 및 내용

시설 구분	서비스 내용
미혼모자가족 복지시설	• 입소대상: 미혼의 임산부 및 출산 후 6개월 미만인 미혼모 • 안전한 분만 혜택과 숙식 · 보호 제공 • 기본생활지원, 공동생활지원 • 미혼모, 윤락여성 등을 보호 선도하는 선도보호시설
모(부)자 보호시설	• 미혼모시설 퇴소자 중 스스로 아동을 양육하는 미혼모는 거주지 상관없이 입소해 3년 동안 보호받을 수 있고, 2년 연장도 가능 • 생계비, 중 · 고등학교 학비 지원, 방과 후 지도, 아동급식비, 직업훈련수당 지급, 영구임대주택 입주우선권, 퇴소 시 세대당 자립정착금, 보육료 등 지원
모자자립시설	• 모자보호시설에서 퇴소한 모자세대 중 자립 준비가 미흡한 모자가족 세대 우선 입소 가능 • 「한부모가족지원법」에 따른 모(母)로서 만 18세 미만의 아동을 양육하는 저소득 무주택 모자가족 • 모자보호시설에서 받을 수 있는 혜택 중 생계비, 방과 후 지도, 아동급식비, 자립정착금을 제외하고 지원
요보호여성 긴급피난처	• 위기에 처한 모자가족이나 미혼모는 3일 이내의 긴급보호를 받을 수 있고, 7일까지 연장보호가 가능
재가 저소득 모자가족서비스	• 자녀를 양육하고 있는 미혼모의 경우 정부가 주는 저소득 모자가족 혜택 받음 • 저소득 모자가족 선정기준: 중위소득 60%
의료보호서비스	• 보호시설에 있는 미혼모를 위해서는 국민기초생활보장제도에 따라 무료진료 및 분만비 지급 • 지역사회에 거주 미혼모는 모자보건사업의 제도하에 저렴한 비용으로 의료서비스 제공받음
모자일시 보호시설	• 배우자(사실혼 관계에 있는 자 포함)가 있으나 배우자의 물리적 · 정신적 학대로 아동의 건전한 양육이나 모의 건강에 지장을 초래할 우려가 있을 경우 일시적으로 또는 일정 기간 그 모와 아동 또는 모를 보호함을 목적으로 하는 시설
미혼모자 공동생활가정	• 출산 후의 미혼모와 해당 아동으로 구성된 미혼모자가족이 일정 기간 공동으로 가정을 이루어 아동을 양육하고 보호할 수 있도록 지원하는 것을 목적으로 하는 시설

미혼모 공동생활가정	• 출산 후 해당 아동을 양육하지 아니하는 미혼모들이 일정 기간 공동으로 가정을 이루어 생활하면서 자립을 준비할 수 있도록 지원하는 것을 목적 으로 하는 시설
미혼모부자 거점기관	• 권역별 거점기관을 통해 미혼모 · 부의 출산 및 양육지원, 찾아가는 방문 상담, 거주지 근처 미혼모시설 입소 연계, 당사자 단체 연계 등

출처: 보건복지부(2018); 여성가족부(2021).

2) 성문제 예방 및 피해청소년을 위한 서비스

지역사회 차원에서 청소년 유해업소 출입금지 운동, 유해활동 퇴치 운동, 음란사이트 단속운동 등 시민들의 적극적인 참여가 요구된다. 지역사회 내의 관련기관과의 유대강화와 시민단체, 종교단체, 청소년 단체 등 체계적이고 행동화할 수 있는 구체적인 전략이 필요하다(박정란, 서홍란, 장수한, 2016). 그리고 주민센터, 학교, 복지관, 청소년상담실 등에서 청소년과 부모를 대상으로 성교육 및 성문제 예방을 위한 다양한 서비스를 활성화시켜야 한다.

지역사회 성교육 상담실의 상담원과 자원봉사자들을 대상으로 보수교육 및 심화교육을 실시하며 청소년성문화센터를 통해 청소년들이 올바른 성지식을 습득하고 성문화에 대한 건전한 시각과 건강한 성정체성을 갖도록 지원이 필요하다.

한편, 여성가족부(2021)는 성폭력 피해자 지원을 위한 다양한 서비스를 실시하고 있다. 즉, 디지털 성범죄 피해자가 지역에서도 상담과 피해 구제 지원을 받을 수 있도록 지역에 특화상담소를 설치하고 성매매 피해 아동에게는 긴급구조, 자립, 상담 등의 종합 서비스를 제공하고 있다. 그리고 성폭력 피해자 지원 서비스로는 여성긴급전화 1366, 해바라기센터, 성폭력상담소 및 보호시설 등 원스톱 종합보호체계를 마련하고 의료 및 심리치료 서비스, 사회복지서비스, 법률구조서비스, 검찰 및 경찰 서비스를 제공하고 있다. 성폭력 상담소의 경우 상담건수가 지속적으로 증가하고 있으며, 지원서비스도 심리정서적 지원, 수사법적 지원, 의료지원 순으로 서비스를 제공하고 있다.

해바라기센터의 경우 여성부와 경찰청, 지역병원이 협약을 맺어 성폭력 피해자에 대한 응급 처치와 심리치료 및 다양한 지원을 하고 있다. 상담사와 여성경찰, 간호사가 24시간 상주하면서 성폭력 피해에 대한 경찰의 신고가 접수되면 성폭력 피해자를 위한 위기 상담, 피해자 진료 등 여러 가지의 지원서비스를 수행한다. 또한 심리평가와 심리 · 정서치료, 찾아가는 상담서비스, 성폭력 예방 교육 및 재판 모니터링 등 성폭력 피해자에 대한 통합적인 지원을 실시하고 있다.

성폭력 피해자의 효과적인 지원을 위해서는 각 기관의 지원서비스의 중복을 방지하고 포괄적인 지원이 가능하도록 체계적이고 통합적이면서 성폭력 피해특성을 고려한 맞춤형 사례관리 시스템이 필요하다. 또한 이러한 서비스를 바탕으로 성폭력 피해자들이 지역사회로 돌아갔을 때 지속적인 모니터링을 통한 재발 방지나 사후 관리도 필요하다.

생각해 볼 문제

1. 청소년기의 성과 관련된 문제 유형을 나열하고, 그 특성을 생각해 보자.

2. 청소년 성매매의 원인과 대처방안을 생각해 보자.

3. 청소년 성문제 예방을 위한 부모와 학교에서의 실천적 접근방안에 대해 생각해 보자.

참고문헌

교육부, 보건복지부, 질병관리본부(2018). 제14차 청소년 건강행태조사 통계.

구혜영(2021). 청소년복지론(2판). 서울: 신정.

권해수, 이재희, 조중신(2011). 성폭력 피해자 치유 회복 프로그램 효과성 분석 및 매뉴얼 개발. 여성가족부 연구보고, 2011-69.

김혜경, 도미향, 문혜숙, 박충선, 손홍숙, 오정옥, 홍달아기(2018). 가족복지론. 경기: 공동체.

대검찰청(2018). 범죄분석. http://spo.go.kr/site/spo/crimeAnalysis.do, 2020년 9월 21일 인출.

도미향(2002). 청소년 유해업소의 실태와 복지대책에 관한 연구. 청소년복지연구, 4(2), 157-169.

도미향, 윤지영(2004). 청소년 성매매와 성보호법에 관한 연구. 한국가족복지학, 9(1), 19-33.

도미향, 정은미(2001). 10대 미혼모의 문제와 복지대책에 관한 연구. 청소년복지연구, 3(2), 1-11.

류희정, 김기현, 김재원(2020). 아동의 성폭력 피해와 우울 간의 관계 연구: 수면장애와 동네 안정감의 역할 분석. 사회복지연구, 51(4), 133-172.

박순주(2014). 성매매 여성의 경험과 맥락에 관한 연구-노동과 피해경험의 역동성을 중심으로. 가톨릭대학교 대학원 박사학위논문.

박정란, 서홍란, 장수한(2016). 청소년복지론. 경기: 양서원.

보건복지부(2018). 2018 인공임신중절 실태조사.

신성철, 이종춘, 김성수(2014). 청소년의 학교폭력경험이 우울에 미치는 영향에 대한 청소년 적응유연성의 조절효과. 청소년보호지도연구, 21, 151-170.

신수민(2018). 성폭력 피해자 지원센터 종사자의 이차적 외상스트레스가 직무스트레스에 미치는 영향-직무교육의 조절효과. 사회복지연구, 49(1), 109-132.

신은영, 천근아, 정경운, 송동호, 김소향(2015). 성학대를 경험한 소아, 청소년에서 성학대가 외상 후 정신 증상에 미치는 영향. 소아청소년정신의학, 26(1), 38-44.

여성가족부(2018). '2018 청소년 매체 이용 및 유해환경 실태조사' 발표 보도자료.

여성가족부(2020). 2019 성매매 실태조사. 서울: 한국형사정책연구원.

여성가족부(2021). 2021년도 업무보고 브리핑.

여성가족부 보도자료(2020. 11. 16.). 관계부처 합동「미혼모 등 한부모가족 지원 대책」발표.

여성가족부 보도자료(2021. 3. 24.). 2020 청소년 매체이용 및 유해환경 실태조사.

이소희, 도미향, 정익중, 김민정, 변미희(2005). 청소년복지론. 경기: 나남출판.

이정희, 박선영(2012). 아동의 가정폭력경험 유형에 따른 교우 및 교사관계에 관한 연구. 사회과학연구, 28(2), 247-271.

이정희, 박선영(2020). 탈성매매 여성이 경험하는 회복에 대한 질적 사례연구: '평범한 삶'을 위해 휘둘리지 않고 버텨내기. 사회복지연구, 51(1), 107-137,

이해경(2011). 성매매 청소년들의 사회심리적 특성에서의 성차. 한국심리학회지: 여성, 16(4), 423-444.

정규석, 김영미, 김지연(2013). 청소년복지의 이해. 서울: 학지사.

조성연, 유진이, 박은미, 정철상, 도미향, 길은배(2016). 최신 청소년복지론. 서울: 창지사.

최세영, 최미경(2020). 청소년복지론. 경기: 어가.

통계청(2019). 인구주택총조사.

통계청 통계개발원(2019). 아동ㆍ청소년 삶의 질 지표 분석 결과. KOSTAT 통계플러스, 2019 겨울호, 이슈분석 2.

한국보건사회연구원(2018). 인공임신중절 실태조사.

한국여성인권진흥원(2019). 여성폭력 Zoom-in. (http://www.stop.or.kr/modedg/ contents View.do?ucont_id=CTX000066&srch_menu_nix=093lux18&srch_mu_site= CDIDX00005, 2019년 9월 21일 인출).

Chen, L. P., Murad, M. H., Paras, M. L., Colbenson, K. M., Sattler, A. L., Goranson, E. N., Elamin, M. B., Seime, R. J., Shinozaki, G., Prokop, L. J., & Zirakzadeh, A. (2010). Sexual abuse and lifetime diagnosis of psychiatric disorders: Systematic review and meta-analysis. Mayo Clinic Proceedings, 85(7), 618-629.

Reiss, I. (1960). Toward a Sociology of the Heterosexual Love Relationship. Marriage and Family Living, 22(2), 139-145. doi:10.2307/347330.

Shdaimah, C. S., & Wiechelt, S. A. (2013). Crime and compassion: Women in prostitution at the intersection of criminality and victimization. International Review of Victimology, 19(1), 23-35.

Small, S., & Kerns, D. (1993). Unwanted sexual activity among peers during early and middle adolescence: Incidence and risk factors. Journal of Marriage and Family, 55(4), 941-952. doi:10.2307/352774.

Trickett, P. K., Noll, J. G., & Putnam, F. W. (2011). The impact of sexual abuse on female development: Lessons from a multigenerational, longitudinal research study. *Development and Psychopathology, 23*(2), 453–476. https://doi.org/10.1017/S095457 9411000174.

[홈페이지 참고자료]
법제처 국가법령정보센터 홈페이지 https://www.law.go.kr

제**11**장

청소년과 정신건강

건강보다 더 큰 은혜는 없으며, 만족할 줄 아는 마음보다 귀한 것은 없다.

−법구−

    청소년기는 신체적·인지적 성장이 급격하게 일어나는 시기로 이에 따른 정서적 변화도 다른 연령에 비해 크다. 또한 학업 스트레스, 또래와의 관계, 가족관계 등으로 어려움을 겪으면서 심리정서적 문제를 경험하기도 한다. 스트레스와 우울은 청소년기에 경험하는 보편적 정서이지만 내·외적 자원이 부족하여 적절히 해결되지 않을 때에는 자살행동이나 중독 등 보다 심각한 정신건강 문제의 원인이 되기도 한다. 이 장에서는 청소년기의 정신건강 문제 중 스트레스와 우울, 자살행동, 중독문제의 특성과 현황, 영향 요인, 개입방안에 대해 살펴보고자 한다. 그리고 청소년 정신건강 관련 실천현장으로 정신건강복지센터와 한국생명존중희망재단, 국립청소년인터넷드림마을에 대해 학습하고자 한다.

1. 스트레스와 우울

1) 청소년 스트레스와 우울의 특성과 현황

(1) 청소년 스트레스와 우울 특성

스트레스란 적응하기 어려운 환경에 처할 때 느끼는 심리적 · 신체적 긴장 상태를 말하는데, 일상생활에서 발생하는 스트레스를 적절히 해소하지 못할 경우 스트레스가 증가한다(이혜경, 2020; Patricia, 2003). Cox(1991)는 스트레스란 개인과 환경 간의 특정한 관계로부터 야기되며, 환경적 요구와 개인의 반응능력 간에, 그리고 지각된 요구와 지각된 반응능력 간에 불균형이 있을 때 일어난다고 하였다(황순길, 이윤주, 이혜정, 2017). 청소년기는 아동기에서 성인기로 넘어가는 과도기에 속하는 발달단계로, 급격한 신체적 · 인지적 · 사회적 변화와 혼란 속에서 청소년들은 다양한 스트레스를 경험하게 된다(송지원, 조한익, 2018). 청소년기에 경험하는 스트레스의 특성은 다음과 같다.

첫째, 청소년기는 급격한 신체 변화와 2차 성징으로 인한 생리적 변화, 심리적 불안정이 증가하게 되지만, 내적 자원의 부족으로 적응과정에서 불안이나 실패, 좌절을 경험하며 심리적인 부적응 상태인 스트레스를 경험하기 쉽다(김혜원, 조혜영, 2021).

둘째, 우리나라 청소년들은 자아정체감 확립이라는 발달과업뿐만 아니라 입시 경쟁과 학업에 대한 부담, 부모와 사회의 기대, 성인 역할에 대한 준비 등과 같은 적응적 요구에 직면하면서 긴장과 스트레스를 더 경험한다(송지원, 조한익, 2018).

셋째, 스트레스로 인해 신체적 증상을 호소하기도 하고 우울이나 절망감 같은 정신건강 문제와 약물남용, 자살행동 등의 문제를 초래하기도 하며, 청소년기의 스트레스 증가는 우울의 증가로 이어진다(한상영, 2012).

우울이란 인간 누구나 흔하게 경험할 수 있는 것이지만, 외로움과 슬픔, 사고력과 주의력 저하, 불면증 등 인지적이고 신체적인 증상이 함께 나타나 일상생활에 영향을 줄 수 있으므로 주의를 기울여야 하는 정서적 상태이다(Beck, 1974: 소수연 외, 2020에서 재인용). 기분이 울적하거나 슬프고, 불행하다고 생각하는 감정은 사춘기를 전후로 급격하게 증가하며, 이러한 우울 증상은 청소년기에 매우 보편적으로 경험하는 것으로 보고되고 있다(최원석, 강순화, 백승아, 2020; Cantwell & Baker, 1991). 청소년기 우울의 특성은 다음과 같다(정규석, 김영미, 김지연, 2017; 추보경, 박중규, 2020).

첫째, 우울증은 아동기를 지나 청소년기에 급격하게 증가하는 경향이 있는데, 15~18세에 주요 우울증의 유병률이 급격하게 증가하는 양상을 보인다.

둘째, 성인 우울과는 다르게 울적한 증상이나 과민한 기분을 자주 경험하거나, 흥분상태에 놓이고, 짜증을 잘 내는 것이 특징이며, 이러한 부정적 기분을 적절히 통제하지 못할 때 좌절감은 공격적 행동으로 이어진다.

셋째, 청소년은 우울감을 몸이 아프다는 신체화 증상으로 호소하기도 하고, 불안장애, 섭식장애 및 행동장애와 함께 나타내기도 한다.

넷째, 우울문제를 경험하는 청소년들은 다양한 문제를 복합적으로 보이는 공존 증상을 보이게 되는데, 문제행동들이 불안이나 우울과 함께 나타나 위험수준이 높아져 자해, 자살생각으로 이어지기도 한다.

(2) 청소년 스트레스와 우울 현황

교육부, 보건복지부와 질병관리본부(2019)에서 전국 57,303명의 청소년을 대상으로 실시한 '2019 청소년건강행태조사 통계'에 따르면, 평상시 스트레스를 '대단히 많이' 또는 '많이' 느끼는 학생은 39.9%로 여학생(48.8%)이 남학생(31.7%)보다 높았으며, 고등학생(남 34.1%, 여 51.5%)이 중학생(남 29.1%, 여 45.9%)에 비해 높았다.

청소년 우울과 관련하여 '2019 청소년건강행태조사 통계'에 따르면, 최근 12개월 동안 2주 내내 일상생활을 중단할 정도로 슬프거나 절망감을 느낀 적이 있는 학생은 28.2%였으며, 여학생(34.6%)이 남학생(22.2%)에 비해 높았다. 학교급별로는 중학생(26.9%)에 비해 고등학생(29.4%)이 더 우울을 경험하는 것으로 나타났으며,

2017년도부터 2019년도까지 연도별 추이를 살펴보면, 2017년도 25.1%, 2018년도 27.1%, 2019년도 28.2%로 우울감을 경험하는 청소년의 비율은 매년 증가하고 있는 것을 볼 수 있다.

2) 청소년 스트레스와 우울의 영향 요인

(1) 청소년 스트레스 영향 요인

청소년들이 일상생활 속에서 경험하는 스트레스 요인은 학업문제, 친구문제, 신체 및 성격문제, 가정문제, 학교생활문제, 진로문제 등으로 다양하다.

첫째, 스트레스를 내적 요인 측면에서 보면, 자아정체감을 형성하는 과정에서 갈등을 경험하고, 외모나 신체에 관심을 가지면서 자아존중감에 영향을 미치게 되는데 이는 스트레스 영향 요인이 된다.

둘째, 외적 요인으로는 부모와의 갈등, 형제관계 등의 가정 요인과 과도한 입시 경쟁 및 진로 등의 학교생활 요인, 대인관계 요인 등이 있다. 이러한 내적 · 외적 스트레스 요인들에 대해 모든 청소년들이 다 똑같이 반응하는 것은 아니며, 개인이 각각의 스트레스 관련 문제들을 어떻게 지각하고 개인이 갖고 있는 내적 자원들을 활용하여 잘 대처하는가 또는 스트레스 대처에 도움이 되는 사회적 지지를 얼마나 많이 갖고 활용하느냐에 따라 스트레스는 증가할 수도 있고 감소할 수도 있다(황순길, 이윤주, 이혜정, 2017).

(2) 청소년 우울 영향 요인

청소년기 우울의 원인은 사회적 요인과 인지적 요인으로 구분할 수 있다.

첫째, 사회적 요인인 친구, 학업 및 교사관계, 부모 요인이 우울을 촉발시킨다. 또래관계를 부정적으로 인지하는 청소년일수록 우울을 더 많이 경험하며, 높은 학업적 스트레스나 낮은 학업성취는 우울을 증가시키는 원인으로 보고되고 있다(노충래, 김설희, 2012). 교사와의 관계 실패나 부적응 관계를 갖게 될 경우에도 우울은 증가한다(조윤숙, 이경님, 2010). 부모 관련 요인으로 부모-자녀관계에서 친밀감과 존경이 낮거나 부모가 엄격하다고 지각하게 될 경우, 부모의 양육태도가 비일관적이고 처벌적이며, 과잉기대가 높을수록 청소년의 우울 정도가 심각해진다(김동영, 박기정, 김효원, 2015; 소수연 외, 2020; 정문경, 2020). 이 외에 부모가 우울감을 갖고 있거나 이혼 또는 갈등이 있는 경우, 가정이 경제적으로 어려울 경우 청소년 우울이 증가하는 것으로 보고되고 있다(소수연 외, 2020).

둘째, 인지적 요인인 부정적이고 비판적인 사고가 우울을 촉발시킨다. 자기 자신이나 미래, 자신이 처한 주변 환경 등에 대해 부정적 사고와 인지왜곡이 심할수록 우울감이 높아지며, 긍정적 기억보다는 부정적 사건을 과일반화하여 우울감이 높아진다(조성연, 2019).

3) 청소년 스트레스와 우울 개입방안

(1) 청소년 스트레스 관리 프로그램

청소년들이 스트레스를 잘 관리하고 대처하여 건강한 삶을 영위하도록 하기 위해서는 스트레스 관리 프로그램이 실시될 필요가 있다. 스트레스 관리 프로그램은 인지적 재구성, 문제해결중심, 사회적 지지 강화, 신념 및 가치의 합리적 변화 등을 적용하는 프로그램으로 스트레스에 대한 이해와 스트레스 대응방식이나 태도, 관리방법을 교육하는 것으로 구성된다.

스트레스 관리 프로그램은 인지행동적 접근에 의한 프로그램이 스트레스에 미치는 효과를 보고한 연구가 많으며, 긍정심리학적 관점과 마음챙김에 기반한 프로그램들이 있다(황순길, 이윤주, 이혜정, 2017). 최근 활용되고 있는 청소년 스트레스 관리 프로그램의 주요 내용은 〈표 11-1〉과 같다.

(2) 청소년 우울 상담 프로그램

청소년 우울의 주요 개입 이론은 인지행동치료, 변증법적 행동치료, 동기강화상담 이론 등이 있다. 인지행동치료는 부정적이고 역기능적인 생각과 행동을 보다 적응적으로 변화시키는 것을 목적으로 하는 구조화된 심리치료기법이며(신민섭 외,

표 11-1 청소년 스트레스 관리 프로그램 예시

접근유형(연구자)	회기	프로그램 주요 구성 내용 및 특성
통합적 접근 (고기홍, 2003)	8회기	• 이완훈련, 경험 나누기 • 관점 바꾸기 • 수행과제 구성 • 자기조절 훈련, 의사소통 훈련
적응이론 접근 (신영화, 2004)	12회기	• 방향 제시 및 스트레스 경험 나누기, 이완훈련 • 적극적 경청 및 나-메시지 • 스트레스 수용하기 • 문제해결원리 익히기 및 갈등 해결하기 • 비합리적 신념 바꾸기 • 자신의 가치를 분명히 하기, 주장훈련
미술치료 (김지현, 2009)	13회기	• 스트레스 찰흙으로 표현하기 • 어린 시절 꿈 그리기 • 내 모습(장단점-비합리적 인지 명료화) • 자기대화 관리 배우기 • 적극적ㆍ합리적 문제해결 • 스트레스 대처방식 인지 및 주장하기 • 긍정적 자아개념 확립, 미래지향적 목표 확립 • 소망의 초(긍정적 인식, 합리적 대처) • 작품전시회

출처: 황순길, 이윤주, 이혜정(2017)의 내용 일부 재구성.

2018), 변증법적 행동치료는 정서, 인지, 행동, 대인관계, 자기조절 등 전반적 정서 조절 문제 완화에 초점을 맞추고 있으며, 궁극적으로는 '살 만한 삶'이라는 치료 목적을 가지고 있다(소수연 외, 2020). 동기강화상담은 내담자 스스로 자신의 행동 변화에 대한 양가감정을 탐색하고 해결해 가도록 상담자가 조력함으로써 내담자의 자발적 변화를 이끌어 내는 내담자 중심의 지시적인 상담방법이다. 최근 활용되고 있는 청소년 우울 상담 개입 프로그램의 주요 내용은 〈표 11-2〉와 같다.

표 11-2 청소년 우울 상담 개입 프로그램 예시

접근유형(연구자)	회기	프로그램 주요 구성 내용 및 특성
인지행동치료 (유지희, 2009)	12회기	• 인지행동적 접근을 통한 왜곡된 사고 수정 • 사회학습이론을 통한 대인관계 · 문제해결 기술 습득
변증법적 행동치료 (권혜미, 2013)	7회기	• 마음챙김기술: 마음챙김연습, 마음중심잡기 • 고통감내기술: 고통감내연습 • 정서조절훈련: 감정조절연습 • 대인관계기술: 대인관계기술연습
동기강화상담 (정명희, 2008)	8회기	• 변화를 위한 자신감 확인 • 긍정적 언어로 표현하기 • 변화자원 탐색, 양가감정 표현 • 과거와 미래의 모습에 대한 인식 • 현실유지의 손해와 변화 이득 살펴보기 • 불일치감을 발달시키고 변화 대화 이끌기 • 대안 탐색하기

출처: 소수연 외(2020)의 내용 일부 재구성.

2. 청소년 자살행동

1) 청소년 자살행동 특성과 현황

(1) 자살행동 특성

　세계보건기구(WHO)에서 정의한 자살은 "자살행위로 인해 죽음을 초래하거나 혹은 죽음의 의도와 동기를 인식한 상태에서 스스로에게 손상을 입히는 행위" 전반을 의미한다(WHO, 1968: 이혜경, 2020에서 재인용). 자살은 죽음에 대한 생각을 하는 것으로부터 죽음에 이르게 하는 행동까지 자살생각, 자살계획, 자살시도, 자살사망의 차원으로 구분되는 연속적 개념이다(Harwood, Jacoby, Hawton, & Heeringen, 2000: 원경림, 이희종, 2019에서 재인용). 이 장에서 사용되는 '자살행동'이라는 용어는 자살생각과 자살계획, 자살시도, 자살사망을 모두 포괄한다.

자살생각은 '자살을 실행하려는 생각이나 사고'로서 직접적인 자살행위와는 다르나 자살과정의 첫 단계이며, 자살계획은 '자살을 구체화시키려는 생각이나 사고'로서 자살과정의 중간 단계이고, 자살시도는 '자살을 구체화시킨 행위'로서 자살과정의 최종 단계이다(김지은, 김선정, 2020; Nock et al., 2008). 자살생각은 자살시도와 행동의 중요한 예언지표이며, 자살생각을 했던 청소년은 그렇지 않은 청소년에 비해 12배 이상 자살시도를 한 것으로 나타났다(하진의, 2014).

청소년기는 급격한 신체적·인지적·심리적 변화와 함께 자신에게 부여되는 인지·정서·행동상의 발달과업을 수행해야 하는 과제를 안고 있다. 이러한 청소년기의 발달적 특징이 청소년의 자살위기에 작용하여 성인 자살과는 다른 특성들을 나타내는데, 이는 다음과 같다(황순길, 박재연, 이혜정, 2016).

첫째, 청소년 자살은 정신질환으로 인한 경우보다 가족이나 친구관계에서 느끼는 분노, 좌절 등 심리적 스트레스나 위기감으로 인해 유발될 수 있다(박재연, 2010).

둘째, 청소년 자살은 대부분 사전에 계획되지 않은 경우가 많고, 학업 스트레스나 학교폭력, 부모와의 갈등에 의한 스트레스 등과 같은 외부 요인으로 인해 충동적으로 일어날 가능성이 높다(김진주, 조규판, 2012).

셋째, 청소년은 정서적 불안정과 인지적 미성숙으로 인한 현실도피로서 자살을 선택할 가능성이 높다. 즉, 자살이 남은 삶을 포기하는 것이 아니라 현재 자신이 처한 고통에서 도피하기 위한 수단으로 선택되기도 한다(김지은, 김선정, 2020).

넷째, 청소년 자살은 다른 연령층에 비해 자신의 내적 동기보다 외적 요인에 영향을 받기 쉬워 모방자살이나 동반자살을 시도하는 경우가 성인들보다 많다(오승근, 2006).

다섯째, 청소년은 성인에 비해 자살 예측이 어려워 예방대책 수립이 어렵다는 특성이 있다. 따라서 청소년 자살을 예방하기 위해서는 자살시도 이전의 단계들에서 관련 요인을 확인하여 각각의 예방대책을 수립할 필요가 있다(김지은, 김선정, 2020).

(2) 자살행동 현황

　청소년의 자살률이 높아지면서 심각한 사회문제가 되고 있다. 통계청(2020)의 '2019년 사망원인통계'에 따르면, 10～19세 청소년의 자살률은 인구 10만 명당 5.9명으로 청소년 사망원인 중 1위를 차지하고, 그 비율도 37.5%에 달한다.

　교육부, 보건복지부와 질병관리본부(2019)의 '제15차 청소년건강행태조사 통계'에 따르면, 최근 12개월 동안 심각하게 자살을 생각한 적이 있는 학생은 13.1%로 여학생(17.1%)이 남학생(9.4%)보다 높았다. 남학생(중 9.4%, 고 9.3%)은 학교급별 차이가 없었던 반면, 여학생은 고등학생(15.3%)보다 중학생(19.2%)에서 더 높았다.

　자살계획률은 2019년도에 4.0%였으며, 여학생(5.0%)이 남학생(3.1%)보다 높았고, 중학생(4.6%)이 고등학생(3.4%)보다 높았다. 자살시도율은 2019년도에 3.0%였으며, 여학생(4.0%)이 남학생(1.9%)보다 높았고, 중학생(3.6%)이 고등학생(2.4%)보다 높았다.

표 11-3 자살생각률, 자살계획률, 자살시도율　　　　　　　　　　　　　　　　　　　(단위: %)

연도	자살생각률[1]					자살계획률[2]					자살시도율[3]				
	중	고	남	여	전체	중	고	남	여	전체	중	고	남	여	전체
2017	12.7	11.6	9.4	15.0	12.1	4.6	3.4	3.5	4.3	3.9	3.0	2.2	2.0	3.2	2.6
2018	13.8	12.9	9.6	17.4	13.3	5.0	3.9	3.3	5.6	4.4	3.6	2.6	2.2	4.1	3.1
2019	14.1	12.2	9.4	17.1	13.1	4.6	3.4	3.1	5.0	4.0	3.6	2.4	1.9	4.0	3.0

출처: 교육부, 보건복지부, 질병관리본부(2019).

2) 청소년 자살행동 영향 요인

　청소년 자살행동에 영향을 미치는 요인은 개인 요인과 가족 요인, 친구 또는 학

---

[1] 최근 12개월 동안 심각하게 자살을 생각한 적이 있는 사람의 분율.
[2] 최근 12개월 동안 자살하기 위해 구체적인 계획을 세운 적이 있는 사람의 분율.
[3] 최근 12개월 동안 자살을 시도해 본 적이 있는 사람의 분율.

교 요인으로 구분할 수 있다.

첫째, 개인 요인과 관련하여 성별, 우울, 불안, 낮은 자아존중감, 절망감, 스트레스, 음주 여부 등이 자살생각이나 자살시도에 영향을 미치는 것으로 보고되고 있다(구본용, 백승아, 2019; 심미영, 김교헌, 2013; 최원석, 강순화, 백승아, 2020). 남학생보다 여학생의 자살시도가 더 많으며, 우울은 자살생각이나 자살시도를 하는 청소년들이 경험하는 강력한 예측 요인으로 보고되고 있다. 절망감과 스트레스, 음주 및 약물문제도 청소년의 자살률을 높이는 위험요인이다. 개인내적 보호요인으로는 낙관성, 자기효능감, 자아존중감 등이 있다.

둘째, 가족 요인으로는 가정불화와 가정해체, 가구의 경제적 상황 등이 청소년의 자살에 영향을 미치는 요인이다. 부모와의 대화 부족이나 갈등상황이 청소년들의 자살생각에 영향을 미친다(오승환, 이창환, 2010; 이혜경, 2020). 가족의 지지와 가족 응집력은 청소년 자살행동의 보호요인이다(서미 외, 2018).

셋째, 친구 또는 학교 요인과 관련하여 학교에 대한 즐거움의 부재, 학업에 대한 어려움, 낮은 성적으로 인한 우울감, 또래 간 문제와 교사갈등 등이 있다(우채영, 박아청, 정현희, 2010; 원경림, 이희종, 2019). 우리나라 청소년 자살문제와 관련된 대표적 위험요인은 학업 스트레스이며, 고등학생의 경우 학업 스트레스의 정도가 높을수록 청소년의 자살충동 정도도 높게 나타났다(장영애, 이영자, 2014). 자살생각의 위험을 완충시키는 학교 요인으로는 학교의 관심과 지지, 학교생활에 대한 흥미 등이 있으며, 특히 교사와의 관계는 따돌림을 경험한 청소년들의 자살생각이나 자살시도의 유의미한 보호요인이다(김미선, 정현희, 2017; 원경림, 이희종, 2019).

3) 청소년 자살행동 개입

(1) 청소년 자살행동 개입방안

청소년 자살행동 예방을 위한 개입방안은 다음과 같다.

첫째, 초등학생, 중학생, 고등학생 등 청소년의 발달단계에 따른 청소년 자살예방교육 프로그램이 개발되어야 하며, 체계적인 청소년 자살예방교육 실시를 위해 보건복지부, 교육부, 여성가족부 등 관련 부처 간의 협력을 위한 노력이 필요하다 (황순길, 박재연, 이혜정, 2016).

둘째, 자살 고위험군을 조기에 발견하고 적절한 서비스에 연계하기 위해 지자체의 참여와 민관협력체계가 잘 구축되어야 한다.

셋째, 청소년 자살예방을 위한 예산지원의 확대가 필요하며, 청소년 자살 원인 규명을 위한 자료조사와 분석이 강화될 필요가 있다(김기헌, 오병돈, 이경숙, 2013).

넷째, 청소년 자살예방 전문인력 양성이 필요하며, 정신건강복지센터, 자살예방센터, 청소년상담복지센터, Wee센터 등에 근무하는 전문인력들의 처우 개선이 필요하다.

(2) 청소년 자살행동 개입 프로그램

많은 연구에서 인지행동치료, 변증법적 행동치료, 가족치료, 부모교육이 고위기 청소년의 자살을 다루는 데 있어서 효과가 있다고 보고하고 있다(서미 외, 2018). 인지행동치료는 비합리적인 사고를 합리적인 사고로 교정하여 문제행동을 방지하는 치료법으로 우울증의 원인이 되는 비합리적이고 비논리적인 인지를 논리적인 사고로 수정해 줌으로써 건강하고 적응적인 사고를 하게 되면서 우울증으로 인한 자살충동을 방지할 수 있다고 본다. 자살위기 청소년을 대상으로 한 변증법적 행동치료의 경우에는 청소년 개인 및 가족 대상 사회기술 훈련의 반구조화된 프로그램을 실시한다(서미 외, 2018).

가족치료는 가족기능을 강화시킴으로써 청소년 자살문제를 다루게 된다. 가족 치료는 정신역동, 의사소통 훈련, 문제해결 기술 등의 요소로 구성되어 있으며, 위기상황 개입을 포함한다(서미 외, 2018). 배주미, 양윤란과 김은영(2009)이 개발한 자살위기 청소년 상담개입 프로그램 구성 내용 중 일부는 〈표 11-4〉와 같다.

표 11-4 자살위기 청소년 상담개입 프로그램 예시

접근유형(연구자)	회기	프로그램 주요 구성 내용 및 특성
초기 관리	3	• 자살위험 평가 및 안전 확보 −자살위험 수준 평가 −자살위험 및 보호요인 파악
중기 관리	9	• 스트레스 대처 및 문제해결 능력 증진 −현재 삶에 대한 탐색 −자살 관련 인지 오류 파악 및 전환 −문제해결방법 배우기 • 사회적 지지망 구축 −사회적 · 정서적 지지 자원 탐색 및 활용 −자기주장기술 배우기 −갈등해결방법 배우기
후기 관리	4	• 자신의 잠재력 개발 • 종결 및 추수 관리

출처: 배주미, 양윤란, 김은영(2009)의 내용 일부 재구성.

3. 청소년과 중독문제

1) 청소년 중독문제 특성과 현황

⑴ 중독문제 특성

① 약물중독 특성

약물경험은 약물사용, 약물오용, 약물남용, 약물의존, 약물중독 등의 용어와 혼용되어 사용되지만, 일반적으로 어떤 기분이나 경험을 유도하기 위해 처방 없이 유해약물을 사용하는 것으로 정의할 수 있다(한국마약퇴치운동본부, 2019). 청소년들이 주로 사용하는 약물은 흔히 알코올과 담배처럼 청소년에게는 허용되지 않지만, 사회적으로는 용인된 합법적 약물이다(이혜경, 2020). 이 외에 본드나 신나, 가

스 등 흡입물질과 마약류 및 향정신성 약물 등의 비합법적 약물도 포함된다(이혜경, 2020). 청소년 약물중독의 특성은 다음과 같다.

첫째, 일반적으로 약물사용은 약한 약물에서 강한 약물로 전이되고, 한번 경험하면 습관성과 의존성, 중독과 내성이 강해 중단하기 힘들다. 특히 청소년의 약물사용은 청소년기뿐만 아니라 성인기까지 영향을 미친다(박성수, 2017).

둘째, 청소년기의 약물사용은 정신적·신체적 건강에 치명적 손상을 입힐 뿐만 아니라 범죄와 일탈행위로 이어지는 역할을 하는데, 본드나 가스, 마약류 등의 유해약물은 알코올, 담배 등에 비해 청소년 범죄 및 일탈행위에 더 큰 영향을 미치는 것으로 알려져 있다(여성가족부, 2018; 이혜경, 2020; 조아미, 2011).

셋째, 청소년 약물사용은 성경험이나 성과 관련된 비행을 저지를 가능성을 높이고, 약물구입 자금을 마련하기 위해 범법행위에 가담하며 약물 복용 상태에서 폭력 문제와 재산 범죄를 야기하기도 하는 등 신체적·정신적 측면뿐만 아니라 사회적 측면에서도 다양한 위험을 초래할 수 있다(이혜경, 2020; 최영신, 2003; 표은영, 안지연, 정진옥, 이윤정, 2016).

② 인터넷·스마트폰 중독 특성

인터넷·스마트폰 중독이란 인터넷과 스마트폰을 과도하게 사용하여 금단(사용하지 못하면 불안 및 초조)과 내성(점점 더 많이 사용해야 만족) 증상이 나타나고 일상생활에 장애를 초래하는 현상이다(이혜진, 2017). 최근에는 인터넷의 주 사용기기가 PC에서 스마트폰으로 이동하고 있고 인터넷과 스마트폰 중독 간 상관이 높아 인터넷과 스마트폰 중독을 함께 다루고 있다(이혜진, 2017). 일반적으로 '인터넷 중독' '스마트폰 중독'이라는 용어가 사용되고 있으나 이외에 '의존' '과다사용' '몰입' 등의 용어로 사용되기도 하며(고충숙, 2012), 모두 인터넷과 스마트폰에 의존하는 성향이 높고 사용의 조절 및 통제에 어려움을 느껴 일상생활에 어려움을 초래한다는 의미를 포함하고 있다(한희진, 윤미선, 2010).

인터넷과 스마트폰은 청소년에게 자신만의 네트워크를 구성하고 또래집단의 유대를 강화하며 정보를 공유하고 부모가 자녀의 안전을 확인하는 도구로 사용되는 등 여러 긍정적인 역할을 하고 있다(류미숙, 권미경, 2011). 그러나 무분별하고 과도한 인터넷과 스마트폰 사용은 청소년에게 부정적인 영향을 미칠 수 있는데, 그 내용은 다음과 같다.

첫째, 전자파 노출이나 손목통증, 시력저하, 두통 등 건강상의 문제를 나타낼 수 있다(고충숙, 2012).

둘째, 인터넷과 스마트폰 중독수준이 높은 청소년일수록 우울과 불안, 신체화증상, 사회적 위축과 같은 내재화 문제와 공격성, 비행 등 외현화 문제를 더 많이 보인다.

셋째, 집중력 감퇴로 인한 학업문제 등 청소년의 학교적응에 영향을 미치고, 사회성 발달을 저해하면서 청소년의 발달 전반에 심각한 문제를 미친다.

③ 도박중독 특성

도박이란 자신에게 가치가 있는 것을 보다 더 큰 가치가 있는 것과 교환할 것으로 기대하며, 불확실한 게임에 내기를 거는 것으로 정의할 수 있다(한국도박문제관리센터, 2018). 최근 청소년의 도박문제는 매우 심각한 수준에 이르고 있는데, 청소년들 사이에 스마트폰을 연결고리로 한 온라인 도박이 급속하게 퍼지고 있으며, 스스로 돈을 벌지 못하는 청소년들은 도박자금을 구하기 위해 초고금리의 불법대출을 받거나 범죄를 저지르기도 한다. 그리고 이 과정에서 불법 대부업자들의 덫에 걸려 감금과 폭행의 피해를 당하기도 한다(연합뉴스, 2020. 8. 2.).

청소년은 초기에 재미 삼아 도박을 시작하지만 심리적 불안정성이 높아 점차 중독 단계로 발전할 가능성이 높고, 도박으로 인해 발생한 금전적 피해를 해결하기 위해 사채를 이용하거나 범죄를 저지를 가능성도 높다(한국도박문제관리센터, 2018). 도박을 하는 청소년들은 도박으로 인한 죄책감이나 수치심 등의 부정적 감정, 사회적 관계 문제, 일상생활 리듬 파괴, 학교 부적응 등을 경험하고 있으며, 우울이나 자살시도와 같은 정신건강 문제도 함께 갖고 있을 가능성이 많고, 음주나 담배 등 다른 중독행동을 보일 가능성도 높다(Rossen et al., 2016). 또한 청소년 도박문제는 비행이나 범죄, 무단결석이나 학업저하 등 학교 관련 문제, 경제적 문제를 일으키기도 한다(Fortune et al., 2013; Gupta & Derevensky, 2000). 청소년 도박문제의 증가는 합법과 불법을 막론하고 온라인 도박시장이 급속하게 팽창하고, 스마트폰을 통해 손쉽게 도박에 참여할 수 있게 되었기 때문이다. 청소년기에 도박에 빠질 경우 성인이 된 이후에도 끊지 못하고, 심각한 도박중독으로 진행되기 때문에 이를 예방하고 치료하기 위한 대책이 시급하게 마련되어야 한다(김지혜, 2021).

(2) 중독문제 현황

① 약물중독 현황

교육부, 보건복지부와 질병관리본부(2019)의 '제15차 청소년건강행태조사 통계'에 따르면, 현재 흡연율은 남학생 9.3%, 여학생 3.8%였고, 고등학생(9.9%)이 중학생(3.2%)에 비해 높았으며 남녀 학생 모두 학년이 올라갈수록 흡연율이 증가하였다. 연도별 변화를 살펴보면, 남학생의 경우 큰 변화가 없었으나 여학생은 최근 3년간 증가하는 경향을 보였다. 현재 음주율은 남학생(16.9%)이 여학생(13.0%)보다 높았으며, 고등학생(21.8%)이 중학생(7.6%)에 비해 높았다. 남녀 학생 모두 학년이 올라갈수록 증가하는 경향을 보였다. 부탄가스, 본드, 마약 등 평생 약물경험률은 남학생 0.5%, 여학생 0.5%였으며, 연도별로 큰 변화는 없었다.

② 인터넷 · 스마트폰 중독 현황

여성가족부에서 2020년에 전국의 초등학교 4학년과 중학교 1학년, 고등학교 1학년 등 133만여 명을 대상으로 인터넷 · 스마트폰 이용습관을 조사한 결과, 인터넷과 스마트폰 중 하나 이상에서 과의존 위험군으로 진단된 청소년은 22만 8천여 명인 것으로 나타났으며, 두 가지 문제를 모두 갖고 있는 중복위험군은 8만 4천여 명인 것으로 나타났다. 인터넷 과의존 위험군은 17만 5천여 명이고, 스마트폰 과의존 위험군은 13만 7천여 명이었다(여성가족부 보도자료, 2020. 8. 25.).

연도별로 살펴보면, 인터넷과 스마트폰 과의존 청소년이 증가하는 추세가 계속되고 있으며, 초등학생이 중 · 고등학생에 비해 증가폭이 더 큰 것으로 나타났다.

성별 현황을 살펴보면, 초등학교 4학년 과의존 위험군은 남자 청소년이 더 많으나, 중·고등학교 1학년은 여자 청소년의 과의존이 더 많은 것으로 나타났다.

③ 도박중독 현황

한국도박문제관리센터에서 실시한 '2018년 청소년 도박문제 실태조사 보고서'에 따르면, 중학교 1학년에서 고등학교 2학년까지 재학 중인 청소년 17,520명을 대상으로 조사한 결과, 도박문제 위험집단은 6.4%(위험군 4.9%, 문제군 1.5%)로 나타났다. 위험군이란 지난 3개월간 도박 경험이 있으며 경미한 수준에서 중증도 수준의 조절 실패와 그로 인해 심리적·사회적·경제적 폐해 등이 발생한 상태로, 문제수준으로 진행하고 있을 가능성이 있는 상태이다. 문제수준은 지난 3개월간 반복적인 도박 경험이 있으며 심각한 수준의 조절 실패와 그로 인한 심리적·사회적·경제적 폐해 역시 심각한 수준으로 진행한 상태로, 도박중독 위험성이 높은 상태이다. 이를 2015년 조사 결과와 비교해 보면, 2015년도에는 위험집단이 5.1%(위험수준 4.0%, 문제수준 1.1%)로 3년 사이 위험집단이 증가한 것을 볼 수 있으며, 이는 2018년 성인 유병률(5.3%)과 비교해 보았을 때에도 높은 수준임을 알 수 있다(한국도박문제관리센터, 2018). 성별로 살펴보면, 남자 청소년의 도박문제가 더 심각하며, 고등학생이 중학생에 비해 문제가 심각한 것으로 나타났다.

2018년도 학교 밖 청소년의 도박문제 실태를 살펴보면, 1,240명을 대상으로 조사를 실시한 결과, 도박문제 위험집단은 21.0%(위험군 12.5%, 문제군 8.5%)로 재학 중 청소년에 비해 위험집단이 3배 이상 높은 것으로 나타났다(한국도박문제관리센터, 2018).

2) 청소년 중독 영향 요인

(1) 약물중독 영향 요인

청소년의 흡연에 영향을 미치는 요인으로 개인 요인, 가족 요인, 사회환경적 요인 등이 있다.

첫째, 개인 요인으로 성별, 자아존중감 등이 있다. 남자청소년이 여자청소년에 비해 흡연율이 높고, 내적 자원인 자아존중감이 높은 경우 흡연율이 감소하는 것으로 나타났다(손선옥, 전진아, 박현용, 2018).

둘째, 가족 요인에서 부모의 지도감독과 애정 어린 대화를 하는 양육행동이 청소년 흡연의 위험을 낮추는 보호요인이며, 학대는 흡연의 위험을 높이는 위험요인이다(손선옥, 전진아, 박현용, 2018). 부모의 잦은 흡연과 관대한 흡연태도는 청소년의 흡연을 증가시키는 요인이다(박아영, 김철웅, 2018).

셋째, 사회환경적 요인으로 흡연을 하는 친구를 가진 청소년이 흡연할 가능성이 높은 것으로 나타났다(손선옥, 전진아, 박현용, 2018).

청소년의 음주에 영향을 미치는 요인도 개인 요인, 가족 요인, 사회환경적 요인으로 구분하면 다음과 같다.

첫째, 개인 요인으로는 성별, 흡연, 우울 등이 보고되고 있다. 남자청소년이 여자청소년보다 음주율이 높고, 흡연을 하는 경우 음주를 하는 경우가 많다. 또한 청소년들이 우울감을 경험하게 되면 이 상황을 극복하기 위한 방안으로 음주를 고려하게 된다(박소연, 양소남, 박소영, 김재인, 2019).

둘째, 가족 요인으로 양부모 여부, 맞벌이 여부, 가구소득, 부모 감독 등이 보고되고 있다. 양부모 가족의 청소년이 한부모가족의 청소년에 비해 음주를 적게 하며, 부모가 맞벌이를 할 경우 청소년의 음주는 증가하는 경향을 보인다. 가구소득이 낮을수록 청소년이 음주를 할 위험성은 증가하며, 부모 감독이 일관되게 유지될 때 청소년의 음주행위는 감소한다(박소연 외, 2019).

셋째, 사회환경적 요인으로 교우관계, 교사관계, 지역사회 환경 등이 있다. 친구의 음주경험이 청소년의 음주문제에 영향을 미치며, 교사로부터의 지지 정도가 적거나 교사와의 유대감이 약할수록 음주의 위험성이 높아진다. 빈곤지역 거주자의 문제음주가 심각하며, 특히 19세 미만의 첫 음주 경험이 높은 것으로 나타났고, 범죄율이 높은 지역 환경에 노출될수록 해당 지역에 거주하는 청소년의 음주행위에 부정적 영향을 미치는 것으로 보고되고 있다(박소연 외, 2019).

(2) 인터넷 · 스마트폰 중독 영향 요인

청소년의 인터넷과 스마트폰 중독에 영향을 미치는 요인은 개인 요인, 가족 요인, 사회환경적 요인 등이 있다.

첫째, 개인 요인으로는 청소년의 자극 추구, 위험회피 추구 및 사회적 민감성 등과 같은 기질적 특성, 자아존중감이나 자기효능감과 같은 자기가치감 관련 변인, 그리고 자기통제력, 공격성, 충동성, 우울, 스트레스, 외로움과 같은 심리적 특성이 있다(양미진 외, 2019; 이어리, 이강이, 2012; 이혜진, 2017; 장성화, 2011). 청소년의 자아존중감이 낮을수록 인터넷과 스마트폰 중독적 사용이 높고, 우울 정도가 높을수록 청소년의 중독적 사용이 증가하는 것으로 보고되고 있다(이어리, 이강이, 2012).

둘째, 가족 요인으로는 부모-자녀관계와 양육태도, 의사소통 양식 등이 있다. 부모의 양육태도를 청소년 자녀들이 긍정적으로 지각할수록, 부모들이 자녀에게 자율성을 보장해 줄수록, 그리고 의사소통이 잘 이루어질수록 인터넷과 스마트폰 의존은 낮아지는 경향을 보인다(김지혜, 2012; 장석진, 송소원, 조민아, 2012). 부모가 개방적인 의사소통을 할수록 인터넷과 스마트폰 의존은 낮아지며, 부모와 문제중심적 의사소통을 하는 청소년의 인터넷과 스마트폰 중독수준은 더 높은 것으로 보고되고 있다(유평수, 2010).

셋째, 사회환경적 요인으로는 친구관계, 학교적응, 학업성취도 등이 있다. 청소년들은 친구관계에서 소외를 당하지 않기 위해 인터넷과 스마트폰을 사용하며, 이것이 과다사용과 중독으로 연결될 수 있다. 청소년의 스마트폰 이용 동기로 가장 중요한 것이 친구들과의 사회적 관계유지인데, 친구와 어울리거나 즉각적인 연락의 편리함으로 인해 습관적으로 스마트폰을 사용하게 되고, 스마트폰에 더욱 애착을 갖게 되어 쉽게 의존현상을 낳게 된다(성윤숙, 2008).

(3) 도박중독 영향 요인

청소년의 도박중독에 영향을 미치는 요인은 개인 요인, 가족 요인, 사회환경적 요인으로 구분할 수 있다.

첫째, 개인 요인으로는 성별, 도박 시작 연령, 약물남용, 충동성, 반사회적 행동,

자기통제력 등이 있다. 남성은 여성에 비해 도박으로 인한 문제를 나타낼 가능성이 더 높고, 도박을 처음 접한 연령이 어릴수록 도박문제가 증가하는 것으로 보고되고 있다. 특히 15세 이전에 도박을 시작한 경우 더 늦게 도박을 시작한 경우에 비해 약물남용, 정신적 문제, 자살생각이 더 높은 것으로 나타났고, 약물남용과 음주는 청소년의 도박문제를 설명하는 주요 위험요인이다. 이 외에도 도박 초기의 큰 손실이나 이익, 충동성, 반사회적 행동, 자기통제력은 도박문제의 주요 위험요인이다(박현숙, 정선영, 2011; 양미진 외, 2020).

둘째, 가족 요인으로 부모가 정기적으로 도박을 한 경우에는 청소년이 도박문제를 보일 가능성이 더 높고, 부모의 지도감독과 보호가 부족한 경우 도박문제 노출 위험이 크다. 가족과의 유대가 부족하고, 가족 간의 갈등이 심하며, 가족관계 붕괴 경험도 주요 위험요인으로 보고되고 있다(박현숙, 정선영, 2011).

셋째, 사회환경적 요인으로 친구의 도박행동 경험 유무, 도박을 쉽게 접할 수 있는 환경, 도박에 대한 허용적 문화가 만연한 환경, 낮은 학업성취와 잦은 결석 등이 청소년 도박의 위험요인이다(하민정, 박소연, 2015).

3) 청소년 중독문제 개입

(1) 약물중독 개입

청소년 약물중독의 개입방안은 다음과 같다.

첫째, 인터넷에서 각종 신종담배의 거래가 증가하고 있기 때문에 청소년 유해약물의 종류와 구매형태, 광고형태에 대한 모니터링이 필요하다(김지연, 정소연, 2017). 물담배, 말아 피는 담배, 머금는 담배, 씹는 담배, 전자담배 등을 포함하여 신종 유해약물의 확산과 판매 경로가 다양화되고 있어 청소년 유해약물에 대한 모니터링과 단속의 중요성이 커지고 있다(김지연, 정소연, 2017).

둘째, 학교환경 정화구역(절대보호구역 50m 및 상대보호구역 200m 포함) 내 소매점에서 술, 담배, 전자담배 등 청소년 유해약물에 대한 광고 및 판매를 금지하는 방안을 추진할 필요가 있다. 현행 「국민건강증진법」 및 「담배사업법」에 따르면, 편의

점, 슈퍼마켓 등 소매점의 담배 광고는 밖에서 보이지 않도록 매장 내부로 한정하고 있음에도 불구하고, 한국건강증진개발원이 2016년에 현장 조사한 결과, 편의점의 95.3%, 슈퍼마켓의 63.4%가 법령을 위반하고 담배 광고가 보이도록 한 것으로 파악되었다(한국일보, 2017. 2. 3.: 여성가족부, 2016에서 재인용). 해외에서는 청소년의 흡연을 예방하기 위해 소매점의 담배 광고와 진열을 전면 금지하는 사례도 보고되고 있다. 호주와 노르웨이는 소매점 내 담배 광고와 진열을 모두 금지하고, 홍콩과 아르헨티나에서는 소매점 내 담배 광고를 금지하고 있다. 이러한 사례를 참고하여, 관련 법령을 개정하고 학교환경위생정화구역 내 소매점에서는 담배뿐만 아니라, 술, 전자담배 등 청소년에게 판매가 금지된 유해약물의 광고 및 판매를 금지하는 방안을 추진할 필요가 있다(여성가족부, 2016).

셋째, 학교 기반 흡연예방교육의 효과를 높이기 위해서는 내용적 측면을 보강하고, 모든 학생을 대상으로 하기보다는 고위험군에 대한 집중 예방교육을 실시할 필요가 있다(김지연, 정소연, 2017).

(2) 인터넷 · 스마트폰 중독 개입

① 개입방안

청소년의 인터넷 · 스마트폰 중독 개입방안은 다음과 같다.

첫째, 청소년의 인터넷 · 스마트폰 과의존 해소를 위해서는 유형별 · 연령별 · 성별 특성을 반영한 맞춤형 정책을 강화해야 한다. 과의존이 저연령화되고 있으며, 여학생의 과의존이 증가함에 따라 이들의 특성에 맞는 교육 콘텐츠를 개발하고 제공해야 한다. 과의존 저연령화에 대응하기 위해서는 어린이집과 유치원의 의무예방교육을 통해 유아기부터 예방교육이 진행되어야 한다. 성별 특성을 고려하여서는 남학생이 주로 이용하는 인터넷과 스마트폰 유형과 여학생이 주로 이용하는 유형은 무엇인지 확인한 후 이에 적합한 예방 및 교육 프로그램이 제공되어야 한다.

둘째, 전국 약 50개소의 중독관리통합지원센터에서의 아동 · 청소년 대상 교육을 더욱 확대하고, 아동 · 청소년 관련 시설 및 기관에서도 효과적인 교육이 이루어지도록 지도, 점검이 필요하다. 특히 다양한 매체를 통한 관련 교육 및 캠페인이 활성화되어야 하며, 스마트폰 중독의 위험성에 대해 더욱 경각심을 갖도록 할 필요가 있다. 이를 위해 스마트폰 중독 예방과 중독 위험성에 대한 광고 및 캠페인이 더욱 적극적으로 실시되어야 한다(김영지, 김희진, 2015).

셋째, 인터넷과 스마트폰 과의존 청소년에 대한 국가의 지원은 주로 교육 및 상담에만 초점이 맞추어져 있으나 2016년도 정부조사에 따르면(미래창조과학부, 한국정보화진흥원, 2017), 인터넷이나 스마트폰 과의존 청소년의 경우 교육이나 상담보다 가족이나 친구의 도움과 여가활동 등이 도움이 된다고 응답하였다. 따라서 다양한 측면에서의 지원이 필요하며, 교육과 상담이 여러 부처에서 제공되어 있어 부처 간의 역할조정이 필요하다(김지연, 정소연, 2017).

② 개입체계

청소년의 인터넷·스마트폰 중독 예방 및 해소와 관련된 정책과 프로그램은 여성가족부, 과학기술정보통신부, 보건복지부, 문화체육관광부 등에서 실시하고 있다.

여성가족부는 인터넷·스마트폰 이용습관 집단조사를 통해 위험군을 선별하며, 한국청소년상담복지개발원과 전국 청소년상담복지센터를 통해 진단 결과 과의존 위험군으로 나타난 청소년에게 상담, 병원치료, 기숙 치유 프로그램 등 맞춤형 서비스를 지원한다. 과학기술정보통신부는 스마트쉼센터 등 전국 광역시·도별 과의존 대응체계 구축과 운영을 통해 전문상담을 실시하고 예방교육을 지원한다. 토크콘서트 등 체험 프로그램을 실시하고, 교육부 교과연구학교인 스마트미디어 청정학교를 선정하여 지원한다. 보건복지부는 전국 50개 중독관리통합지원센터를 통해 아동·청소년 대상 중독문제를 선별하고 단기개입을 실시하며, 문화체육관광부는 게임시간선택제도를 운영하고, 건전게임문화 가족캠프 및 보드게임 페스티벌 등을 개최하여 게임 과몰입 예방 지원을 실시한다(배상률, 박남수, 백강희, 고은혜, 2017; 여성가족부, 2017).

전국 청소년상담복지센터를 중심으로 정신건강증진센터, 건강가정지원센터, 치료협력병원 연계를 통한 상담·치료 지원 및 청소년 상담전문가의 사후관리 등 종

합적인 연계서비스를 제공하는 인터넷 · 스마트폰 과의존 예방 및 해소 추진체계
는 [그림 11-1]과 같다.

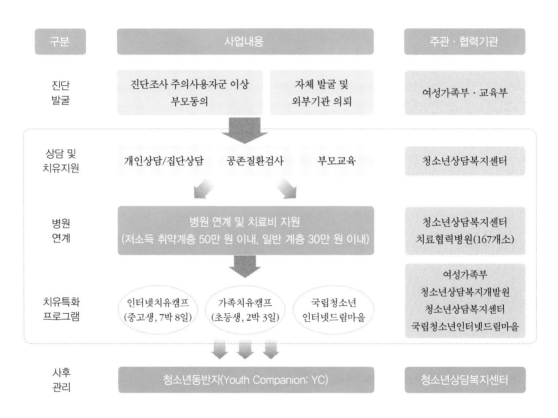

그림 11-1   인터넷 · 스마트폰 과의존 예방 및 해소 추진체계

출처: 여성가족부 보도자료(2020. 8. 25.).

(3) 도박중독 개입

① 개입방안

청소년 도박중독의 개입방안은 다음과 같다.

첫째, 도박문제 예방교육이 확대 실시되어야 한다.「사행산업통합감독위원회법」
개정을 통해 2013년 설립된 한국도박문제관리센터에서는 1366 도박중독 상담전화

를 운영하고 있으며, 전국 지역센터에서 초·중·고 및 학교 밖 청소년들을 대상으로 찾아가는 도박중독 및 예방 교육을 실시하고 있다. 그러나 의무교육이 아니기 때문에 실제로 교육을 받는 청소년의 비율은 높지 않다. 따라서 법정 의무교육을 통해 도박문제의 위험성에 대한 교육을 확대 실시할 필요가 있다. 또한 학교 밖 청소년지원센터, 청소년쉼터, 대안학교, 보호관찰소 등 학교 밖 청소년의 도박문제 예방 및 치료를 위한 상담과 교육이 실시될 필요가 있다. 특히 온라인 도박의 경우 불법인 경우가 많아 단속이 어렵기 때문에 예방교육이 매우 중요하다(김지혜, 2021).

둘째, 학교에서 정기적으로 학생들의 심리건강에 대한 조사를 실시하고 있는데, 여기에 도박문제 관련 내용을 포함하여야 하며, 위험수준과 문제수준의 도박문제를 보이고 있는 청소년들을 대상으로 우울과 자살생각 등을 포함하여 광범위한 정신건강 문제를 확인하고 개입할 필요가 있다

셋째, 불법도박 광고에 대한 규제와 불법대출에 대한 모니터링 및 규제가 필요하다. 도박문제를 갖고 있는 청소년을 표적으로 한 불법대출이 소셜 네트워크 서비스나 온라인 도박 사이트 광고를 통해 이루어지기 때문에 이에 대한 정부의 적극적인 규제와 모니터링이 필요하다.

넷째, 부모와 교사, 유관기관 실무자를 대상으로 청소년 도박의 위험성에 대한 교육이 실시될 필요가 있다. 보호체계인 부모와 교사, 청소년 유관기관 실무자들이 청소년 도박문제의 위험성에 대한 인식을 해야 적절한 예방과 개입방안을 마련할 수 있다. 따라서 이들의 도박문제 인식에 대한 실태를 조사한 후, 부모와 교사, 실무자 각각에 적합한 교육 콘텐츠를 개발하여 교육을 실시해야 한다.

② 개입 프로그램

한국도박문제관리센터에서는 청소년 도박문제에 대응하기 위하여 예방교육과 치유 프로그램을 제공하고 있다. 도박문제 고위험 청소년을 대상으로 하는 치유 프로그램은 선택의 중요성과 그에 따른 책임을 경험하는 것에 중점을 둔 프로그램이다. 청소년들은 프로그램을 통해 도박이 자신의 삶에 미치는 영향에 대해 확인하고, 도박에 대한 올바른 정보와 현실세계의 자신에 대해 돌아보는 시간을 가진다.

그리고 도박중독 단계를 살펴보고 반복되는 도박행동의 결과에 대해 인식함으로써 변화를 촉구한다(양미진 외, 2020). 한국도박문제관리센터의 치유·재활 프로그램은 〈표 11-5〉와 같다.

표 11-5 한국도박문제관리센터의 치유·재활 프로그램

단계	구분	세부내용
1단계	교육 프로그램	• 도박문제자 및 가족 대상 도박중독 개념과 문제에 대한 정보 제공 • 단도박에 대한 동기 강화
2단계	치유-심리·정서 집단상담	• 인지, 동기, 정서 집단상담-도박행동에 대한 자기조절 능력과 통제력 향상 • 중독과 자신에 대한 이해를 바탕으로 타인 이해 증진과 자기성장 • 대인관계 능력 회복과 가족에 대한 이해 증진
3단계	자조모임	• 단도박 유지를 위한 단도박 모임 지속 참여

출처: 한국도박문제관리센터 홈페이지(https://www.kcgp.or.kr).

4. 실천현장과 관련서비스

1) 정신건강복지센터

「정신건강증진 및 정신질환자 복지서비스 지원에 관한 법률」 제15조에 의해 설치된 정신건강복지센터는 2020년도 기준 광역 16개소, 기초 239개소 등 총 255개소가 운영되고 있다. 기초정신건강복지센터의 주요 사업으로는 중증정신질환 관리, 자살예방, 정신건강 증진, 아동·청소년 정신건강 증진 등이 있다. 이 중 아동·청소년 건강증진사업의 주요 내용은 [그림 11-2]와 같다(보건복지부, 2020).

(1) 사업추진체계도

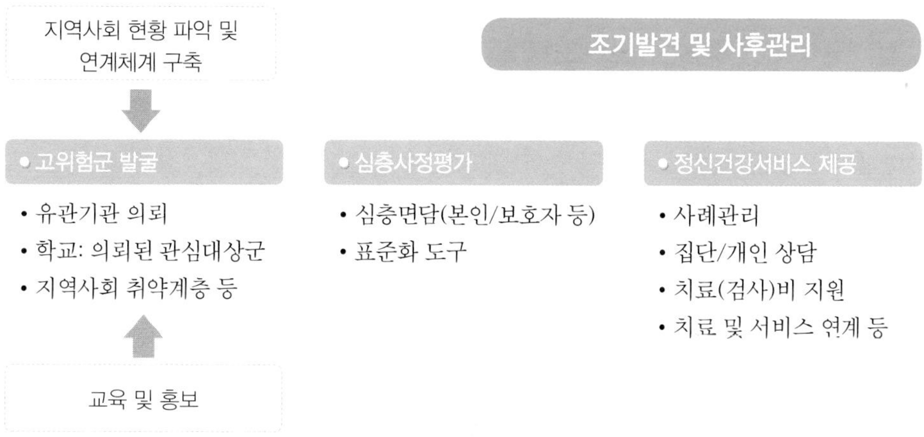

지역사회 현황 파악 및
연계체계 구축

조기발견 및 사후관리

● **고위험군 발굴**

• 유관기관 의뢰
• 학교: 의뢰된 관심대상군
• 지역사회 취약계층 등

● **심층사정평가**

• 심층면담(본인/보호자 등)
• 표준화 도구

● **정신건강서비스 제공**

• 사례관리
• 집단/개인 상담
• 치료(검사)비 지원
• 치료 및 서비스 연계 등

교육 및 홍보

그림 11-2   정신건강복지센터 사업추진체계도

출처: 보건복지부(2020).

(2) 지역사회 현황 파악 및 연계체계 구축

• 지역 내 교육 관련 부서(교육청, 학교 등) 유관기관 간 연계, 협력을 통하여 통합
적인 아동·청소년 정신건강복지서비스 제공체계 구축 추진
• 관내 및 인근 아동·청소년 정신건강 관련 자원, 각급 초·중·고등·직업·
특수학교 현황 파악
• 청소년상담센터, 청소년수련관, 아동복지시설, 특수아동을 위한 시설(쉼터, 입
소시설, 장애인시설, 의료기관 등), 사법기관(소년원 등), 직업시설, 아동·청소년
근로시설, 놀이 및 유흥시설, 기타 유해 장소 파악

(3) 교육 및 홍보

• 아동·청소년 대상 정신건강 증진 및 정신질환 예방교육 등 실시(스트레스 대
처훈련, 생명존중, 집단따돌림 예방교육 등)
• 교사 및 학부모 대상 아동·청소년 정신건강 문제의 조기발견, 예방 및 대처
방법에 대한 교육, 아동·청소년 우울 및 자살예방 교육

• 지역사회 유관기관 대상 교육 및 정보제공

(4) 정신건강문제 조기발견 및 사후관리서비스

• 학교에서 선별검사를 통해 위험군 선별
• 심층사정평가
• 사례관리(개인상담, 집단 프로그램)
• 치료연계 및 진료비 지원
• 지역사회서비스 투자사업(아동 · 청소년 심리지원서비스)과의 연계

2) 한국생명존중희망재단

국가는 국민의 소중한 생명을 보호하고 생명존중문화 조성을 위하여「자살예방
및 생명존중문화 조성을 위한 법률」을 제정하고, 중앙자살예방센터, 중앙심리부검
센터 및 지자체 자살예방센터 설치 등의 노력을 했지만 1996년 이후 OECD 평균을
상회한 자살률은 획기적으로 낮아지지 않았다. 이에 2018년 1월 '자살예방 국가행
동계획'을 발표하며 전 부처적, 범사회적 자살예방을 추진하게 된다. 이러한 정책
방향에 발맞추어 자살예방체계 구축과 운영 · 지원에 중추적 역할을 담당하고, 과
학적 근거에 기반한 정책 수립 지원 및 자살예방 교육 · 홍보, 지역사회 자살예방사
업 기획 및 평가, 자살 고위험군 관리사업 등의 업무를 수행할 수 있는 '한국생명존
중희망재단'이「민법」제32조 및「보건복지부 및 질병관리청 소관 비영리법인의 설
립 및 감독에 관한 규칙」제4조 제2항에 근거하여 2021년 4월 설립되었다. 중앙자
살예방센터와 중앙심리부검센터는 한국생명존중희망재단 내에 통합되었다. 자살
예방사업의 협력체계 및 한국생명존중희망재단의 주요 사업내용은 [그림 11-3]과
같다.

(1) 자살예방사업 협력체계

그림 11-3   자살예방사업 협력체계

출처: 한국생명존중희망재단 홈페이지(http://kfsp.org).

(2) 자살예방 기본계획

- 범사회적 자살예방 환경 조성
- 맞춤형 자살예방 서비스 제공
- 자살예방정책 추진기반 강화

(3) 자살예방 국가행동계획

- [자살 원인] 과학적 근거에 기반한 전략적 접근
- [자살 고위험군 발굴] 자살 고위험군 발굴을 위한 전사회적 네트워크 구축
- [적극적 개입·관리] 적극적 개입·관리를 통한 자살위험 제거
- [사후관리·지원] 사후관리 강화를 통한 자살확산 예방
- [대상별 예방정책] 대상별 자살예방 추진
- 추진기반 마련

(4) 국민건강증진 종합계획

- 자살예방서비스 체계 개편을 통한 고위험군 발굴 및 관리 강화
- 자살 고위험군 대상 지원 확대
- 자살에 대한 인식 개선을 통한 생명존중 문화 조성
- 지역정신보건센터 사례관리 강화

(5) 정신건강 종합대책

- 사회 내 자살위험요인 지속 관리
- 고위험군 선제적 발굴 및 연계 활성화
- 고위험군 지원 및 사후관리
- 서비스 지원체계 개선

3) 국립청소년인터넷드림마을

「청소년 기본법」 제8조(국가 및 지방자치단체의 책임), 제51조(청소년 유익 환경의 조성), 제52조(청소년유해환경의 규제)와 「청소년 보호법」 제4조(사회의 책임), 제5조(국가와 지방자치단체의 책무), 제27조(인터넷게임 중독 등의 피해청소년 지원), 제35조(청소년보호 치료재활센터의 설치 운영)에 근거하여 2014년도에 상설 인터넷 치유기관인 국립청소년인터넷드림마을이 설립되었다. 인터넷·스마트폰 과의존 청소년을

대상으로 심리 · 정서 상담, 대안활동 등 종합적 · 전문적 서비스 제공을 통해 치유 및 건강한 성장을 지원하고자 다음과 같은 사업을 실시하고 있다.

프로그램은 인터넷 과의존 정도에 따라 1주(7박 8일), 2주(11박 12일), 3주(18박 19일), 4주(25박 26일)로 구분하여 진행된다.

(1) 개인상담

- 인터넷 과의존 행동에 대한 인식 및 변화 동기 증진
- 인터넷 과의존에 대한 내담자의 인식수준에 맞는 보호요인을 확인하여 캠프 기간 동안 행동적인 목표 설정 및 성취
- 가족갈등 및 부모−자녀 간 갈등 해소와 추후 가정 내에서의 실행 목표 작성과 재발 방지
- 자신에 대한 긍정적 경험 및 자기 통제감 경험

(2) 가족상담

- 인터넷 사용과 관련된 자녀와의 갈등문제 파악 및 요인 분석
- 인터넷 사용과 관련한 부모−자녀 간 갈등 확인 및 그간의 해소 노력 탐색
- 자녀와의 갈등 해소를 위한 구체적 방안 탐색 및 관계 증진을 위한 대화 기법 익히기
- 부모의 역할과 양육태도 교육을 통한 가정 내 지지적 환경 조성

(3) 집단상담

- 인터넷 과의존 사용 패턴 자각
- 인터넷 과의존으로 인한 신체적 · 사회적 · 학업적 측면의 부정적 영향 인지 및 문제해결방법 탐색
- 스트레스 평가를 통한 스트레스 인식과 대처방안 학습
- 꿈 찾기, 꿈 실현에 대한 동기유발 및 자신이 원하는 모습을 구체화하고 변화 하려는 동기 촉진

(4) 부모교육

- 청소년의 인터넷 과의존에 대한 명확한 이해 도모
- 자녀의 인터넷 과의존 해소를 위한 대안활동 숙지 및 지도방안 탐색
- 자녀와의 갈등 해소 및 대화기법 익히기
- 캠프 이후 가정 내의 건강한 인터넷 환경 조성 및 유지 방안 탐색

(5) 체험활동

- 다양한 체험의 기회를 통해 스트레스 해소와 흥미 유발
- 청소년의 성장이나 발달에 중요한 사회화 과정을 제공하여 자아정체성 확보에 기여
- 신체단련, 자연체험, 안전체험, 문화체험 등

(6) 대안활동

- 팀워크 활동, 만들기 활동, 전통놀이 활동 등 다양한 주제로 프로그램 구성
- 다양한 활동 체험을 통하여 개인의 특성, 흥미, 취미, 적성 발견
- 다양한 정서 체험을 통하여 세상을 향한 넓은 안목과 시각 함양

생각해 볼 문제

1. 자살과 함께 최근 주목해야 하는 것이 청소년 자해 문제이다. 최근 청소년 사이에서 자해 인
증샷을 SNS에 올리는 '자해놀이' 현상이 증가하고 있다. 청소년들은 불안, 우울, 실패감, 스트
레스 등의 감정들을 한시적으로 해소시키기 위해 자해라는 방법을 사용한다. 청소년 자해문
제의 보호요인과 위험요인에 대해 생각해 보고, 이 문제해결을 위해 어떠한 개입이 필요한지
에 대해 논의해 보자.

2. 청소년의 도박문제가 점점 증가하고 있으며, 온라인 도박의 경우 불법인 경우가 많아 단속이
쉽지 않다. 또한 청소년 도박문제는 비행이나 범죄, 경제적 문제의 원인이 되기도 한다. 특히
학교 청소년에 비해 학교 밖 청소년의 도박문제는 매우 심각한 상황이다. 학교 밖 청소년의
도박문제 예방과 개입을 위한 방안에 대해 생각해 보자.

참고문헌

고충숙(2012). 청소년의 휴대폰 중독적 사용이 정신건강에 미치는 영향. 청소년문화포럼, 30,
8-36.

교육부, 보건복지부, 질병관리본부(2019). 제15차(2019년) 청소년건강행태조사 통계.

구본용, 백승아(2019). 청소년의 비합리적 신념과 자살사고의 관계에서 분노표현방식과 인지
적 정서조절의 매개된 조절효과. 상담학연구, 20(2), 281-301.

김기헌, 오병돈, 이경숙(2013). 청소년 자살예방 정책 연구. 한국청소년정책연구원 연구보고서.

김동영, 박기정, 김효원(2015). 한국 청소년의 우울증상과 부모자녀관계. 소아청소년정신의학,
26(2), 120-128.

김미선, 정현희(2017). 초기 청소년이 지각한 부모의 부부갈등과 우울의 관계에서 교사애착
과 또래애착의 매개효과. 청소년학연구, 24(1), 167-194.

김영지, 김희진(2015). 유엔아동권리협약 이행방안연구-유엔아동권리위원회 권고사항 이행
과제 개발 기초연구. 한국청소년정책연구원 연구보고서.

김지연, 정소연(2017). 청소년보호정책 현황분석 및 개선방안 연구. 한국청소년정책연구원

연구보고서.

김지은, 김선정(2020). 우리나라 청소년의 학업성적과 우울감, 자살행동과의 연관성. 보건교
　육건강증진학회지, 37(3), 57-69.

김지혜(2012). 부모 요인, 친구 요인, 개인 요인이 청소년의 휴대전화 사용용도를 매개로 휴
　대전화 의존에 미치는 영향. 청소년복지연구, 14(3), 97-120.

김지혜(2021). 청소년의 도박문제가 자살생각과 자살시도에 미치는 영향-학교 청소년과 학
　교 밖 청소년의 비교를 중심으로-. 디지털융복합연구, 19(1), 465-474.

김진주, 조규판(2012). 청소년의 스트레스, 부모-자녀 의사소통, 우울 및 자살 행동 간의 구
　조적 관계 분석. 청소년상담연구, 20(2), 251-270.

김혜원, 조혜영(2021). 부모의 학대와 방임이 청소년의 차별가해경험에 미치는 영향: 스트레
　스, 우울, 차별피해경험의 매개효과. 청소년문화포럼, 65, 37-67.

노충래, 김설희(2012). 중학생의 학업스트레스와 학업성적이 심리적 안녕감에 미치는 영향-
　자아존중감 및 우울불안에 대한 개인 요인 및 사회적지지에 대한 매개효과를 중심으로.
　한국아동복지학, 39, 39-68.

류미숙, 권미경(2011). 휴대폰 중독군과 비중독군의 어머니의 양육태도와 의사소통 차이비
　교: 중학생을 대상으로. 부모자녀건강학회지, 14(2), 76-83.

미래창조과학부, 한국정보화진흥원(2017). 2017년 스마트폰 과의존 실태조사.

박성수(2017). 청소년의 물질중독 예방전략-마약류 등 유해약물을 중심으로. 한국중독범죄학
　회보, 7(4), 43-62.

박소연, 양소남, 박소영, 김재인(2019). 청소년의 음주 영향 요인에 관한 다층모형분석. 정신
　건강과 사회복지, 47(1), 204-230.

박아영, 김철웅(2018). 청소년 남학생 흡연의 관련 요인: 가족구성원 흡연과의 관련성을 중심
　으로. 한국산학기술학회논문지, 20(11), 446-457.

박재연(2010). 학교폭력이 청소년 우울 및 자살에 미치는 영향에서 탄력성의 매개효과: 성별
　차이를 중심으로. 사회복지연구, 41(1), 345-375.

박현숙, 정선영(2011). 고등학생 도박행동 관련 요인. 정신간호학회지, 20(3), 219-232.

배상률, 박남수, 백강희, 고은혜(2017). 청소년 사이버 일탈 유형별 대책 연구. 한국청소년정
　책연구원 연구보고서.

배주미, 양윤란, 김은영(2009). 자살위기청소년 상담개입프로그램 개발. 서울: 한국청소년상담원.

보건복지부(2020). 2020년 정신건강사업안내.

서미, 김은하, 이태영, 김지혜(2018). 고위기 청소년 정신건강 상담개입 매뉴얼: 자살·자해 편. 2018 청소년상담연구 207. 서울: 한국청소년상담복지개발원.

성윤숙(2008). 청소년의 휴대전화 의존, 이용동기 및 결과에 관한 연구. 아동학회지, 29(4), 181-197.

소수연, 주지선, 조은희, 손영민, 백정원(2020). 고위기 청소년 정신건강 상담개입 매뉴얼 개발: 불안·우울. 2020 청소년 상담연구 216. 서울: 한국청소년상담복지개발원

손선옥, 전진아, 박현용(2018). 남자 청소년 흡연행동의 종단적 변화유형과 부모 양육행동의 변화. 청소년학연구, 25(12), 109-133.

송지원, 조한익(2018). 청소년의 일상적 스트레스가 심리적 안녕감에 미치는 영향: 인지적 정서조절전략의 매개효과. 청소년학연구, 25(8), 103-129.

신민섭, 이미소, 도례미, 이정은, 조민지, 옥정, 유희정, 김재원, 김붕년(2018). 컴퓨터 3D게임 기반 청소년 우울증 인지행동치료 프로그램의 개발 및 효과성 검증. 인지행동치료, 18(4), 355-375.

심미영, 김교헌(2013). 한국 청소년의 자살생각에 대한 위험요인과 보호요인. 한국심리학회지: 건강, 10(3), 313-325.

양미진, 김래선, 이형초, 김신아, 김진수, 이승근, 홍예진(2019). 저연령 인터넷·스마트폰 과의존 청소년 상담프로그램 개발. 2019 청소년상담연구 2013. 서울: 한국청소년상담복지개발원.

양미진, 김래선, 최이순, 김지은, 김유진, 홍예진(2020). 청소년 온라인 도박문제 개입을 위한 매뉴얼 개발. 2020 청소년상담연구 218. 서울: 한국청소년상담복지개발원.

여성가족부(2016). 2016년 청소년 매체이용 및 유해환경 실태조사 보고서.

여성가족부(2017). 제5차 청소년정책기본계획 2017년도 시행계획.

여성가족부(2018). 2018년 청소년 매체이용 및 유해환경 실태조사 보고서.

여성가족부 보도자료(2020. 8. 25.). 인터넷·스마트폰 과의존 청소년 초등4학년 가장 크게 증가−2020년 청소년 인터넷·스마트폰 이용습관 진단조사 결과 발표.

연합뉴스(2020. 8. 2.). 청소년 도박의 뒤끝. ① 1주일에 60% 초고금리 '작업대출'의 세계.

오승근(2006). 청소년의 자살태도, 자살위험성 및 생명존중교육 참여 요구와의 관계. 고려대학교 대학원 박사학위논문.

오승환, 이창환(2010). 청소년의 자살충동 결정 요인 분석. 한국범죄심리연구, 6(2), 147-170.

우채영, 박아청, 정현희(2010). 성별 및 학교급별에 따른 청소년의 인간관계, 스트레스, 우울

과 자살생각 간의 구조적 관계. 교육심리연구, 24(1), 19-38.

원경림, 이희종(2019). 청소년기 학업스트레스가 자살생각에 끼치는 영향에서 학교유대감, 우울 및 불안의 매개효과: 교사유대감을 중심으로. 청소년학연구, 26(9), 79-104.

유평수(2010). 중학생의 학교성적 및 부모-자녀간 의사소통 양식과 휴대폰 중독과의 관계 연구. 청소년학연구, 17(1), 33-51.

이어리, 이강이(2012). 부모 요인, 친구 요인, 심리적 요인이 초등학생의 중독적인 휴대전화 사용에 미치는 영향. 아동교육, 21(2), 27-39.

이혜경(2020). 약물경험 청소년의 자살위험 예측 요인: 흡연, 음주행위와 정신건강 특성을 중심으로. 사회과학연구, 59(1), 291-327.

이혜진(2017). 청소년의 스트레스와 인터넷 스마트폰 중독의 관계에서 다차원적 경험회피의 매개효과. 스트레스, 25(4), 279-285.

장석진, 송소원, 조민아(2012). 긍정적 부모양육태도가 중학생의 휴대전화 의존에 미치는 영향: 자존감과 또래애착의 매개효과 검증. 청소년학연구, 19(5), 161-187.

장성화(2011). 개인, 가족, 학교변인이 초등학생의 휴대전화 중독에 미치는 설명력. 학습자중심교과교육연구, 11(1), 291-310.

장영애, 이영자(2014). 청소년의 우울 및 자살충동에 대한 관련변인의 영향. 청소년시설환경, 12(4), 133-144.

정규석, 김영미, 김지연(2017). 청소년복지의 이해(2판). 서울: 학지사.

정문경(2020). 부모의 과잉기대와 과잉간섭이 청소년의 우울과 삶의 만족도에 미치는 영향에 관한 종단연구: 잠재성장모형의 적용. 학교사회복지, 49, 201-227.

조아미(2011). 비행친구와 청소년 가출의 관계에서 약물사용의 매개효과. 청소년복지연구, 13(2), 79-95.

조성연(2019). 반추의 하위유형인 자책 및 숙고와 우울 및 불안의 관계: 긍정·부정 과거지향 사고를 중심으로. 한양대학교 대학원 박사학위논문.

조윤숙, 이경님(2010). 청소년의 소외감, 우울과 가족환경 및 학교생활 부적응이 자살생각에 미치는 영향. Family and Environment Research, 48(8), 27-37.

최영신(2003). 청소년 약물남용의 행태변화 연구. 서울: 한국형사법무정책연구원.

최원석, 강순화, 백승아(2020). 중학생의 우울과 불안이 자살사고에 미치는 영향: 위축과 자아존중감의 매개된 조절효과. 청소년문화포럼, 63, 85-108.

추보경, 박중규(2020). 고등학생의 자살사고와 우울, 일상적 스트레스, 신경증 성향 간의 관게. 한국심리학회지: 임상심리 연구와 실제, 6(2), 139-152.

통계청(2020). 2019년 사망원인통계.

표은영, 안지연, 정진옥, 이윤정(2016). 청소년의 음주, 흡연, 약물사용 경험이 성경험에 미치는 영향: 2010~2014년 청소년건강행태온라인조사를 활용하여. 한국학교보건학회지, 29(3), 299-309.

하민정, 박소연(2015). 청소년 도박중독 과정에 대한 연구: 청소년기에 도박중독을 경험한 성인들의 구술을 바탕으로. 정신건강과 사회복지, 43(3), 220-249.

하진의(2014). 학교폭력 피해경험이 청소년의 자살생각에 미치는 영향: 우울과 부모애착의 매개효과. 청소년복지연구, 16(3), 55-75.

한국도박문제관리센터(2015). 2015년 청소년 도박문제 실태조사 연구보고서.

한국도박문제관리센터(2018). 2018년 청소년 도박문제 실태조사 연구보고서.

한국마약퇴치운동본부(2019). 2019년도 마약류 심각성에 관한 국민인식도 조사보고서.

한상영(2012). 청소년의 스트레스 요인에 따른 신체증상, 정신건강 비교분석: 중학생을 중심으로. 한국 산학기술학회 논문지, 13(12), 5800-5807.

한희진, 윤미선(2010). 학교급과 성별에 따른 청소년의 스트레스가 휴대폰 과다사용에 미치는 영향. 청소년학연구, 17(6), 21-46.

황순길, 박재연, 이혜정(2016). 청소년 자살예방교육 모형 개발—초·중·고 학교급별 중심—. 2016 청소년상담연구 191. 서울: 한국청소년상담복지개발원.

황순길, 이윤주, 이혜정(2017). 자존감 향상을 통한 청소년 스트레스 관리 프로그램 개발. 2017 청소년상담연구 203. 서울: 한국청소년상담복지개발원.

Cantwell, D. P., & Baker, L. (1991). Manifestations of depressive affect in adolescence. *Journal of Youth and Adolescence, 20*(2), 121-133.

Cox, T. (1991). Organizational culture, stress, and stress management. *Journal of Work, Health & Organisations, 5*(1), 1-4.

Fortune, E. E., MacKillop, J., Miller, J. D., Capbell, W. K., Clifton, A. D., & Goodie, A. S. (2013). Social density of gambling and its association with gambling problems: An initial investigation. *Journal of Gambling Studies, 29*, 329-342.

Gupta, R., & Derevensky, J. (2000). Adolescents with gambling problems: From research to treatment. *Journal of Gambling Studies, 16*, 315-342.

Harwood, D., Jacoby, R., Hawton, K., & Heeringen, K. V. (2000). Suicidal behavior among the elderly. In K. Hawton (Ed.), *The international handbook of suicide and attempted suicide*. NY: John Wiley & Sons, Ltd.

Nock, M. K., Borges, G., Bromet, E., Alonso, J., Angermeyer, M., & Beautrais, A. (2008). Cross-national prevalence and risk factors for suicidal ideation, plans, and attempts in the WHO World Mental Surveys. *The British Journal of Psychiatry, 192*, 98-125.

Patricia, A. H. (2003). Evidenced-based protocol: Elderly suicide secondary prevention. *Journal of Gerontological Nursing, 29*(6), 6-17.

Rossen, F. V., Clark, T., Denny, S. J., Fleming, T. M., John, R. P., Robinson, E., & Lucassen, M. F. G. (2016). Unhealthy gambling amongst New Zealand secondary school students: An exploration of risk and protective factors. *International Journal of Mental Health and Addiction, 14*, 95-110.

[법령 참고자료]

「자살예방 및 생명존중문화 조성을 위한 법률」 https://www.law.go.kr/LSW/lsInfoP.do?efYd=20201008&lsiSeq=217293#0000, 2021년 2월 9일 인출

「정신건강증진 및 정신질환자 복지서비스 지원에 관한 법률」 https://www.law.go.kr/LSW/lsInfoP.do?efYd=20201229&lsiSeq=224959#0000, 2021년 2월 9일 인출

「청소년 기본법」 https://www.law.go.kr/LSW/lsInfoP.do?efYd=20201120&lsiSeq=218027#0000, 2021년 2월 10일 인출

「청소년 보호법」 https://www.law.go.kr/LSW/lsInfoP.do?efYd=20210101&lsiSeq=224877#0000, 2021년 2월 10일 인출

[홈페이지 참고자료]

국립청소년인터넷드림마을 홈페이지 http://nyit.or.kr

한국도박문제관리센터 홈페이지 https://www.kcgp.or.kr

한국생명존중희망재단 홈페이지 http://kfsp.org

제12장
청소년과 학교적응

진정한 우정은 앞과 뒤, 어느 쪽에서 보아도 동일하다.
앞에서 보면 장미, 뒤에서 보면 가시일 수는 없다.

−리케르트−

청소년의 학교적응과 관련된 청소년복지 주제로는 학교중단과 학교폭력이 있다. 학교중단이란 다양한 이유로 정규학교의 교육과정을 마치지 못하고 중도에 학교를 그만두는 행위이며 이러한 청소년을 명명하는 용어로 학교 밖 청소년이 있다. 학교 밖 청소년은 제도적 장벽에 부딪히며 부당한 차별과 불이익을 당하고 자발적으로 학교를 그만둔 것이더라도 학생이 아닌 청소년이라는 이유로 주위에서 따가운 시선을 받으며 사회적 편견과 낙인을 경험한다. 한편, 학교폭력은 학교 내외에서 학생을 대상으로 발생하는 신체·정신·재산상의 피해를 수반하는 모든 행위이다. 장기간 지속적인 범국가적 차원의 예방 및 대책으로 학교폭력 경험률은 감소 추세이나 새로운 학교폭력 유형 등장, 저연령화, 심각화 등의 어려움에 봉착해 있다. 이 장에서는 학교중단과 학교폭력의 개념, 특징, 현황에 대한 내용과 현장에서 제공하고 있는 지원서비스에 대해 설명한다.

1. 학교중단

1) 학교중단의 정의

학교중단이란 다양한 이유로 정규학교의 교육과정을 마치지 못하고 중도에 학교를 그만두는 행위이다. 그리고 학교중단으로 인해 학교 울타리 밖에 있는 청소년을 학교 밖 청소년이라 한다.

「학교 밖 청소년 지원에 관한 법률」(제2조)에 명시된 정의에 따르면, 학교 밖 청소년은 의무교육 과정인 초등학교·중학교 입학한 후 3개월 이상 결석하거나 취학의무를 유예한 청소년을 가리킨다. 또한 고등학교에 진학을 하지 않거나, 고등학교 진학 후 제적·퇴학처분을 받거나 자퇴한 청소년도 학교 밖 청소년의 법적 정의에 포함한다. 「학교 밖 청소년 지원에 관한 법률」에서 지칭하는 청소년이란 「청소년기본법」에서 정의하는 만 9세 이상 24세 이하인 사람이다. 한편, 「초·중등교육법」에서 명시하는 초등학교·중학교·고등학교 과정이 아니더라도 이와 동일한 과정을 교육하는 특수학교(신체적·정신적·지적 장애 등으로 인해 특수 교육을 제공하는 기관)나 각종학교(외국인학교, 대안학교)에 대해서도 앞의 내용이 적용된다.

「학교 밖 청소년 지원에 관한 법률」이 2014년에 제정되면서 학교 밖 청소년이라는 용어가 보편적으로 사용되고 있지만, 이전에는 학교중단자, 학업중퇴지, 학업포기 청소년, 중도탈락자, 중퇴생, 학교중도탈락 청소년, 학교를 떠난 아이들, 비(非)학생 청소년, 부등교 청소년, 등교 거부자, 탈학교 청소년 등 다양한 표현이 혼재되어 사용되어 왔다(금명자, 2008; 서정아, 권해수, 정찬석, 2007; 조성연, 이미리, 박은미, 2009).

그동안 정부에서 발표한 정책 내용을 살펴보면, 중도탈락자·중퇴생, 학업중단 청소년, 학교 밖 청소년이라는 표현을 사용해 왔음을 알 수 있다. 1996년 교육부가 발표한 '학교중도탈락자 예방 종합대책'에서는 학교중도탈락을 가족기능의 약화, 입시 위주의 학교교육, 사회유해환경 등의 다변적인 요인들이 복합적으로 작용하는 사회문제이자 중요한 청소년문제로 보고 있다. 중도탈락은 dropout이라는 영어 단어를 번역한 것으로서 해당 학생들의 패배·이탈을 가리키며, 탈락의 귀책사유가 학생 개인에게 있음을 의미한다(이병환, 2002). 그리고 이러한 부정적인 의미가 내포되어 있는 용어의 사용은 청소년들에 대한 낙인의 우려가 있다(조성연, 이미리, 박은미, 2009). 중퇴생 또한 학교라는 '정상적'인 제도적 범주 밖으로 나갔다는 의미를 함축하고 있다.

2002년 '학업중단청소년 예방 및 사회적응을 위한 종합대책안' 이후 학업중단 청소년이라는 용어가 사용되었다. 학업중단은 청소년 자신이 아닌 사회 시스템에 학교를 그만두게 되는 원인과 책임이 있다고 보는 명칭이기 때문에 가치중립적이며 학생의 자발적 의지로 학교 시스템이 아닌 다른 곳에서 교육 프로그램을 선택할 권리를 보장한다는 적극적인 의미를 내포하고 있다(이병환, 2002). 하지만 이들 청소년의 경우 학교라는 정규학교의 교육제도 밖에 있을 뿐 학업 자체를 중단한 것은 아니므로 학업중단이라는 표현은 부적절하다(꿈드림센터 홈페이지 https://www.kdream.or.kr)는 의견과 함께, 학교중단 청소년이라는 표현이 적절하다는 주장도 있다(서정아, 권해수, 정찬석, 2007). 실제로 많은 청소년이 학교 시스템 밖에서도 검정고시와 대학입시를 준비하는 등 학업을 지속하고자 하는 욕구를 강하게 보이고 있어 학업중단 상태라 하기 어렵다(윤철경, 서정아, 유성렬, 조아미, 2014).

2014년 「학교 밖 청소년 지원에 관한 법률」 제정 이후 사용되어 온 학교 밖 청소년이라는 용어는 더욱 포괄적인 개념으로서 학업중단 청소년뿐 아니라, 근로청소년, 무직청소년, 비진학청소년 등 학교라는 울타리 밖의 모든 청소년을 포괄하고 학교 울타리 밖에 있는 모든 청소년에게 사회적 지원이 필요함을 강조한다(금명자 외, 2004). 즉, 학교 밖 청소년이라는 호칭은 학교라는 제도의 경계를 유연하게 드나들 수 있음을 의미한다(주수산나, 김종우, 2017).

2) 학교중단 유형

학교 밖 청소년들은 다양한 경험을 하며 학교중단 이후의 경험에 따라 학업형, 직업형, 무업형, 비행형으로 분류할 수 있다(윤철경 외, 2014). ① 학업형은 학교체제로 복귀를 하거나 대안학교에 입학, 검정고시 준비를 하는 경우이다. ② 직업형은 취업이나 창업, 다양한 직업기술 교육과정에 참여하고 아르바이트를 하는 경우를 가리킨다. ③ 무업형은 학업중단 연구에서 상대적으로 새롭게 다뤄지는 유형으로서 학습이나 취업 준비를 하지 않고 시간을 보내며 은둔생활을 하거나, 배회하거나, 소일거리를 하는 경우이다. 특히 은둔형의 경우 지속적인 관심과 사회복지서비스를 필요로 하는 유형이지만, 사회적 관계를 맺지 않고 집에서만 칩거하고 있기 때문에 여러 연구에서 미조사되어 정확한 집계가 어려운 상황이다. ④ 비행형은 학업중단 이후 가출 등으로 자립생활관, 청소년쉼터 등 보호시설에서 생활하거나, 비행경험으로 인해 보호관찰 대상자가 되거나 소년분류심사원 생활을 하게 되는 경우를 가리킨다.

학업형과 직업형은 사회적응형 또는 정착형으로 구분될 수 있으며, 보호관리체계에 소속된 청소년과 보호관리체계에 속하지 않지만 다양한 위험환경에 노출되거나 위험행동을 하는 위기청소년을 부적응형, 시설에 수용되거나 방치되어 있는 경우 비정착형으로 명명할 수 있다(박창남, 임성택, 전경숙, 김성식, 2001; 이숙영, 남상인, 이재규, 1997). 이 외에도 자발성 여부에 따른 유형(김혜영, 2002)과 적극형, 소극형, 강제형, 가출동반형, 수월추구형 등 학교중단에 이르게 되는 학교부적응 형태에 따른 분류 유형도 있다(박창남 외, 2001).

2013년 학업중단 청소년패널 1차년도 자료를 조사한 한국청소년정책연구원 연구보고서(윤철경 외, 2014)에 따르면, 학업중단 이후 경로에 따른 유형별 분류에서 학업형, 직업형, 무업형, 비행형의 비율이 각각 47.6%, 17.9%, 21.6%, 11.9%로 약 70%의 학업중단 청소년들이 사회적응형 유형으로 분류되었다. 이들은 또래관계 문제, 가정 경제상황 문제 등 여러 원인으로 정규교육과정에서 벗어났지만, 다양한 방법으로 각자 진로나 장래를 위한 준비를 하고 있음을 알 수 있다(〈표 12-1〉 참조).

이러한 유형들은 상호독립적이지 않고 중복 경험이 가능하다. 즉, 검정고시를 준비하면서 아르바이트 병행이 가능하며, 직업훈련 프로그램에 참여하면서 교육일정이 없는 날에는 친구들과 어울려 다닐 수 있다. 실제로 학업, 직업, 무업, 비행 관련 내용을 한 번이라도 경험했다고 보고한 청소년은 각각 71.5%, 52.1%, 59.8%,

표 12-1 학교 밖 청소년 유형별 분류

구분	내용	비율	경험률
학업형	복교, 검정고시 공부 등	47.6%	71.5%
직업형	직업학교 및 직업훈련프로그램에 참여, 아르바이트나 취업 활동에 하루 8시간 이상 참여	17.9%	52.1%
무업형	아무 일을 하지 않으며 혼자 지내거나 친구들과 어울림	21.6%	59.8%
비행형	가출, 사법기관 보호관찰, 보호시설(자립생활관, 청소년쉼터) 및 소년분류심사원 생활	11.9%	20.5%

출처: 윤철경 외(2014), pp. 111-113의 내용 재구성.

20.5%로서 학업중단 청소년 중 절반 이상이 비행경험을 제외하고는 학업활동, 직업활동, 무활동에 고루 경험이 있는 것으로 보고되었다.

학교중단 이후의 경험은 청소년의 연령이나 학교중단 경과기간에 따라서도 다른 양상을 띤다. 중학생은 학교중단 경과 기간이 길수록, 고등학생은 경과 기간이 짧을수록 검정고시 준비나 응시를 한다고 응답하였다(김영희, 최보영, 이인회, 2013). 또한 중ㆍ고등학교를 중단한 후 6개월까지 청소년들의 비행, 가출, 보호관찰, 소년원 입소 경험률이 제일 높았고 경과 기간이 지날수록 경험이 줄어드는 것으로 나타났다(김영희, 최보영, 이인회, 2013). 학교를 갓 나온 청소년들은 방황, 목표상실, 가족 갈등을 경험하지만, 이후 안정기에 들어서면 장래에 대한 목표를 설정하여 진로를 위한 준비를 하게 된다(서정아, 권해수, 정찬석, 2007).

3) 학교중단 원인

학교를 그만두게 되는 이유는 다양하다. 구본용, 신현숙과 유제민(2002)은 160여 개의 변인을 활용하여 학업중단을 예측하였다. 이 중 학교중단의 직접적인 원인도 있지만, 학교중단의 위험을 높이는 환경을 제시하기도 한다. 학교중단의 원인을 파악하는 것은 학교중단 후 청소년들이 다양한 경로의 유형과도 직결되며, 다양한 개입 요소를 제안하기 때문에 중요하다. 김영희, 최보영과 이인회(2013)는 학교와 관련된 요인에 기인하여 학교를 그만두게 되는 경우 적응적 유형을 보이는 반면, 개인 요인이나 또래 요인으로 인해 학교를 중단하는 경우에는 부적응 유형을 보였다고 보고하였다.

학교 밖 청소년들은 학교, 가정, 사회에서 관심을 가져야 할 대상으로 학교중단의 원인이 다양한 만큼 학교 밖 청소년들의 문제는 학교에 국한되어서는 안 된다(이병환, 2002). 청소년의 학업중단 요인에 있어서 개인 요인이라는 하나의 영역보다 환경적 요인을 포괄적으로 고려하는 것이 중요하다(김영희, 최보영, 이인회, 2013). 학업중단의 원인은 크게 개인 요인, 가정 요인, 또래 요인, 학교 요인, 지역사회 요인으로 설명할 수 있다.

(1) 개인 요인

개인 요인으로 자기통제력 능력 부족(민수홍, 이유미, 2015), 우울, 무력감, 불안(구본용, 신현숙, 유제민, 2002; 김영희, 최보영, 이인회, 2013; 이자영 외, 2010), 심리적 위축, 낮은 자존감, 공격성 및 적개심(이은자, 송정아, 2017) 등의 심리정서적 요인이 있다. 그뿐만 아니라 가출경험(전경숙, 2006), 무단결석과 잦은 지각, 부적절한 성행동(금명자, 2008) 및 임신 등의 문제행동 요인도 학교중단과 관련이 있다. 이와 더불어 학업성적 저하, 학업에 대한 흥미와 필요성 상실(금명자, 2008; 김영희, 최보영, 이인회, 2013), 학업 및 학교에 대한 거부감(이자영 외, 2010), 성적 위주의 학교생활에 부적응(이은자, 송정아, 2017) 등이 학교중단 요인으로 보고된다. 놀고 싶은 욕구 또한 학교중단의 중요한 요인으로 꼽힌다(김영희, 최보영, 이인회, 2013).

(2) 가정 요인

가정 요인의 경우, 부모의 외도, 이혼, 별거, 사망, 재혼 등 구조적인 요인뿐 아니라(김영희, 최보영, 이인회, 2013; 이은자, 송정아, 2017)), 부모 불화(김영희, 최보영, 이인회, 2013), 부모로부터 낮은 정서적 지지, 부모의 학대, 가정 내 갈등(이자영 외, 2010) 등 역기능적 요인과 빈곤 및 생활고를 비롯한 경제적 어려움(김영희, 최보영, 이인회, 2013) 또한 학교중단 원인으로 보고된다.

(3) 또래 요인

청소년기에는 아동기 때보다 또래의 영향력이 크다는 특징이 있다. 따라서 학교중단 경험에 대해서도 또래가 큰 영향력을 미친다. 친한 또래가 없거나(구자경, 2003) 지속적인 학교폭력 피해 경험(김영희, 최보영, 이인회, 2013; 임인아, 2020)이 있어서 이로 인한 또래와의 갈등이 학교중단 원인으로 작용하며, 비행 성향이 높은 또래와의 접촉이 잦고, 학업중단 친구가 많고(구자경, 2003), 이들과 어울리고 싶고(김영희, 최보영, 이인회, 2013) 동조가 있을 때(배영태, 2003) 학교중단 위험이 증가한다.

(4) 학교 요인

학교 요인의 경우, 학교규칙에 대한 부적응(금명자, 2008), 엄격한 교칙(김영희, 최보영, 이인회, 2013), 규율에 대한 갈등(이자영 외, 2010) 등의 교칙 관련 영역과 교사의 차별대우나 태도(김영희, 최보영, 이인회, 2013), 교사와의 갈등(금명자, 2008), 교사에 대한 부정적 태도(배영태, 2003), 교사가 공정하지 못하다는 인지(구자경, 2003), 교사에 대한 갈등(이자영 외, 2010) 등 교사 관련 영역으로 구분할 수 있다.

(5) 지역사회 요인

학교중단에 대한 지역사회 요인으로 주로 청소년이 거주하는 지역의 물리적·관계적 요인인 유해환경, 사회적 지지, 지역사회 유대관계 등이 논의되고 있다. 유해환경에의 노출은 유흥·향락문화를 통해 청소년들에게 즐거움을 제공하고, 향락산업을 통해 청소년에게 일자리를 제공함으로써 청소년들로 하여금 학교 밖의 삶을 지향할 수 있게 하며 비행집단에 쉽게 노출시킨다(성윤숙, 2005). 통제이론적 관점(Hirschi, 2002)에서 지역사회 성인과 맺는 유대관계는 학교중단을 결정하는 데 있어 보호요인으로 작용할 수 있다.

이처럼 학교중단의 원인은 다양하나 시대에 따라 변할 수 있기 때문에 이에 대한 지속적인 연구가 필요하다. 또한 모두에게 균일하게 적용되지 않는다는 점을 유의해야 한다. 가령, 학년에 따라 학교중단의 원인이 다르게 보고되고 있는데(구본용, 신현숙, 유제민, 2002), 중학생은 부모의 교육적 기대, 교사의 평가, 수업결손 등 가정과 학교 관련 이유를 들었고, 고등학생은 무기력 및 우울, 미래 진로에 대한 걱정, 가정의 경제적 수준 등 개인심리적 · 가정환경적 요인을 꼽았다.

4) 학교중단 현황

(1) 학교 밖 청소년의 규모

학교 밖 청소년과 같은 특정 집단의 인구 규모 추정방식은 다양하나, 한국교육개발원 교육통계센터 등에서는 일반적으로 학령기 청소년(7~18세) 인구수에서 초 · 중 · 고등학교 재학생 수를 제외하는 간접추정 방법을 사용한다. 교육통계센터 자료에 따르면, [그림 12-1]과 같이 2019년도 기준 우리나라 청소년들의 초 · 중 · 고등학교 중단율은 1% 수준이다. 학교급별로는 초등학생 0.67%, 중학생 0.77%, 고등학생 1.69%이다. 중단 사유를 보면, 초등학교 중단자 중 41.5%는 유예, 58.5%는 면제였고, 중학교 중단자 중 74%가 유예, 26%가 면제였다. 고등학교 중단자의 경우 유예(0.3%), 면제(0.05%), 질병(4.4%), 가사(0.6%), 부적응(28.0%), 해외출국(12.9%), 기타(51.3%), 퇴학(2.3%), 제적(0.2%) 등 다양한 사유로 학교를 그만두었다(교육통계서비스 홈페이지 https://kess.kedi.re.kr).

우리나라의 학교중단율은 미국(고등학교 중단율은 5.3%임; NCES, 2018) 등 해외 국가에 비해 비교적 낮은 편이지만 절대적인 수치를 고려했을 때 매년 총 500만 명 이상이라는 적지 않은 청소년들이 학교 제도에서 벗어나고 있다. 학교 밖 청소년들에게 긍정적인 성장이 가능한 안전한 환경이 제공되지 않을 경우, 성인기로의 전환이 어려울 수 있기 때문에 이들에 대한 사회적 관심이 반드시 필요하다. 특히 학교 밖 청소년 중 위기청소년은 학업중단청소년, 가출청소년, 이주배경 청소년, 중도입국청소년, 소년원 출원청소년을 꼽을 수 있다(허민숙, 2020). 또한 초등학생의 학업중단율은 1980년부터 꾸준히 증가되어 학업중단의 저연령 현상이 나타나고 있으며, 한동안 감소하던 수치가 최근 5년간 증가를 하고 있어 학교 밖 청소년에 대한 지원방안과 대책이 시급하다.

그림 12-1 학교중단율 추이

출처: 교육통계서비스(https://kess.kedi.re.kr)의 자료 정리.
*참고: 조사 기준일은 해당 연도의 전년도 3월 1일~해당 연도 2월 말일임.

(2) 욕구

학교 밖 청소년의 유형에서 설명했듯이, 학교를 그만둔 후에도 학업을 계속하거나 진로를 위한 준비를 하는 청소년이 많지만, 여전히 사회 제도적인 면이나 인식적인 면에서 많은 어려움을 겪고 있다(서정아, 권해수, 정찬석, 2007). 이를 구체적으로 살펴보면 다음과 같다.

첫째, 학교 밖 청소년은 제도적 장벽에 부딪히며 부당한 차별과 불이익을 당하고 있다. 학교 밖 청소년들은 비록 공교육체계에 속해 있지 않으나, 학업을 계속하고 대학 진학을 희망하고 있다. 하지만 학교 밖 청소년은 검정고시 성적만으로 지원할 수 있는 대학이 제한적이며 내신 1등급을 받을 수 없게 되어 있고(2등급부터 가능), 학생을 대상으로 하는 각종 청소년 공모전이나 대회 참여가 제한되며(정경희, 최정호 2020), 청소년 이용 홈페이지 회원가입 시 학교명을 필수로 요구하는 경우도 있다(여성가족부, 2020). 또한 학생증이 없어 각종 요금을 더 낸 경험이 있는 경우가 27.5%로(여성가족부, 2018), 같은 연령의 학생에 비해 금전적인 혜택을 누리지 못하는 경우도 보고되고 있다. 한편, 고등학생 1인당 공교육비가 연간 약 1,000만 원인데 반해(2015년 기준), 학교 밖 청소년에 대한 지원은 연 약 54만 원으로(2018년 기준) 공교육수준의 약 5%로 저조한 수준을 보인다(여성가족부, 2020).

이러한 부당한 차별로 신고된 학교 밖 청소년의 권리침해 사례는 249건이 있으며(2019년 기준), 이 중 약 32%가 개선되었다(여성가족부, 2020). 관련 예로, 공공교통이나 민간이용시설 등 각종 요금표에 학생 대신 청소년으로 통일하고, 연령 확인을 위한 증빙서류로 학생증을 제한하지 않게 되었으며, 선수등록 자격, 경연·공모의 행사명칭과 지원자격을 '학생' 대신 더욱 포괄적인 표현인 '청소년'을 사용하거나 연령으로 제한을 두게 되었다(여성가족부, 2020). 최근 학교 밖 청소년들의 대학 응시기회를 확대하기 위해 학교생활기록부 대체서류인 청소년생활기록부를 2021년 입시에 시범적으로 도입하는 등 제도적인 변화들을 추진하고 있다(〈참고자료〉 참조).

〈참고자료〉

청소년생활기록부란?

－학교 밖 청소년(검정고시 출신자)이 이용하는 학교밖청소년지원센터(꿈드림센터)에서 활동한 내용을 대학진학 시 학생 선발에 활용할 수 있도록 청소년에 관한 정보를 기록한 자료로서
－학교생활기록부 양식을 기반으로 ① 인적사항, ② 출결상황, ③ 수상경력, ④ 자격증 취득상황, ⑤ 창의적 체험활동상황(자율활동, 동아리활동, 봉사활동, 진로활동), ⑥ 학업노력상황, ⑦ 독서 활동상황, ⑧ 행동특성 및 종합의견의 여덟 가지 항목으로 구성됨.

출처: 여성가족부 보도자료(2020. 12. 15.).

둘째, 사회에서 여전히 학교 밖 청소년은 곧 문제청소년이라는 이분법적인 인식이 팽배하며 이들에 대한 따가운 시선, 사회적 편견과 낙인이 강하다. 자발적으로 학교를 그만둔 것이더라도 학생이 아닌 청소년이라는 이유로 일탈자, 낙오자, 실패자로 여겨지고 있다(서정아, 권해수, 정찬석, 2007; 정경희, 최정호, 2020). 학교 밖 청소년은 개인적으로 문제가 있고, 학교를 거부하는 등의 사회부적응 행위를 보이는 비행청소년이나 가출청소년 혹은 문제청소년과 동일시되는 것과 같은 부정적인 사회적 인식을 경험하게 된다(주수산나, 김종우, 2017).

실제로 사회적인 낙인으로 인해 봉사활동, 참여활동 등 청소년활동 참여 기회가 거부되는 경우가 있으며(정경희, 최정호, 2020), 학교 밖 청소년들은 학생이 아닌 청소년에 대한 사회의 불편하고 냉소적인 편견으로 인해 심리적인 부담과 소외감 등의 심리정서적 어려움을 호소한다. 이렇게 사회적 낙인에 기인한 심리정서적 어려움이 학교중단 이후 각종 부적응행동으로 이어지는데, 예를 들어 학교 밖 청소년이라는 신분이 사회적 낙인감을 형성하여 스마트폰 중독을 야기하기도 한다(고은정, 김병년, 2020). 또한 사회적 편견이 학습을 통해 청소년의 부적응, 일탈로 이어져 편견이 재생산되는 악순환이 이어지기도 한다(주수산나, 김종우, 2017).

5) 학교중단 대응책

청소년의 학교중단 경험은 1996년 교육부가 '학교 중도 탈락자 예방 종합대책'을 발표하면서 사회적으로 가시화되었다. 이후 2000년대 초반에 학교 밖 청소년을 대상으로 한 종합대책안이 발표되고, 「청소년 기본법」이 전면개정되면서 학교 밖 청소년 지원을 위한 법적 근거가 마련되었다. 그리고 2014년 「학교 밖 청소년 지원에

표 12-2 학교 밖 청소년 관련 정책 추진 과정

연도	추진내용
1996	교육부 '학교 중도 탈락자 예방 종합대책' 발표
2002	문화관광부, 교육부, 법무부, 노동부, 보건복지부 '학업중단청소년 예방 및 사회적 응을 위한 종합대책안' 발의
2004	「청소년기본법」 전면개정: 한국청소년상담원, 지방청소년종합상담센터와 지방청소년상담센터에서 학교 밖 청소년에 관한 대책을 포함한 역할 규정
2009	교육부 '학업중단청소년 종합대책안' 발표
2013	여성가족부와 교육부가 합동으로 '학업중단 예방 및 학교 밖 청소년 지원방안' 발표
2014	여성가족부 「학교 밖 청소년 지원에 관한 법률」 제정
2015	여성가족부, 교육부 등 7개 합동부처 '학교 밖 청소년 지원대책' 발표
2019	합동부처 '학교 밖 청소년 지원 강화대책(안)' 발표

관한 법률」이 제정되면서 학교 밖 청소년에 대한 지원이 실제화되었다. 이로써 학교 밖 청소년을 돕는 지원체제가 마련되었고, 이를 정착시키기 위해 지난 20년간 교육부, 노동부, 문화관광부, 법무부, 보건복지부, 여성가족부 등 유관 정부부처, 한국청소년상담복지개발원, 청소년상담복지센터 등 정부 산하기관, 민간기관의 노력이 이어져 왔다.

학교 밖 청소년에 대한 지원은 「학교 밖 청소년 지원에 관한 법률」에 근거를 두고 있다. 2015년부터 시행된 이 법률은 국가와 지방자치단체가 사회적 인식 개선, 지원 프로그램 개발, 유관기관 간 협력체계 및 지역사회 중심의 지원체계 구축, 위기청소년 특별지원, 재원확보 등의 지원계획을 수립할 것을 명시하고 있다(「학교 밖 청소년 지원에 관한 법률」 제5조). 또한 기획재정부, 교육부, 법무부, 문화체육관광부, 보건복지부, 고용노동부, 여성가족부의 고위공무원으로 구성되어 관련 사항을 심의하는 기구인 학교 밖 청소년지원위원회의 운영(제7조)과 지원센터 설립(제12조)에 대한 근거를 제시하고 있다. 한편, '2019년 학교 밖 청소년 지원 강화대책(안)'에서는 정책과제로서 학교 밖 청소년 연계 발굴 강화, 수요자 중심 서비스 지원체계 구축, 학교 밖 청소년의 눈높이에 맞춘 맞춤서비스 강화, 학교 밖 청소년의 권리 보장 및 사회적 인식개선 강화를 두고 있다.

2. 학교폭력

1) 학교폭력 정의

「학교폭력예방 및 대책에 관한 법률」(이하 「학교폭력예방법」)은 학교폭력을 "학교 내외에서 학생을 대상으로 발생한 상해, 폭행, 감금, 협박, 약취·유인, 명예훼손·모욕, 공갈, 강요·강제적인 심부름 및 성폭력, 따돌림, 사이버 따돌림, 정보통신망을 이용한 음란·폭력 정보 등에 의하여 신체·정신 또는 재산상의 피해를 수반하는 행위"라 정의한다. 법률에서는 학교폭력의 유형을 예시로 열거한 것이며, 실제로 신체 · 정신 · 재산상의 피해를 수반하는 모든 행위를 학교폭력이라 할 수 있다(교육부, 학교폭력예방연구소, 2020).

반면, 학술 문헌에서 청소년들이 경험하는 또래 간의 갈등을 명명하는 용어로 불링(bullying) 또는 또래괴롭힘이 사용되고 있다. 또래괴롭힘은 유사한 의미를 지닌 왕따, 따돌림, 집단따돌림, 집단괴롭힘 등을 포괄하는 개념이다. 선행연구에서 가장 많이 통용되고 있는 또래괴롭힘의 정의는 Olweus(1994)가 제시한 것으로서 스스로를 방어하는 데 어려움이 있는 피해자가 한 명 이상으로부터 지속적이고 반복적으로 일련의 부정적 행위에 노출되는 경우를 가리킨다. 또래괴롭힘의 세 가지 특징으로 공격적인 행동 또는 고의적으로 해를 끼치는 행위, 지속적이고 반복적인 행동 양상, 힘이나 권력의 불균형에 기초한 대인관계가 있다. 여기서 힘의 불균형에 기초한 행위라는 특징은 또래괴롭힘을 일반 폭력의 개념과 구별 짓는 중요한 역할을 한다(Olweus, 1994). 가해의 고의성과 대상자 간 힘의 불균형은 또래괴롭힘의 필수조건임에 반해, 단 한 번 발생한 피해 경험이라도 심각한 상처로 남을 수 있기 때문에 지속성 · 반복성은 또래괴롭힘의 필수조건으로 보기 어렵다는 관점도 있다(Olweus, 2013; Smith, Del Barrio, & Tokunaga, 2013).

한편, 「학교폭력예방법」에서 정의하는 학교폭력과 학계에서 설명하는 또래괴롭힘의 개념이 일치하지 않는다는 어려움이 있다. 김종구와 박지현(2014)은 법률에서 또래괴롭힘과 범죄를 구분하지 않고 포괄적으로 정의하고 있다는 점을 지적하면서 법률이 아동 · 청소년들 사이에 발생하는 실제 갈등 경험을 현실적으로 반영하지 못하고 있음을 강조한다. 즉, 「학교폭력예방법」에 제시된 학교폭력 가해행위 중 강제적 심부름, 따돌림, 사이버 따돌림을 제외하고 12개 유형이 「형법」 「성폭력범죄의 처벌 등에 관한 특례법」 「아동 · 청소년의 성보호에 관한 법률」 등에 저촉되는 행위로 분류될 수 있는데, 형벌 부과를 목적으로 하는 이와 같은 법률들은 선도 · 교육을 목적으로 하는 「학교폭력예방법」의 취지와는 맞지 않는다.

〈참고자료〉 **학교폭력 용어에 대한 재검토 필요성**

청소년들의 또래괴롭힘 현상을 설명하기 위한 용어로 학교폭력이 적절한가?

1) '괴롭힘'과 '폭력'은 다른 개념이다

사회심리학에서는 공격적 행위는 상대방이 원치 않음에도 불구하고, 가해를 목적으로 하는 행위로 정의된다. 즉, 공격적 행동은 더욱 포괄적인 개념으로서 극단적인 형태의 공격적 행동인 중상이나 사망 등 심각한 신체적 피해나 물리적 손상을 입히는 것을 목적으로 하는 폭력의 개념을 내포한다(Allen & Anderson, 2017).

따라서 공격적 행위의 한 형태인 또래괴롭힘은 폭력과 동일한 개념이 아니다. 또래괴롭힘의 대표적 유형인 욕설하기, 따돌림 등은 상대방에게 원치 않는 심리정서적 해를 끼치지만, 이러한 피해가 직접적으로 사망에 이르게 하지는 않는다. 반면, 폭력은 상해나 폭행으로 인해 상대방의 신체를 심각하게 훼손시킬 수도 있다.

개념적 차이뿐 아니라 또래괴롭힘과 폭력은 그 형태나 위법성, 사회적 인식에서 차이를 보인다. 김종구와 박지연(2014)에 따르면, 또래괴롭힘은 직간접 형태로 나타나거나 대면·비대면 형태로 이루어질 수 있으나, 폭력은 주로 물리적이고 신체적인 행위를 가리킨다. 위법성의 경우, 또래괴롭힘 행위가 형사책임의 대상이 되는 사례는 적지만, 폭력은 「형법」에 저촉되는 위법 사례가 많다. 마지막으로, 사회적 인식 면에서 또래괴롭힘은 성장기 청소년의 일상생활에 벌어지는 하나의 행동양상으로 보는 허용적 시각이 있을 수 있지만, 폭력은 사회적으로 허용이 되지 않고 있다.

2) '학교'라는 물리적 장소보다는 대상자들 간 상호작용에 초점을 둘 필요가 있다

「학교폭력예방법」에서 설명하는 학교폭력은 "학교 내외에서 학생 간에 발생히는 행위"로서 장소적 제약과 대상자의 제약을 두고 있다. 이러한 정의는 실제 청소년 사이에서 이루어지는 또래들 간의 괴롭힘 현상을 적절히 반영하지 못하고 있다.

이처럼 학교폭력은 학교라는 공간적 제약을 용어의 명칭에 두고 있지만, 교육부(2020)의 학교폭력 실태조사에 따르면, 학교폭력 피해 장소는 학교 안이 전체의 64.2%, 학교 밖이 28.3%이다. 학교 밖의 경우 사이버공간(9.2%), 놀이터(6.6%), 학교 밖 체험(4.1%), 집이나 집 근처(3.9%), 학원 주변(3.7%), PC방·노래방(0.8%)의 분포를 보였다. 특히 사이버상에서 이루어지는 피해가 증가하고 있는 추세를 반영했을 때 학교라는 물리적 공간을 또래괴롭힘 현상을 설명하는 데 사용하는 것에 대한 유용성이나 당위성은 더욱 떨어질 수밖에 없다. 더욱이 관련법에서 학교폭력을 정의하는 데 있어 학교 내외에서 발생하는 행위라고 명시하는 것은 모순적이다.

　학교폭력은 학생 간의 행위라는 대상자에 대한 제약을 두고 있다. 이러한 제약은 가해자 및 피해자뿐 아니라 학교폭력에 관여하는 다양한 역할자가 학생이어야 한다는 좁은 개념을 제시하며, 전체 청소년 연령에는 해당되지만 학교라는 제도 밖에서 이루어지는 괴롭힘에 대하여 고려하지 못하게 한다. 따라서 또래괴롭힘과 같이 학교라는 물리적인 장소보다는 청소년 연령의 또래들 간 부적응적 상호작용이라는 점에 초점을 맞출 수 있는 용어의 사용에 대한 고려가 필요하다.

2) 학교폭력 유형

「학교폭력예방법」에 기초하여 학교폭력 가해행위를 신체폭력(상해, 폭행, 감금, 약취 · 유인), 언어폭력(명예훼손 · 모욕, 협박), 금품갈취(공갈), 강요(강요, 강제적 심부름), 따돌림, 성폭력, 사이버폭력(사이버따돌림, 정보통신망을 이용한 음란 · 폭력 정보 등에 의하여 신체 · 정신 또는 재산상의 피해를 수반하는 행위)의 일곱 가지 유형으로 구분할 수 있다. 우리나라 아동 · 청소년이 최근 가장 흔히 경험하는 유형은 언어폭력, 집단따돌림이며, 금품갈취와 신체적 폭력은 예전보다 감소 추세를 보이고 있다(교육부, 2020). 학교폭력 세부 유형에 대한 구체적인 예시는 〈표 12-3〉에서 확인할 수 있다.

표 12-3 학교폭력 세부 유형과 예시

유형	예시
신체폭력	• 신체를 손, 발로 때리는 등 고통을 가하는 행위(상해, 폭행) • 일정한 장소에서 쉽게 나오지 못하도록 하는 행위(감금) • 강제(폭행, 협박)로 일정한 장소로 데리고 가는 행위(약취) • 상대방을 속이거나 유혹해서 일정한 장소로 데리고 가는 행위(유인) • 장난을 빙자한 꼬집기, 때리기, 힘껏 밀치기 등 상대학생이 폭력으로 인식하는 행위

언어폭력	• 여러 사람 앞에서 상대방의 명예를 훼손하는 구체적인 말(성격, 능력, 배경 등)을 하거나 그런 내용의 글을 인터넷, SNS 등으로 퍼뜨리는 행위(명예훼손) • 여러 사람 앞에서 모욕적인 용어(생김새에 대한 놀림, 병신, 바보 등 상대방을 비하하는 내용)를 지속적으로 말하거나 그런 내용의 글을 인터넷, SNS 등으로 퍼뜨리는 행위(모욕) • 신체 등에 해를 끼칠 듯한 언행("죽을래" 등)과 문자메시지 등으로 겁을 주는 행위(협박)
금품갈취 (공갈)	• 돌려줄 생각이 없으면서 돈을 요구하는 행위 • 옷, 문구류 등을 빌린다며 되돌려주지 않는 행위 • 일부러 물품을 망가뜨리는 행위 • 돈을 걷어 오라고 하는 행위
강요	• 속칭 빵 셔틀, 와이파이 셔틀, 과제 대행, 게임 대행, 심부름 강요 등 의사에 반하는 행동을 강요하는 행위(강제적 심부름) • 폭행 또는 협박으로 상대방의 권리행사를 방해하거나 해야 할 의무가 없는 일을 하게 하는 행위(강요)
따돌림	• 집단적으로 상대방을 의도적이고, 반복적으로 피하는 행위 • 싫어하는 말로 바보 취급 등 놀리기, 빈정거림, 면박 주기, 겁주는 행동, 골탕 먹이기, 비웃기 • 다른 학생들과 어울리지 못하도록 막는 행위
사이버 폭력	• 속칭 사이버모욕, 사이버명예훼손, 사이버성희롱, 사이버스토킹, 사이버음란물 유통, 대화명 테러, 인증놀이 , 게임부주 강요 등 정보통신기기를 이용하여 괴롭히는 행위 • 특정인에 대한 모욕적 언사나 욕설 등을 인터넷 게시판, 채팅, 가페 등에 올리는 행위. 특정인에 대한 저격글이 그 한 형태임 • 특정인에 대한 허위 글이나 개인의 사생활에 관한 사실을 인터넷, SNS 등을 통해 불특정 다수에게 공개하는 행위 • 성적 수치심을 주거나 위협하는 내용, 조롱하는 글, 그림, 동영상 등을 정보통신망을 통해 유포하는 행위 • 공포심이나 불안감을 유발하는 문자, 음향, 영상 등을 휴대폰 등 정보통신망을 통해 반복적으로 보내는 행위

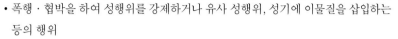

성폭력	• 폭행·협박을 하여 성행위를 강제하거나 유사 성행위, 성기에 이물질을 삽입하는 등의 행위
	• 상대방에게 폭행과 협박을 하면서 성적 모멸감을 느끼도록 신체적 접촉을 하는 행위
	• 성적인 말과 행동을 함으로써 상대방이 성적 굴욕감, 수치감을 느끼도록 하는 행위

출처: 교육부, 학교폭력예방연구소(2020), pp. 8-9의 내용 재구성.

앞에서 제시한 학교폭력 유형은 「학교폭력예방법」에 근거한 것으로서 가해방법에 따라 언어적·신체적·관계적·사이버 유형(Olweus & Limber, 2018; Wang, Iannootti, & Nansel, 2009)으로 나뉘는 또래괴롭힘과는 약간 차이가 있다. 또래괴롭힘 피해 경험은 한 가지 유형에 국한되지 않고 언어와 신체를 함께 경험하거나 언어와 관계를 함께 경험하는 등 복합적으로 이루어지고 있다(Han, Kang, Choe, & Kim, 2021; Wang, Iannotti, Luk, & Nansel, 2010).

(1) 신체적 괴롭힘과 언어적 괴롭힘

신체적 괴롭힘은 상대방의 신체를 해치거나 재산을 침해하는 행위이며, 때리기, 밀치기, 발로 차기, 물건 훔치기, 물건 부수기 등이 포함된다. 언어적 괴롭힘은 말이나 글로 상대방에게 해를 끼치는 행위로서 욕설하기, 상처 주는 말하기, 조롱하기, 협박하기 등을 가리킨다.

(2) 관계적 괴롭힘

관계적 괴롭힘은 피해자의 또래관계를 침해하거나 또래관계 사이에서 피해자에 대한 평판이나 명예를 해치는 행위를 가리키며 사회적 괴롭힘으로 불리기도 한다 (Crick & Grotpeter, 1995). 관계적 괴롭힘은 피해자에 대한 험담하기나 나쁜 소문 퍼뜨리기, 고의적으로 소외시키거나 따돌리기 등 또래관계를 조작하여 피해자의 사회적 지위에 해를 입히는 방법으로서 가해자와 피해자가 직접적으로 만나지 않아도 가해행위가 이루어지는 간접적(indirect) 형태를 주로 띤다. 이는 밀치기나 욕설하기처럼 가해자가 피해자에게 해를 끼치는 직접적 형태와 달리, 누구에게나 명백히 드러나지 않고 은밀(covert)하여 가해 여부를 판단하기 어렵게 하기도 한다. 청소년 피해자들이 이러한 내면적 가해행위로 겪는 심리정서적인 고통과 자존감에 입는 손상은 외현적 가해행위 수준 혹은 그 이상으로 크지만, 행위의 비명시성이라는 특징으로 인해 교사나 부모 등 성인에 의해 쉽게 발견되지 못하는 경우가 다수(Barnes et al., 2012)이기 때문에 주위에서 더욱 세밀한 관심이 요구된다.

(3) 사이버불링

한편, 2000년대 초·중반부터 인터넷 보급과 스마트폰 사용이 확산되면서 사이버불링이 새로운 유형으로 등장하였다. 사이버불링은 스마트기기나 인터넷을 사용하여 전자매체를 통해 의도적으로 위해를 가하는 괴롭힘의 한 형태이다(Hinduja & Patchin, 2014). 사이버불링을 언어적·신체적·관계적 괴롭힘과 함께 기존 괴롭힘의 하위영역으로 다룰 것인지 혹은 독립적인 괴롭힘의 개념으로 다룰 것인지에 대한 논의가 아직 진행 중이다(Olweus & Limber, 2018). 한편, 사이버공간의 특징이 괴롭힘을 유발하는 기저로 작용하는데, 즉 사이버공간에서는 자신의 신분을 노출시키지 않아도 되고(익명성), 서로 얼굴을 마주하지 않아도 되기 때문에(비대면성) 또래괴롭힘이 더욱 쉽게 이루어질 수 있다. 또한 사이버공간의 특성상 또래괴롭힘 관련 콘텐츠가 빠른 속도로 전파될 수 있으며(전파성), 피해자들은 시간이나 공간적 제약 없이 괴롭힘에 노출될 수 있다(항시성).

3) 또래괴롭힘 참여자 유형

또래괴롭힘은 가해자와 피해자 개인에 국한된 것이 아닌, 집단적 현상으로서 그 외 다른 참여자들의 역할을 포함한다. 이에 Salmivalli 등(1996)은 특히 학급에서 이루어지는 또래괴롭힘 현상에 있어서 가해자와 피해자뿐 아니라, 가해동조자·방관자·피해방어자 등의 참여자 유형의 역동적 상호관계에 따라 가해행동이 강화되거나 약화될 수 있다고 주장한다. 또래괴롭힘 참여자 유형의 특징은 다음과 같다.

(1) 가해자

가해자는 가해행위를 주도하는 유형이다. 가해자는 권력 욕구가 많고 사회적 기술력이 뛰어나 주위 또래들로부터 인기가 높은 반면, 공격적이고 충동적인 성향을 보일 뿐 아니라(김연화, 한세영, 2011) 타인에 대한 공감능력이 떨어져 본인의 지위, 권력, 인기를 유지하기 위한 수단으로 가해행위를 지속하게 된다. 또한 가해자는 낮은 자아존중감과 낮은 자기조절능력을 보이기도 한다(도현심, 김선미, 2006)

(2) 조력자 및 동조자

가해를 주도하지 않지만, 가해자를 돕고 가해행위를 강화하는 역할자는 조력자와 동조자로 구분된다(Salmivalli, 1999). 보다 구체적으로 이미 지목된 피해자에 대한 가해행위에 적극적으로 동참하는 조력자와 피해 상황의 관중이 되어 흥미로워하거나 웃으며 가해자에 대한 지지를 표현함으로써 가해행위를 강화시키는 가해 동조자로 구분된다(Salmivalli, 1999). 가해 동조자의 특성으로 공격적 성향, 불안정하고 불안한 심리상태, 높은 도덕적 이탈 정도 및 또래동조 경향(곽금주, 2008) 등을 들 수 있다.

(3) 방관자

방관자는 학급에서 일어나는 가해 상황에 대해 무관심하고 가해를 제지하기 위한 적극적인 행동을 취하지 않는다. 이 유형은 가해동조자와 같이 적극적으로 가해행위를 지지 · 강화하지는 않지만, 또래괴롭힘 상황에 개입하지 않음으로써 가해가 지속되도록 방관하는 특징을 갖는다(Salmivalli, 1999). 방관자로 분류된 집단은 동질적이지 않으며 방관 이유 또한 다양한 것으로 나타난다. 가해 상황을 자신과는 무관한 일로 인식하고 개입을 하지 않거나 불안과 두려움으로 인해 자기방어적 입장을 취하여 괴롭힘 상황에서 소극적으로 대처한다. 권혜선(2013)의 연구에서 방관자는 또래괴롭힘의 원인을 외부 상황이나 타인으로부터 찾는 경향이 높았으며 피해자의 경험에 대해 정서적으로 잘 이해하지 못하는 경향을 보여, 가해자의 역할을 함께 수행할 가능성이 상대적으로 높다고 하였다. 한편, 김정흔과 이승연(2016)의 연구에서는 방관자 집단 내에서도 가해동조행동 및 방어행동 수준에 차이가 있음을 확인하였다. 이렇듯 방관자의 특성과 자세에 따라 학교폭력 풍토가 변화하여 또래괴롭힘을 지속 또는 약화시킬 수 있기 때문에 방관자는 개입적 차원에서 매우 중요하다.

(4) 피해자

피해자는 또래 가해행위의 대상자이다. 피해자의 모습은 다양하지만 주로 자아존중감이 낮고, 우울, 외로움을 경험하며 수동적인 성격을 지닌다(도현심, 김선미, 2006). 이들은 또래 사이에서 낮은 사회적 지지도를 갖고 있고, 사회적 지위도 낮은 것이 특징이다(Salmivalli et al., 1996).

(5) 피해방어자

마지막으로, 피해방어자는 피해자를 지지하고 가해행위를 저지하는 데 적극적으로 개입하는 유형이다. 방어자의 대표적인 특징으로 피해자에게 정서적으로 반응하는 뛰어난 공감 능력을 들 수 있다. 정서적 공감의 경우 피해방어자는 피해자, 방관자, 동조자, 강화자보다 유의한 것으로 나타났다. 반면, 피해방어자의 인지공감 능력은 피해자보다 높았으며, 방관자, 가해자, 동조자보다 높지 않았다(김혜리, 2013). 피해방어자의 지각된 사회적 지위는 중상수준이며, 반장, 부반장, 부장, 또래상담사 등 학급에서 리더로서의 역할을 가진다(손강숙, 이규미, 2015).

이러한 학교폭력 참여자 유형은 고정된 것은 아니며 상황이나 시간에 따라 변할 수 있다. 권혜선(2013)은 가해자 · 가해동조자 · 방관자 간 정적 관계가 있고, 피해방어자는 방관자와 부적 관계가 있다는 것을 확인하였으며, 정하은과 전종설(2012)은 가해자와 방관자, 피해자의 역할이 상황에 따라 변할 수 있다고 보고하였다. 최근 연구에서는 가해자와 피해자 역할을 대체적으로 지속하는 집단과 높은 수준의 가해 경험과 피해 경험을 번갈아 경험하는 집단이 있다고 밝혔다(Zych et al., 2020). 또한 연령에 따라 역할자 분포가 다를 수 있는데, 초등학교 고학년을 대상으로 한 연구에서는 피해방어자가 제일 많았지만(권혜선, 2013), 중학생을 대상으로 한 연구에서는 방관자의 비율이 제일 높았다(신나민, 2012).

4) 학교폭력 현황

(1) 경험률

정부부처와 민간재단에서 실시한 여러 조사 결과에 따르면, 지난 10년간 우리나라 학교폭력 피해 및 가해 경험은 감소 추세를 보이며 최근 경험률이 소폭 증가하고 있다. 이러한 감소 추세에도 불구하고 초등학생의 학교폭력 피해 경험이 중·고등학생의 경험보다 많은 것으로 나타나 학교폭력의 저연령화 현상이 지속되고 있으며, 세부 학교폭력 유형을 중심으로 폭력의 심각성 또한 높아지고 있어 여전히 많은 피해자가 신체적·심리정서적 어려움을 호소하고 있다.

교육부(2020)에서 실시한 전국 학교폭력 실태조사의 2013~2020년 자료에 따르면, 우리나라 전국 초·중·고등학생의 피해 및 가해 응답률은 2013년 이후 점차 감소하다가 2017년 이후 소폭 증가하는 추이를 보이고, 2020년에 다시 감소하였다. 2020년도 전체 응답자 중 피해 경험과 가해 경험이 있었다고 보고한 비율은 각각 0.9%와 0.3%로, 학년별 추이를 보았을 때, 피해율과 가해율 모두 초등학생이 제일 높았고(각각 1.8%, 0.7%), 이어서 중학생과 고등학생 순으로 높았다. 피해 유형별 응답률은 언어폭력(33.6%), 집단따돌림(26.0%), 사이버폭력(12.3%) 순으로 높았다

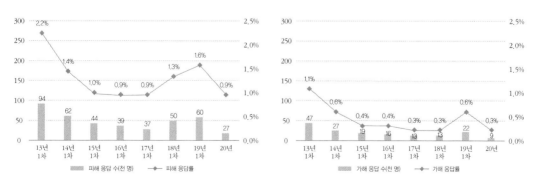

그림 12-2 학교폭력 피해율, 가해율

출처: 교육부(2020).

([그림 12-2] 참조).

반면, 보건복지부에서 5년 주기로 자료를 수집하는 아동종합실태조사에서 2008년
에는 9~11세의 학교폭력 피해 경험률이 무려 61.8%로 나타났다. 이후 점차 감소
했지만, 2018년 전체 아동 · 청소년의 피해율과 가해율이 각각 30.3%와 24.2%로 나
타나 여전히 높은 수치를 보였다([그림 12-3] 참조). 한편, 2006년 이후 매년 실시해
온 푸른나무재단의 전국 학교폭력 실태조사(푸른나무재단 홈페이지 http://btf.or.kr)는
학교폭력 경험률이 감소 추이를 보이다가 2015년부터 다시 증가하여 2019년에는

그림 12-3 학교폭력 피해 경험과 가해 경험(2018년 아동종합실태조사)

출처: 류정희 외(2018)의 자료 정리.

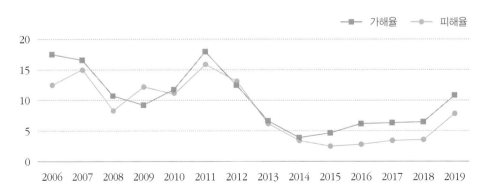

그림 12-4 학교폭력 피해 경험과 가해 경험(전국 학교폭력 실태조사)

출처: 푸른나무재단(http://btf.or.kr)의 자료 정리.

피해율 11.2%, 가해율 7.8%로 보고되었다([그림 12-4] 참조).

　이렇듯 조사에서 제시하는 학교폭력의 정의나 측정방법, 조사대상이 상이하기 때문에 조사 기관에 따라 학교폭력 현황이 다르게 보고되고 있다. 조사문항의 경우, 학교폭력 실태조사(교육부, 2020)는 욕설을 하거나 외모를 놀리는 행위, 소문 퍼뜨리기를 언어폭력으로 보는 문항으로 학교폭력 경험을 측정하였다. 아동종합실태조사는 별명 부르기, 수근거림을 언어폭력에 포함하고 협박·위협까지도 신체폭력에 포함하였다.

(2) 세부 유형별 경험률

　학교폭력 경험률이 감소 추세이지만, 세부 유형에 따라 증감폭이 다르게 나타난다. 피해 유형이 금전적·신체적 등의 물리적인 학교폭력 방법에서 언어적·정신적인 비물리적 방법으로 변화하였다(성문주, 2020). 또한 스마트폰 및 인터넷 기기 사용이 생활화되어 감에 따라 이러한 매체를 통한 사이버폭력의 증가도 최근 학교폭력 현상의 중요한 특징이다. 구체적으로 보면, 교육부 조사의 2016~2020년 연도별 변화의 경우, 집단따돌림과 사이버폭력은 증가 추세를, 스토킹과 신체폭력은 감소 추세를 보이고 있다(〈표 12-4〉 참조).

표 12-4　피해 유형별 응답률

구분*	2016년 1차	2017년 1차	2018년 1차	2019년 1차	2020년
언어폭력(%)	34.0	34.1	34.7	35.6	33.6
집단따돌림(%)	18.3	16.6	17.2	23.2	26.0
스토킹(%)	10.9	12.3	11.8	8.7	6.7
신체폭력(%)	12.1	11.7	10.0	8.6	7.9
사이버폭력(%)	9.1	9.8	10.8	8.9	12.3
금품갈취(%)	6.8	6.4	6.4	6.3	5.4
성폭력(%)	4.5	5.1	5.2	3.9	3.7
강요(%)	4.3	4.0	3.9	4.9	4.4

출처: 교육부(2020).
참고: * 피해 유형별 중복응답 가능, 중복응답 건수 기준 비율(%).

(3) 학교폭력의 심각성

한편, 학교폭력 검거 유형 및 조치의 연도별 변화를 살펴보면 학교폭력이 더욱 심각해지고 있음을 알 수 있다. 경찰청(2019)에 따르면, 2015~2019년 검거 유형 중 폭행상해는 감소하였지만 성폭력은 2011년 대비 2019년에 2배 이상 증가하였다. 또한 학교폭력과 관련된 불구속 조치는 감소하고 소년부 송치 조치가 증가한 것을 통해 청소년들이 경험하는 폭력의 수준도 심각해졌음을 알 수 있다(〈표 12-5〉 참조).

표 12-5 학교폭력 검거 유형 (및 조치) 현황

구분	계	유형별				조치별			
		폭행상해	금품갈취	성폭력	기타	구속	불구속	소년부 송치	기타
2015	12,495	74%	9%	10%	7%	1%	73%	8%	17%
2016	12,805	73%	9%	11%	7%	0%	77%	9%	14%
2017	14,000	72%	9%	12%	8%	0%	75%	9%	15%
2018	13,367	59%	10%	19%	11%	1%	71%	10%	18%
2019	13,584	55%	10%	23%	13%	1%	68%	12%	20%

출처: 경찰청(2019).

그 외 여러 연구 및 조사를 통해 많은 청소년이 여전히 심리적·신체적으로 고통받고 있음을 확인할 수 있다. 한국교육개발연구원의 연구에서 학교폭력으로 인해 '힘들었다' 또는 '많이 힘들었다'고 응답한 남학생과 여학생이 각각 43.9%와 55.5%였다(정동철 외, 2017). 특히 학교폭력 피해로 인하여 자살생각을 한 적이 있는 학생의 비율이 42.9%로 보고되었으며, 더욱 심각한 것은 이 중에 41.8%의 학생들이 실제로 자살시도를 한 것으로 나타났다는 것이다(청소년폭력예방재단, 2014). 이는 학교폭력 경험률은 감소하는 추세이지만 여전히 많은 학생이 폭력으로 인한 고통에 시달리고 있어 우리나라 고유의 학교폭력 양상에 대한 전반적인 이해를 바탕으로 한 구체적인 대책 마련이 시급하다는 것을 의미한다.

5) 학교폭력 대응책

우리나라 청소년 학교폭력에 대한 국가적 차원에서의 관심은 1996년 '학교폭력예방 및 근절대책'이 발표되면서부터 시작되었다. 이후 2004년에 관련 특별법이 제정되었으며 네 차례에 걸쳐 '학교폭력예방 및 대책에 관한 기본계획'이 시행되었다. 한편, 학교폭력의 근본적인 해법을 현장에서 찾고자 '현장중심 학교폭력 대책'을 마련하고 학교폭력의 저연령화에 대응하기 위한 '초등학생 맞춤형 학교폭력 대책'이 추진되었다(〈표 12-6〉 참조).

2004년에 「학교폭력예방 및 대책에 관한 법률」이 제정 및 시행되면서 학교폭력의 예방과 대책에 필요한 사항이 규정되고, 실태조사, 예방교육 등을 통해 학교폭력 근절을 위한 적극적인 예방정책과 피해학생의 보호, 가해학생에 대한 조치가 가능해졌다. 해당 법률은 학교폭력의 예방 및 대책에 관한 기본계획의 수립(제6조), 학교폭력 관련 각종 위원회의 설치 및 기능, 학교폭력예방교육 실시(제15조), 피해학생의 보호(제16조), 가해학생에 대한 조치(제17조) 등에 대한 내용을 명시하고 있다.

표 12-6 학교폭력 관련 정책 추진 과정

연도	추진내용
1996	• '학교폭력예방 및 근절대책' 발표
2004	• 「학교폭력예방 및 대책에 관한 법률」 제정 및 시행
2005	• '제1차 학교폭력예방 및 대책에 관한 기본계획'(2005~2009) 시행
2010	• '제2차 학교폭력예방 및 대책에 관한 기본계획'(2010~2014) 시행
2012	• '학교폭력근절 종합대책' 발표
2013	• '현장중심 학교폭력 대책' 발표
2015	• '제3차 학교폭력예방 및 대책에 관한 기본계획'(2015~2019년) 시행 • '초등학생 맞춤형 학교폭력 대책' 발표
2020	• '제4차 학교폭력예방 및 대책에 관한 기본계획'(2020~2024) 시행

3. 실천현장과 관련서비스

학교 밖 청소년에 대한 대표적인 지원으로 여성가족부 주관 학교 밖 청소년지원센터(꿈드림센터)와 교육부 주관 Wee프로젝트가 있다. 그 외에 건강보험공단(건강검진 지원), 국민체육공단(체육활동 지원), 고용노동부(취업지원) 등 다양한 부처와 지방자치단체에서도 학교 밖 청소년을 위한 지원이 이루어진다. Wee클래스, Wee센터, Wee스쿨로 구성된 Wee프로젝트는 학교폭력 예방 및 치유에 대한 개입 서비스를 제공하고 있다.

학교중단 문제는 학생기, 숙려기, 전환기, 안정기라는 일련의 과정으로 이해할 수 있다(주수산나, 김종우, 2017). 학교를 중단하기 전에는 학업중단숙려제를 통해 학교에 남을지, 학교를 떠날지 결정하게 된다. 학교 제도권 밖으로 나온 후 청소년은 심리적인 고립, 소외 경험을 최소화하고 삶의 방향성과 진로를 탐색, 결정을 위한 지원이 절실하다(정경희, 최정호 2020; 주수산나, 김종우, 2017).

현재 Wee센터, Wee스쿨, 학교 밖 청소년지원센터 등에서 학교 밖 청소년을 위한 교육, 진로, 자립을 위한 서비스 지원이 제공되고 있다. 하지만 여성가족부 소속 학교밖청소년지원센터와 교육부 소속 Wee프로젝트 간 연계가 활발히 이루어지고 있지 않고 있어 더욱 활발한 교류가 요구되고 있다(송원일, 박선영, 2020).

〈학교 안: 학업중단숙려제〉　　〈학교 밖: 교육 · 진로 · 자립 지원〉

학교밖청소년지원센터(꿈드림센터)

Wee클래스　　Wee센터　　Wee스쿨

그림 12-5 여성가족부 학교밖청소년지원센터(꿈드림센터)와 교육부 Wee 프로젝트 간 관계

1) 학업중단숙려제

2014년부터 실시된 학업중단숙려제는 학업중단 징후를 보이거나(무단결석 등) 학교중단 의사를 밝힌 초ㆍ중ㆍ고교생과 학부모를 대상으로 Wee클래스, Wee센터, 학교 밖 청소년지원센터, 청소년상담복지센터 등 외부기관에서 상담을 제공하고, 다양한 청소년활동 참여를 통해 학교중단에 대해 최소 2주 이상 신중하게 생각해 볼 수 있도록 하는 제도이다. 학교의 장은 학생에게 숙려의 기회를 제공할 의무는 있지만, 숙려대상 학생에게 참여 의무는 없다(꿈드림센터 홈페이지 https://kdream.or.kr).

2) 학교 밖 청소년지원센터

학교 밖 청소년지원센터(꿈드림센터)는 학교 밖 청소년들이 미래를 준비할 수 있도록 다방면으로 맞춤형 서비스를 제공하고 있다(자세한 사업 내용은 꿈드림센터 홈페이지 참조). 꿈드림센터는 여성복지부 산하기관인 청소년상담복지센터에서 운영한다. 학교 밖 청소년을 위한 지원은 2007년 자립 동기 강화, 자립 기술 습득 등 사회진입을 지원하는 두드림존 프로젝트를 시작으로 2009년 검정고시 등 학업복귀를 지원하는 프로그램인 해밀이 운영되었다. 2015년 「학교 밖 청소년 지원에 관한 법률」 시행 이후 두 사업은 학교 밖 청소년지원센터(꿈드림센터)로 확대ㆍ변경 설치되었다. 2021년 기준 전국 220개소가 운영되고 있다. 서비스 대상은 학업중단숙려 대상청소년과 학업중단청소년이다.

주요서비스 내용을 보면(〈표 12-7〉 참조), 상담지원의 경우 학업중단숙려, 심리, 진로, 가족, 또래에 대한 상담이 이루어지고 있으며, 교육지원의 경우 검정고시, 복교, 진학 등의 목표에 따른 지원이 제공된다. 청소년의 성공적인 사회 진출 및 자립 지원을 목표로 하는 내일이룸학교에서는 맞춤형 직업훈련, 기초기술 습득을 위한 직업역량 강화 프로그램, 고용노동부와 함께하는 취업성공패키지와 각종 아르바이트 기회가 제공된다. 자립지원을 위해 주거지원, 청소년증 발급, 특별사회경제적 지원, 자기계발 지원이 있으며 무료 건강검진도 가능하다.

표 12-7 주요서비스 내용

구분	주요서비스 내용
상담지원	• 청소년 심리, 진로, 가족관계, 친구관계 등
교육지원	• 학업동기 강화 및 학업능력 증진 프로그램 진행 • 검정고시를 통한 학력취득 지원 • 대학 입시 지원 • 학업중단 숙려상담, 취학관리 전담기구 사례관리 • 복교지원
직업체험 및 직업교육훈련 지원	• 직업탐색 체험 프로그램 제공 • 직업역량 강화 프로그램 제공 • 취업훈련 연계지원(내일이룸학교, 취업성공패키지, 비즈쿨 등)
자립지원	• 자기계발 프로그램 지원 • 청소년 근로권익 보호 • 경제적으로 어려운 학교 밖 청소년 지원 • 기초 소양교육 제공
건강검진	• 10대 특성에 맞춘 건강검진 서비스 제공(본인부담 없음) • 건강생활 관리 지원 • 체력관리 지원
기타 서비스	• 지역특성화 프로그램 등

출처: 꿈드림센터 홈페이지(https://www.kdream.or.kr, 2021년 5월 6일 인출).

　　서비스 지원체계를 보면, 한국청소년상담복지개발원은 중앙지원기관으로서 학교 밖 청소년을 위한 프로그램 개발, 종사자 역량 강화, 외부자원 발굴 및 연계 등 센터 지원 업무를 담당하고, 꿈드림센터에서는 학교 밖 청소년에 대한 발굴을 시작으로 상담지원, 교육지원, 직업체험 및 직업교육훈련, 자립지원, 건강검진 등 다양한 서비스를 제공하고 있다. 서비스 지원은 여성가족부와 지역자치단체의 긴밀한 협력하에 이루어진다. 한편, 낯선 학교 밖으로 이동하는 시기의 청소년들은 가장 많은 관심을 필요로 하므로(주수산나, 김종우, 2017), 이때 학교 밖 청소년들이 센터로 흡수되어 체계적인 도움을 받을 수 있도록 사이버상담, 거리상담(아웃리치), 경찰서, 학교, 보건소 등과의 연계를 통한 직접 발굴 서비스의 중요성이 강조된다.

3) 학교안전통합시스템

우리(We), 교육·지도(education), 감성(emotion)의 의미를 담은 Wee프로젝트(학교안전통합시스템)은 학교폭력, 학교부적응, 정서불안, 비행 관련 고위험 학생뿐 아니라 일반 학생에 대한 안전망을 제공하는 사업으로 2008년에 개시되었다(자세한 사업 내용은 Wee프로젝트 홈페이지 참조). 총 3개의 위계적 단계로 구성된 Wee클래스-Wee센터-Wee스쿨의 안전망은 연속체계로서 [그림 12-6]에 제시된 바와 같이 각각 생활지도, 상담, 심리치료에 초점을 두고 있으며 함께 유기적인 협력관계를 통해 청소년들의 부적응 문제를 줄이는 데 기여하고자 하는 목표를 갖는다(최상근, 2011). Wee프로젝트는 또한 학교, 교육청, 지역사회의 긴밀한 연계를 통해 종합적인 안전망을 구축하고자 한다.

Wee클래스는 1차 안전망으로서 단위학교에 상담실을 설치하여 심리정서문제, 대인관계 어려움, 학업문제, 학교폭력, 비행 등 부적응문제를 경험하고 있는 학생들에게 진단 및 평가와 상담 및 치료 서비스를 제공한다(최상근, 2011). 또한 Wee클래스는 예방적 접근의 보편적 개입을 목표로 하기 때문에 전체 학생을 대상으로 상담교육서비스를 제공하여 부적응을 예방 및 조기발견하고, 학교적응력 향상을 위한 지도를 한다(최상근, 2011). Wee클래스는 2008년 30개교에 시범사업 운영을 시작으로 2021년 기준 6,932곳에 설치·운영되고 있다(Wee프로젝트 홈페이지 https://wee.go.kr). 하지만 이는 초·중·고등학교 설치율이 66% 수준에 미치지 못하고 있어 전국 모든 학교 내 상담시설의 확충이 시급한 상황이다. Wee클래스에서 전문가의 지속적인 관리를 필요로 하는 학생들은 Wee센터와 연계된다.

Wee센터는 전문인력이 상주하는 지역 교육청 차원의 2차 안전망으로서 Wee클래스에서 의뢰된 학생을 중심으로 진단-상담-치유의 원스톱 서비스를 제공한다(최상근, 2011). 센터에서 청소년들은 임상심리사의 진단 및 평가, 전문상담사의 상담 및 치료, 사회복지사의 지역지원체제 연계와 같은 도움을 받게 된다(최상근, 2011). 가정형 Wee센터는 가정적(가정폭력, 빈곤 등)·개인사회적(정서행동문제, 가출 등)·학교적(장기결석, 학교폭력 가·피해 등) 위기를 겪는 청소년을 대상으로 돌

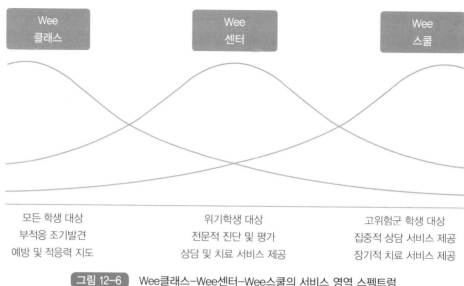

모든 학생 대상   위기학생 대상   고위험군 학생 대상
부적응 조기발견   전문적 진단 및 평가   집중적 상담 서비스 제공
예방 및 적응력 지도   상담 및 치료 서비스 제공   장기적 치료 서비스 제공

그림 12-6   Wee클래스-Wee센터-Wee스쿨의 서비스 영역 스펙트럼

출처: 최상근(2011), p. 31.

봄 · 주거 형태로 운영되는 특화형 Wee센터이며(교육부, 한국교육개발원, 2017), 위탁기간은 3개월이지만 연장이 가능하다. 2021년 기준 Wee센터 206개소, 가정형 Wee센터 18개소가 설치 · 운영되고 있다.

마지막으로, Wee스쿨은 시 · 도교육청 차원에서 운영하며 고위험군 학생을 대상으로 집중적이며 장기적인 상담 · 치료뿐 아니라 공통교과 및 진로 · 직업 교육, 체육 · 문화 활동까지 제공하는 대안교육 형태의 기술형 장기 위탁교육 서비스이며 최소 1개월에서 최장 2년까지 참여 가능하다(교육부, 한국교육개발원, 2017). 2021년 기준 17개소가 있다.

4) 한국청소년정책연구원 학교폭력예방교육지원센터

한국청소년정책연구원 학교폭력예방교육지원센터의 학교폭력 예방교육 어울림 프로그램은 초 · 중등학교 학생을 대상으로 하고 있으며, 2012년 개발되고 도입된 국가수준의 학교폭력 예방 프로그램이다. 한국청소년정책연구원이 2018년 교육부의 위탁을 받은 후 프로그램을 개발하고 학교에 보급 및 운영을 지원하고 있다(성윤숙, 구본호, 김현수, 2020). 어울림 프로그램의 목적은 청소년들의 공감, 의사소통, 감정조절, 자기존중감, 갈등해결, 학교폭력 인식 및 대처 역량을 증진시키는 것이다. 사이버 어울림 프로그램은 여기에 두 가지 역량(사이버 자기조절, 인터넷 윤리의식 및 활용)을 추가하여 총 여덟 가지 역량에 대한 함양을 목표로 하고 있다. 프로그램 종류로는 일반 학생들을 대상으로 핵심 역량 강화를 목적으로 한 보편적 예방교육인 기본 프로그램, 학교폭력 가해 · 피해 고위험군 학생을 대상으로 선별하여 4대 문제 유형(신체 · 물리적 폭력, 언어폭력, 따돌림, 사이버폭력)을 중심으로 구성된 심층 프로그램, 교과 교육과정과 연계한 교육 프로그램의 세 가지로 구분된다. 프로그램에 대한 세부적 구성 및 내용은 한국청소년정책연구원 학교폭력예방교육지원센터 홈페이지에서 찾을 수 있다(자세한 사업 내용은 한국청소년정책연구원 학교폭력예방교육지원센터 홈페이지 참조).

🔍 생각해 볼 문제

1. 학교의 제도권 밖에 있는 청소년들을 지칭하는 용어가 수차례 바뀌어 왔다. 현재 보편적으로 사용하고 있는 학교 밖 청소년이라는 용어는 적절한가? 적절하지 않다면 어떤 대체 용어가 있을 수 있을지 논의해 보자.

2. 「학교폭력예방 및 대책에 관한 법률」에서 제시하는 학교폭력이라는 용어는 청소년들이 또래 간 괴롭힘 경험을 적절히 설명하고 있는가? 그렇지 않다면 법률이 어떻게 변해야 할지 논의해 보자.

3. 학교중단, 학교폭력 문제에 대해 적극적이고 효과적으로 대응하기 위한 여성가족부와 교육부의 연계 방안으로 무엇이 있을지 논의해 보자.

참고문헌

경찰청(2019). 2019 경찰통계연보.

고은정, 김병년(2020). 학교 밖 청소년의 사회적 낙인감이 스마트폰 중독에 미치는 영향: 자아존중감의 매개효과. 청소년학연구, 27(12), 105-131.

곽금주(2008). 한국의 왕따와 예방프로그램. 한국심리학회지: 문화 및 사회문제, 14(1), 255-272.

교육부(2020). 2020년 전국 학교폭력 실태조사.

교육부, 학교폭력예방연구소(2020). 학교폭력 사안처리 가이드북.

교육부, 한국교육개발원(2017). 2017년 Wee 프로젝트 홍보 리플렛.

구본용, 신현숙, 유제민(2002). 데이터마이닝을 이용한 중퇴 모형에 관한 연구. 청소년상담연구, 10(2), 35-57.

구자경(2003). 청소년의 심리사회적 특성이 학교자퇴생각에 미치는 영향. 청소년학연구, 10(3), 309-330.

권혜선(2013). 초등학생의 또래괴롭힘 참여유형 간 관계 및 심리적 요인 분석. 초등도덕교육, 42, 1-26.

금명자(2008). 우리나라 학업중단청소년에 대한 이해. 한국심리학회지: 문화 및 사회문제, 14(1), 299-317.

금명자, 권해수, 이자영, 이수림, 김상수(2004). 학교 밖 청소년 종합지원체제 구축 운영연구. 서울: 한국청소년상담복지개발원.

김연화, 한세영(2011). 아동의 또래괴롭힘 참여유형의 판별변인 분석. 아동학회지, 32(3), 19-41.

김영희, 최보영, 이인회(2013). 학교 밖 청소년의 생활실태 및 욕구분석. 청소년복지연구, 15(4), 1-29.

김정혼, 이승연(2016). 또래괴롭힘 방관자 하위유형의 탐색. 상담학연구, 17(5), 377-398.

김종구, 박지현(2014). 또래괴롭힘(bullying)의 개념과 법적규율—학교폭력예방 및 대책에 관한 법률과 관련하여. 일감법학, 27, 307-338.

김혜리(2013). 또래괴롭힘 참여역할에 따른 인지적 · 정서적 공감의 차이. 한국심리학회지: 발달, 26(4), 1-20.

김혜영(2002). 학교중도탈락의 사회적 맥락에 관한 연구. 청소년학연구, 9(3), 213-242.

도현심, 김선미(2006). 남녀 아동의 또래괴롭힘과 관련된 변인들: 어머니의 양육행동과 아동의 자아존중감. 한국가정관리학회지, 24(4), 117-126.

류정희, 이상정, 전진아, 박세경, 여유진, 이주연, 김지민, 송현종, 유민상, 이봉주(2018). 2018년 아동종합실태조사. 충남: 한국보건사회연구원.

민수홍, 이유미(2015). 학업중단 청소년의 학업중단 전후 가해경험, 자기통제력, 비행친구. 사회이론, 48, 163-196.

박창남, 임성택, 전경숙, 김성식(2001). 중도탈락 청소년 예방 및 사회적응을 위한 종합대책연구. 서울: 한국청소년개발원.

배영태(2003). 학교 중도탈락의 선행요인과 판별. 청소년상담연구, 11(2), 23-35.

서정아, 권해수, 정찬석(2007). 직업전문학교 청소년과 거리 청소년의 생활경험 비교 연구. 한국청소년연구, 18(1), 213-245.

성문주(2020). 학교폭력예방 및 대책에 관한 법률 개정 내용과 함의. 디지털융복합연구, 18(2), 121-126.

성윤숙(2005). 학교중도탈락 청소년의 중퇴과정과 적응에 관한 탐색. 한국청소년연구, 16(2), 295-343.

성윤숙, 구본호, 김현수(2020). 학교폭력 예방 어울림 프로그램의 효과적 적용방안 탐색. 청소년학연구, 27(1), 363-383.

손강숙, 이규미(2015). 학교폭력의 방어자 역할 경험에 대한 질적 연구. 한국심리학회지: 학교, 12(3), 317-348.

송원일, 박선영(2020). 학교 밖 청소년 지원센터와 Wee센터의 효율적 연계 운영방안. 다문화아동청소년연구, 5(3), 57-86.

신나민(2012). 청소년 또래괴롭힘의 참여유형에 영향을 미치는 요인들: 공감 구인을 중심으로. 청소년복지연구, 14(4), 25-45.

여성가족부(2018). 2018 학교 밖 청소년 실태조사.

여성가족부(2020). 학교 밖 청소년 권리 지킴 가이드북.

여성가족부 보도자료(2020. 12. 15.). 학교 밖 청소년, 「청소년생활기록부」로 대학 간다.

윤철경, 서정아, 유성렬, 조아미(2014). 학업중단 청소년의 특성과 중단 후 경로: 학업중단 청소년 패널조사 I 데이터 분석 보고서. 세종: 한국청소년정책연구원.

이병환(2002). 학업중단 청소년의 사회적응 방안. 한국교육, 29(1), 175-196.

이숙영, 남상인, 이재규(1997). 중도탈락학생의 사회적응 상담정책 개발연구. 청소년상담연구, 40, 1-223.

이은자, 송정아(2017). 청소년의 학업중단 경험연구-H 청소년대안센터 학업중단 청소년을 대상으로. **상담학연구**, 18(5), 213.

이자영, 강석영, 김한주, 이유영, 양은주(2010). 학업중단 위기청소년이 지각한 학업중단의 위험 및 보호요인 탐색: 개념도 연구법의 활용. **청소년상담연구**, 18(2), 225-241.

임인아(2020). 학교폭력 피해 청소년의 학업중단 과정 분석. **청소년상담연구**, 28(1), 243-267.

전경숙(2006). 10대 학업중단 청소년의 근로실태에 관한 실증적 고찰 연구. **청소년상담연구**, 14(1), 3-21.

정동철, 박효정, 김현진, 김진구, 권슬기(2017). **초등학생 학교폭력 실태와 대응 방안**. 충북: 한국교육개발원.

정경희, 최정호(2020). 학교 밖 청소년들의 청소년 지원센터 이용 경험에 관한 연구—사회적 지지를 중심으로—. **문화교류와 다문화교육**, 9(1), 245-271.

정하은, 전종설(2012). 청소년 학교폭력 피해의 위험요인. **청소년복지연구**, 14(1), 195-212.

조성연, 이미리, 박은미(2009). 학업중단 청소년. **아동학회지**, 30(6), 391-403.

주수산나, 김종우(2017). '학교 안'에서 '학교 밖'으로의 전환 과정: 학교 밖 청소년 유관기관 종사자의 경험을 중심으로. **상담학연구**, 18(6), 499-522.

청소년폭력예방재단(2014). **2014년 전국 학교폭력 실태조사**.

최상근(2011). **Wee 프로젝트 운영 성과분석 및 발전계획 수립 연구**. 서울: 한국교육개발원.

하현석, 이종원, 이정미(2019). **학교 밖 청소년 추정치 추계방안 연구**. 세종: 한국청소년정책연구원.

허민숙(2020). 학교 밖 청소년 지원사업 현황과 개선과제. 정책분석모델개발 보고서, 2020-1. 서울: 국외입법조사처.

Allen, J. J., & Anderson, C. A. (2017). Aggression and violence: Definitions and distinctions. In *The Wiley handbook of violence and aggression*, 1-14.

Barnes, A., Cross, D., Lester, L., Hearn, L., Epstein, M., & Monks, H. (2012). The invisibility of covert bullying among students: Challenges for school intervention. *Australian Journal of Guidance and Counselling, 22*(2), 206-226.

Crick, N. R., & Grotpeter, J. K. (1995). Relational aggression, gender, and social psychological adjustment. *Child Development, 66*(3), 710-722.

Han, Y., Kang, H. R., Choe, J. W., & Kim, H. (2021). The moderating role of parental support in the relationship between latent profiles of bullying victimization and sense of school belonging: A cross-national comparison. *Children and Youth Services Review, 122*, e105827.

Hinduja, S., & Patchin, J. W. (2014). *Bullying beyond the schoolyard: Preventing and responding to cyberbullying.* Thousand Oaks, CA: Corwin Press.

Hirschi, T. (2002). *Causes of delinquency.* Transaction publishers.

NCES (2018). 2018 National Center for Educational Statistics. https://nces.ed.gov/fastfacts/display.asp?id=16, 2021년 2월 28일 인출.

Olweus, D. (1994). Bullying at school: basic facts and effects of a school based intervention program. *Journal of Child Psychology and Psychiatry, 35*(7), 1171-1190.

Olweus, D. (2013). School bullying: Development and some important challenges. *Annual Review of Clinical Psychology, 9*, 751-780.

Olweus, D., & Limber, S. P. (2018). Some problems with cyberbullying research. *Current Opinion in Psychology, 19*, 139-143.

Salmivalli, C. (1999). Participant role approach to school bullying: Implications for interventions. *Journal of Adolescence, 22*(4), 453-459.

Salmivalli, C., Lagerspetz, K., Björkqvist, K., Österman, K., & Kaukiainen, A. (1996). Bullying as a group process: Participant roles and their relations to social status within the group. *Aggressive Behavior: Official Journal of the International Society for Research on Aggression, 22*(1), 1-15.

Smith, P. K., del Barrio, C., & Tokunaga, R. S. (2013). Definitions of bullying and cyberbullying: How useful are the terms? In S. Bauman, D. Cross, & J. Walker (Eds.), *Routledge monographs in mental health. Principles of cyberbullying research: Definitions, measures, and methodology* (pp. 26-40). London: Routledge/Taylor & Francis Group.

Wang, J., Iannotti, R. J., Luk, J. W., & Nansel, T. R. (2010). Co-occurrence of victimization from five subtypes of bullying: Physical, verbal, social exclusion, spreading rumors, and cyber. *Journal of Pediatric Psychology, 35*(10), 1103-1112.

Wang, J., Iannotti, R. J., & Nansel, T. R. (2009). School bullying among adolescents in the United States: Physical, verbal, relational, and cyber. *Journal of Adolescent health, 45*(4), 368-375.

Zych, I., Ttofi, M. M., Llorent, V. J., Farrington, D. P., Ribeaud, D., & Eisner, M. P. (2020). A longitudinal study on stability and transitions among bullying roles. *Child Development, 91*(2), 527-545.

[홈페이지 참고자료]

교육통계서비스 홈페이지 https://kess.kedi.re.kr

꿈드림센터 홈페이지 https://www.kdream.or.kr

푸른나무재단 홈페이지 http://btf.or.kr

한국청소년정책연구원 학교폭력예방교육지원센터 홈페이지 https://www.stopbullying.re.kr

Wee프로젝트 홈페이지 https://wee.go.kr

제13장

청소년과 비행

역경(逆境)은 청년에게 있어서 빛나는 기회이다.

−에머슨−

청소년 비행은 일반적으로 청소년 개인이 사회규범을 어겨 법에 의해 처벌을 받을 정도라고 판단되는 행위를 의미한다. 많은 청소년이 가정 밖으로 가출을 시도하거나 가출 충동을 경험하며, 비행과 범죄를 경험하게 된다. 물론 대다수의 청소년은 건강하게 성장·발달하지만 충동성이나 우울과 같은 성격 요인, 가정 폭력이나 학대, 가족 해체 및 빈곤 등과 같은 가족 요인, 학업 스트레스, 또래로부터의 낮은 지지, 유해한 사회환경 등과 같은 사회 요인들이 복합적으로 작용하여 비행 청소년이 증가하고 있다.

이 장에서는 청소년 비행을 이해하고 이에 대한 적절한 개입방안을 모색하기 위하여, 청소년 비행과 유형을 살펴보고, 비행청소년의 발생원인과 문제를 가정, 학교, 사회로 나누어 살펴보고자 한다. 또한 이들 청소년을 위한 다각적인 복지정책과 실천현장 및 관련서비스를 고찰하고자 한다.

1. 청소년 비행과 유형

1) 청소년 비행의 개념

비행(Delinquency)이라는 말은 라틴어의 '과오를 범하다.' '의무를 태만하다.'라고 하는 뜻에서 유래된 것으로 바람직하지 않거나 적절하지 않은 행위를 말한다. 비행이라는 것은 원래 법률적 용어로서 일정한 행위규범에 반(反)하는 행동 혹은 인격적 태도를 말하는 것이다. 이것을 청소년에 적용해 보면 비행청소년이라 함은 청소년이 지켜야 할 규범이나 규칙을 위반하거나 잦은 학교 결석 및 가출 혹은 음주, 흡연, 폭행 등 다양한 양상으로 우범 범죄 행위를 하는 12세 이상 20세 미만의 청소년을 이르는 말이라 할 수 있다.

이에 관해 학문적 접근 분야별로 조금씩 시각의 차이가 있다. 사회학 분야에서는 청소년 비행을 사회 문제의 한 측면에서 청소년의 일탈 행위로 보고 있으며, 심리학 분야에서는 청소년 비행을 청소년의 비뚤어진 인성발달의 한 측면에서 청소년의 문제행동, 부적응행동 및 행동장애 등의 한 부류로 보고 있다.

법적인 개념은 일정한 행위규범에 따르지 않는 행위 내지 인격적 태도를 지칭하여 청소년에 의한 모든 반사회적 행위라 할 수 있고, 그래서 법률적으로는 과거의 객관적 행위뿐만 아니라 장래에 범죄를 범할 가능성과 환경의 영향까지 광범위하게 포함한다.

광의의 청소년 비행이라는 용어는 구체적으로 청소년 범죄와 협의의 청소년 비행을 포괄하는 개념으로 사용되고 있다. 즉, 「형법」에 규정된 범죄 행위의 주체가 청소년일 경우에 청소년 범죄라고 하며, 협의의 청소년 비행은 성인이 하였을 경우에는 문제가 되지 아니하나 청소년이기 때문에 문제시되는 행동을 말하는 것으로 음주와 흡연을 비롯하여 청소년 출입금지 장소에 출입하는 것 등을 들 수 있다. 다시 말해, 청소년 비행이라 함은 협의에 있어서는 반사회적 행위만을 뜻하는 것으로 청소년의 비행 행위를 성인의 범죄 행위와 분리 취급하기 위하여 설정된 개념이며,

광의에 있어서는 반사회적 행위와 비사회적 행위인 불량행위를 포함하고 있다.

　우리나라에서의 청소년 비행에 관한 법인 「소년법」에서 '소년'은 19세 미만인 자를 말하며 보호의 대상은 형벌 법령에 저촉되는 행위를 한 10세 이상 14세 미만의 소년으로 규정하고 있다.[1] 즉, 청소년의 성격이나 환경에 비추어 앞으로 형벌 법령에 저촉되는 행위를 할 우려가 있는 10세 이상인 소년이 집단적으로 몰려다니며 주위 사람들에게 불안감을 조성하는 성벽(性癖)이 있거나, 정당한 이유 없이 가출하는 것, 술을 마시고 소란을 피우거나 유해환경에 접하는 경우 등이 해당된다(법제처 국가법령정보센터 홈페이지 https://www.law.go.kr).

　이상의 청소년 비행에 관한 여러 가지 입장을 종합해 보면, 청소년 비행이란 일반적으로 청소년 개인이 대체로 의도적 · 지속적으로 사회규범을 어겨 법에 의해 처벌을 받을 정도라고 판단되는 행위군을 의미한다는 것을 알 수 있다. 청소년 비행의 개념을 이렇게 보면 사소한 지위비행, 가벼운 비행 등은 비행이라기보다는 문제행동이라고 보는 것이 타당하다.

　한편, 비행청소년의 유형을 살펴보면 〈표 13-1〉과 같다. 「소년법」에 따르면, 범죄 행위, 촉법 행위를 하거나 우범상태에 놓인 10세 이상 19세 미만의 소년을 범죄소년, 촉법소년, 우범소년이라고 한다.

표 13-1 비행청소년의 유형

구분	내용
범죄소년	14세 이상 19세 미만인 소년으로서 형벌 법령에 저촉되는 행위를 한 자를 말한다(형사책임을 진다).
촉법소년	10세 이상 14세 미만의 소년으로 「소년법」에 저촉되는 행위를 한 자를 말한다(형사책임은 없으나 보호처분의 대상이 된다).

---

[1] 「소년법」에서는 '소년'에 대하여 20세 미만의 자 → 19세 미만의 자로, 제4조 보호의 대상을 "형벌 법령에 저촉되는 행위를 한 12세 이상 14세 미만의 소년" → "형벌 법령에 저촉되는 행위를 한 10세 이상 14세 미만인 소년"으로 연령을 변경하였다(2008. 6. 22.부터 시행, 제2조; 법제처 국가법령정보센터 홈페이지 https://www.law.go.kr).

협의의 범법소년	형사처벌은 물론 보호처분도 할 수 없는 10세 미만의 소년
우범소년	10세 이상 19세 미만의 소년으로서 보호자의 정당한 감독에 복종치 않은 성벽이 있거나, 정당한 이유 없이 가정에서 이탈하거나, 범죄성이 있는 자 또는 부덕한 자와 교제하는 등의 사유로 장래 형벌 법규에 저촉되는 행위를 할 우려가 있는 자를 말한다.
불량행위소년	비행소년은 아니나 음주, 흡연, 싸움, 기타 자기 또는 타인의 덕성에 해하는 행위를 하는 19세 미만인 자를 말한다.
요보호소년	비행소년은 아니나 학대, 혹사, 방임된 소년, 또는 보호자로부터 유기 또는 이탈되었거나 그 보호자가 양육할 수 없는 경우, 기타 경찰관 직무집행법 또는 「아동복지법」에 의하여 보호를 요하는 자(미아, 기아, 가출아 등)을 말한다.

출처: 구혜영(2018).

2) 청소년 비행의 유형

청소년 비행의 개념을 명확히 이해하기 위해서는 청소년 일탈과 청소년 비행, 문제행동 등에 대한 용어 정의를 명확히 할 필요가 있다. 청소년과 관련된 일탈행위로는 부모에게 거짓말하기, 흡연, 패싸움, 물건 훔치기, 유해업소 출입, 유해약물 복용 등을 들 수 있다. 이들 행위가 모두 규칙 또는 규범을 위반한 행위이지만 각 행위 간에는 몇 가지 수준에서 구별할 수 있는데, 행위가 기져올 수 있는 사회적 피해의 정도, 규칙을 어겼을 때 받는 규제의 강도, 사회적 합의수준에 따라 행위에 대한 평가가 다르다.

이러한 다양한 행위는 규범에 대한 합의 정도, 사회적 반응의 정도, 사회적 피해 정도에 따라 네 가지 유형으로 범주화될 수 있는데 그 내용을 살펴보면 다음과 같다(〈표 13-2〉 참조).

표 13-2 일탈과 범죄의 유형

유형	규범에 대한 합의 정도	사회적 반응 정도	사회적 피해 정도	보기
합의범죄	높음	부정적	높음	살인이나 강도, 강간, 유괴, 절도 등 전통적인 약탈 및 폭력범죄들
갈등범죄	논란의 여지 있음	부정적	높음	인공유산, 안락사, 정치적 범죄
협의의 일탈	논란의 여지 있음	부정적	그다지 크지 않음	음주, 흡연, 유흥업소 출입, 패싸움, 불량서클 가입
사회적 다양성	낮음	개성 있는 행동으로 간주	낮음	머리 염색

출처: 홍봉선, 남미애(2018).

- 합의범죄(consensus crime): 청소년의 비행 행동에 대해서 처벌이나 규제 등 사회적 반응이 매우 강하고 부정적이며 사회적 · 개인적 피해가 상당히 커서 대다수의 사회 구성원이 범죄라고 인정하는 행위이다. 여기에는 살인이나 강도, 강간, 유괴, 절도 등 전통적인 약탈 및 폭력범죄들이 해당된다.
- 갈등범죄(conflict crime): 사회적 피해 정도는 합의범죄 다음으로 크며 사회적 반응도 상당히 부정적일 수 있다. 하지만 그것이 범죄냐 아니냐에 대해 논쟁적인 여론이 존재하는 행위 유형이다. 예를 들어, 유산, 안락사, 정치적 범죄 등은 집단에 따라 범죄라고 규정될 수도 있고 그렇지 않을 수도 있다.
- 협의일탈(deviation consultation): 좁은 의미에서의 일탈의 범주에 넣을 수 있는 행위이다. 이것은 범죄행위만큼 강한 제재나 비난이 있는 것은 아니지만 사회적 관습이나 전통, 조직의 규율, 학교의 학칙 등을 위반하는 행위이며 사회적 피해 정도가 그다지 크지 않고 규범에 대한 합의 정도도 범죄만큼 강하지 않다. 여기에는 음주, 흡연, 유흥업소 출입, 패싸움, 불량서클 가입 등이 속한다.
- 사회적 다양성: 특별한 개인적인 성향이나 행동 형태를 포함하는 사회적 다양

성 범주에 드는 행위들이다. 대다수 사람과 비교해 본다면 평범한 상태에서 조금 벗어나 비정상화로 보이기도 하지만 규제나 처벌을 받는 것은 아니며 단지 조금 지나치게 개성을 표현하는 행위들로 간주되는 행위들이다. 그러나 일탈 행위를 규정하는 기준은 사실 가변적이다. 즉, 기준을 벗어나는가 아닌가 하는 판단은 고정적이지 않고 유동적이라는 점이고, 이러한 측면에서 일탈로 여겨지던 행위가 사회적 다양성의 차원으로 정상화(normalize)되기도 한다.

그리고 청소년범죄의 유형은 강력범(살인, 강도, 강간 등), 폭행범(폭행, 상해, 감금·유인 등), 재산범(절도, 횡령·배임, 사기 등), 교통사범 등으로 분류할 수 있다. 범죄 유형별 나타나는 우리나라 청소년들의 범죄 변화 추세의 특징은 재산관계 범죄의 증가가 흉폭화되고 있는 점이라고 할 수 있다. 실제로 음주와 흡연은 청소년 비행의 초기 증상일 뿐 아니라 점차 다른 폭력이나 약물남용 등과 같은 심각한 비행으로 발전해 나간다는 점에서 가볍게 생각할 문제가 아니다.

2. 청소년 비행의 원인과 문제

1) 발생원인

청소년 비행의 원인으로서 그들을 둘러싸고 있는 환경과 여건, 즉 가정과 학교, 사회의 부적절한 환경을 들 수 있다. 이러한 청소년 비행의 원인을 심리사회학적 요인과 생태환경적 요인으로 나누어 살펴보고자 한다.

(1) 심리사회학적 요인
청소년 비행을 유발하는 심리사회학적 요인은 공격성, 충동성, 낮은 자아존중감, 대인관계 미숙, 낮은 도덕성, 문제해결능력 부족, 비행을 처음 저지른 시기 등 다양한 개인적 특성을 들 수 있다. 정신건강 측면에서의 비행 위험행동들로는 위축과 소외감, 우울증, 감정조절능력의 결여, 약물남용, 섭식장애, 폭력, 성폭행, 자살생각 등이 있다.

① 공격성과 충동성

인간의 공격적 행동은 사회화 과정에서 자기억제 및 자기통제와 자기조절이 잘 되지 않기 때문에 나타난다. 공격적인 사람은 타인에 대한 배려가 적고, 이해성이 낮으며 폭력과 폭력적 수단의 사용에 대해 적극적이며, 폭력적인 비행을 더 많이 하는 경향이 있고, 선행연구에서도 공격성은 청소년의 비행에 직접적인 영향을 미치는 것으로 나타났다(진혜민, 박병선, 배성우, 2011). 그리고 자제력이 약하고, 자기 기분대로 행동하는 성향이 있는 충동성이 높은 청소년도 비행을 일으킬 가능성이 높다는 것을 알 수 있다.

② 자아상

부정적 자아상은 비행을 유발하는 데 영향을 미친다. 비행청소년은 자신의 갈등이나 문제를 가족에 투사시키는 등 미성숙한 자아상을 보일 때, 잠재적 비행이 유발되고, 자존심의 손상, 수치심 또한 청소년 비행이나 폭력행동과 밀접한 관계가 있다(Scheff & Retzinger, 1991). 특히 낮은 자아존중감은 청소년 비행을 증가시키는 것으로 다양한 연구결과에서 나타났다(김경식, 이현철, 2007; 정익중, 박현선, 구인회, 2006).

그리고 자기통제이론을 주장한 Gottfredson과 Hirschi(1990)도 낮은 자기통제력을 가진 청소년의 경우 순간적인 만족 또는 쾌락을 위해 우발적으로 비행을 일으킨다고 주장하였다. 국내 연구에서도 자기통제력은 현실 비행뿐만 아니라 사이버 비행에도 영향을 미치는 것으로 나타났다(배성만, 2016; 정소희, 이성식, 2019; 조춘범, 이현, 2018). 즉, 자기통제력은 순간적인 쾌락을 지연하거나 통제할 수 있는 힘이다. 이러한 자기통제력은 개인차가 있는데 자기통제력이 높은 사람은 어떤 상황에 처해 있던 범죄 행위를 피하게 될 가능성이 높다는 것이다. 그리고 어린 시기에 비행을 하게 될 경우 청소년 비행이나 성인범이 될 가능성이 높다.

(2) 생태환경적 요인

청소년 비행 관련 변인에 관한 다양한 경험적 연구를 통해 주로 청소년을 둘러싸고 있는 환경, 즉 가정, 학교, 사회가 영향을 미친다고 할 수 있다.

① 가정환경 요인

서구 사회에서는 비행 요인으로 1900년대 초반 결손가정에 대한 중요성이 강조되기 시작하였고, 이는 비행의 가장 중요한 단일 원인으로 받아들여져 왔다. 그러나 점차 가족이 담당하고 있던 보호, 교육, 경제 등 많은 기능이 다른 사회제도에 의해 적절히 수행되기 시작하면서 가족의 기능이 축소되기 시작했고, 비행의 원인으로서 결손가정의 중요성에 의문을 제기했던 Shaw와 Mckay 등이 형식적인 결손보다는 기타 가족관계에 대한 연구가 이루어져야 함을 주장하기에 이르렀다. 이후 가정 변인과 청소년 비행과의 관계에 관해 가정의 '구조'와 '기능'적인 측면으로 나누어 언급하고 있다.

구조적인 측면은 한부모가정, 조손가정, 다문화가정 등 구조적 취약성으로 어려움에 처할 가능성이 있는 가정, 가정의 사회경제적 지위 등에 관한 것이고, 기능적인 측면은 부모와 자녀 간의 상호작용의 중요성, 훈육의 유형이나 정도에 관한 것으로 구분할 수 있다.

가정 구조적인 측면의 연구들은, 한부모가족과 비행과의 관계, 형제의 수와 비행과의 관계, 부모의 이혼이 자녀의 적응에 미치는 영향 등에 초점을 맞추는 반면, 가정 기능적인 측면에 대한 연구들은 가족관계 변인을 중심으로 부모의 양육태도, 부모에 대한 애착, 부모-자녀 친밀도 등 가족의 심리적 관계와 비행에 초점을 맞추었다(하유진, 이경은, 2020). 즉, 부모와 자녀 간의 긍정적인 유대관계는 청소년의 비행과 부적 상관을 가지며(김세원, 이봉주, 2010; 이미영, 장은진, 2016), 부모와의 애착이 높을수록 자녀의 비행은 덜 일어나는 것으로 나타났다(김준호 외, 2018). 그리고 부모의 학대적 양육태도는 청소년의 지위비행, 재산비행, 폭력비행 등에 영향을 미치는 것으로 나타났다(송진영, 박민자, 2015). 따라서 자녀에 대한 관심과 애정, 그리고 가족 구성원 간의 화목한 분위기가 청소년 비행 예방에 필수적이다. 부모는 청소년이 유해한 행위에 가담하는 것을 막는 사회통제 요인 중에서도 강력한 억제력을 갖는 일종의 '사회제도'인 셈이다.

② 학교환경 요인

청소년기는 어떤 발달단계보다도 친구의 영향이 중요한 시기로 가족보다 또래집단과 보내는 시간이 많고, 그 영향력도 지대하다. 또래집단에 대한 소속감이 청소년의 자아존중감이나 긍정적인 자기 개념에 상당한 영향을 주게 되는데, 한 명의 친구와도 사귈 수 없거나 또래집단으로부터 인정받지 못하면 우울이나 자살 충동을 경험하기도 한다. 이와 같은 맥락에서 가까운 친구나 또래집단의 가출에 동조하거나, 함께 가출을 실행하기도 한다(조성연 외, 2016). 이러한 이유로 비행을 예측하는 중요 변수로 또래집단과 학교환경 요인을 포함한다. 또래집단의 영향을 보면, 친구의 비행 정도가 높고 비행 친구가 많아 비행 또래집단과 자주 어울리게 되었을 때, 비행가치에 내면화되거나 집단비행을 통해 죄의식을 나누어 가지고 동조적 성향을 보인다. 이로 인해 비행에 쉽게 가담하고 비행행동을 서로 강화하는 역할을 한다.

오늘날의 학교교육은 입시 위주의 경쟁적이고, 획일적 분위기, 학업 중심 교육이 이루어지는 가운데 청소년들은 부모와의 학업 갈등과 교사에 대한 반발 및 구조화된 생활에 대한 답답함 등으로 학교 공간으로부터의 탈출을 시도하는 등 청소년의 부적응과 비행을 부추기게 된다. 이로 인해 학업수행도가 낮거나 학교규칙을 어기는 등 학교생활의 부적응이 비행을 유발하는 원인이 된다. 그리고 학교 교사의 공부 압력, 교사에 대한 반항과 불신임도 비행을 초래하는 중요 요인이 된다. 학업성적이 부진하거나 학교 교사로부터 관심과 인정을 받지 못하는 학생들은 그로 인한 긴장이나 불만을 다른 곳에서 해소하려 하게 되는데 유해업소와 같은 물리적 유해환경과 가족, 학교, 친구 등 사회 · 심리적 유해환경이 복합적으로 작용하여 청소년 비행에 영향을 주는 것이다.

③ 사회 요인

청소년 일탈의 사회 요인으로 사회계층이 중요한 영향 요소이며, 일반적인 공식 범죄통계를 중심으로 볼 때도 일탈행위의 상대적 발생은 사회계층에 따라 서로 차이가 있다. 이처럼 사회계층을 일탈의 사회적 요인으로 중시하는 것은 서로 다른 사회계층에 따라 청소년의 문화 학습, 인성발달, 사회화에 차이가 발생한다고 보기 때문이다. 물론 사회계층, 즉 소득이 높은 계층 또는 빈곤층 중에서 어느 계층이 더 사회적 일탈을 많이 한다고 단언하기는 어려워도 저소득계층에서 좀 더 비행 청소년이 많을 수 있음은 간과할 수 없다.

또한 청소년을 둘러싼 다양한 유해환경은 청소년의 가출을 유도하고 지속적 가출상태를 유지하는 요인이 된다. 이와 더불어 인터넷, 스마트폰, TV 프로그램 등의 대중매체가 청소년의 성장에 긍정적 요소로 작용하기도 하지만 잘못 사용할 경우 부정적 요소로 작용하기도 한다. 잘못된 언어습관 형성, 인터넷 및 게임 중독도 일탈 및 문제행동 유발, 가정 밖 청소년이 되는 한 요인으로 작용할 수 있다. 또한 각종 불법 유흥업소들 역시 청소년들을 끌어들여 가출하게 하는 은신처가 되기도 한다.

2) 청소년 비행 문제

(1) 가정과 청소년 문제

오늘날 가정의 기능이 점차 축소되고 있는데 애정기능을 제외한 다른 여러 기능이 전문기관에 흡수되고 있다. 이와 같이 가족의 구조와 기능이 변화함으로써 현대 가정은 여러 가지 문제를 안게 되었다. 특히 핵가족구조하에서 가정기능은 약화되고 이에 따라 야기되는 여러 가지 문제점이 있을 수 있으나 여기에서는 주로 청소년들에게 미치는 영향을 고려하여, 그 문제점을 살펴보면 다음과 같다(이소희 외, 2005).

첫째, 현대 가정이 핵가족화 및 다양화됨으로써 나타나는 문제이다. 직업구조의 변동과 그에 따른 도시화, 출산자녀 수의 감소 등으로 가족 수가 줄어들고 가족 형태가 변모함으로써 가족관 및 도덕관의 변동으로 인한 문제가 나타나고 있다. 즉,

가족 간의 관계가 단조로워져서 청소년들이 대가족제의 장점을 경험하지 못해 보다 넓은 인간관계를 형성하는 데 저해 요인이 되며, 고립화되는 것뿐만 아니라 더 나아가 소외감을 갖거나 정서적 안정감을 잃게 된다는 점이다.

둘째, 부모의 과잉보호와 지나친 기대에 따른 문제이다. 핵가족화 및 저출산으로 인해 자녀 수가 적어져서 부모의 관심과 보호가 지나치게 되어 심리적 부적응 현상과 청소년에게 부정적인 영향이 많이 나타난다. 과잉보호는 의존성, 심약성, 비타협 성향을 불러일으키고, 지나친 기대는 탈선과 비행을 가져오기도 한다.

셋째, 문제가정 또는 취약가정의 증가에 따른 문제이다. 배우자의 사망, 이혼, 불법출산, 별거, 부모 가출 등으로 인한 한부모가정, 조부모가정, 소년소녀가정, 다문화가정 등에서 자란 청소년은 열등감과 소외감, 반항심이 생기기 쉬워 청소년 비행을 일으키기도 한다.

넷째, 부모가 집에 거주하는 시간이 줄어들면서 오는 문제이다. 가족 구성원 모두가 가정을 중시하는 경향을 보이고는 있지만 맞벌이 부부의 증가로 청소년들이 혼자 있는 시간이 늘어나고 있으며 부모와의 대화시간이 부족해지고 있다.

결국 현대 가정 내에서의 문제점은 부모와 자식 간, 부부간, 또는 가정 내 세대 간의 대화단절로 인한 애정의 결핍이라고 할 수 있다. 또한 이것이 오늘날 청소년의 탈선이나 가출 등의 주요 원인을 제공하고 있다고 볼 수 있을 것이다.

앞으로 청소년 문제의 가정적 요인을 파악하는 데 있어서 일반 가정에서의 과잉보호, 무관심 등의 부적절한 교육방식이나 사회화 기능의 약화 현상과 더불어 다양한 가족체계 내의 변화 등에 대해서도 더욱 관심을 기울여야 한다.

(2) 학교와 청소년 문제

우리나라에서 학교교육의 문제점으로 가장 빈번히 지적되는 것이 입시 위주 교육이라 할 수 있다. 입시 위주의 학업방식은 유아교육기관에서 고등학교에 이르기까지 부모의 지나친 경쟁의식과 고학력사회 풍토로 인하여 진정한 인간교육을 할 수 없는 중요한 요인이 되고 있다.

우리나라의 많은 청소년이 초등학교부터 입시를 준비하게 되지만, 중학교나 고등학교에 입학하면서부터 많은 학생이 스스로 한계를 규정짓게 되고 일정한 점수를 받지 못하는 청소년들은 이미 소외되기 시작한다. 거의 대부분의 청소년이 상급학교 진학에 대한 압박감, 성적 저하에 따른 심한 스트레스를 받게 되는 것이 매우 보편적 현상이다. 따라서 친구를 만난다거나 심신을 단련할 문화활동이나 체육활동을 할 시간이 별로 없기 때문에 학업에 따른 스트레스가 가중되고 그 결과로 자살, 가출 등 일탈행동에 빠지게 되기도 한다(이소희 외, 2005).

청소년기에는 자신의 욕구불만을 혼자의 힘으로는 해소시킬 수 없기 때문에 집단을 이루어 집단적으로 행동하려는 태도를 취하게 된다. 따라서 비행집단의 형성과정을 보면 처음에는 욕구불만 내지 사회에 대한 저항감, 일탈감을 느끼다가 비슷한 생각을 갖는 또래들끼리 만나 대화를 나누게 되며 일정 기간에 걸쳐 공동으로 문제를 해결하는 방법에 관하여 모의하면서 비행에 이르게 된다. 그리고 비행은 주로 도시에 집중되어 나타나고 있는데, 이는 대도시의 경우 범죄 유혹이 많을 뿐만 아니라 비행의 대상과 기회가 많고, 은신과 도피가 용이하며, 주위의 무관심과 부모의 감독이 소홀하기 때문이기도 하다.

(3) 사회와 청소년 문제

정치, 경제, 사회 각 부분에서의 인간소외와 획일화 경향은 청소년의 건전한 성장이나 육성에 지대한 영향을 미친다. 사회 전체적인 획일화 경향과 인간의 수동화 현상 속에서 청소년들이 성장하게 되므로 이런 경향이 심화되고 창의성과 적극성이 부족한 청소년들이 양산될 수도 있다. 여러 가지 대중사회의 특성 중 청소년에게 보다 직접적으로 영향을 미치는 것은 대중매체를 통해 접하는 소비생활과 문화생활이라고 할 수 있다.

우선, 청소년들은 대중매체와 밀접히 접촉하면서 TV 프로그램이나 유튜브 등을 통해 선정적·외설적·폭력적인 내용도 많이 접하고 있다. 또한 퇴폐·향락산업의 번창은 간접 경험을 통해 청소년들에게 교육적으로 악영향을 미치고 있다. 그뿐만 아니라 유흥업소에서 미성년자 출입 묵인, 주류 제공 및 판매행위, 음란물 상영,

환각제 등 불법약물 사용 및 판매, 숙박시설에서의 미성년자 혼숙 등 각종 퇴폐 영업을 하고 있어 미풍양속을 저해하고 청소년들의 탈선 및 범죄의 온상이 되는 경향이 있다. 그리고 유흥업소 운영자들은 종업원을 확보하기 위하여 SNS 등에서 구인광고를 내고 이를 통해 청소년들을 유인 또는 납치하여 인신매매를 하며, 학대 · 혹사행위를 하는 등 범죄의 근원이 되고 있다.

이러한 현상은 현대 사회의 윤리관 부재와 정조관념의 희박, 그리고 성개방 풍조 등이 청소년의 의식에 영향을 미쳤기 때문으로 보인다. 그리고 청소년 범죄 중 강간범죄가 계속 증가하고 있는데, 우발적인 범죄와 더불어 취중 혹은 호기심에서 발생한 범죄, 유흥비를 마련하기 위한 범죄 또한 점점 늘어나고 있어 다양한 측면에서 청소년 문제와 비행에 대한 관심이 필요하다.

3. 청소년 비행 정책

1) 일반비행청소년을 위한 정책

(1) 건전한 청소년상의 정립

청소년은 민주사회가 요청하는 건전한 가치관의 체득은 물론이고 올바른 가치관을 형성하도록 노력해야 한다. 따라서 기성세대는 청소년들을 신뢰하고 그들의 가치관과 꿈을 인정해 주는 열린 안목이 있어야 하고, 성인의 문화를 정화하려는 노력이 선행되어야 한다. 또한 청소년들의 건전한 문화 형성을 위한 볼거리와 할거리를 제공해 주어야 한다.

(2) 유해환경의 정화와 민관협력체제 구축

청소년이 바르게 성장하기 위해서는 청소년을 둘러싸고 있는 환경이 건전해야 한다. 청소년에게 보다 나은 삶의 기회를 부여하고 인간적인 삶의 영위를 돕는 것이 우리 사회의 궁극적인 지향점이라면 삶의 현장에 침투해 있는 각종 청소년유해환경을 찾아내고 개선하여 이들로부터 청소년을 보호하는 것과 더불어 유해업소 등 일탈을 조장하는 시설에 대한 적극적인 실태조사를 통해 단계적으로 그 규모를 축소시켜 나가는 조치가 필요하다. 또한 관련 정부 부처의 지속적인 단속과 함께 대국민 홍보활동 전개 등 다각적인 개선대책을 추진하여 유해환경으로부터 청소년을 보호해야 할 것이다. 각종 시민운동을 활성화하고, 국민의식을 올바로 확립하기 위한 교육 및 홍보활동을 정부와 각종 교육단체, 언론기관, 학부모 단체, 시민단체 등이 협력하여 적극적으로 전개하여야 한다. 그리고 무엇보다도 중요한 것은 강력한 법집행 의지와 집행력을 확보하는 것이다. 이러한 사항을 올바르게 시행한다면 청소년 비행의 예방에 효과가 있을 것이다.

(3) 빈곤청소년 지원 강화

빈곤청소년 가족에 대한 지원을 강화해야 한다. 빈곤으로 인한 비행을 예방하기 위해 빈곤가족에 대한 공공부조의 수준을 현실화하고 주거대책을 마련하여야 한다. 현재 저소득층 청소년에 대한 고교학비, 급식비 등을 전면 지원해 주고 있는데 이를 중학교까지로 좀 더 확대하는 것이 필요하다. 아울러 건강한 가족에 대한 사회적 홍보를 강화할 필요가 있으며, 다양한 지역사회 자원과의 연계를 통하여 이들의 복지서비스를 강화하는 것이 필요하다.

2) 가정 밖 청소년을 위한 정책

가정 밖 청소년의 복지정책을 위해서는 먼저 가출의 실태 파악이 필요하다. 그러나 그 실태를 파악하는 것이 용이하지 않고, 각 부처마다 대상 연령이나 규정에 차이가 있으므로, 다양한 자료에 기초해서 대략적인 추정이 가능할 뿐이다. 2019년 초·중·고등학생의 최근 1년 내 가출 경험률은 3.5%로 전년 대비 0.3%p 감소하였으며, 남자가 여자보다, 중·고등학생이 초등학생보다 가출 경험이 많은 것으로 나타났다. 가출 이유로는 [그림 13-1]과 같이 부모님과의 문제(61.7%)가 가장 많았고, 다음으로 학업문제(15.9%), 친구들과 함께하기 위해서(9.6%) 순이었다(통계청,

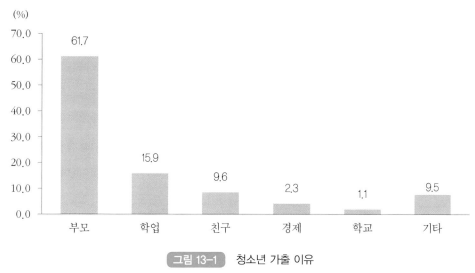

(%)

그림 13-1 청소년 가출 이유

출처: 통계청, 여성가족부(2020).

여성가족부, 2020). 이러한 결과를 볼 때 가출 예방을 위해서는 무엇보다 부모와의 갈등해결이 가장 큰 핵심 사안이다.

정부의 가출 예방을 위한 법적 근거를 살펴보면 「청소년복지 지원법」 제16조에서 청소년 가출 예방 및 보호·지원에 대하여 규정하고 있으며 그 내용은 다음과 같다.

① 여성가족부 장관 또는 지방자치단체의 장은 청소년의 가출을 예방하고 가출한 청소년의 가정·사회 복귀를 돕기 위하여 상담, 청소년쉼터의 설치·운영, 청소년쉼터 퇴소 청소년에 대한 사후지원 등 필요한 지원을 하여야 한다.
② 보호자는 청소년의 가출을 예방하기 위하여 노력하여야 하며, 가출한 청소년의 가정·사회 복귀를 위한 국가 및 지방자치단체 등의 노력에 적극 협조하여야 한다.
③ 여성가족부 장관 또는 지방자치단체의 장은 청소년 가출 예방 및 보호·지원에 관한 업무를 「청소년 기본법」에 따른 청소년단체에 위탁할 수 있다.

또한 정부는 앞으로 '가출청소년' 대신 '가정 밖 청소년'이라는 용어를 사용할 방침이다. 국가인권위원회는 2017년 가출 청소년들이 비행청소년이나 예비범죄자라는 오해를 불러일으킬 수 있다는 판단에 따라 여성가족부에 '가출'이라는 표현을 '가정 밖'으로 바꾸라고 권고했다. 현행 「청소년복지 지원법」에서는 가정을 떠나 외부에서 생활하는 위기청소년을 가출 청소년으로 명시하고 있다. 여성가족부는 2021년 "가출 이후 '가정 밖'이라는 위험 상황에 초점을 두고 지원 및 보호 정책을 추진하기 위해 가출청소년을 가정 밖 청소년으로 용어를 변경했다."고 밝혔다(여성가족부, 2021).

3) 범죄청소년을 위한 복지정책

(1) 소년사법제도

청소년 비행의 원인은 청소년 본인에게 있다기보다 잘못된 사회환경과 부정적인 부모의 양육태도 등에 의하여 일어나는 경우가 많다. 이에 따라 비행청소년의 반사회적 성향을 조정하고 환경을 조정함으로써 비행청소년을 건전하게 육성하고 보호하자는 것이 비행청소년의 교정교화사업이라고 말할 수 있다.

「소년법」 제1조 목적에 따르면, "반사회성(反社會性)이 있는 소년의 환경 조정과 품행 교정(矯正)을 위한 보호처분 등의 필요한 조치를 하고, 형사처분에 관한 특별조치를 함으로써 소년이 건전하게 성장하도록 돕는 것을 목적으로 한다."라고 규정하고 있다(법제처 국가법령정보센터 홈페이지 https://www.law.go.kr).

이러한 법의 목적처럼 비행청소년도 우선 보호와 건전한 성장이 목적이기에 청소년 범죄자의 처리는 크게 형사사건과 보호사건으로 구분하여 처리한다. 이것은 성인 범죄자의 처리과정과는 약간 차이가 있는데, 청소년이 아직 성장단계에 있는 인격적 미완성의 상태이며 성인 범죄자보다 개선의 가능성도 높기 때문에 성인 범죄자에 대한 사법적·형벌적 처리보다는 교육복지적 보호 측면에서 처리되고 있기 때문이다.

한편, 범죄소년을 수용 보호하는 소년원이 학교체제를 유지하고 있으며 그 명칭까지도 '학교'로 개칭하였는데 교과교육소년원은 「초·중등교육법」에 따라 일반학교와 동등한 학력을 인정받고 있다. 소년원의 교정교육은 규율 있는 생활 속에서 초·중등교육, 직업능력개발훈련, 인성교육, 심신의 보호·지도 등을 통하여 보호소년이 전인적인 성장·발달을 이루고 사회생활에 원만하게 적응할 수 있도록 하고 있다. 소년원학교의 교육과정을 원활하게 운영하기 위하여 필요하면 관할 교육청의 장에게 소년원학교 교사와 다른 중·고등학교 교사 간 교환수업 등 상호 교류 협력을 요청할 수 있다.

(2) 범죄청소년의 재범방지

범죄자의 재범가능성은 형사사법적인 판단을 내림에 있어서 중요한 요소이다. 특히 소년사법 관련 분야에서 소년범에 대한 처우를 결정함에 있어서 소년범의 재범가능성의 중요성은 매우 중요하다. 재범가능성에 대한 예측에서는 어떤 특성을 가진 비행청소년이 재범의 가능성이 높은지가 중요하다. 다양한 연구결과에 따르면 첫 판결 시의 나이, 취업의 기회, 또는 사회복귀 지원체계 등이 재범 여부를 결정하는 데 중요한 영향을 미치며, 범죄경력 변인들과 수감 관련 요인들도 영향을 미친다. 그 밖에도 일부 청소년의 약물남용, 학교문제 등에 관련된 변인, 가정적인 배경 요인들도 재범과 관련이 있다. 특히 청소년 범죄에서 재범 내지 주범의 발생 빈도가 높은 것은 소년기의 단순심리 내지 판단력 부족, 범죄적 요소 극복의 미숙 등에 따른 것이라 할 수 있다. 반성을 하거나 도덕적 성찰을 하고, 후회할 기회를 가지기도 전에 재범이나 지속적인 우범의 유혹에 빠지게 되는 것이다.

이러한 재범 요인은 정적 요인(static factors)과 동적 위험요인(dynamic risk factor)으로 나눌 수 있다(노성호, 2000; Visher, Lattimore, & Linster, 1991). 연령, 과거의 기소경험 등의 정적인 요인은 범죄청소년의 과거에 관련된 변인으로서 재범의 예측 요인이 되기는 하지만 변화가 불가능한 것들이다. 그러나 반사회적 인지, 가치, 행동 등의 범죄유발적인 동적 위험요인은 변화 가능한 것으로 적합한 처우의 대상이 된다. 이러한 요인을 볼 때 정적 요인보다는 변화가 가능한 동적 위험요인에 처우의 초점을 맞춤으로써 비행청소년들을 변화시키는 데 역점을 두어야 한다. 이러한 맥락에서 소년원과 소년분류심사원은 해당 청소년을 대상으로 비행예방 및 재범방지 또는 사회적응을 위한 체험과 인성 위주의 교육과정인 '대안교육과정' 등을 운영하고 있다(법제처 국가법령정보센터 홈페이지 https://www.law.go.kr).

(3) 청소년 교정교화사업의 방향

① 사회 내 보호의 지향

범죄인에 대한 처우는 크게 시설 내 처우와 사회 내 처우로 대별할 수 있다. 시설 내 처우는 교정시설 내에 수용하여 교육과 치료를 위주로 한 처우를 말하며, 사회 내 처우란 대상자의 생활의 본거 및 처우를 행하는 기초가 교정시설 이외의 곳에 존재하고 그 자가 자율적인 생활을 영위하면서 처우를 받는 경우를 말한다.

사회 내 처우의 이념적 지향은 인간의 복지 및 사회의 복지와 관련하고 있으며 이러한 이념이 현실 속에서 형사정책의 구체적인 프로그램으로 나타난 대표적인 것이 보호관찰제도(Probation & Parole)이다. 우리나라에서 보호관찰제도는 1989년 범죄청소년에 적용·실시되다가 현재는 성인에게도 확대 실시되고 있다. 이러한 보호관찰의 질적 수준을 향상하는 것도 필요하다(이소희 외, 2005). 보호관찰의 수를 늘리고 보다 전문적인 서비스를 제공하도록 하며, 보호위원의 수와 자질을 향상시켜야 한다. 가족상담을 효율적으로 실시할 수 있는 전문상담원의 영입과 교육을 강화하고, 가족상담원과 보호관찰소 직원 간의 정기적인 사례토론 및 정보교류를 강화해야 할 것이다.

② 청소년 교정기관의 전문화

경찰 단계의 선도보호에서 소년경찰은 청소년 비행의 심각성에 따라 더욱 전문화되어야 하며, 청소년선도위원 등에 민간인 참여를 활성화하고 소년경찰의 업무방식이 실질적인 선도와 예방에 집중하여야 한다. 그리고 검찰 단계에서의 선도보호, 재판 단계에서의 처우 개선, 교정교화 단계에서의 개선 등에 있어서 전문화가 더욱 필요하다.

이에 정부에서는 「보호소년 등의 처우에 관한 법률」을 시행 중이다. 이는 보호소년, 위탁소년 또는 유치소년을 수용하면서 발생할 수 있는 다양한 상황에 대응할 수 있도록 보호소년 등이 공동생활 외에 1인 생활을 할 수 있는 근거를 마련하고, 보호소년 등에 대한 처우 및 징계사항을 심의하는 보호소년 등 처우·징계위원회의 근거를 법률에 두며, 의료재활 기능을 수행하는 소년원에서 출원(出院)한 보호소년 등에 대한 외래진료 지원제도를 마련하는 등 보호소년 등의 처우를 개선하고, 소년원에서 퇴원한 소년에 대한 범죄경력자료와 수사경력자료의 조회를 관계기관에 요청할 수 있는 근거를 마련하는 한편, 근신의 징계를 받은 보호소년 등에게도 매주 1회 이상의 체육활동을 보장하여 보호소년 등의 건강권을 보호하고 신체의 자유에 대한 침해가 최소한이 되도록 하는 등 현행 제도의 운영상 나타난 일부 미비점을 개선·보완하고 있다(법제처 국가법령정보센터 홈페이지 https://www.law.go.kr).

4. 실천현장과 관련서비스

1) 실천현장

(1) 가출, 비행 청소년을 위한 복지시설의 유형

정부에서는 비행·일탈 예방을 위하여 지원이 필요한 청소년을 대상으로 청소년의 다양한 특성을 고려한 맞춤형 지원을 실시하고자 노력하고 있다. 위기청소년 특별지원으로 만 9세 이상~만 18세 이하 위기청소년을 대상으로 위기청소년 관련 기관 간 정보 공유 및 서비스 연계를 위한 '위기청소년 통합정보망'을 구축하여 운영하고 있으며 청소년쉼터 행정지원시스템, 청소년안전망 종합상담시스템(여성가족부), 차세대 사회보장정보시스템(보건복지부) 등 위기청소년 관련 시스템을 통합·연계하고 있다.

「청소년복지 지원법」 제31조(청소년복지시설의 종류), 「청소년 기본법」 제17조에 따른 청소년복지시설(이하 "청소년복지시설"이라 한다)의 종류는 청소년쉼터(일시쉼터, 단기쉼터, 중장기쉼터), 청소년자립지원관, 청소년치료재활센터, 청소년회복지원시설 등이 있으며, 각 기관의 기능은 〈표 13-3〉과 같다.

표 13-3 청소년복지시설의 종류

시설명	기능
청소년쉼터	가정 밖 청소년에 대하여 가정·학교·사회로 복귀하여 생활할 수 있도록 일정 기간 보호하면서 상담·주거·학업·자립 등을 지원하는 시설
청소년자립지원관	일정 기간 청소년쉼터 또는 청소년회복지원시설의 지원을 받았는데도 가정·학교·사회로 복귀하여 생활할 수 없는 청소년에게 자립하여 생활할 수 있는 능력과 여건을 갖추도록 지원하는 시설
청소년치료재활센터	학습·정서·행동상의 장애를 가진 청소년을 대상으로 정상적인 성장과 생활을 할 수 있도록 해당 청소년에게 적합한 치료·교육 및 재활을 종합적으로 지원하는 거주형 시설
청소년회복지원시설	「소년법」 제32조 제1항 제1호에 따른 감호 위탁 처분을 받은 청소년에 대하여 보호자를 대신하여 그 청소년을 보호할 수 있는 자가 상담·주거·학업·자립 등 서비스를 제공하는 시설

출처: 「청소년복지 지원법」 제31조.

(2) 청소년쉼터

청소년쉼터란 가정 밖 청소년에 대하여 가정·학교·사회로 복귀하여 생활할 수 있도록 일정 기간 보호하면서 상담·주거·학업·자립 등을 지원하는 시설을 말한다(「청소년복지 지원법」 제31조 제1호).

청소년쉼터의 역할은 다음과 같다.

- 가정 밖 청소년의 일시보호 및 숙식제공
- 가정 밖 청소년의 상담·선도·수련활동
- 가정 밖 청소년의 학업 및 직업훈련 지원활동
- 청소년의 가출 예방을 위한 거리상담지원(아웃리치)활동
- 그 밖에 청소년복지지원에 관한 활동

- 청소년안전망과의 연계협력 강화
- 청소년상담 1388과 청소년상담복지센터와의 연계를 통한 상담 및 보호서비스
  확충

　청소년쉼터는 입소 기간에 따라 일시 쉼터, 단기 쉼터, 중장기 쉼터로 나눌 수 있으며, 이용기간, 이용대상, 기능 등은 〈표 13-4〉와 같다.
　쉼터를 입소기간에 따라 단기(3개월)와 중장기(3년)으로 구분했지만, 앞으로는 청소년의 상황에 맞게 장·단기를 통합해 한 쉼터에서 퇴소할 때까지 안정적으로 생활할 수 있도록 개선 중이다.

표 13-4 청소년쉼터의 입소 기간에 따른 구분

구분	일시 쉼터	단기 쉼터	중장기 쉼터
지향점	• 가출예방, 조기발견, 초기개입	• 보호, 가정·사회 복귀	• 자립지원
이용기간	• 24시간~7일 이내 일시보호	• 3개월(최장 9개월) 단기 보호	• 2년(최장 3년) 중장기 보호
이용대상	• 가출, 거리 배회청소년	• 가출청소년	• 자립의지가 있는 가출청소년
위치	• 이동형(차량) • 고정형(청소년 유동지역)	• 주요 도심별	• 주택가
핵심기능	• 일시보호 • 찾아가는 거리상담지원	• 사례관리를 통한 연계	• 사회복귀를 위한 자립
기능	• 위기개입상담, 진로지도, 적성검사 등 상담서비스 제공 • 가출청소년 구조·발견, 단기·중장기 쉼터와 연결 • 식사, 음료수 등 기본적인 서비스 제공 등	• 가출청소년의 문제해결을 위한 상담·치료 서비스 및 예방활동 전개 • 의식주 및 의료 등 보호서비스 제공 • 가정·사회복귀를 위한 가출청소년 분류, 연계·의뢰 서비스 제공 등	• 가정복귀가 어렵거나 특별히 보호가 필요한 위기청소년을 대상으로 학습 및 자립지원 등 특화서비스 제공

출처: 1388 청소년사이버상담센터(2021).

「청소년복지 지원법」에 따르면, 가정 밖 청소년이 가정폭력, 친족관계인 사람에 의한 성폭력 등 가정으로 복귀하여 생활하기 어려운 사유로 입소한 경우 청소년쉼터 내에서 충분한 보호와 지원을 받을 수 있도록 청소년쉼터를 계속 이용하는 것이 가능하다. 따라서 정부는 이용기간이 만료되거나 보호자의 요청이 있는 경우에도 가정 밖 청소년 본인의 의사에 따라 강제 퇴소가 되지 않도록 하여 가정 밖 청소년에 대한 실질적인 보호와 지원을 강화하고 있다(법제처 국가법령정보센터 홈페이지 https://www.law.go.kr).

중장기 청소년쉼터는 가정 밖 청소년이 3년 동안 생활할 수 있으며 학업 유지와 퇴소 후의 자립을 준비하도록 지원한다. 그리고 가정 밖 청소년 및 위기에 노출되어 있는 청소년들에게 현장에서 즉시 서비스를 제공하고 보호체계와의 연계를 통해 청소년들을 보호 및 위기개입을 하는 시설로 드롭인센터가 있다.

쉼터 찾은 가출청소년 '절반' … 스스로 나가

청소년쉼터를 찾는 가출청소년이 늘고 있지만, 이 가운데 절반은 쉼터를 스스로 나가는 것으로 조사됐다. 스스로 나간 청소년들에 대한 사후관리가 필요하다는 지적이 나온다.

출처: 경향신문(2017. 11. 3.).

---

2) 비행청소년을 위한 서비스의 강화

(1) 가족복지서비스의 강화

가정은 인간의 성장과정에서 가치관, 성격, 사고방식 및 행동양식을 형성하는 1차 집단이기 때문에 청소년 비행의 가장 근본적인 원인은 가정에서 비롯된다고 해도 과언이 아니다. 청소년 비행의 가정 요인으로는 부모의 부적절한 양육태도, 가족 구성원 간의 낮은 응집력, 가족해체 현상, 빈곤가정 및 가정 내 도덕의 부재 등이 있다. 따라서 청소년 비행을 예방하기 위해 가정교육은 밥상머리교육 등 생활을 중심으로 한 구체적인 교육이어야 하며, 능력이나 기술이 아니라 삶의 태도와 인성을 바탕으로 이루어져야 한다. 그리고 자녀를 양육하는 부모의 역량을 개발하고, 부모 역할을 잘 수행할 수 있도록 가족상담, 부모교육, 부모코칭, 양육역량 강화 훈련 등 을 활성화하여야 한다.

(2) 학교교육복지서비스의 강화

학교에서의 교육은 전인적 발달을 위한 경험의 조직화된 총체이다. 그러므로 학 교교육은 청소년의 전인적 발달을 위하여 필요한 다양한 경험이 균형 있게 체계화 되어 올바른 인간상을 창조해 내도록 교육되어야 할 것이다. 교사와 친구들과 접촉 하는 동안에 집단 내에서의 행동양식을 습득하게 된다. 학교교육을 통해 이루어지 는 청소년 비행에 대한 구체적인 복지실천 방법은 다음과 같다.

① 학교교육의 재정비

현재 우리나라의 교육실정은 입시경쟁을 위한 성적 및 입시 위주의 교육풍토가 만연하다. 이러한 교육풍토를 쇄신하기 위해서는 학생들의 잠재력을 최대한으로 발휘하고 자율성을 보장하여 건전한 성장과 발달을 가져올 수 있는 지덕체의 조화 로운 교육이 이루어져야 한다. 그리고 개성 있고 창의적인 민주시민이 될 수 있도 록 사람 중심의 가치관교육을 하며, 사회생활 속에서 협력하고 함께 공존하고 정신 적 · 심리적 문제를 스스로 극복하고 성장할 수 있도록 정의적인 면에서의 교육이 이루어질 수 있도록 지도해야 한다.

② 생활지도 및 상담활동의 내실화

학교에서의 생활지도는 학생들이 당면한 문제를 효율적으로 해결하고 적응해 나가도록 도와주는 과정이라고 할 수 있다. 학교에서의 생활지도는 학생이 학습과 정서 등의 문제와 학교 · 가정 · 사회에서 당면하는 제반 문제를 스스로 해결할 수 있도록 하며, 안정되고 통합된 성장을 하도록 도와주는 것이어서 비행을 예방하는 조치이기도 하다.

비행청소년을 위한 개입 프로그램의 공통 요소들을 살펴보면 다음과 같다.

- 청소년 강점 기반 코칭 및 상담 개입
- 청소년 행동에 대한 긍정적이고 건설적인 피드백
- 성공 경험의 기회를 제공하고, 이를 통해 긍정적인 자아상의 발달을 촉진
- 비행청소년 개별 요구에 적합한 상담, 교육, 직업훈련 제공
- 가족, 또래집단, 학교, 지역사회와의 네트워크를 통한 청소년 비행행동 수정

(3) 청소년 문화공간의 확대와 지역사회 활동의 활성화

청소년들의 비행 예방을 위해서는 청소년의 삶에 의미를 제공해 주는 활동기회를 부여하고 문화적 욕구를 충족시켜야 한다. 이를 위해 생활수준의 향상에 따른 새로운 욕구를 충족시킬 수 있도록 관계부처와의 협의를 통한 단기종합대책을 마련해야 한다. 즉, 학교와 지역사회단체를 통한 여가선용교육 및 홍보대책, 대중적 여가 공간과 시설의 확충 등을 들 수 있다. 그리고 비행청소년에 대한 실질적인 치료적 방안과 예방책으로서 현재 설립되어 있는 종합복지관, 아동상담소, 아동복지관, 청소년상담소와 청소년회관 등에서 청소년을 위한 다양한 프로그램을 운영해야 한다.

(4) 대중매체의 건전성 확보와 교육기능 강화

현대 사회에서는 대중매체와 단절된 상태에서의 생활은 상상할 수 없을 정도로 우리 생활의 전반에 막대한 영향을 미치고 있다. 실제로 대중매체의 선정적인 내용은 청소년들에게 충동적 자극을 불러일으키고, 이에 따라 각종 비행을 저지르게 되거나 잔인한 폭력 장면을 그대로 모방하여 반인륜적인 사건을 저지르기도 한다. 심지어는 대중매체를 통해 지능적인 범죄수법을 개발하기도 한다. 이에 매스컴의 교육기능을 강화하여 청소년 선도 프로그램을 제작 활용해야 한다. 즉, 대중매체를 올바른 가치관을 심어 주는 효율적인 수단으로 파악하여 그 교육기능을 극대화시키는 방법으로 나가야 할 것이다. 모든 대중매체의 종사자들에게 공적 역할의 중요성을 주지시키는 한편, 자율적인 심의 정화기능이 효과적으로 작동될 수 있도록 지원하여야 한다.

(5) 교정사회사업의 활성화

교정사회사업에서는 범죄를 사회문제로 파악하고, 범죄인의 사회복귀와 사회적 재활을 강조하는 특별 예방적 관점에서 보고 있다. 그리고 청소년교정기관의 전문가들에게 청소년의 역동적인 심리·정서에 대한 사회과학적 지식과 기술을 겸비하도록 지속적인 교육 및 전문화가 필요하다. 또한 청소년을 수용하는 소년분류심사원과 소년원의 개방화가 보다 촉진되어야 한다. 또한 청소년의 교정·교화는 가정과 분리하여 생각할 수가 없다. 현재 청소년교정기관에서는 청소년 중심의 프로그램을 운영하고 있으나, 부모와 함께하는 프로그램 혹은 다양한 차원의 부모지원과 관련된 프로그램이 활성화되어야 한다.

그리고 비행청소년에 대한 효과적인 처우 프로그램을 개발하고 운영하는 것이 필요한데 재범의 가능성이 높은 비행청소년들의 특성에 초점을 맞추어 프로그램이나 멘토링 제도를 활성화하여 청소년의 재범을 방지하도록 해야 한다.

"12살짜리 피 투성이 돼도 형벌 면제라니"…'소년법 논란' 재점화

한 달 걸러 한 건 꼴로 형사처벌을 받지 않는 형사미성년자들의 강력 사건이 여론의 주목을 받으면서 이들을 성인과 같이 똑같이 처벌할 수 없도록 규정한 소년법이 도마에 올랐다. 온라인 공간에서는 소년법을 폐지해 달라는 요구가 끊이지 않고 있다. 정부는 소년법을 당장 폐지하기는 어렵다는 입장이나, 대신 형사미성년자의 연령을 낮춰 소년법 적용 대상을 줄이는 방안을 추진 중이다.

출처: 세계일보(2019. 10. 5.).

생각해 볼 문제

1. 청소년 비행의 유형을 설명하고 그 원인과 재범방지에 대해 생각해 보자.

2. 심리사회적 요인에 따른 가출 및 비행을 예방하기 위하여 부모와 학교의 역할에 관해 논의해 보자.

3. 형사처벌을 받지 않는 형사미성년자들의 강력사건이 여론의 주목을 받으면서 끊이지 않는 소년법 논란에 관해 어떤 방안이 좋을지 생각해 보자.

참고문헌

1388 청소년사이버상담센터(2021). 위기청소년상담 및 복지지원(지자체 청소년안전망)운영. https://www.cyber1388.kr:447/new_/helpcall/helpcall_n_02_2.asp?id=top_simter

경향신문(2017. 11. 3.). 쉼터 찾은 가출청소년 '절반'…스스로 나가.

구혜영(2018). 청소년복지론(2판). 서울: 신정.

김경식, 이현철(2007). 청소년 비행의 영향 요인. 교육사회학연구, 17(2), 1-22.

김세원, 이봉주(2010). 아동학대와 적응의 잠재적 유형 간 관계. 인간발달연구, 17(1), 173-189.

김준호, 노성호, 이성식, 곽대경(2018). 청소년 비행론. 서울: 청목출판사.

노성호(2000). 비행소년의 생활세계. 서울: 자녀안심하고 학교보내기운동 국민재단 서울협의회.

배성만(2016). 부모-자녀 관계, 친구관계 및 물질지향 태도와 초기청소년기 문제행동간의 관계. 청소년학연구, 23(3), 503-522.

세계일보(2019. 10. 5.). "12살짜리 피투성이 돼도 형벌 면제라니"… '소년법 논란' 재점화.

송진영, 박민자(2015). 부모의 학대가 청소년의 학교생활적응에 미치는 영향: 자아존중감과 자아탄력성의 매개효과를 중심으로. 청소년문화포럼, 43, 57-84.

여성가족부(2021). 2021 여성가족부 업무계획.

이미영, 장은진(2016). 학교폭력 가해 학생의 심리적 특성에 따른 유형. Journal of Digital Convergence, 14(4), 459-469.

이소희, 도미향, 정익중, 김민정, 변미희(2005). 청소년복지론. 서울: 나남 출판.

정소희, 이성식(2019). 청소년 사이버비행의 성과 학령별 설명요인 비교 연구. **사회과학논총**, 22(2), 1-29.

정익중, 박현선, 구인회(2006). 피학대아동이 비행에 이르는 발달경로. 한국사회복지학, 58(3), 223-244.

조성연, 유진이, 박은미, 정철상, 도미향, 길은배(2016). **최신 청소년복지론**. 서울: 창지사.

조춘범, 이현(2018). 부모애착이 온라인 및 오프라인 비행에 이르는 경로연구―자기통제력과 스마트폰 중독의 이중매개와 성별비교―. **청소년복지연구**, 20(3), 97-119.

진혜민, 박병선, 배성우(2011). 비공식낙인, 자아존중감, 우울, 공격성이 청소년 비행에 미치는 영향―경로분석을 중심으로. **청소년복지연구**, 13(2), 121-148.

통계청, 여성가족부(2020). **2020 청소년 통계**.

하유진, 이경은(2020). 청소년의 애착이 사이버 비행에 미치는 영향: 자기통제력, 스마트폰 의존의 매개효과. 청소년복지연구, 22(4), 93-116.

홍봉선, 남미애(2018). **청소년복지론**. 경기: 공동체.

Scheff, T. J., & Retzinger, S. M. (1991). *Emotions and violence: Shame and rage in destructive conflicts*. MA: Lexington Books/D. C. Heath and Com.

Visher, C. A., Lattimore, P. K., & Linster, R. L. (1991). Predicting the recidivism of serious youthful offenders using survival models. *Criminology*, 29(3), 329-366.

[홈페이지 참고자료]

법제처 국가법령정보센터 홈페이지 https://www.law.go.kr

제**4**부

청소년복지의 미래

제14장 청소년복지의 과제와 전망

제14장

청소년복지의 과제와 전망

속도보다 중요한 것은 방향이다.

— 괴테 —

　이 장에서는 청소년의 현주소와 변화하는 사회에 예측되는 상황을 통합적으로 이해한 후 청소년복지의 보장과 증진을 위한 학문적·실천적 과제를 모색한다. 청소년은 내일을 주도할 인간으로서 내일의 가장 근접 장소이자 시점인 '여기에서 오늘'을 살고 있는 성장과정의 인간이다. 따라서 청소년복지는 다른 어느 사회복지 세부 분야보다도 통찰(insight)과 예측이 중요하므로 사회 구성원 모두의 참여와 헌신이 필요한 분야이다. 따라서 이 장에서는 오늘을 살고 있는 청소년 보호를 위한 사회 안전망 지원을 강화함과 동시에, 미래의 우리 사회를 이끌어 갈 성숙한 시민으로서의 준비과정인 청소년들의 사회참여 및 권리를 확대하는 방안을 모색하고자 한다. 또 청소년복지가 경제적·사회적·지역적·가족적 외부 상황, 그리고 특성이라는 개인 내적 요인의 다차원적 개입이 요구되는 만큼 아동·청소년정책을 통합한 주체 중심의 사회복지체계 구축을 모색하고자 한다.

1. 위기청소년 사회안전망 확대

우리의 생활환경은 사회적 변화에 맞추어 급격하게 변화하고 있으며, 청소년의 생활환경 또한 빠르게 변화하고 있다. 우리 사회는 양극화로 소득 불평등이 심화되고 빈곤층이 증가하고 있으며, 청소년에게 유해한 생활환경의 반경은 점점 더 넓어지고 있다. 청소년기는 다양한 자극에 민감한 시기로, 특히 부정적인 영향으로 인해 위기가 발생할 가능성이 매우 높은 시기이다. 위기청소년은 다양한 위기상황에 부닥친 청소년이며, 가정문제가 있거나 학업수행 또는 사회적응에 어려움을 겪는 등 조화롭고 건강한 성장과 생활에 필요한 여건을 갖추지 못한 청소년을 의미한다(「청소년복지 지원법」 제2조4). 구체적으로 가정 '안'과 '밖'으로 학대, 가정폭력, 학교폭력, 학업중단, 가출, 비행, 인터넷·스마트폰 중독, 디지털 성범죄, 자살 등 위기청소년 문제는 점점 더 심각해지고 있다.

실생활의 편리함을 주기 위해 개발된 스마트폰은 청소년들의 일상 깊숙이 침범하였다. 청소년들이 스마트폰을 활용하는 시간이 증가하였고 스마트폰 과의존 경향은 심화되고 있다. 청소년의 스마트폰 과의존 위험군 비율은 2016년 30.6%까지 점점 증가 추세였다가, 2017년 30.3%, 2018년 29.3%로 다소 감소 추세로 나타나고 있으나(여성가족부, 2019b), 스마트폰 활용을 통한 무분별한 정보에 대한 접근이 수월해지면서 정보화 역기능이 증가하고 있는 것으로 나타났다. 인터넷 이용시간에 대한 조사 결과, 2018년에는 일평균 2시간 32분 정도 이용한 것으로 나타났으며 최근 6년 동안 지속적으로 증가하는 추세를 보이고 있다(여성가족부, 2019b). 또한 청소년들이 인터넷을 이용하는 용도는 온라인 수업 및 인터넷 강의 등과 연관될 수 있으나, 조사 결과 인스턴트 메신저와 SNS(소셜 네트워크 서비스)를 가장 많이 이용하는 것으로 나타났다(여성가족부, 2019b). 이러한 결과는 사이버 환경을 통로로 진행되는 사이버폭력, 사이버도박, 디지털 성범죄 등 신종유형의 문제들을 양상하고 있다(여성가족부, 2019a; 이승현, 이원상, 강지현, 2015; 조윤오, 서민수, 이승현, 2019). 특히 2020년 인터넷·스마트폰 이용습관 진단조사 결과, 인터넷과 스마트폰 과의존 청소년이 지속적으로 증가한 것으로 나타났다(여성가족부 보도자료, 2020. 8. 26.). 청소년이 살아가는 일상생활 환경에서 손쉽게 경험할 수 있는 유해한 위기에 대한 지속적인 관심과 민첩한 개입이 필요하다.

또한 다양한 신종 유해업소와 함께 수사망을 피해 변종하는 유해업소까지 생성되는 등 청소년의 생활 속에 유해환경이 깊숙이 침범하고 있다. 행정안전부의 실태조사 결과에 따르면, 유해업소는 2015년 892천 개소에서 2016년 930천 개소, 2017년 936천 개소로 증가하는 추세이다. 이러한 환경에서 가출청소년의 생활은 무방비 상태로 노출되고 있다. 최근 1년간 가출을 경험한 청소년은 2019년에 3.5%로 나타났다(김영지, 김희진, 이민희, 김진호, 2019). 전국 초·중·고등학생 수를 고려했을 때, 약 19만 명의 청소년이 가출하였음을 추산할 수 있다. 이들의 가출 원인은 부모와의 불화, 폭행 등의 문제로 가출한 경우가 61.7%로 나타났으며(김영지 외, 2019), 이는 청소년 개인의 문제가 아닌 가족 및 사회구조적 차원의 접근이 절대적으로 필요함을 의미한다. 무엇보다 가출청소년들은 가출팸, 성착취 등을 경험할 가능성이 크기에 위기는 또 다른 위기를 만들어 낸다는 점에서 문제가 더욱 심각하다. 따라서 청소년 유해환경에 대해 강력한 법적 조치와 개선사업이 수반되어야 한다. 위기에 놓이는 상황은 더 예측 불가능하고 변동적이나, 이를 대처할 수 있는 사회안전망은 역부족이기 때문이다. 그러므로 최근 청소년기의 특성과 위기상황에 주목하여 가정과 사회의 지속적인 관심과 지원이 필요하며, 위기청소년을 위한 사회안전망은 더 넓고 지능적으로 촘촘하게 설계되어야 한다.

1) 공공 빅데이터를 통한 위기청소년 조기발견의 선제 대응

청소년들이 위기에 무방비 상태로 노출되기 전, 예방하고 발굴하는 노력은 더 이상 강조할 수 없을 만큼 중요하다. 그만큼 문제는 발생하면 쉽게 회복되기 어렵기 때문이다. 우리나라는 2005년에 '위기청소년안전망 구축' 사업을 정부 정책의 주요 과제로 추진하기 시작하면서, 2011년에는 「청소년복지 지원법」을 개정하여 지역사회 청소년 통합지원체계(CYS-Net) 운영의 법적 근거를 마련하였고, 2019년에는 '청소년안전망'으로 사업명을 변경하여 운영하고 있다. 이처럼 정부에서는 지역사회를 기반으로 청소년 사회안전망 확대를 위한 노력을 진행해 왔다. 그러나 청소년 인구가 지속적으로 감소하고 있음에도 최근 청소년 문제는 감소하지 않았으며(여성가족부, 2019b), 점점 더 다양한 범죄에 노출되고 있는 것으로 나타났다(대검찰청, 2019). 특히 청소년들의 학교폭력이 학교 내 공간에서 발생한 물리적 폭력뿐만 아니라 사이버(인터넷) 공간 내에서 언어적 폭력으로 발생하는 등 집단괴롭힘이나 성범죄 피해율이 증가하는 추세이다(여성가족부, 2019a). 특히 사이버상에서 일어나는 폭력은 피해를 입은 그 순간 외에도 사이버상에 잔존하여 위기 정도가 더 심각한 상황에서 발견된다는 것이 큰 문제점으로 지적되고 있다.

위기청소년의 조기발굴 및 조기개입 단계에서 최근 4차 산업혁명 시대에 맞는 최신 인공지능 기술을 반영한 새로운 전략이 모색될 필요가 있다. 정부는 건강보험료 체납, 단전, 단수 등 위기정보 빅데이터를 활용하여 사각지대 취약가구를 발굴해 내는 '복지사각지대 발굴관리시스템'을 운영하고 있다. 그리고 장기결석이나 건강검진 미실시 등 공공 데이터를 활용하여 '학대 위기아동 조기발견 시스템(e아동행복지원시스템)' 등이 운영되고 있다. 물론 과거 데이터를 기반으로 마련되어 예측모델에 신종 위기변수가 반영되지 않았다는 단점이 지적되기도 하지만(이우식, 박선미, 이인수, 2019), 이러한 시스템을 통해 취약가정과 학대 위기아동을 조기발견할 수 있으므로 위기청소년 조기발견을 위한 공공 빅데이터 정보시스템 개발을 제안한다.

현재는 위기청소년 관련 정보시스템으로 CYS-Net 종합정보망, 청소년쉼터 행정지원시스템, 학교 밖 청소년(꿈드림) 정보망, 인터넷 스마트폰 이용습관 전수조사 시스템, 청소년 사이버상담센터, 또래상담 시스템, 청소년상담사시스템 등을 운영 중이다(김지연, 이경상, 2020). 그러나 대상자 및 사업별로 구분되어 시스템 간 정보연계조차 불가능하여 통합지원에 한계가 있었다. 이에 대해 정부는 위기청소년을 보호하고 지원하는 각 기관 간 협업을 강화하여 서비스 연계를 활성화해 나갈 계획임을 밝혔고(여성가족부, 2018b), 위기청소년 통합관리시스템을 구축하기 위해 지역별 청소년상담복지센터와 협업하여 e아동행복지원시스템을 통해 위기청소년을 발굴ㆍ지원하는 계획도 구체적으로 논의한 바 있다(여성가족부, 2019c). 이제는 최신 지능정보 기술을 활용하여 위기청소년을 조기발견할 수 있는 실질적인 방안과 적절한 서비스를 제공하고 확충할 가능성에 대한 본격적인 검토가 필요하다(김지연, 이경상, 2020). 청소년과 관련하여 다양한 행정데이터 및 청소년을 대상으로 서비스가 제공되는 기관별 데이터를 연계ㆍ통합하면 개인정보 보호 및 낙인효과 등 한계점도 예상되지만, 빈곤, 학대, 학교폭력, 가정폭력, 가출, 자살 등 위험의 예측 요인을 분석하여 위기상황에 놓인 청소년이나 그들의 가정을 발견할 수 있을 것이다. 이에 앞서 시스템의 오류 및 한계를 극복하기 위해 최근 청소년들의 위기상황을 반영한 예측모델을 개발하는 노력이 지속적으로 필요하다. 즉, 청소년 안전과 보호, 문제해결의 우선순위 확보를 최우선 목표로 함과 동시에 이에 대한 사회적 공감대 형성, 법적 근거 마련 등을 목표로 하고, 이를 위해 정부 주도로 면밀하게 운영하는 방식으로 접근해야 할 것이다.

2) 인공지능 기반 다층적 지원체계 마련

우리나라 청소년의 사망원인 1위는 고의적 자해(자살)이다(보건복지부, 2019; 여성가족부, 2019b). 더 심각한 문제는 전체 자살률은 감소하고 있으나, 10대 자살률은 지속해서 증가하고 있다는 점이다. 청소년의 자해문제도 심각하게 등장하고 있는데, 자해행위를 하는 중학생은 4만 명, 고등학생은 3만 명으로 나타났다(교육부, 2018). 학교폭력도 증가하는 추세로 청소년 범죄의 흉포화, 상습화는 많은 사회적 우려를 낳고 있다(대검찰청, 2019). 그뿐만 아니라 성폭력 피해 아동ㆍ청소년 수도 점점 증가 추세를 보이고 있다(여성가족부, 2018a). 급속한 사회변화가 낳은 위험요인들은 청소년들이 속한 문화에 침투하면서 청소년들을 위태로운 상황으로 내몰고 있다. 이처럼 청소년의 위기는 증가하고 그 심각성에 대한 경각심이 필요한 상황임에도 불구하고, 이를 예방하거나 대응할 수 있는 사회안전망은 제대로 작동하지 못하고 있어 위기청소년의 현재 상황과 정책 사이에서 극명한 괴리감이 드러나고 있다. 이에 2005년부터 시작한 위기청소년안전망 사업 등 CYS-Net의 한계를 직면하게 되었고, 2019년 7월부터 CYS-Net을 청소년안전망이라는 용어로 변경하였으며 지자체 내 안전망 팀을 신설하여 공공의 책임과 역할을 보다 강화하였다. 국가와 지방자치단체는 청소년이 경험하는 다양한 상황과 발달 위기에서 효과적으로 대응하도록 지원할 책무가 있기 때문이다(김지연, 이유진, 정소연, 박선영, 2018). 또 청소년안전망을 도입하면서 기존의 기관 중심 서비스에서 수혜자인 청소년 중심으로 연계체계를 강화하기 위해 전달체계도 개편하였다.

그러나 아직 청소년안전망과 지역사회가 연계하고 협력하는 과정에서 이를 실제 구현하기 위한 인프라가 구축되어 있지 않아 정책이 제대로 가동되지 않고 있다. 예를 들어, 가출청소년을 일정 기간 상담·주거·학업·자립 등을 지원하는 청소년복지시설인 청소년쉼터는 턱없이 부족하다. 2019년 12월 기준 전국 133개소가 운영될 뿐이다(여성가족부, 2020b). 청소년상담복지센터, 학교밖청소년지원센터, 청소년자립지원관 등 청소년 보호시설과 프로그램을 확충하는 등 인프라 확산이 이루어지고 있으나 여전히 청소년안전망의 부족 상태가 보고되고 있다. 이는 지자체별 사업 중요도와 대처방안을 실현하기 위한 예산과 인력구조 등이 자주 변경된다는 점과 지역별 편차와도 관련이 있으므로, 각 지자체에서 청소년안전망 사업을 적극적으로 추진하도록 독려하는 방안이 필요하다. 구체적으로 지역에서 생애주기별·단계별 위기개입 및 지속 가능한 민관 거버넌스 구축이 청소년안전망의 토대가 될 수 있다. 그리고 지자체를 중심으로 유관기관과 연계하고 협력하며 일할수 있는 구조를 마련할 필요가 있다. 이를 통해 보다 전문적이고 충분한 인력과 예산지원으로 청소년안전망 사업을 운영하고 확산시켜야 한다. 지자체의 컨트롤타워 역할로 공적인 체계가 공고화되면서 공공과 민간 간의 시너지효과를 잘 활용해야 할 것이다. 특히 고위기 청소년에 대한 대응정책이 더 강화되어야 한다. 최근 고위기 청소년을 대상으로 장기간 상담 및 지원 제도들이 신설되고 점차 확대되는 추세로, 여성가족부는 '고위기 청소년 맞춤형 프로그램' 사업을 통해 고위기 청소년에 대한 특화된 지원체계를 구축하였다(한국청소년정책연구원 청소년정책분석평가센터, 2020). 앞으로 이를 잘 활용하여 고위기 청소년에 대한 사례관리가 더 전문적으로 운영될 필요가 있다.

한편, 위기청소년의 문제는 하나의 해결책이 존재하지 않고, 발생한 위기상황에 놓이기까지 다양한 문제가 복합적으로 얽혀 있는 만큼, 이를 풀어내기 위해서는 종합적인 진단과 이에 따른 적절한 개입이 요구된다. 위기청소년의 상황적 · 발달적 위기에서 보호와 지원이 단절되지 않도록 청소년의 특성을 고려한 상담, 회복, 자립지원까지 다층적인 지원체계가 필요하다. 이와 함께 다양한 인프라가 구축되어야 한다. 이를 위해서는 새롭고 복잡하게 발생되는 문제를 해결하는 데 과거의 해결방안에 고착되기보다 미래지향적인 가능성에서 문제해결 방안을 다각도로 찾아내는 노력도 필요하다. 모든 것에 대한 정보가 실시간 생성 · 수집되고 공유 · 활용되는 초연결 사회인 4차 산업혁명 시대가 이미 도래한 상황에서(김미옥, 최혜지, 정익중, 민소영, 2017) 이를 청소년복지체계 내에서 긍정적으로 활용할 방안을 고안해야 한다. 예를 들어, 첫째, 청소년의 특수성을 고려한 애플리케이션 개발 및 보급을 확대할 필요가 있다. 청소년의 자살을 예방하기 위해 자살예방 중재 애플리케이션 개발을 고려할 수 있다(노은비, 2020). 둘째, 인공지능(Artificial Intelligence: AI) 기반 청소년 지원체계 구축도 제안한다(김지연, 이경상, 2020). 인공지능 기반의 데이터를 종합적으로 분석한 근거를 토대로 고위기 청소년의 맞춤형 서비스를 계획하고 제공할 수 있다. 위기청소년 관련 빅데이터를 축적하여 보호하고 지원하는 업무를 고도화하면 청소년 보호 사각지대 문제를 해결하는 데 기여할 것이다(김지연, 이경상, 2020).

2. 청소년 권리 향상

위기청소년, 취약청소년을 위한 사회안전망 강화도 중요하지만, 기존 청소년정책이 고수해 왔던 '문제중심'과 '위기개입'의 패러다임은 한 걸음 더 나아갈 필요가 있다. 청소년 발달은 위험요인을 제거한다고 해서 자동으로 획득되지 않고, 청소년의 건강한 발달을 촉진하는 보호요인 개발이 추가적으로 요구되기 때문이다. 따라서 청소년복지는 위기에 대한 대응 및 예방과 더불어 청소년의 사회적 · 정서적 ·

인지적 · 행동적 역량을 개발하여 자기실현을 극대화하려는 '청소년 권리 차원에서의 재설계'가 필요하다. 이는 일반 청소년들이 위기청소년으로 전락하는 위험을 막는 사전 예방임과 동시에 청소년을 문제 예방 및 치료 대상, 즉 사회복지 수혜 대상으로 인식하는 것에서 벗어나 권리의 주체자라는 획기적인 인식 전환이다. 특히 아동 · 청소년의 권리 인식이 높아질수록 친사회성, 보호자 태도, 학교생활에 대한 긍정적인 인식수준은 증가하는 반면, 결핍 지수, 정서 가해 경험 등 부정적인 인식수준은 감소하는 것으로 나타나는 등 청소년의 긍정적인 발달이 아동 · 청소년 권리의식을 통해 향상될 수 있음이 확인되고 있다(정익중, 강지영, 이수진, 2020). 따라서 앞으로 청소년들이 건강한 성인이자 시민으로 성장하기 위해서는 인권 친화적 환경 조성과 함께 이에 대해 충분한 지원과 통합적 접근이 함께 맞물려 나가야 한다(정익중, 강지영, 이수진, 2020).

그러나 우리나라 청소년들은 아동기 때부터 장유유서의 유교 문화 속에서 성인보다 서열이 낮은 것으로 간주되어 사회 구성원으로서의 동등한 위상을 갖지 못했고(오은찬, 정익중, 2015), 주요 과업이 학습으로만 치중되다 보니 청소년 발달을 위한 다양한 과업과 책임이 대학 입학 이후로 유보되고 있다(정익중, 2016). 이로 인해 청소년 시기에 자신의 역량과 잠재력, 가능성을 효과적으로 이끌어 내지 못하게 되어 사회적 성숙을 지연시키는 결과를 초래하고 있다(정익중, 2016). 개인의 성숙이 하루아침에 도달되는 것이 아니라 발달과정에서 주어지는 점진적인 과제를 통해 이루어진다는 점을 기억한다면, 이제는 청소년의 전인적 발달과 더불어 성숙한 성인이자 시민으로 성장하도록 지원하는 개입체계로 전환해야 할 것이다. 이를 위해서는 특정 상황과 정치적 체계에 상관없이 사람이라면 항상 존중되어야 할 보편적인 권리가 청소년들에게 어느 정도 적용되고 있는지 파악하고 필요한 개선안을 찾는 것이 유용한 방법이 될 수 있다.

「유엔아동권리협약」은 1989년 제44차 유엔총회에서 회원국 만장일치로 채택한 국제 인권법 중 하나로 18세 이하의 아동과 청소년의 권리보장을 위한 국제적인 기준을 제시한다. 이는 네 가지 기본권 및 4대 일반 원칙에 따라 구분되는데, 네 가지 기본권은 생존권, 보호권, 발달권, 참여권으로 이루어져 있다. 네 가지 일반 원칙은 차별금지의 원칙(제2조), 아동 이익 최우선의 원칙(제3조), 생존·보호·발달 보장의 원칙(제6조), 의견 표명 및 존중의 원칙(제12조)으로 구분된다. 국가는「유엔아동권리협약」이행을 위한 국가행동계획 수립뿐만 아니라 이행을 위한 법제 정비 및 협약의 인지도 제고와 함께 청소년 권리에 대한 사회적 인식이 제고될 수 있도록 노력해야 하므로(여성가족부, 2018b) 급변화된 사회환경 속에서 청소년들의 권리를 침해하는 영역을 면밀하게 이해하여 이에 선제적으로 대응하려는 노력이 필요하다.

1) 일상 균형을 통한 청소년 권리보장

성인에게도 저녁이 있는 삶, 웰빙(well-being)과 같이 일과 삶의 균형이 중요하게 여겨지듯이, 청소년 역시 하루의 제한된 24시간이 특정 활동에 불균형하게 배분되기보다는(정수정, 2018) 운동과 학업, 수면과 여가가 균형 있게 배분되어 청소년 생존 및 발달의 권리를 보장하려는 노력이 필요하다. 일상은 전체 일생을 구성하는 기본 단위로 청소년의 미래 축소판이자 전체 일생을 구성하는 대표적인 표본이기 때문이다(정익중, 이수진, 강희주, 2020). 그러나 우리나라 청소년들은 아동·청소년의 4대 권리(생존권, 보호권, 발달권, 참여권)를 중심으로 우리나라 청소년에게 바람직하다고 여겨지는 시간 사용량을 제안한 '아동 생활 권장기준'(정익중 외, 2016)에 근거해 아동·청소년의 일상을 점검했을 때 수면시간과 운동시간은 적었지만, 공부시간과 미디어 이용시간은 높은 것으로 나타났다(정수정, 2018; 정익중, 이수진, 강희주, 2020). 과도한 공부시간은 스트레스가 되어 우울증, 불안감과 같은 부정적 정서를 높이고 학업 불만은 공격성과 충동성으로 이어질 수 있으며(Frazier & Morrison, 1998), 과도한 미디어 사용은 우울과 불안(Romer, Bagdasarov, & More, 2013; Salguero & Moran, 2002), 공격성과 위험행동을 야기할 수 있다(Anderson, 2004; Anderson & Bushman, 2001; Anderson & Dill, 2000; Barlett, Harris, & Bruey, 2008; Holtz & Appel, 2011; Strasburger, Jordan, & Donnerstein, 2010). 반면, 일상은 행복감과도 깊은 관련이 있어(Ben-Arieh, 2000; Hektner, Schmidt, & Csikszentmihalyi, 2007) 공부와 기타 활동 시간이 고르게 분배된 청소년의 행복감이 가장 높은 것으로 나타난다(권소영, 2019; 이수진, 2019). 이처럼 불균형한 일상으로부터의 균형 회복은 청소년의 행복 증진을 위한 선결 조건이자(정익중, 이수진, 강희주, 2020) 건강한 일상을 영위하기 위한 청소년의 발달 권리이기도 하므로 청소년이 하루를 균형 있고 건강하게 살 수 있도록 지원하고, 청소년 삶에서 쉽게 놓치고 있는 부분을 발견하도록 돕는(Maffesoli & Lefebvre, 1994) 일상 분석을 적극적으로 활용해야 한다. 예를 들어, 하루 대부분의 시간을 공부에 사용하고 있는 청소년에게는 운동, 휴식, 놀이 등 학업 외 여가활동을 누릴 수 있는 시간이 제공되어야 하며, 보호자로부터 학습지도를 적절하게 받지 못하거나 빈곤한 가정환경 탓에 디지털 기기 마련이 어려운 청소년은 이로 인한 정보격차(digital divide)가 향후 교육격차로 이어지지 않도록 균등한 학습 기회가 보장되어야 한다(이수진, 2019; 정익중, 이수진, 강희주, 2020).

2) 정책 수혜자에서 권리의 주체로, '청소년 참여 활성화'

청소년 참여권은 「유엔아동권리협약」의 네 가지 기본 권리 영역 중 하나이자 아동권리협약의 기본 정신을 이루는 일반 원칙 중 하나로 가장 적극적인 인권 영역이다(천정웅, 김윤나, 인채식, 전경숙, 2012). 따라서 「유엔아동권리협약」은 제12조에서 의견 표명권을 보장하는 참여권을 매우 강조하고 있으며, UN, UNESCO 등 국제기구에서도 아동·청소년 참여를 중요 의제로 설정하고 있다. 이와 같이 청소년 참여권은 세계적인 추세를 보이며 많은 나라에서 청소년 참여를 보장하는 이행 계획을 수립하고 추진해 나가고 있다(이혜숙, 이영주, 2017). 한편, 청소년 참여 활성화는 성인과 동일하게 고유한 권리를 가진 주체임에도 불구하고, 연령으로 인해 투표권이 부여되지 않아 당사자의 목소리를 낼 수 없는 취약집단(정익중, 강지영, 이수진, 2020)이라는 차별적 개념을 갖고 있다(김중섭, 2008: 천정웅 외, 2012에서 재인용). 이러한 특수한 청소년의 권리는 사회적 변동에 따라 그 지위와 역할이 유동적으로 변화될 수 있기 때문에(천정웅 외, 2012) 청소년 대상 정책에 당사자인 청소년의 최선의 이익을 반영하기 위해서는 청소년에게 참여권을 보장하려는 우리 사회의 노력이 필수적이어야 한다. 만약 정책 결정 과정에 청소년의 참여가 보장되지 않으면 수요자 중심의 정책이 아니라 공급자 위주의 정책이 만들어지게 되어(김유리, 고주애, 정익중, 2015) 성인의 관점만이 반영된 반쪽짜리일 수밖에 없다(정익중, 강지영, 이수진, 2020). 청소년의 참여 과정은 청소년 개인의 발달에도 긍정적인 영향을 미치므로 적극적으로 권장되어야 한다. 참여 과정을 통해 청소년은 가족과 또래, 지역사회와의 연결성과 소속감을 경험할 뿐만 아니라 자신이 살아가는 환경을 주도적으로 결정하는 과정에서 자신감, 진취성, 창의력, 책임감, 협동성이 촉진되며, 참여를 통해 자신들의 문제를 어떻게 스스로 해결하는가를 배울 수 있다(한국청소년정책연구원, 2014). 청소년 시기에 중요한 의사결정 과정에 참여하는 역량은 인간 성장의 기본적인 요소이면서 책임감 있는 사회 구성원으로 성장할 기회를 주는 등(정익중, 2016) 청소년 발달과 권리의 핵심적 요소이다(Burkey, 1993).

따라서 청소년을 동시대에 함께 살아가는 사회의 구성원으로 인식하는 것과 더불어 청소년이 살아가는 데 필요한 책임과 권한을 행사할 수 있도록 청소년 참여의 기회를 확대할 필요가 있다. 청소년의 참여권 확대는 「유엔아동권리협약」 및 아동·청소년 복지의 궁극적 목표인 아동·청소년 최선의 이익을 실현하기 위한 필수 조건이라고 할 수 있으며, 청소년을 사회구조에 통합하고 청소년의 사회적 영향력과 역량을 강화하는 수단이 되어 이들이 독립적이며 책임감 있는 시민으로 발달하도록 기회를 제공할 것이다(Winter, 1997: 오은찬, 정익중, 2015에서 재인용). 청소년 참여를 활성화하고 공고화하기 위해서는 청소년정책에 청소년이 참여할 수 있는 다양한 메커니즘을 제공해야 하며, 청소년의 주 생활환경인 가정과 학교에서부터 참여의 기회를 제공하여 우리 사회에 점차 확대되어 나갈 수 있도록 적극적으로 지원해야 한다. 보호자는 가정이라는 기본적인 환경에서 청소년의 의견을 우선적으로 고려하려고 노력해야 하며, 지역사회는 청소년참여위원회를 넘어 청소년 의회 설치 및 운영 등을 통해 청소년들이 스스로 목소리를 낼 수 있게 하는 기제를 확대하고, 서로의 의견을 교환할 수 있는 공론의 장을 충분히 마련해 언제든지 청소년이 정책 결정 과정에 참여할 수 있도록 해야 한다. 학교는 학생회·학급회의 참여 기회를 확대하여 학교 내 의사결정 과정에서 청소년의 참여를 보장해야 하며, 온라인과 미디어를 활용하여 청소년 의견을 상시로 수렴하는 등 청소년의 정책 참여를 위해 다양한 통로를 마련해야 한다(여성가족부, 2018b). 설령 판단 능력이 다소 부족한 청소년일지라도, 의사표현이 어려운 청소년의 특성에 맞는 표현방식을 제공하거나 청소년의 이익을 대변할 수 있는 부모를 각종 정책에 참여시키는 방법을 통해 간접적으로라도 청소년의 참여권이 보장되도록 해야 한다. 가정, 지역사회, 공공부문 기관, 기업, 교육, 자원 활동 등 사회 다양한 영역에서 청소년의 참여기회가 제공되었을 때 청소년의 참여권이 우리 사회에 점차 확대될 수 있을 것이다(여성가족부, 2018b).

3) 투표권을 통한 청소년 시민적 권한 획득과 역량 강화

민주 사회에서 국민의 가장 높은 시민적 권리이자 의무는 투표권 획득 및 이행이지만 대부분 국가에서 아동 · 청소년은 투표를 통해 최선의 이익을 대표하고 정책에 자신의 의견을 반영하는 것이 허용되지 않는다. 아동 · 청소년은 미성숙하다는 이유로 권리와 책임이 매우 제한되고 있다. 그러나 전 세계적으로 투표권의 연령 기준을 하향하고 있어 약 217개의 국가에서 18세 이상부터 투표권을 부여하고 있고, 17세 이하에 투표권을 부여하는 나라는 5.6%에 지나지 않지만, 선진국에서는 지속적으로 선거연령의 하향을 시도하고 있다(정익중, 2016). 과거에는 동등한 인간으로 취급받지 못했던 여성, 흑인 등이 투표권 운동을 통하여 권리를 행사할 수 있게 되었듯이 민주주의의 역사는 투표권 확대의 과정이었다. 투표권이 부여되었을 때 동등한 구성원으로서 인정받을 수 있는데 아동 · 청소년에게 투표권을 부여하는 것은 '제대로 된 판단'을 하기에 너무 어리다는 이유로 그 권리가 제한되고 있다. 성인들은 여전히 아동이 잘 투표할 것인지 의심하지만 세상에 잘못된 투표는 없다. 모든 유권자는 투표에 대한 이유가 있을 것이고 우리는 그 이유에 동의할 수 없다고 할지라도 그런 결정을 내릴 권리를 존중해야 한다. 투표 연령을 하향하는 것은 오랫동안 무시되었던 아동 · 청소년 문제들을 개선하는 데 매우 효과적일 것이다. 청소년정책이 제대로 시행되지 않는 것은 단지 예산 문제 때문이 아니며, 가장 근본적인 문제는 정치 체제가 아동 · 청소년의 이익을 대변할 수 있는 메커니즘

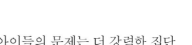

을 제공하지 못했기 때문이다. 정치권력이 부족한 아이들의 문제는 더 강력한 집단들의 요구가 산재해 있기 때문에 우선순위에서 뒤처져 왔다. 아동·청소년 투표권이 실현된다면 정치인들도 더 아동·청소년 친화적으로 변화할 수 있을 것이다.

성숙은 결과가 아닌 과정에 있으며, 책임감 있는 민주 시민은 한순간에 획득되는 자질이 아니라 다양한 배움과 기회를 통해 얻어지는 것임을 상기해 볼 때 더 이상 연령을 이유로 아동의 투표권 참여를 제한하는 일은 없어야 한다. 아동·청소년이 학교문제나 사회문제에 대하여 그들의 의견을 자유롭게 표현하고 이를 반영할 수 있는 환경이 가정·학교·지역사회 수준에서 조성되어야 한다. 설령 아동·청소년들의 정치적 판단 능력이 다소 부족하더라도 국가는 투표권을 막연히 제한할 것이 아니라 이 판단 능력을 증진시키기 위한 환경을 조성해야 한다. 물론 투표연령을 낮추는 것은 아동·청소년의 삶을 향상시킬 수 있는 만병통치약이 되지 않을 수도 있다. 아동·청소년에게 투표권을 부여하는 것은 끝이 아니라 시작인 것이다. 하지만 그들의 현재와 미래에 대한 결정권을 부여함으로써 이들이 좀 더 적극적 시민이 될 수 있도록 만들 것이다. '하늘을 날 수 있다.' '여성이 투표할 수 있다.' 등 예전에 수용하기 어려웠던 생각이 현재에 상식이 되어 있는 상황을 생각해 보면 예전에 모두가 똑같은 생각을 했다면 세상은 변하지 않았을 것이다. 새로운 생각으로 세상은 변화해 왔고 앞으로도 발전해 나갈 것이다. 아동·청소년 투표권도 지금은 많은 사람에게 수용되지 않는 생각에 불과하지만, 점점 더 많은 사람이 동참한다면 가까운 미래에 상식이 되는 순간이 분명히 다가올 것이다(정익중, 2020b).

3. 청소년 전문인력의 양성 및 예산 확보

아동·청소년의 돌봄에 대한 일차적 부담과 의무는 사회의 기초 구성단위인 가정에 있지만, 현대와 같이 맞벌이가정이 증가하고 한부모가족, 조손가족 등 가족유형이 다양화되는 추세에서 충분한 돌봄과 교육, 정서적 지지를 받지 못하는 청소년들이 증가하고 있다(여성가족부, 2018b). 이는 가족의 전통적 기능이 약화되는 상황에서 가정 내 돌봄을 받지 못하여 사회적 양극화 문제에 취약해지는 청소년들이 증가하고 있음을 의미한다(여성가족부, 2018b). 가정 내 돌봄의 질이 청소년의 일상의 질, 미래의 질을 결정하는 상황에서(정익중, 이수진, 강희주, 2020) 가정 내 돌봄 사각지대에 놓여 있는 청소년을 위한 전문인력 양성 및 확보는 매우 중요하다. 아울러 코로나19와 같은 재난 상황이 발생할 경우, 부모의 근로조건이나 사회경제적 지위가 낮을수록 돌봄 공백이 증가할 뿐만 아니라 끼니 해결, 교육격차, 미디어 의존율, 가정폭력에의 노출이 더 잦은 것으로 나타나 우리 사회에 위기가 발생했을 때 그 심각성은 부모로부터 충분한 돌봄과 보호를 받지 못하는 아이들에게 가장 먼저 큰 영향을 미친다는 것을 확인시켜 주었다. 가정 내 보호요인이 취약한 아이들은 위기상황에서 항상 각자 도생해야 한다(정익중, 2020a). 이러한 현상은 청소년 돌봄 및 육성에 있어 지역사회와 국가의 지원이 얼마나 중요한지를 확인시켜 준다. 돌봄으로부터 소외되고 배제되고 있는 청소년들을 위한 충분한 예산 확보가 필요하다.

1) 청소년복지 전문인력 양성

아동기부터 학대를 받아 왔거나 유기·방임되어 성장한 청소년들은 부모가 있어도 제대로 돌봄을 받기 어려운 경우가 많고, 연령에 따라 요구되는 다양한 교육적·문화적 지원과 정서적 지지를 제공받지 못한 채 청소년기를 보내게 된다. 이런 경우 또 다른 2차적 폭력이나 범죄에 노출될 가능성도 크다. 이렇게 가정의 보호요인이 취약한 아이들은 가정 외의 지역아동센터, 쉼터, 지역 내 청소년센터 등에서 보호되어야 한다(정익중, 2020a). 그러나 2019년 여성가족부 사업 관련 시설종사자의 보수 및 처우에 대한 실태조사에서 청소년 시설종사자의 근속연수가 3.8년에 불과하고, 근속연수 1년 미만이 조사 대상 중 23.8%를 차지하였다. 시설종사자에 대한 열악한 처우는 응답자의 44.6%가 이직을 희망하는 것으로 보고한 만큼 장기적으로 청소년 사업 서비스의 질을 높이는 데 한계를 발생시키고 있다(연합뉴스,

2020. 12. 21.). 특히 가장 고위험집단에 해당하는 시설 아동이 거주하는 복지시설이나 빈곤한 아이들이 이용하는 지역아동센터 등에서의 저임금, 장시간 노동 등으로 인한 근무환경의 열악함은 전문성을 갖춘 인력 확보와 장기간 근무 유지를 어렵게 만들고 있다(정익중, 2006). 열악한 근무환경으로 인한 인력 소진은 부모의 우울 등 정신건강 문제처럼 아동·청소년에게 부정적인 영향을 미치고(정익중, 이경림, 이정은, 2010; 정익중, 이정은, 이상균, 2011), 실무자의 잦은 인력 교체는 주 양육자의 변경처럼 아동·청소년의 정서불안이나 기본적 신뢰감의 상실 등 심리적 외상을 일으키기 쉬워 심리정서적 적응에 부정적인 효과를 가져올 수 있다(정익중, 이정은, 이상균, 2011). 교육이 교사의 질을 넘을 수 없듯이 아동·청소년정책은 아동·청소년 인력의 질을 절대 넘을 수 없다. 아이들을 만나는 인력이 근무의 연속성과 전문성을 갖출 수 있도록 적정한 수의 전문인력을 배치하고 생활임금을 보장하는 등의 근무여건을 개선할 수 있는 조치가 마련되어야 한다.

2) 청소년정책예산의 확충

우리 사회는 아동·청소년에 대한 관심과 우려만큼 이들에 대한 사회적 지원이 불가피한데도 상대적으로 미흡하다(김미숙, 정익중, 2020). 특히 저예산은 아동·청소년정책 실현의 걸림돌이다. 아동·청소년 및 가족 대상 사회복지지출 규모는 OECD 평균 대비 60%에 불과한 수준이다(최영, 2018). 하지만 아동·청소년에 대한 획기적인 지원은 저출산 위기가 심각해지는 우리나라의 상황에서 필요성이 더욱 강조된다. 그럼에도 우리 사회의 아동·청소년 지원은 상대적으로 취약한 편이므로 위기·예방적·보편적 청소년 서비스 확충과 함께 정책의 분절성을 막기 위해서는 청소년정책예산의 확충이 무엇보다도 중요하게 요구된다.

아동·청소년정책 관련 예산은 2005년에 중앙정부에서 지방정부로 이양되었다. 이와 같은 예산의 이양은 지방자치단체의 상황에 맞추어 예산을 활용하도록 함으로써 지방자치단체의 자율권을 증대하는 것에 목적이 있었다. 그러다 보니 아동·청소년정책은 다른 어떤 정책보다도 지방자치단체장의 가치관이나 태도에 따라 크게 영향을 받게 되었다. 서울시 본예산서 내 청소년정책예산을 2006년부터 10년간 살펴본 결과, 사회복지비는 증가하는 반면, 청소년정책예산은 점차 감소하였다(문성호, 정지윤, 2016). 따라서 아동·청소년정책은 국가가 장기 계획을 세워서 일관적으로 추진해야 할 사업으로서 아이들이 지역과 관계없이 동일한 혜택을 받을 수 있도록 추진되어야 한다. 이제 정부와 민간의 역할 분담은 각각의 사업에 따라 약간의 편차가 있을 수 있지만, 민간 주도적으로 이루어지고 있는 청소년 관련 사업이 향후 양질의 보편적 아동·청소년 서비스의 목적을 달성하기 위해서는 국가가 청소년정책의 핵심 공급 주체로서 기능하여야 한다.

아동·청소년은 자신의 권리를 주장할 기회가 부족하고, 보호가 필요한 아이들의 부모 역시 정부에서 시행하는 정책에 대해 무관심한 경우가 많다. 많지 않은 아동·청소년정책 중에서도 청소년보다는 아동수당과 같은 영유아 지원에 집중되어 있다. 실제 지방정부의 복지지출에 대한 연구결과, 영유아복지지출의 규모가 가장 크게 나타났으며 그다음으로 아동복지지출, 청소년복지지출 순으로 나타났다(김미숙, 정익중, 2020). 이는 영유아에 비해 아동·청소년의 인구수가 많음에도 불구하고 복지비 증가 폭과 상대적인 규모가 작음을 의미한다. 따라서 아동과 청소년을 위한 예산지원이 더 확대되어야 한다(김미숙, 정익중, 2020; 김미숙, 정익중, 이주연, 하태정, 2012). 지자체 재정부담으로 아동·청소년정책예산의 편차와 이로 인한 서비스 편차를 예방하기 위해 국고 보조방식으로 환원, 정부의 적극적인 지원대책이 마련되어야 한다(김미숙, 정익중, 2020; 이연주, 최영, 2016; 정익중, 2008; 최영, 2018). 아동·청소년의 지원은 아동·청소년 개인의 지원만이 아닌 이들이 속한 가정을 지원하는 것이며, 우리 사회의 미래를 위한 투자임을 잊지 말아야 할 것이다.

4. 아동·청소년정책 통합 또는 연계

우리나라는 아동(보건복지부), 청소년(여성가족부), 청년(기획재정부)을 정부 부처에서 분절적으로 다루고 있는데, 이는 세계에서 유례를 찾아보기 어렵다. 물론 이 때문에 부처 간 실적경쟁으로 선진적 제도들이 예외적으로 도입되기도 하였다. 그러나 대체로 아동 · 청소년정책의 부처별 산발적 추진으로 인해 서비스의 중복이나 누락 현상이 나타났고, 관련 정책들의 체계화가 부족한 문제가 발생하고 있다.

1) 아동 · 청소년정책의 분절적 구조에 따른 비효율성

새로 등장한 청년정책은 차치하더라도 과거 아동정책은 주로 요보호아동을 위한 사후적인 복지지원을 중심으로 진행됐지만, 청소년정책은 일반 청소년을 대상으로 한 육성에 주안점을 두어 실행되었다(정익중, 오정수, 2021). 이후 아동정책이 일반 아동의 다양한 욕구 충족과 권리보장으로 영역을 넓히고 문제 예방에 관심을 두기 시작했고, 반대로 청소년정책은 빈곤과 각종 위기상황에 놓인 청소년들의 보호에 적극적인 정책을 집행하면서 같은 연령대를 대상으로 유사한 정책들이 중복되는 양상이 나타났다. 이로 인해 발생하는 자원 낭비와 일선 서비스 기관의 업무 혼선 등 비효율성이 점차 증가하고 있다. 그럼에도 불구하고 관련 법령 등의 정책 기반이 상이하기 때문에 아동정책과 청소년정책을 통합하기란 그리 녹록치 않다. 그러나 이분화된 구조에 따른 비효율성을 해소하기 위해서라도 통합의 당위성은 자연스럽게 도출된다.

부처별로 분산된 아동정책과 청소년정책을 연계하거나 통합하려는 노력이 전혀 없었던 것은 아니다. 부처 간의 연계 · 조정기능 강화를 위한 사회관계 장관회의나 아동정책조정위원회의 운영 등으로 부처 간 정책 조율이 시도되었으나, 이를 통한 부처 분절 문제의 해소 가능성은 매우 미약한 수준이었다. 이러한 문제 제기로 이명박 정부 출범과 함께 기존의 국가청소년위원회가 보건복지가족부로 갑자기 흡수되었고, 중앙정부를 중심으로 아동 · 청소년정책의 '위로부터의 통합'을 추진하였다. 이는 수십 년간 상당히 중복되는 연령대를 놓고 서로 다른 부처끼리, 서로 다른 전문가, 서로 다른 정책과 제도, 시설을 통해 '각자의 길'을 걸어 온 현실을 생각한다면 산적한 과제를 단번에 해소할 수 있는 결정적인 모멘텀이 될 수도 있었다.

하지만 먼저 정확하고 신뢰성 있는 청사진을 그려 놓고 부처를 통합하면서 사회적 동의를 얻어 냈어야 했는데, 일단 조직통합부터 해 놓고 사후에 그 내용을 구성해 보겠다고 하니 현장과 학계의 반발이 심하였다. 특히 청소년계의 경우 청소년정책이 국가청소년위원회라는 단독 부처에서 다루어지다가 보건복지가족부의 1개 실(국)로 편입되면서 상당 부분 축소될 것을 우려하였다. 게다가 보건복지부 내에서도 아동복지 분야가 주목받지 못했고 다른 사업에 비해 예산도 상대적으로 낮게 책정되었기에, 청소년계는 통합으로 기존 아동 분야의 낮은 위상이 그대로 이어질 것을 걱정하여 격렬하게 반대하였다. 이 때문에 힘들게 통합된 부처가 2010년에 보건복지부는 아동정책을, 여성가족부는 청소년정책을 분점하는 형태로 다시 분할되었다.

아동과 청소년을 둘러싼 각각의 정책수준이 미약할 때는 그나마 일정 정도 정책의 분업 상태가 유지될 수 있었다. 그러나 각 부처가 적극적인 정책을 구사하면 할수록 정책 혼란이 더욱 증폭되는 문제상황이 야기되고 있다. 예를 들어, 보건복지부가 운영하는 아동복지시설에서 만 18세가 되어 보호가 종료된 아이들은 국가로부터 자립정착금, 자립수당 등의 지원을 받을 수 있지만, 여성가족부가 운영하는 중장기 쉼터에서 보호가 종료된 아이들은 비슷한 환경과 조건에 있음에도 불구하고 국가로부터 지원을 받을 수가 없는 것이다. 이렇게 부처가 분절된 상황에서 아동 · 청소년이 그 피해를 고스란히 입고 있다.

2) 생애주기적 접근을 통한 정책 시너지 효과

아동 · 청소년을 통합적으로 다룬다면 생애주기적 접근을 통해 정책 시너지 효과는 물론, 보다 연속성이 있는 정책 마련도 가능해진다. 특히 우리나라 아동 · 청소년정책의 통합은 기존 보호복지 중심의 아동정책과 활동 중심의 청소년육성정책의 통합으로, 각 분야의 약점을 보완하고 장점을 극대화할 수 있는 계기가 될 수도 있다. 또한 통합적 접근을 통한 사회적 투자는 현재 아동 · 청소년정책의 외연을 넓혀 궁극적으로 아동 · 청소년의 건강한 발달을 효과적으로 지원할 수 있고, 향후 잠재적 취약계층에 대한 사회적 비용을 효율적으로 절감할 수 있을 것이다.

하지만 학계 및 현장의 상호이해 부족과 피해의식, 기존 질서에 대한 맹목적 애착 등으로 인해 발생한 갈등의 골이 이전의 불완전한 '위로부터의 통합' 경험으로 더욱 깊어졌다. 아동·청소년 학계 간에는 상호교류가 부족하고 상대 학문체계에 대한 이해가 일천한 편이다. 청소년지도, 청소년상담, 아동복지 등 각 민간부문 내부 문제의 진정한 원인은 대다수 국가복지의 상대적 미약함에 있고, 부처들의 분할관리 관행이나 행정적 일방주의 등에 의해 이런 상황이 점점 악화되고 있다. 문제에 대한 근본적인 원인을 알지 못한 채 민간끼리의 갈등과 대립, 자기 영역을 지키려는 근시안적인 대응 양식이 일반화되면서 문제해결이 더욱 어려워지는 상황이 되고 있다. 또한 아동·청소년 예산은 중앙정부에서 지방정부로 많이 이양되었기 때문에 아동·청소년정책은 다른 어떤 정책보다도 지방자치단체장의 가치관이나 태도에 따라 크게 영향을 받는다. 이렇게 되면 우선순위에서 밀려나 중앙정부에서 권고하는 아동·청소년정책 중 아주 기본적인 것에 대해서만 제한적으로 사업을 수행하는 지방자치단체도 다수 존재한다. 그러나 아동·청소년정책은 국가가 장기적으로 계획을 세워서 일관적으로 추진해야 할 사업으로서 아동·청소년들이 지역과 관계없이 동일한 혜택을 받을 수 있도록 추진되어야 한다. 따라서 아동·청소년정책은 하나의 부처에서 일관되게 추진되어야 하고, 통합의 진정한 목적은 아동·청소년에게 좀 더 효과적이고 효율적인 서비스를 제공하기 위한 것임을 잊지 말아야 한다.

　그동안 아동·청소년정책은 당사자의 노력이나 주도적인 추진 세력이 부족했기 때문에 오랜 기간 정체되어 있었다. 아동학계와 청소년학계가 대립하고, 통합을 반대하는 모습을 보이기도 하였다. 그러나 아동·청소년정책이 따로 존재해야 하는 이유가 무엇인지 통합을 반대하는 이들에게 반문하고 싶다. 그 이유가 조직이기주의나 변화에 대한 불안이 아니길 바란다. 또한 아동학계와 청소년학계가 원하면 즉시 큰 변화가 있을 것으로 예상하지만 통합을 한목소리로 주장한다고 해도 현실적으로 바로 실현되기는 어렵다. 그래서 더 힘을 합칠 필요가 있다. 힘을 합치지 않으면 우리의 운명을 다른 사람들의 손에 맡길 수밖에 없다. 아동·청소년학계는 협력하여 적정한 예산을 확보하고 아동·청소년 분야의 기본 파이를 키우는 작업에 매진해야 한다.

3) 현장으로부터의 새로운 도전

다행히 최근 제21대 총선을 대비하여 아동·청소년정책의 청사진 제시를 위해 아동학계와 청소년학계가 모여 연대회의를 구성하고 여러 번의 사전회의와 정책 토론회를 진행하였다. 예전에 진행되었던 '위로부터의 통합'은 실패했지만, 이번에는 현장 전문가들을 중심으로 하는 '아래로부터의 통합'을 새롭게 시도하는 것이다. 통합이라는 표현에 거부감을 느끼는 이들이 많기 때문에 연계라는 표현을 사용하고 여러모로 조심스럽게 접근하고 있다. 이런 과정이 쉽지는 않겠지만 통합을 향한 역사의 도도한 흐름을 거스를 수는 없을 것으로 생각된다. 이런 주장을 하면 이상주의자라고 비판하는 사람들이 있다. 그래도 꿈을 말하는 일을 멈추고 싶지 않다. 오늘날의 사회는 수많은 선구자가 줄기차게 도전했기 때문에 존재하는 것이다. 우리가 지금 당연하게 누리는 모든 것은 과거 누군가 불편하다고 생각하고 이상하다는 의문을 품고 행동을 시작했기 때문에 성취한 결과이다. 많은 이상주의자가 무관심에 굴하지 않고 사람들에게 계속 필요성을 호소하고 함께 행동하는 찬성자를 늘리는 개선을 이루었다. 이렇게 아동·청소년정책 통합을 호소하고 찬성자를 늘리다 보면 우리가 모르는 사이에 변화가 일어나 있을 것이다. 여러 반대나 오해가 있지만, 다시 한 번 도전하면서 아동·청소년정책이 통합되는 그날을 꿈꾼다.

📑 생각해 볼 문제

1. 현재 우리나라 청소년들이 가장 침해받고 있는 권리 영역은 무엇이며, 그 이유는 무엇인가? 「유엔아동권리협약」의 네 가지 기본권 및 네 가지 일반 원칙에 근거하여 토의해 보자.

2. 청소년 최선의 이익에 근거한 정책 결정을 하기 위해 당사자인 청소년 참여가 꼭 필요한지 논의해 보자. 만약 청소년의 참여가 반영된 정책을 만들어야 한다면 청소년 복지 현장과 연구분야에서 어떤 노력이 필요한가? 참여가 제한되어야 한다면 그 이유는 무엇인가? 토의해 보자.

3. 급변하는 사회에서 청소년은 각종 유해 미디어에 노출되어 보호권이 침해될 수 있는 상황에 놓여 있다. 현재 우리나라 청소년의 보호권을 위협하는 미디어상의 위험요인은 무엇이며, 이로부터 청소년을 보호하기 위한 대책에는 어떤 것이 있을지 논의해 보자.

4. 청소년 기본 권리 침해는 공정성과 관련되어 사회경제적 불평등의 양극화를 더 심화시킬 수 있다. 어떤 면에서 그럴 수 있는지 청소년복지적 관점에서 토의해 보자.

5. 청소년 투표권이 획득되어야 한다면 그 이유는 무엇인가? 청소년 투표권 획득에 장애가 되는 요인은 무엇이며, 이를 해소하기 위해서 지역사회와 국가, 사회, 가정, 청소년 개인은 어떤 노력을 할 수 있을지 대안을 생각해 보자.

🌿 참고문헌

교육부(2018). 학생정서행동특성검사.

국가인권위원회(2018). 「유엔아동권리협약」의 이해.

권소영(2019). 맞벌이 부부의 근로시간 유형화와 유형별 일 · 생활 균형: 근로시간의 양, 근로시간대, 근로시간 유연성을 중심으로. 서울대학교 대학원 박사학위논문.

김미숙, 정익중(2020). 기초지방자치단체의 아동청소년 복지지출 수준과 결정요인. 사회과학연구, 36(3), 31-56.

김미숙, 정익중, 이주연, 하태정(2012). 아동복지지출실태 및 적정 아동복지지출규모 추계. 세종:

한국보건사회연구원.

김미옥, 최혜지, 정익중, 민소영(2017). 사회복지실천의 미래: 사람과 사람. 한국사회복지학, 69(4), 41-65.

김영지, 김희진, 이민희, 김진호(2019). 아동·청소년 권리에 관한 국제협약 이행 연구−한국 아동·청소년 인권실태 2019 총괄보고서. 세종: 한국청소년정책연구원.

김유리, 고주애, 정익중(2015). 2014년 6·4 지방선거 주요 정당 및 시도당선자의 아동정책 공약 분석. 학교사회복지, 31, 333-355.

김인숙, 이선영(2020). 가장 작은 자를 위한 약속. 경기: 국민북스.

김지연, 이경상(2020). 지능정보기술을 활용한 위기청소년 사회서비스 지원확충방안. 소년보호연구, 33(2), 29-72.

김지연, 이유진, 정소연, 박선영(2018). 위기청소년 교육적 선도제도 운영실태 및 실효성 제고방안 연구. 세종: 한국청소년정책연구원.

노은비(2020). 청소년 자살예방 애플리케이션에 대한 체계적 문헌고찰 및 기능 분석. 대한보건연구, 46(4), 1-10.

대검찰청(2019). 2019 범죄분석.

문성호, 정지윤(2016). 지방자치단체 청소년정책예산 분석−서울시 10년(2006~2015년) 예산을 중심으로. 한국지역사회복지학, 58, 201-226.

보건복지부(2019). 2019 자살예방백서.

여성가족부(2017). 청소년종합실태조사.

여성가족부(2018a). 아동·청소년대상 성범죄 동향분석.

여성가족부(2018b). 제6차 청소년 기본 계획(2018~2022).

여성가족부(2019a). 2018년 청소년 매체이용 및 유해환경 실태조사.

여성가족부(2019b). 2019 청소년 통계.

여성가족부(2019c). 지역사회 위기청소년 지원 강화방안.

여성가족부(2019. 9. 30.). 아르바이트 청소년의 노동인권과 근로환경 보호해요.

여성가족부(2020a). 2021년도 여성가족부 소관 예산 및 기금운용계획 개요.

여성가족부(2020b). 청소년쉼터, 청소년자립지원관 운영현황.

여성가족부 보도자료(2020. 8. 26.). 인터넷·스마트폰 과의존 청소년 초등학교 4학년 가장 크게 증가.

연합뉴스(2020. 12. 21.). 여가부 사업 시설종사자 처우 열악…서비스 질 제고에 한계.

https://www.yna.co.kr/view/AKR20201221038800530에서 2021년 1월 19일 인출.

오은찬, 정익중(2015). 아동의 참여활동 경험: 줄 세워진 아이들의 함께 사는 법 배우기. 학교사회복지, 32, 217-246.

이수진(2019). 청소년의 일상생활과 행복: 빈곤과 비빈곤 청소년의 비교. 이화여자대학교 대학원 박사학위논문.

이승현, 이원상, 강지현(2015). 청소년 사이버폭력의 유형분석 및 대응방안. 서울: 한국형사법무정책연구원.

이연주, 최영(2016). 지방자치단체의 아동복지예산 결정요인에 관한 연구: 광역시 자치구를 중심으로. 비판사회정책, 52(3), 223-255.

이우식, 박선미, 이인수(2019). 복지사각지대 대상자 발굴률 향상을 위한 인공지능 시스템 활용 연구. 서울: 한국사회보장정보원.

이혜숙, 이영주(2017). 서울시 청소년참여 활성화방안. 서울연구원 정책과제연구보고서, 12, 1-156.

정수정(2018). 아동생활시간 잠재계층유형의 영향요인과 발달결과. 이화여자대학교 대학원 박사학위논문.

정익중(2006). 새로운 아동복지서비스의 수요와 전문인력 개발의 과제. 사회과학연구, 12, 95-115.

정익중(2008). 참여정부의 아동정책 평가와 차기 정부의 정책과제. 한국사회정책, 14(2), 282-313.

정익중(2016). 참여권 확보를 위한 아동투표권에 대한 소고. 동광, 제111호, 3-30.

정익중(2020a). 아동정책의 기초는 전문인력이다. 노컷뉴스. https://www.nocutnews.co.kr/news/5319150에서 2021년 1월 19일 인출.

정익중(2020b). 아이들에게 투표권을 허(許)하라. 대학지성 In&Out. http://www.unipress.co.kr/news/articleView.html?idxno=2539에서 2021년 1월 21일 인출.

정익중, 강지영, 이수진(2020). 한국아동권리의 현주소. 서울: 초록우산어린이재단.

정익중, 박현선, 최은영, 이수진, 정수정, 최선영, 김기태(2016). 아동권리지표 개발 연구 보고서: 아동균형 생활시간 권장기준 활용 및 분석. 서울: 초록우산어린이재단 아동복지연구소.

정익중, 오정수(2021). 아동복지론. 서울: 학지사.

정익중, 이경림, 이정은(2010). 지역아동센터 종사자 소진이 아동의 심리사회적 적응에 미치는 영향. 한국아동복지학, 31, 205-234.

정익중, 이수진, 강희주(2020). 코로나19로 인한 아동일상 변화와 정서 상태. 한국아동복지학, 69(4), 59-90.

정익중, 이정은, 이상균(2011). 지역아동센터 야간보호교사의 소진과 이직이 아동의 학교적응 및 학업성취에 미치는 영향. 한국지역사회복지학, 37, 137-163

조윤오, 서민수, 이승현(2019). 청소년 사이버도박 실태 및 대응방안 연구. 서울: 한국형사법무정책연구원.

천정웅, 김윤나, 인채식, 전경숙(2012). 청소년복지론. 서울: 도서출판 신정.

최영(2018). 2019년도 보건복지 예산안 분석: 아동ㆍ청소년복지 분야. 월간 복지동향, 241, 22-27.

한국청소년정책연구원(2014). 청소년학개론. 경기: 교육과학사.

한국청소년정책연구원 청소년정책분석평가센터(2020). 2020년 청소년정책리포트 제3호 고위기청소년 맞춤형 프로그램 운영현황 조사 분석.

Anderson, C. A. (2004). An update on the effects of playing violent video games. *Journal of Adolescence, 27*(1), 113-122.

Anderson, C. A., & Bushman, B. J. (2001). Effects of violent video games on aggressive behavior, aggressive cognition, aggressive affect, physiological arousal, and prosocial behavior: A meta-analytic review of the scientific literature. *Psychological Science, 12*(5), 353-359.

Anderson, C. A., & Dill, K. E. (2000). Video games and aggressive thoughts, feelings, and behavior in the laboratory and in life. *Journal of Personality and Social Psychology, 78*(4), 772-790.

Barlett, C. P., Harris, R. J., & Bruey, C. (2008). The effect of the amount of blood in a violent video game on aggression, hostility, and arousal. *Journal of Experimental Social Psychology, 44*(3), 539-546.

Ben-Arieh, A. (2000). Beyond welfare: Measuring and monitoring the state of children-new trends and domains. *Social Indicators Research, 52*(3), 235-257.

Burkey, S. (1993). *People first: A guide to self-reliant participatory rural development.* London: Zed Books.

Evans, J. L., Meyers, R. G., & Ilfeld, E. (2000). *Early childhood counts: A programming guide on early childhood care for development.* World Bank Publications.

Frazier, J. A., & Morrison, F. J. (1998). The influence of extended year schooling on growth of achievement and perceived competence in early elementary school. *Child Development*, *69*(2), 495-517.

Hektner, J. M., Schmidt, J. A., & Csikszentmihalyi, M. (2007). *Experience sampling method: Measuring the quality of everyday life.* Thousand Oaks, CA: Sage Publications, Inc.

Holtz, P., & Appel, M. (2011). Internet use and video gaming predict problem behavior in early adolescence. *Journal of Adolescence*, *34*(1), 49-58.

Maffesolli, M., & Lefebvre, H. (1994). **일상생활의 사회학.** (박재환, 일상성・일상생활연구회 공역). 서울: 한울아카데미.

Romer, D., Bagdasarov, Z., & More, E. (2013). Older versus newer media and the well-being of United States youth: Results from a national longitudinal panel. *Journal of Adolescent Health*, *52*(5), 613-619.

Salguero, R. T., & Moran, R. B. (2002). Measuring problem video game playing in adolescents. *Addiction*, *97*(12), 1601-1606.

Strasburger, V. C., Jordan, A. B., & Donnerstein, E. (2010). Health effects of media on children and adolescents. *Pediatrics*, *125*(4), 756-767.

[법령 참고자료]

「청소년복지 지원법」

찾아보기

내용

저자 소개

정익중(Ick-Joong Chung) [제7, 8, 14장]

서울대학교 사회복지학과 졸업

미국 University of Washington 졸업(사회복지학 박사)

한국아동복지학회장 역임

현 한국청소년복지학회장

　　이화여자대학교 사회복지학과 교수

(e-mail) ichung@ewha.ac.kr

이소희(So-Hee Lee) [제1, 2장]

숙명여자대학교 아동복지학과 졸업

숙명여자대학교 대학원 아동복지학과 졸업(아동복지학 박사)

한국청소년복지학회장 역임

한국아동가족복지학회장 역임

한국코칭학회장 역임

현 숙명여자대학교 아동복지학부 명예교수

(e-mail) childwf@sookmyung.ac.kr

도미향(Mi-Hyang Do) [제5, 10, 13장]

영남대학교 가정관리학과 졸업

숙명여자대학교 대학원 아동복지학과 졸업(아동복지학 박사)

미국 University of Pennsylvania 방문교수

한국아동가족복지학회장 역임

현 한국부모교육학회장, 한국영유아보육교육학회장

　　남서울대학교 아동복지학과 교수

(e-mail) domi@nsu.ac.kr

◯●◯ **김지혜**(Ji-Hae Kim) [제3, 9, 11장]

이화여자대학교 사회복지학과 졸업

이화여자대학교 사회복지전문대학원 졸업(사회복지학 박사)

현 한국청소년복지학회 부회장

　　남서울대학교 사회복지학과 부교수

(e-mail) jhkim@nsu.ac.kr

◯●◯ **한윤선**(Yoon-Sun Han) [제4, 6, 12장]

미국 Wesleyan University 졸업

미국 Harvard Kennedy School 졸업

미국 University of Michigan 졸업(사회복지학 박사)

현 서울대학교 사회복지학과 부교수

(e-mail) yshan@snu.ac.kr

사회복지총서

청소년복지론
Youth Welfare

2021년 8월 30일 1판 1쇄 발행
2023년 3월 20일 1판 3쇄 발행

지은이 • 정익중 · 이소희 · 도미향 · 김지혜 · 한윤선
펴낸이 • 김 진 환
펴낸곳 • ㈜ 학지사

04031 서울특별시 마포구 양화로 15길 20 마인드월드빌딩 5층

대표전화 • 02) 330-5114   팩스 • 02) 324-2345

등록번호 • 제313-2006-000265호

홈페이지 • http://www.hakjisa.co.kr
페이스북 • https://www.facebook.com/hakjisabook

ISBN 978-89-997-2488-6   93330

정가 22,000원

저자와의 협약으로 인지는 생략합니다.
파본은 구입처에서 교환하여 드립니다.

출판미디어기업 학지사

간호보건의학출판 학지사메디컬 www.hakjisamd.co.kr
심리검사연구소 인싸이트 www.inpsyt.co.kr
학술논문서비스 뉴논문 www.newnonmun.com
원격교육연수원 카운피아 www.counpia.com